LES
DOUZE DERNIERS CHANTS

DE LA PUCELLE

JEAN CHAPELAIN

LES
DOUZE DERNIERS CHANTS
DU POÈME
DE LA PUCELLE

Publiés pour la première fois
sur les manuscrits de la Bibliothèque nationale
Par H. HERLUISON

Précédés d'une préface de l'auteur
et d'une étude sur le poème de la Pucelle
Par RENÉ KERVILER
LAURÉAT DE L'ACADÉMIE FRANÇAISE

ORLÉANS
H. HERLUISON, LIBRAIRE-ÉDITEUR
17, RUE JEANNE-D'ARC, 17

1882

L'ÉDITEUR AU LECTEUR

Nous nous décidons, après un sommeil de deux siècles, à mettre au jour la deuxième partie de l'œuvre de CHAPELAIN.

Les douze derniers chants de la Pucelle n'auraient, sans doute, jamais été édités, si nous ne nous étions donné pour mission de faire revivre les diverses productions qu'a fait naître la grande figure de l'héroïne dont le nom est un des symboles de notre unité nationale.

Son histoire, dépouillée de tout attirail légendaire, nous apparaît aujourd'hui sous son véritable jour. Elle n'y perd rien, au contraire. Nous n'avons donc aucune crainte de la voir faussée. C'est pourquoi nous reproduisons aujourd'hui la partie inédite de l'épopée du docte académicien.

La notice biographique qui va suivre a pour auteur M. Gabriel Baguenault de Viéville, président de la

Société des Sciences, Belles-Lettres et Arts d'Orléans; l'étude qui vient après est due au savant biographe des membres de l'Académie française. Le lecteur y trouvera de précieux renseignements sur le poème de l'infortunée victime de Boileau. Pour nous, éditeur soucieux de ce qui a été dit et fait pour l'honneur de Jeanne d'Arc, nous sommes heureux de pouvoir ajouter à la Bibliothèque orléanaise l'œuvre ignorée de Chapelain.

Nous terminerons ces lignes en offrant à nos bons collaborateurs tous nos remerciments pour leur obligeant concours.

H. H.

NOTICE SUR CHAPELAIN

Le nom de Chapelain, comme poète, est de nos jours entaché de ridicule. Il n'en était pas ainsi pendant la plus grande partie du XVIIe siècle. Chapelain, entouré de la considération générale, était alors l'arbitre du goût, l'oracle des jeunes littérateurs. Son ode à Richelieu lui avait mérité à juste titre le surnom de *successeur de Malherbe*. Il faisait partie de cette société de beaux esprits qui devint l'Académie française. Ce fut lui qui en régla les statuts, qui eut le premier la pensée d'un ample dictionnaire pour fixer les termes de la langue, et qui rédigea les célèbres *Sentiments de l'Académie sur le Cid*. Le comte de Noailles, ambassadeur à Rome, lui offrit la place de secrétaire; Chapelain, tout entier aux lettres, refusa ce poste important, et le cardinal de Richelieu, qui l'avait en grande estime, l'en récompensa par une pension de mille écus. Mazarin et le duc de

Longueville renouvelèrent plus tard, à deux reprises différentes, sans plus de succès, la même tentative pour l'ambassade de Münster.

Chapelain se plaisait à encourager les écrivains : Racine, jeune encore, étant venu le consulter sur une ode qu'il avait faite sur le mariage du roi en 1660, il loua fort les vers, en corrigea quelques-uns, les montra à Colbert et fit obtenir à l'auteur une pension de six cents livres.

Il entretenait une correspondance très-active avec les savants et les littérateurs les plus en renom de la France et de l'étranger. Balzac, Godeau, le duc de Montauzier, les Arnaud, Helvétius, Mlle de Scudéry, Heinsius et une foule d'autres illustres, se trouvaient honorés de recevoir ses épîtres et d'y répondre.

Il passait pour avare sur la fin de sa vie ; on peut citer pourtant bien des faits qui démentent cette assertion (1), celui-ci en particulier : lorsque le duc de Montauzier fut nommé gouverneur de Mgr le Dauphin, il jeta les yeux sur Chapelain pour la place de précepteur, et même obtint l'agrément du roi. Chapelain refusa obstinément ce glorieux emploi, alléguant que son grand âge le rendait trop sérieux, trop infirme pour qu'il pût se flatter d'être agréable à un prince si jeune.

---

(1) Voir le chapitre spécial que M. Kerviler a consacré au *désintéressement* de Chapelain, dans sa *Bretagne à l'Académie française*.

Chapelain mourut en 1674, presque octogénaire.

Ce ne fut qu'en 1656 qu'il publia son poème de la *Pucelle*. Il était âgé alors de plus de soixante ans. Il y travaillait depuis longues années, sous la protection du duc de Longueville. Le poème eut d'abord un grand succès : six éditions furent enlevées en moins de dix-huit mois. Les gens de goût reconnurent bientôt que cette vogue n'était pas justifiée, que le style de l'ouvrage était plus que faible. Ils se turent cependant, par respect pour l'âge et le caractère de l'auteur; mais Boileau, esprit sec et caustique, doué d'un rare talent de versification, ne tint compte d'aucune de ces considérations : il frappa impitoyablement l'œuvre du vieillard. Y était-il poussé uniquement comme défenseur des lois du bon goût? Non, s'il faut en croire l'abbé d'Olivet. Ce biographe rapporte que Boileau, dans sa jeunesse, ayant été présenté à l'hôtel Rambouillet, rendez-vous des beaux esprits d'alors, y lut ses premières satires ; que la marquise et sa fille, tout en louant son talent, l'engagèrent doucement à renoncer à ce genre odieux; qu'il répondit poliment, mais que Chapelain, Ménage et Cotin l'ayant repris sur ce sujet avec trop d'insistance, il jura de se venger. On sait s'il a tenu ce serment.

N'est-il pas odieux, en effet, de railler, en dehors des lettres, de malheureux écrivains sur leur pauvreté; de nous montrer *Colletet crotté jusqu'à l'échine*, allant *chercher* un dîner *de cuisine en cuisine* ? N'est-ce pas insulter la misère ? Plus tard, d'autres personnes, ses amis même, s'entremirent en lui faisant valoir l'honorabilité de Chapelain. Il fut forcé de reconnaître qu'il était plein de droiture, *complaisant, officieux, sincère* etc. N'était-ce pas une raison pour le ménager? Mais non ; il était mauvais poète et bien renté, crime impardonnable ! Tous ces sarcasmes mordants amusaient le public, mais profitaient peu aux lettres, car la critique éclaire, mais la satire aigrit et ne corrige pas. Le satirique vise plutôt à montrer son esprit et son talent qu'à réformer celui des autres. Boileau, d'ailleurs, était-il un juge infaillible en fait de critique et de goût, lui qui mettait sur la même ligne Horace et Voiture, Quinault et Pradon ; lui qui ne voyait que du clinquant dans Le Tasse; lui enfin qui, dans la force de l'âge, faisait sur la *prise de Namur* une ode si médiocre, où ne manquent ni les vers faibles, ni les vers durs qu'il reprochait si amèrement aux autres ? Mais laissons Boileau, et revenons à la *Pucelle*.

Chapelain avait travaillé pendant trente ans à son poème. On attendait mieux de lui ; il y eut déception sans doute. Cependant des gens de mérite, Balzac, Godeau, Ménage, Voiture, etc., en parlaient avec éloge; Huet, le judicieux évêque d'Avranches, le trouvait admirable pour l'ordonnance et pour l'observation exacte de toutes les règles du poème épique; et en effet les personnes les plus prévenues contre la versification de l'ouvrage s'accordent à dire que le plan est digne d'éloge; le caractère de la Pucelle est bien soutenu dans sa foi, dans son dévoûment, dans son sacrifice. Si le langage est parfois trivial, les sentiments sont toujours élevés; l'amour de la patrie, la haine de la domination étrangère s'y font sentir partout. Malgré la faiblesse de l'exécution, la grandeur et la beauté du sujet y font sentir un souffle d'épopée qu'on ne trouve pas dans la *Henriade*. L'imperfection du style ne l'empêche pas d'être un monument national d'un haut intérêt. Croit-on que les tapisseries que nous avons dans nos musées, qui nous rappellent certains faits de Jeanne d'Arc, soient d'un dessin bien correct et bien pur? Cependant nous les recueillons avec empressement.

Mais, dans ce poème si décrié et si peu lu de nos jours, il se trouve de beaux vers (Voltaire ne s'est pas fait scrupule d'en prendre quelques-uns) et des passages remarquables. Telle cette comparaison fort poétique que nous nous faisons un plaisir de reproduire ici. L'auteur veut exprimer la joie que l'annonce d'un secours inattendu produit chez les Orléanais découragés:

Ainsi le voyageur que la nuit sombre et *vaine*
A surpris au desert de la rive africaine

> Parmi ces monts de sable enflammés et mouvants
> Que font et que défont les caprices des vents,
> Après mille terreurs apercevant éclore
> Les feux resplendissants de la nouvelle aurore
> Tournent les yeux vers elle, et d'aise transportés
> Pensent voir leur salut en voyant ses clartés.

Le poème de la *Pucelle*, dans l'état où nous l'avons, n'est point complet : douze chants sur vingt-quatre ont seuls été imprimés. Le manuscrit des douze derniers chants est à la Bibliothèque nationale. Huet, l'évêque d'Avranches, en possédait une copie revue par Chapelain lui-même. Il disait à cette occasion que le public ne connaissant qu'une moitié de l'ouvrage, des gens raisonnables ne pouvaient sur une seule partie porter un jugement sur le tout. Mais cette seconde partie fût-elle aussi imparfaite que la première, nous persistons à dire qu'il est utile d'avoir complet cet ouvrage qui, par son sujet, appartient à la France et particulièrement aux Orléanais, dont il met partout en relief la fidélité, la constance, le patriotisme et la valeur.

B. DE V.

ÉTUDE

sur le

POÈME DE LA PUCELLE

I

NAISSANCE ET MORT DE LA PUCELLE

Nous ne pouvons mieux ouvrir cette rapide étude sur le poème de Chapelain (1) que par les principaux fragments d'une épître en vers dans laquelle le célèbre Godeau, jadis *nain de la princesse Julie*, alors évêque de Vence et *mage de Sidon*, engageait

(1) Elle est extraite, sauf quelques modifications complémentaires, d'une biographie complète de Chapelain, insérée dans notre volume intitulé *La Bretagne à l'Académie française au XVIIe siècle*, couronné par l'Académie en 1877, 2e édit., (R. K.) Paris, 1879, in-8°.

D'être propres à peine à toucher la musette,
Et de n'oser jamais emboucher la trompette.
    Cher ami, ta *Pucelle*, en ses traits merveilleux,
Va bientôt effacer ce reproche orgueilleux.
Didon l'admirera de tant d'appas ornée ;
Dunois suivra les pas et d'Achille et d'Énée...
... Ce n'est pas seulement pour tant d'illustres morts,
Que les savantes sœurs t'ouvrent tous leurs trésors ;
Pour tes héros vivants, dignes de leurs caresses,
Elles viennent t'offrir leurs plus grandes richesses.
L'héritier de Dunois à ton docte pinceau
Voit par des traits hardis achever son tableau (1),
Et mieux que sur l'airain, dans cet illustre ouvrage,
Contre l'effort du temps tu graves son image.
L'admirable princesse à qui les cieux l'ont joint,
Dans son charmant portrait ne se méconnoît point :
Ton art lui fait trouver ce que le ciel lui donne,
Et de s'y voir si belle elle-même s'étonne.
Tu n'as pas oublié ce frère merveilleux,
Ce modeste vainqueur de l'Ibère orgueilleux (2),
Qui vient de redonner par sa noble victoire
A l'État ébranlé le salut et la gloire.
Ton pinceau ne peut pas en de plus grands portraits
Découvrir à nos yeux la force de ses traits,
Et tu dois t'assurer qu'à tes panégyriques
Les bons François joindront des louanges publiques.
    Satisfais, cher ami, satisfais à nos vœux ;
Il est temps de montrer ton courage fameux.
Quitte tant de devoirs où t'a bonté s'amuse ;
Donne tout ton esprit, tout ton temps à ta muse.
Vois l'âge qui s'enfuit, et sache que tes vers
Demandent ses printemps et non pas ses hivers.
Change cet air pesant qu'à Paris on respire.
Nos princes en ont fait le siége de l'empire ;

---

(1) Le duc de Longueville.
(2) Le grand Condé.

Mais les sœurs dont tu suis les agréables lois
Tiennent leur docte cour dans les champs, dans les bois...
... *Le grand bruit de ton nom t'accable et t'incommode:*
Qui t'apporte un sonnet, qui te fait voir une ode,
Qui sur sa tragédie implore tes avis.
Comme oracle sacré, je veux qu'ils soient suivis ;
Mais pour les prononcer si doctes et si sages,
Tu dérobes du temps à tes doctes ouvrages.
La Pucelle se plaint de ces jours écoulés,
Et le brave Dunois dit qu'ils lui sont volés.
Donne-toi tout entier à chanter leurs conquêtes;
Sauve-toi, cher ami, des civiles tempêtes,
Et viens, loin des malheurs, à l'abri des dangers,
Goûter un doux repos sous nos verts orangers (1).

A la même époque, le célèbre Arnaud d'Andilly, à qui Chapelain communiquait depuis fort longtemps tous ses essais poétiques, lui adressait, au sujet de la *Pucelle*, une lettre fort curieuse où l'on trouve la plus franche critique avec les plus judicieux conseils. M. Ed. de Barthélemy l'a publiée pour la première fois, dans le *Bibliophile français*, en 1869. En voici les paragraphes essentiels :

« ... Il y a si longtemps que l'on attend cet ouvrage, écrivait Arnaud le 31 août 1654, et l'on en a conceu une si grande opinion, qu'il vous importe du tout de répondre à nos observations, et il faudroit mille fois mieux qu'on n'en vist jamais rien du tout, que de ne le voir pas au plus haut degré de perfection que vous le pouviez porter... Ne laissez un seul mauvais mot, qui est un deffaut si grand que, les femmes mesmes en estant juges, il n'en faut qu'un pour leur donner desgout et mespris de tout une page. Je vous

(1) Godeau, *Poésies chrétiennes et morales*, t. III, épître xix.

ai faict un mémoire de quelques-uns... Ne laissez aussi aucune manière de parler ou si basse, ou si forcée, ou si dure, ou si extraordinaire, sans que cet extraordinaire soit une de ces belles et nobles hardiesses qui relèvent la poësie... Évitez comme des écueils toutes ces minuties qui sont si fort au-dessous de la majesté d'un poëme héroïque, et qui ne sçauroient jamais rien produire que de bas, soit dans le sens, soit dans les vers.... Évitez aussi ces termes propres des arts ou des autres choses qui sont si désagréables, nul mot ne se devant employer qui ne soit connu de toutes les personnes qui ont assez de sens commun pour entendre des vers... Quant au dessein, je vous avoue que ce que vous vous servez sans cesse des anges et des démons, qui sont ces grandes machines qui ne devroient jouer que rarement, nous a extrèmement choquez.... »

Puis, après avoir indiqué quelques modifications dans certaines parties de la conduite de l'action, Arnaud ajoute :

« Tout ce que nous avons fait sera fort inutile, si après que vous aurez corrigé chaque livre, vous ne prenez pas la peine de me l'envoyer avec celuy que j'ay veu et marqué, afin *que nous puissions juger de vos corrections...* Je seray d'avis que vous fassiez de beaucoup meilleurs vers que ceux que j'ay faits en quelques endroits, et que ceux qui vous contenteront vous espargnent quelque peine dans un aussi grand travail qu'est le vostre. Mais je vous diré sincèrement que, selon nostre avis, *nul de ceux au lieu desquels j'en ay fait d'autres ne sçauroit demeurer.* Nous vous conjurons surtout de vous souvenir que M. de Longueville n'estant pas moins maître de vostre honneur, pourveu que vous travailliez autant que vostre bonté peut le permettre, vous ne devez en aucune façon du monde considérer l'instance qu'il vous fait de vous haster de publier cet ouvrage, et aussi peu vous attacher à en donner douze livres. Car il vaudroit beaucoup mieux n'en donner qu'un excellent que vingt-quatre médiocres... On ne juge pas des vers par la multitude, mais par l'excellence... » (1)

Heureux Chapelain, s'il avait su profiter d'aussi sages conseils ! La France aurait peut-être aujourd'hui son Virgile ; mais pendant qu'Arnaud lui donnait ces judicieux avis, Balzac, flattant son amour-propre, exaltait son œuvre outre mesure et l'engageait à ne pas en différer la publication. Il lui avait déjà écrit, le 1er décembre 1636 :

« Monsieur, la princesse Julie est admirable, et vous la chantez admirablement. Mais j'ai grand'peur qu'elle sera cause que vous ferez une infidélité à la Pucelle d'Orléans, et que la vivante vous fera oublier la morte. Il faut bien pourtant s'en empescher. Souvenez-vous que c'est un vœu que vostre dessein, et par conséquent que le pape même ne vous en peut dispenser, selon l'opinion de beaucoup de théologiens (2). »

« Monsieur, lui mandait-il le 20 juin 1645, pourveu que le mal ne m'accable pas tout à fait, mon esprit est toujours auprès de vous : je parle toujours à Atticus, voire mesme quand je dors, et mes songes me pourroient souvent fournir la matière de mes lettres. *Verbi gratia*, Monsieur, je me suis trouvé la nuit passée entre vous et la Pucelle d'Orléans. J'ay esté tesmoing des privautés que vous avez avec elle. J'ay ouy les plaintes qu'elle vous a faites, qui ont fini par cette prière en latin, de laquelle il me souvient, et à laquelle j'ay donné pour titre en me réveillant : *Virgo ad poetam cunctatorem* :

Sum fortis sat dicta, parum hæc laus Virgine digna est ;
Da tandem ut per te pulchra decensque vocer.

(1) Voy. *Bibliophile français*, 1869. 229-231.
(2) *Lettres* de Balzac à Chapelain, édit. 1659, III, p. 42.

« Au premier vers, la Pucelle n'est que femme ; au second, elle est femme et livre tout ensemble ; et si, en l'une et l'autre qualité, elle n'est pas satisfaite de l'épithète de belle et de celuy d'agréable, elle est plus glorieuse que Vénus, qui s'en est contentée dans Horace, sans parler des *graciæ decentes* du mesme poète, nostre cher amy. Le songe est historique, n'en doutez pas ; les vers sont de la Pucelle et non pas de moy. Il n'y a que le titre de ma façon, dans lequel je n'ai point eu dessein de vous offenser, en vous appelant temporiseur. Fabius Maximus a eu ce nom devant vous, et Rome l'a traité comme je vous traite (1)... »

Comment résister à d'aussi pressants appels ? Enfin, après vingt ans d'attente, le poème si désiré sortit des presses d'Augustin Courbé, le 15 décembre 1655, et parut dans les premiers jours de l'année 1656. Majestueux et solennel, il se présentait au public en un beau volume in-folio, orné, en tête de chaque chant, d'estampes d'Abraham Bosse qui coûtèrent près de dix-huit cents livres (2), et précédé des portraits de Chapelain et du duc de Longueville gravés par Nanteuil. « D'abord, la curiosité fit bien vendre le livre, dit Tallemant, et la grande réputation de l'auteur y fit courir bien du monde (3). » Le succès des *Provinciales* et de la *Clélie*, qui paraissaient à cette époque, fut même un instant éclipsé par la vogue du poème, et le libraire

---

(1) *Lettres* de Balzac, publiées par M. Tamizey de Larroque, p. 225.
(2) L'abbé Goujet avait vu le traité passé, le 15 avril 1654, entre Chapelain et Ab. Bosse. (V. *Bibl. franç.*, XVII, 376.)
(3) Tallemant, *Historiettes*, II, 489.

Courbé, pour répondre aux nombreuses demandes du public impatient, dut livrer pendant cette même année 1656 deux autres éditions « revues et retouchées » en format plus portatif, puis une quatrième en 1657. En même temps on imprimait la *Pucelle* en Hollande, dans la collection des Elzéviers, suivant la copie de Paris, et l'on cite encore une contrefaçon qui parut à Leyde chez Jean Sambix, en 1656, ce qui porte à six le nombre des éditions du poème en moins de dix-huit mois.

Cette vogue, incroyable pour l'époque, car on ne connaissait pas encore les trente éditions dans l'année qu'on a vues se produire pour quelques ouvrages contemporains, peut expliquer jusqu'à un certain point comment il fut permis à Chapelain de se faire illusion sur le mérite de son ouvrage. Il n'en avait, en effet, publié que douze chants sur vingt-quatre, et, plein d'un beau zèle, il se mit avec ardeur à travailler aux douze autres.

Il est certain que la prévention du chef-d'œuvre, selon l'expression de l'abbé d'Olivet, fut d'abord victorieuse. Dans un fol accès de curiosité, on s'était arraché tous les exemplaires, qui coûtaient cependant « quinze livres en petit papier et vingt-cinq en grand (1). » Ce qui paraîtra même peu croyable, c'est que des audacieux entreprirent immédiatement de traduire le poème en vers latins. Antoine Paulet, prêtre hebdomadaire en l'église cathédrale d'Alby, et

---

(1) Tallemant, *Historiettes*, II, 489.

M. de Montaigu, doyen des conseillers du présidial de Toulon, y travaillèrent chacun de leur côté, sans s'être communiqué leur desssein. Le premier envoyait sa traduction à Chapelain à mesure qu'il avait fini un livre, et cet envoi était toujours accompagné de quelque lettre où l'encens n'était pas épargné (1).

Sans pousser aussi loin l'admiration, une foule de littérateurs ou d'amis adressèrent à Chapelain des éloges en prose et en vers : Mlle de Scudéry, la princesse de Guéméné, M. de Montauzier, brillent au milieu d'une foule de noms qu'il serait trop long de rapporter ici, et qu'on pourra lire dans la notice de l'abbé Goujet ; mais les plus fermes admirateurs de Chapelain furent Ménage, Huet et Godeau (2), qui résistèrent vigoureusement plus tard à la tempête déchaînée contre le poème et le célébrèrent dès son apparition. Ménage lui consacra ce distique pompeux :

Ad bellum Ludovix alter mittatur Achilles.
Qui canat Heroas alter Homerus adest (3).

---

(1) Goujet, *Bibl. franç.*, XVII, 376.

(2) On rapporte que, peu de temps après la publication du poème, un de ses familiers ayant proposé à Godeau de composer un poème à son tour, « il répondit par une mauvaise pointe qu'il n'avait pas le poumon assez fort pour la trompette, et qu'en cette occasion l'évêque cédait la place au Chapelain. » Ce qui ne l'empêcha point de se livrer plus tard à l'élucubration du poème le plus mortellement ennuyeux qui soit jamais sorti de la plume d'un poète ! Cela s'appelle *les Fastes de l'Église*. Godeau, qui composait de charmantes églogues et de jolies épîtres, était, en effet, bien moins encore que Chapelain, à la hauteur de l'inspiration épique.

(3) *Ægidii Menagii poemata*, Amst., 1663., p. 81.

Et dans son Élégie *Ad Stephanum Bachotum, medicum Parisiensem,* il l'introduit conduisant le chœur des poètes épiques :

> ... *Ecce Capellanus ducit, comitante Mareso,*
> *Qui celebrant forti fortia facte pede* (1).

Nous devons avouer cependant que les louanges les plus exaltées, même chez Ménage et Godeau, précédèrent plutôt qu'elles n'accompagnèrent l'apparition de la *Pucelle,* connue depuis longtemps par des lectures privées. Le critique Baillet remarque ingénieusement que le poème de Chapelain est plus célèbre dans les prophéties que dans l'histoire :

« Je veux dire, ajoute-t-il, qu'avant sa naissance il avoit été prédit par divers prophètes (c'est la qualité que se donnent les poètes), comme un fruit de perfection et comme l'accomplissement de toutes les promesses qu'Apollon et les Muses pouvoient faire au genre humain ! Nous voyons les préfaces des poèmes épiques qui ont paru durant le long intervalle de la composition de la *Pucelle,* retentir des louanges dont leurs auteurs ont voulu prévenir ce miracle futur de l'art, et ce dernier effort de l'esprit humain assisté de toutes les divinités du Parnasse... Mais après l'heureuse délivrance de M. Chapelain, lorsqu'il fut question de le complimenter, d'encenser son fruit, et de rendre des hommages à la *Pucelle* nouvellement née, les poètes à *cent bouches* disparurent, et à peine cent poètes purent-ils fournir une bouche pour lui rendre ses devoirs (2).

---

(1) *Ibid.* p. 40. — C'est dans le même ordre d'idées que Furetière, dans son allégorie des *troubles du royaume d'Éloquence,* représenta Chapelain sous le nom de « grand podestat des terres épiques, » conduisant au combat les comparaisons et les descriptions.

(2) Baillet, *Jugemens des savans,* V., 279.

Bien plus, un coup de sifflet strident, parti dès l'année 1656 des humbles rangs du parterre poétique, vint troubler le concert des « louanges anticipées » et le calme relatif du premier enthousiasme, singulièrement refroidi par la lecture. Linière en voulait beaucoup à Chapelain, depuis quelque temps, de ce que le critique avait un jour froissé son amour-propre littéraire. Étant venu montrer des vers à Chapelain, raconte le *Bolæana*, celui-ci, après en avoir fait la lecture, lui avait dit trop franchement : « Monsieur le chevalier, vous avez beaucoup d'esprit et de bonnes rentes : c'en est assez ; croyez-moi, ne faites point de vers. La qualité de poète est méprisable dans un homme de qualité comme vous (1)... » Linière, outré de ces paroles, qui le choquèrent beaucoup plus que si Chapelain lui avait dit que ses vers étaient mauvais, résolut de s'en venger et lança d'abord cette épigramme, pendant qu'on préparait l'édition :

> Nous attendions de Chapelain,
> Ce noble et fameux écrivain,
> Une incomparable *Pucelle*.
> La cabale en dit force bien ;
> Depuis vingt ans on parle d'elle ;
> Dans six mois on n'en dira rien.

Puis, sous le pseudonyme d'*Éraste*, il écrivit un violent pamphlet contre le poème. D'après Vigneul-

---

(1) V. *Bolæana*, Œuv. de Boileau, édit. 1745, V., 132.

Marville, il paraît même que le libelle de Linière était préparé d'avance, car il parut presque en même temps que la *Pucelle*.

« Trois jours après que ce poème si vanté devint public, dit l'auteur des *Mélanges de littérature*, un critique d'un fort petit mérite lui aïant donné le premier coup d'ongle, chacun fondit dessus, et toute la réputation du poème et du poète tomba par terre. A ces nouvelles, Chapelain rappelant toutes les forces de son esprit, et s'armant de la philosophie dont il faisoit profession, parut ferme et constant. Il avoua franchement qu'il étoit méchant versificateur ; mais il soutint qu'en savant poète il avoit observé toutes les règles de l'art, et se mit en devoir de le prouver la plume à la main. Comme, sans contredit, M. Chapelain étoit un très-habile homme, je ne doute point qu'une apologie de sa façon n'eût été un excellent ouvrage ; mais cet écrit, s'il a été fait, n'a point paru, ses amis ne croïant pas que rien fût capable de le relever de sa chute, la plus grande et la plus déplorable qui se soit faite de mémoire d'homme du haut du Parnasse en bas (1). »

Cette conclusion est fort exagérée, car on ne peut contester la première vogue du livre, et ce fut Boileau qui, *dix ans plus tard,* commença contre lui les plus sérieuses attaques. Mais le premier détail est bon à enregistrer. L'abbé de Montigny, jeune poète, qui devait quelques années plus tard devenir évêque de Saint-Pol-de-Léon, puis académicien (2), prit le parti de la *Pucelle* et répondit vivement au libelle

---

(1) Vigneul-Marville, *Mélanges*, II, 5.
(2) L'abbé de Montigny était Breton, de Rennes. (Voir sur lui notre étude dans la *Bretagne à l'Académie française.*)

par sa *Lettre à Éraste* (1), dans laquelle il défendait
énergiquement son maître (2), démontrant à Éraste
l'absurdité de sa critique, lui reprochant amèrement
d'avoir mis de son parti l'incomparable Doralice,

---

(1) Th. Gautier a cru à tort que cette lettre était de Chapelain lui-même.

(2) « Monsieur, quoy que je n'aye jamais eu l'honneur de vous voir, il me semble néantmoins que je vous connois admirablement. Vostre réputation est venüe jusqu'à moy, et l'ouvrage que vous avez fait pour vous en acquérir dans le monde a eu dans mon esprit tout le succès que vous en devez raisonnablement attendre. Il m'a appris ce que vous valez, quel est vostre esprit, vostre humeur et vostre génie, et, par un effet qui vous surprendra, il vous a plus heureusement dépeint qu'il n'a défiguré la *Pucelle*. Tous les coups qu'il luy porte sont autant de traits qui forment vostre peinture ; et l'on peut dire qu'il en est à peu près comme de cette figure d'optique qui est assez commune, laquelle n'offre d'abord aux yeux qu'une confusion de traits irréguliers et de couleurs mal appliquées, mais qui, estant regardée en un certain jour, représente parfaitement un cheval. Ainsi, Monsieur, on ne comprend rien d'abord à vostre lettre : c'est un galimathias tout à fait magnifique ; il semble que vous n'ayez eu dessein que d'y brouiller quelque caprice ; et tout ce qui en résulte et qu'on en peut tirer, c'est une juste et parfaite idée de ce que vous estes *(un âne sans doute)*. Mais je m'estonne que vous ayez osé nous la donner, que vous ayez crû vous faire honneur en vous faisant connoistre, et que vous n'ayez pas songé que vous n'estiez pas plus honorablement exposé au public dans une telle image que si vous estiez effectivement pendu en effigie. Sans mentir, Monsieur, j'en ay eu honte pour vous ; j'ay eu pitié d'un homme qui n'en veut pas seulement à tous les habiles et à tous les illustres, mais qui en veut encore à soy-mesme ; et quoy que je ne sois point connu de vous, j'ai crû que la charité m'obligeoit à vous en avertir et à vous dire en quelle estime vous estes auprès des honnestes gens... Donc, ô Monsieur Éraste, je vous diray en amy que vous vous estes extresmement décrié en pensant décrier la *Pucelle*, et que vous n'avez pas tant fait une critique contre elle qu'un libelle diffamatoire contre vous..., etc. » *Lettre à Éraste pour réponse à son libelle contre la* Pucelle. Paris, A. Courbé, 1656, in-4°, 32 pp.

« ce qui est aussi faux qu'il est vrai que ses yeux sont les plus beaux du monde, » et lui jetant à la face les trivialités de son langage, qu'on ne souffrirait même pas chez de petits bourgeois ou des hobereaux de province (1). Éraste n'entend rien en logique ni en poétique ; et quant à ses épigrammes, il suffit d'y changer quelques mots pour les transformer en éloges... C'est là un des côtés les plus curieux de la brochure de l'abbé de Montigny. On a vu plus haut que Linière avait terminé une de ses pièces en disant de la *Pucelle* :

> Depuis vingt ans on parle d'elle ;
> Dans six mois on n'en dira rien.

L'abbé Jean proposait modestement de mettre à la place :

> Dans mille ans on parlera d'elle
> Ou l'on ne parlera de rien.

(1) « ... Pour moy, je tiens que vous n'avez point eu d'autre motif en ceci que de vous tirer de la profonde obscurité où vous estiez, de vous mettre un peu au monde et d'y passer pour ce qu'on appelle un bel esprit de profession. Vous savez, Monsieur, quelle beste c'est qu'un bel esprit de ce genre-là ; que c'est un animal privé de sens commun, qui regimbe contre l'honneur et contre la coustume, qui vous étourdit d'allusions et de basses équivoques, et qui vous dit éternellement des pointes les plus fausses et les plus provinciales. C'est un estat de vie irrégulier et inconnu à nos pères qui estoient plus gens de bien que nous, et une espèce de moinerie profane dont Cyrano a esté l'instituteur. Vous avez suivi vostre vocation en vous y fourrant ; vous y avez tant de talent, qu'on vous y a receu profés, malgré tout vostre air de novice, et qu'on s'est estonné que la nature ait fait en vous en fort peu de temps ce qu'elle n'a pu faire qu'en plusieurs années dans les d'Assoucys et les Monmors... etc. »

Linière avait dit encore :

> Par bonheur, devant qu'on imprime
> Cette *Pucelle* magnanime,
> Chapelain, tu tiens le haut bout ;
> Mais on dit que cette *Pucelle*
> Ne s'est fait voir qu'à la chandelle
> Et que le jour a gâté tout,

Montigny propose :

> Mais comme on dit, si la Pucelle
> A plu, mesme à la chandelle,
> Au jour elle ravira tout.

Il y en a beaucoup de cette force ; aussi nous dispenserons-nous d'énumérer tous ces magnifiques jeux d'esprit. On s'imagine bien, cependant, que Chapelain ne les dédaigna pas, et le 26 septembre 1656 il écrivait à l'abbé : « Il y a apparence que Linière se contentera de la touche que vous lui avez donnée, et qu'il ne s'exposera pas au hasard d'une recharge qui achèveroit de l'accabler. » Mais Linière ne se tint pas pour battu ; il répliqua, et Chapelain dut mettre en œuvre tout son crédit pour que ce nouveau factum ne devînt pas public : « Pour le fripon d'Éraste, écrivait-il encore à l'abbé de Montigny le 25 janvier 1657, il avoit mis son libelle sur la presse, sur une permission qu'il avoit extorquée du bailli du palais ; mais celui-ci ayant appris que c'étoit contre moi, il retira la pièce et la permission, et il n'y a pas d'apparence qu'il lui rende ni l'une ni l'autre. Il m'a dit que vous y étiez assez maltraité, et M. l'abbé de Coëtlogon aussi. » Et le mois suivant, il annonçait à l'abbé que le chancelier Séguier avait définitivement supprimé la brochure de Linière, dont il avait eu communication et dont il lui envoyait une copie. Nous apprenons enfin, par une autre missive datée du 29 avril 1657, que le prétendu Éraste, devenu plus raisonnable depuis cette suppression ou voulant le paraître, avait envoyé à la comtesse de la Suze « sa confession par écrit, dans laquelle il reconnoissoit ses fautes et tâchoit de satisfaire des gens qui n'attendoient ni ne vouloient de satisfaction de lui (1). »

Pendant que cela se passait à Paris, d'Assoucy, qui était à Avignon, s'étant persuadé que la *Lettre à Éraste* était de Chapelain lui même (2), voulut prendre contre lui la défense de Linière ; mais son ouvrage eut le même sort que celui de la seconde brochure du satirique. « Que diriez-vous de votre d'Assoucy, qui m'a pris pour vous, écrivait encore le pauvre Chapelain à l'abbé de Montigny le 29 décembre 1656, et qui, m'ayant cru auteur de votre livret contre Éraste, m'en a fait un épouvantable procès, et sans le soin officieux que de mes amis

---

(1) Voy. l'abbé Goujet, *Bibl. franç.*, XVII, 239-240.

(2) D'Assoucy ne fut pas le seul à croire que la lettre anonyme à Éraste fût de Chapelain. Conrart lui-même le crut un instant, et l'exemplaire de la Bibliothèque nationale, qui est celui de Chapelain, contient à la fin six feuillets in-folio autographes contenant une foule d'observations grammaticales très-curieuses sur le libelle de Linière et la réponse de Chapelain. Ces pages autographes de Conrart n'ont été, croyons-nous, jamais signalées avant notre étude publiée dans la *Bretagne à l'Académie française*.

d'Avignon et d'Orange ont pris pour empêcher l'impression d'un libelle qu'il avoit fait là-dessus contre moi, j'eusse encore eu cet animal féroce contre moi (1). »

En revanche, un ami adressait à Chapelain un sonnet pompeux au sujet de cette querelle :

La *Pucelle* paroît plus belle qu'une aurore
Qui d'un brillant soleil annonce le retour,
Et dans ce grand éclat, la France qui l'adore
La revoit triomphante en sa royale cour.

Un lâche médisant que la haine dévore,
Jaloux qu'elle ait acquis tant d'estime et d'amour,
Ramassant ses venins, en vain la déshonore
Et s'attaque au grand nom qui la produit au jour.

Admirable génie, ornement de notre âge,
Laisse gronder ce monstre, et méprise sa rage,
Qui tâche d'obscurcir la gloire de tes vers ;

L'orgueil attaque tout : dans sa fureur extrême,
N'a-t-il pas censuré la Providence même,
Et cherché des défauts dans ce grand univers (2) ?

Cependant un autre « animal féroce », qui n'avait pas pour le poème un respect pareil à celui qu'on doit à la Providence, vint bientôt, sur les traces de Linière, saper par la base le colosse chancelant.

---

(1) Voy. l'abbé Goujet, *Bibl. franç.*, XVII, 239-240.
(2) Cité par l'abbé Goujet, XVII, 381-382.

Cette seconde attaque fut beaucoup plus sensible à Chapelain que la première : elle partait de la plume d'un confrère de l'Académie, et sous le pseudonyme du Sieur du Rivage on ne tarda pas à reconnaître le médecin et ami de Mme de Sablé, Jules Pillet de la Ménardière. « Les observations du Sieur du Rivage, dit Tallemant, faschèrent fort la caballe, et M. de Montauzier, en parlant à la Ménardière, qui s'est déguisé sous ce nom-là, dit, après avoir bien parlé contre cet escrit, que celuy qui l'a fait mériteroit des coups de bâton, et il vouloit qu'on bernât Linière au bout du cours (1). » Faut-il ajouter à tout cela une épigramme latine fort piquante, lancée par un autre académicien, le maître des requêtes Habert de Montmort ? (2)

Illa Capellani dudum expectata Puella
Post longa in lucem tempora prodit anus.

Mais nous n'avons pas l'intention de reproduire ici toutes les plaisanteries qui coururent sur le malheureux poème. On en ferait un recueil assez volumineux, et dans le nombre (3) il en est de fort libres. Ménage, dans une longue épître à Pellisson, saisit sa lyre pour protester contre ces attaques :

---

(1) Tallemant, II, 491-493.
(2) Voir sur Habert de Montmor notre étude publiée dans le *Bibliophile français*, en 1872.
(3) Voy. *Menagiana*, édit. citée, p. 17-18, et *Recueil de Sercy*, III, 273, 320, 346.

> ... Tous ces chantres malheureux,
> Ces hiboux malencontreux,
> Dont la débile paupière
> Ne peut souffrir la lumière ;
> Tous ces sinistres corbeaux
> Qui sur les rives des eaux
> Du docte et sacré Permesse
> Depuis deux ans font la presse ;
> Qui par leurs funestes cris
> Détestés des beaux esprits,
> Afin de se rendre indignes
> Croassent contre les cygnes,
> Toujours d'un œil de travers
> Regardent-ils ses beaux vers ?...
> Les Homères, les Virgiles
> Eurent jadis leurs Zoïles.
>
> ... Je say bien que Chapelain
> Du moindre effort de sa main
> Pourrait, ainsi que la foudre,
> Briser et réduire en poudre
> Tous ces lâches envieux
> De ses travaux glorieux.
> Mais si facile victoire
> Est indigne de sa gloire.
> Pour leur donner mille morts,
> Il les livre à leurs remords (1).

Le duc de Longueville fit mieux : il doubla la pension qu'il servait depuis vingt ans au poète. Ainsi consolé par de fervents amis, Chapelain put donc, jusqu'à un certain point, croire pendant près de dix années au succès relatif de son œuvre. Il est

---

(1) *Ægidii Menagii Poemata.* Amst., Elzevir, 1653 (268-270).

vrai que la première vogue n'avait été « qu'un feu de paille », suivant l'expression de des Réaux ; mais depuis les deux équipées critiques d'Éraste et du Sieur du Rivage, peu de bruit se fit autour du poème, car ce fut seulement en 1664 que commencèrent les violentes attaques de Boileau, qui ne pouvait voir sans indignation l'auteur de la *Pucelle* conserver son autorité littéraire presque intacte. Aussi Chapelain écrivait-il tout naïvement à Godeau, plus de dix ans après l'apparition de son poème :

« La *Pucelle* est bien heureuse d'avoir un galant aussi saint et aussi peu scandaleux que vous, et peu s'en faut qu'elle n'en fasse la vaine. Je l'en retiens en lui représentant que les saints mesmes ne parlent pas toujours tout de bon, et que ce qui est ici courtoisie n'est pas toujours vérité. Elle vous rend toutefois grâces très-humbles de cette courtoisie qui lui tourne à si grande gloire, et meurt d'envie d'estre achevée de peindre pour vous aller faire une visite. J'en suis au dernier coup de pinceau et peut-estre qu'à un an d'ici je n'aurai plus qu'à la retoucher et à l'abandonner après, sur sa foi, dans le monde... »

On ne serait pas plus en belle humeur et en veine après un premier succès, dit M. Sainte-Beuve, après avoir cité des fragments de cette lettre. Il y a des grâces d'état. Profitons de ce calme, précurseur de la tempête, pour étudier rapidement l'œuvre de Chapelain.

II

LE POÈME DE LA PUCELLE.

AVOUONS, dit M. Paulin Paris, dans ses notes aux *Historiettes* de Tallemant des Réaux, que si tout le monde connaît de nom ce poème infortuné, personne de notre temps n'a pris la peine de le lire. Ou je me trompe fort, ajoute-t-il, et quelqu'un s'avisera de le faire, et tentera de plaider la cause de l'auteur à la suite de l'évêque d'Avranches et de bien d'autres contemporains.

Cette idée du savant annotateur avait déjà reçu un large commencement d'exécution lorsqu'il l'exprimait. M. Guizot, dès 1813, ou plûtot Mlle Pauline de Meulan, dont le travail fut revu par son futur mari, et M. Saint-Marc-Girardin, dans ses *Souvenirs de Voyages et d'Études*, avaient analysé le poème de Chapelain et rendu justice à ses qualités. Ce dernier, qu'on n'accusera pas d'hétérodoxie littéraire, déclare même qu'au premier livre, « les vers sur Dieu que Voltaire, dans sa *Henriade*, a imités sans les égaler, atteignent au sublime, si ce grand mot de sublime peut convenir à la malencontreuse renommée de Chapelain », et, plus loin, que la scène et le dialogue entre Renaud et Suffolk, blessé au siége d'Orléans, mériteraient d'être de Corneille (1). Depuis, M. Julien Duchesne, publiant, en 1870, une longue étude sur les *Poèmes épiques du XVIIe siècle*, préparée pour une thèse au doctorat, réservait plusieurs chapitres de son ouvrage à la *Pucelle*, au moment même où nous achevions, par une lecture assidue, de faire une connaissance intime avec l'œuvre capitale de Chapelain. Renvoyant les curieux aux précédents travaux, nous ne ferons ici que résumer notre impression, en sorte qu'on puisse cependant se faire une idée juste et suffisante du poème bafoué par Boileau.

Écoutons d'abord le poète lui-même nous présenter son œuvre, et n'oublions pas que l'extrait de préface qui va suivre est tiré de la première édition, c'est-à-dire qu'il fut composé avant que les attaques des Éraste et des du Rivage eussent pu engager l'auteur à modifier son introduction devant le public. Lorsque Chapelain écrivait ces lignes, il était encore dans toute la majesté de sa royauté littéraire incontestée. Nous remarquons même que, si l'ouvrage fut « achevé d'imprimer pour la première fois le 15 décembre 1655 », les lettres patentes pour le privilége sont datées du 3 mars 1643. Or, Chapelain commence ainsi sa préface :

« Je fay si peu de fondement, pour le bon succès de mon poëme, sur l'impatience qu'on a témoignée de sa publi-

---

(1) Saint-Marc-Girardin, *Souvenirs de voyages et d'études*. Amyot, 1853, in-12, II (250-253).

cation, que je considère un si grand honneur comme son plus grand désavantage. Car, sans parler de ceux qui n'ont souhaité de le voir que pour y trouver à redire, il est certain que ceux-là même qui l'ont désiré pour leur divertissement en auront un plus grand dégoust si les beautés n'y répondent pas à leur attente, que s'ils ne l'eussent point désiré du tout, et que le présent que je leur en fay leur fust une chose nouvelle. Sur quoy je les supplie d'agréer que je leur représente que la bonne opinion qu'ils en peuvent avoir conceüe ne leur a point esté inspirée par moy, et que l'excessive faveur qu'ils m'ont faite ne doit être imputée ni à mes persuasions, ni à mes prières. Ceux qui me connoissent sçavent que je me connois, et que n'ayant jamais eu de moy que de modestes pensées, je n'en ay aussy jamais dit que ce que j'en ay pensé. Ils sçavent encore que les louanges anticipées de quelques personnes officieuses n'ont esté souffertes par moy qu'avec beaucoup de peine, et que j'ay toujours appréhendé qu'elles ne s'engageassent à soutenir une réputation plus grande que mes forces ne le peuvent permettre...

« J'avouë de n'avoir que bien peu des qualités requises en un poëte héroïque. Je n'ay point cru esgaler ces princes du Parnasse, et bien moins atteindre au but où ils ont inutilement visé. J'ay apporté seulement à l'exécution de mon projet *une connoissance assez passable de ce qui y estoit nécessaire*, et une persévérance assez ferme pour ne m'en laisser divertir, ni par les charmes du plaisir, ni par les tentations de la fortune ; je n'eus point mesme d'autre pensée, quand je m'attachay à cet ouvrage, que d'occuper innocemment mon loisir, lorsqu'après une vie assez agitée je préféray la tranquillité de la retraite à la turbulance de la cour. *Ce fut plutôt un essay qu'une résolution déterminée, pour voir si cette espèce de poësie, condamnée comme impossible par nos plus fameux écrivains, estoit une chose véritablement déplorée, et si la théorie, qui ne m'en estoit pas tout à fait inconnue, ne me serviroit point à montrer à mes amis, par mon exemple, que sans avoir une trop grande élévation d'esprit, on le pouvoit mettre heureusement en pratique. Surtout je n'avois garde de me persuader qu'un travail que je faisois à l'ombre dust jamais s'exposer au jour. Ce fut certainement par une aventure inopinée que ce que je cachois avec tant de soin vint à la connoissance de l'illustre prince qui, par sa générosité sans pareille, a trouvé moyen de me faire une nécessité d'un exercice volontaire, et qui a converty, par ses faveurs, en une profession publique, un amusement de cabinet. Voilà de quelle sorte je suis devenu poëte, aussi bien sans vanité que sans capacité, d'abord par passe-temps et ensuite pour ne me noircir pas de la plus lâche des ingratitudes... »*

Tel était, à l'époque de sa plus grande gloire, le modeste langage d'un poète au sujet duquel Tallemant des Réaux lança cette boutade : « Pour moy, je suis épouvanté d'un si grand *parturient montes*. Après cela prenez les Italiens pour maistres. Allez vous instruire chez ces messieurs ! Patru a raison, qui dit que M. Chapelain n'est sage qu'à l'italienne, c'est-à-dire que la morgue et le flegme font toute sa sagesse » (1) !

Chapelain avait conçu le plan de son poème vers l'année 1625, à l'époque du grand succès de sa préface de l'*Adone*. Il le médita pendant cinq années entières, puis il écrivit son ouvrage en prose d'un bout à l'autre, ce qui a fait dire à Tallemant : « Et pour l'échonómie, hélas ! peut-on avoir resvé trente ans pour ne faire que rimer une histoire ! Car tout l'art de cet homme, c'est de suivre le gazettier (2)... » Il est certain que Chapelain attachait

---

(1) Tallemant, II, 488-489.
(2) *Ibid.*

peu d'importance à la versification, sa préface en fait l'aveu : tout le poème consiste pour lui dans l'heureux choix du sujet, dans l'habile combinaison de la fable, dans l'art d'amener les épisodes. L'invention en un mot est l'œuvre capitale ; à peine doit-on s'arrêter au style ; il posera, même plus tard, cette manière de voir en principe, et dira dans la préface des douze derniers chants : « Quant aux vers et au « langage, ce sont des instruments de si petite consi-« dération dans l'épopée, qu'ils ne méritent pas que « de si graves juges s'y arrêtent ; on les abandonne à « la fureur de la nation grammairienne, sans qu'on « s'en estime plus ou moins pour l'approbation qu'ils « recevront d'elle ou pour les coups de bec qu'elle « leur pourra donner... (1) » Cette façon de considérer les choses pourrait mener fort loin, et nous aimons à penser que Chapelain ne la mit en avant que pour sa défense personnelle, car ce qu'on lui reprocha le plus, et ce qui excita la verve satirique de Boileau, ce fut l'incroyable dureté d'un grand nombre de vers de son poème. On attaqua peu l'ordonnance de la fable ; mais aucun lecteur ne put supporter longtemps la rudesse décourageante de cette poésie rocailleuse et sans grâce.

Il y a donc deux parts bien distinctes à faire tout d'abord dans l'examen du poème de *la Pucelle* : la fable et le style. Commençons par la fable :

---

(1) Voir la suite de l'exposé de cette théorie dans la préface reproduite *in extenso* ci-dessous, en tête des douze derniers chants de la *Pucelle*.

Je chante la Pucelle et la sainte Vaillance
Qui dans le point fatal où périssoit la France,
Ranimant de son Roy la mourante vertu,
Releva son État sous l'Anglois abattu.
Le Ciel se courrouça, l'Enfer emust sa rage,
Mais par son zèle ardent et son mâle courage,
Triomphante et martyre, au bucher comme aux fers,
Elle fléchit les cieux et dompta les enfers (1).

Tel est l'unique sujet du poème ; aussi Chapelain l'a-t-il appelé *la Pucelle, ou la France délivrée*. Nous n'insisterons pas sur les dix longues pages qu'il consacre dans sa préface à se justifier, selon Aristote, d'avoir chanté une héroïne et non pas un héros. Si Voltaire a blâmé ce choix, ne le croyant pas susceptible d'être traité sérieusement, on peut reprocher à l'auteur des ignobles pasquinades de la parodie de n'être pas complètement désintéressé dans la matière. Pour nous, comme pour les maîtres les plus autorisés de la critique contemporaine, le sujet de la *Pucelle* est éminemment digne de l'épopée ; bien plus, il ne le cède en rien à celui de la *Henriade ;* et La Harpe a beau dire que le poème de Chapelain ne trouve point l'imagination déjà prévenue pour son héros... qu'une épopée si récente et le lieu de la scène si voisin ne permettent guère des fictions... nous ne sachions pas que la Ligue soit d'une date plus ancienne. Aussi récusons-nous son jugement sur ce point, aussi bien que celui de M. Sainte-Beuve, quand

---

(1) Chapelain, *La Pucelle,* édit. 1656, in-12, p. 1.

il dit que la *Pucelle* de Chapelain devait fatalement amener la *Pucelle* de Voltaire (1).

L'histoire de Jeanne d'Arc est, au contraire, un sujet qui se prête admirablement au merveilleux, et ce merveilleux, remarque excellemment M. Saint-Marc Girardin, est gracieux et touchant, car l'héroïne est douce et timide avant son inspiration, hardie pendant sa mission, noble et résignée dans son martyre; il est de plus national et populaire, car c'est une simple fille du peuple qui délivre le pays de l'oppression étrangère et prépare la grande œuvre de l'unité française; enfin, par la nature même de l'héroïne, il se rattache aux plus anciennes traditions de notre poésie; et Jeanne d'Arc, dernière héritière des Amazones, des Clorinde et des Alvida, vient en quelque sorte clore la liste des femmes guerrières qui brillent dans les romans de chevalerie (2).

Il est vrai qu'au commencement du XVIIe siècle, l'opinion publique n'était pas aussi éclairée que maintenant sur la noble figure de la sainte libératrice. A peine mentionnée ou très-défigurée par les historiens du siècle précédent et par les fades tragédies dont elle avait été l'objet sous le règne de Louis XIII, Jeanne d'Arc n'existait pas comme personnage historique, mais comme une bergère digne du roman de *Polexandre*; et Chapelain, dont le sens droit et sûr avait découvert la vérité obscurcie par

---

(1) Sainte-Beuve, *Port-Royal*, II, 400.
(2) Saint-Marc-Girardin, *Souvenirs de voyages et d'études*, II (241-250).

l'ignorance ou par les préventions, dut se livrer dans sa préface à de longs développements, pour démontrer que Jeanne est une personne vraie et que les prodiges de sa vie ne sont pas contestables. Raison de plus, dirons-nous avec M. Julien Duchesne, qui retrace, à grand renfort d'érudition, l'histoire de cette erreur du XVIIe siècle que le nôtre répare chaque jour, raison de plus pour rendre enfin justice à ce travailleur judicieux et clairvoyant.

Ce qui nous frappe surtout dans la conception de ce poème, c'est que rompant d'une façon absolue avec la tradition des poètes et des romanciers contemporains, le fils de Jeanne Corbière, grâce au saint respect qu'il professe pour son héroïne, n'a point commis la faute de l'animer de la moindre passion humaine. Seule la passion de sa mission divine la fait agir. A voir Jeanne attribuer toujours à Dieu ses victoires, conserver inébranlable son humilité pleine de confiance, aimer même les adversités, parce qu'elles lui viennent du ciel, on sent que le poète croit fermement à la vocation de la Pucelle :

> Exaltez moins, dit-elle, une simple bergère !...
> Je n'agis point par moi, qui ne suis que foiblesse :
> J'agis par l'Eternel ; c'est lui qui par mon bras
> Apporte aux uns la vie, aux autres le trépas !

Telle est la note dominante et parfaitement soutenue de l'ouvrage.

Entrons dans le cœur de l'action.

Au début du poème, Orléans, assiégée par Bedford et défendue par Dunois, se trouve réduite à la dernière extrémité, lorsque Charles VII, averti du péril, s'adresse au ciel pour obtenir le salut de la France, et Dieu, sur les instances de la Vierge, envoie un ange à la bergère de Vaucouleurs, pour lui annoncer sa mission. Jeanne part aussitôt, arrive à Chinon, reconnaît Charles au milieu de sa cour, se fait remettre le commandement de l'armée (chant Ier), pénètre dans Orléans en battant les Anglais, et sauve miraculeusement un convoi de grains qui remontait la Loire. Le ciel « rend tous les François amoureux d'elle », et Dunois, qui avait jadis donné sa foi à Marie, nièce de Philippe de Bourgogne, aujourd'hui allié des Anglais, voue à Jeanne un amour pur et un dévoûment éternel (chant II). Puis une bataille de deux jours, dans laquelle interviennent les anges, les démons, la terreur et mille artifices surnaturels, achève la déroute des Anglais et dégage complètement la ville (chant III).

Au IVe chant, la note amoureuse fait place aux clameurs de la guerre ; la versification est moins dure que dans tout le reste du poème. Chapelain, qui prétend marcher autant que possible sur les traces de Virgile, s'est ici inspiré du IVe livre de l'*Énéide*, remplaçant Didon par Marie de Bourgogne. La douce amante de Dunois, retirée dans le palais de Fontainebleau, a conçu quelque espoir à la nouvelle de la délivrance d'Orléans ; mais cet espoir se change en douleur amère lorsqu'elle apprend l'amour de Dunois pour Jeanne ; elle lui envoie, déguisée en homme, sa confidente Yolande, dont les reproches vont être couronnés de succès, lorsque paraît la Pucelle, qui change, par ses accents guerriers, le cours des réflexions de l'amoureux, et l'entraîne au siége de Jargeau, qu'on emporte après avoir vu un mur entier renversé sur Jeanne ne lui faire aucun mal (1).

Cependant le traître Amaury, jusque-là tout-puissant sur le cœur de Charles VII, est dévoré d'une noire jalousie contre le crédit de la Pucelle, et s'imagine qu'en rappelant Agnès Sorel, autrefois éloignée par ses soins, il pourra recouvrer son influence. Mais pendant les préparatifs d'Agnès, Jeanne, qui poursuit avec une persévérauce indomptable sa mission providentielle, réorganise les armées, fait capituler Beaugency, met Talbot en déroute (ch. V), et lorsque, de retour près du roi, elle se trouve en présence d'Agnès qui menace de reprendre son ancienne faveur, elle ramène par des paroles énergiques le faible Charles à son devoir. Agnès, furieuse, s'enfuit à la cour de Philippe de Bourgogne, pendant que la Pucelle entraîne le roi sur la route de Reims, rétablit partout la discipline, déjoue la trahison d'Amaury au passage d'Auxerre, et ne

---

(1) A propos de ce siége de Jargeau, notons que l'auteur de la *Pucelle* se piquait fort « d'entendre la guerre. » Il étalait avec complaisance son érudition en fait de courtines, de demi-lunes, de lignes de bataille et de machines de toute espèce, et il aimait à rappeler que le grand Condé l'avait un jour appelé *le colonel Chapelain*. (Voy. une lettre de Charpentier à Bussy, et *passim: Corresp. de Bussy*, VI, 128; 590, etc.)

prend de repos que lorsqu'elle a établi son camp sous les murs de la cité du sacre (chant VI).

Au même moment, Agnès arrive à Fontainebleau, pour offrir son amour et son bras à Philippe qu'elle décide à se joindre aux Anglais. La douce et sympathique Marie quitte Fontainebleau, ne voulant pas rester sous le même toit que l'intrigante, et se réfugie dans Paris pendant que Roger, frère d'Agnès développe à deux prélats de passage une histoire de France complète en leur expliquant le sujet des superbes tapisseries qui décorent les murailles du palais (chant VII).

La première partie du VIII⁰ chant est consacrée par le poète aux magnificences du sacre de Charles VII, puis sa prétention d'imiter partout Virgile lui fait imaginer un épisode analogue à la descente d'Énée aux enfers. Le sacre est à peine achevé, qu'on apprend la marche de Bedfort sur Reims. Charles, effrayé, veut consulter les voix mystérieuses qui inspirent la Pucelle ; et l'on se rend à la grotte de Maraiphe, où, après une neuvaine passée en prières, les voix annoncent la mort de Jeanne, la déroute des Anglais, les gloires du roi, ses défaillances et l'histoire de ses successeurs jusqu'au règne de Louis XIV. On comprend sans peine que Chapelain en profite pour faire un éloge pompeux de Louis XIII, de Louis XIV, et surtout de la maison de Dunois et du duc de Longueville, son bienfaiteur (chant VIII).

Mais le faible Charles oublie bientôt ses promesses. Amaury et son père, pour perdre Jeanne dans son esprit, lui persuadent que toutes les merveilles accomplies ne sont que des artifices du démon qui, de son côté, rappelle la *Terreur* et la jette sur l'armée française. Jeanne épuise toute son éloquence pour ramener les soldats égarés (ch. IX), et le roi tient un conseil de guerre pour savoir si l'on continuera la poursuite. Après un débat orageux, la Pucelle entraîne le conseil, rend la confiance à l'armée, et l'on arrive sous les murs de Paris, qu'on somme de se rendre et dont Amaury saccage les faubourgs (chant X).

Le XI° chant tout entier est consacré au siége de Paris, pendant lequel Dunois, entraîné par sa valeur, est fait prisonnier au dedans du rempart. Après trois assauts successifs, Jeanne, quoique blessée grièvement dans un combat corps à corps avec Talbot, emporte enfin la brèche ; mais au moment où l'étendard de France flotte sur les murs de Paris, la retraite sonne du camp royal, et les troupes se retirent en criant trahison (chant XI). C'est qu'un démon a poussé contre Amaury un trait adressé par la Pucelle à Talbot, et Charles a cru qu'elle le trahissait ; un coup de tonnerre manifeste la colère du Très-Haut contre l'injustice du prince qui bannit l'héroïne : le camp tout entier reconnaît la voix de Dieu, se révolte et abandonne le roi ; puis, triste et résignée, Jeanne se retire avec son frère Rodolphe dans la forêt de Compiègne pour y vivre dans la solitude. Mais l'approche de l'armée de Philippe la force à se refugier dans la ville, où les habitants la supplient de défendre leur cité. Elle finit par y consentir, malgré sa répugnance, car elle a reconnu qne le secours d'en haut ne l'assiste plus ; et dans une sortie elle est prise par les Anglais, qui la mènent à Rouen (chant XII).

Tel est le résumé succinct des douze chants imprimés de la *Pucelle;* les douze autres vont enfin voir le jour. L'action, moins serrée désormais, y laisse respirer les personnages que la première moitié du poème a si constamment tenus en haleine. La Pucelle reste enfermée dans sa prison ; Dunois, échangé par Bedfort, qui cherche à l'éloigner de Marie à laquelle il voudrait faire épouser son fils Édouard, demeure oisif dans un camp où l'on ne se bat plus, et qu'Agnès, redevenue la maîtresse, n'occupe que d'amour et de divertissements. Édouard, qui ressemble trait pour trait à Rodolphe, se présente à Charles sous son nom, obtient sa confiance, le gouverne en se servant d'Agnès, le trahit, déjoue tous ses projets, et finit par vouloir l'empoisonner. Mais c'est Agnès qui mange la pomme fatale et qui meurt ; puis Charles, qui a d'abord voulu mourir avec elle, se console subitement, selon sa coutume, aidé par les conseils d'un ange qui l'engage à faire pénitence de cet amour. De son côté, le démon a enfin déterminé les Anglais à faire périr la Pucelle, que Bedfort voulait conserver comme otage de la sûreté de son fils. Jeanne monte au bûcher, puis Rodolphe, effectivement échappé de sa prison, vient à la cour de Charles réclamer son nom, appeler en duel et tuer le traître Édouard. Dunois achève de chasser les Anglais et tue Talbot sous les murs de Paris, où Charles entre en triomphe pour chanter à Notre-Dame un magnifique *Te Deum* d'actions de grâce.

La critique, en général, s'est montrée fort douce à l'égard de cette action sage, raisonnable, assez bien conduite et qui, loin de présenter les romanesques extravagances qu'on rencontre dans les nombreux poèmes de l'époque, offre au contraire un plan nettement tracé, des caractères soutenus, une grande unité de conception, car tout se rapporte directement à Jeanne, et une clairvoyance historique remarquable. Aussi Boileau, comprenant fort bien qu'elle offrait peu de prise à la satire, a-t-il jugé prudent de la passer sous silence, et, dans ses passages les plus mordants, il ne s'attaque jamais qu'aux vers de Chapelain. Au XVIIIe siècle, l'abbé Goujet, rapportant un article fort dur du *Mercure de Trévoux* (février 1708), où l'on prétend que Chapelain était « un de ces esprits froids et pesans dans qui le flegme domine, et qui, destitués de ce beau feu d'imagination si nécessaire en tout genre de poésie, font sentir dans leurs productions tout le travail qu'elles ont coûté », ajoutait en correctif :

« J'avouerois que tout cela est vrai, pourvu qu'on ne dise pas que le poëme de la *Pucelle* soit absolument destitué de toute beauté ; que l'on convienne que cet ouvrage, *dont le sujet et le plan sont également beaux, seroit peut-être aujour-*

d'hui le premier de nos poëmes épiques, si Chapelain l'eût versifié dans le goût de son ode au cardinal de Richelieu, et qu'il se fût un peu moins occupé du soin d'étaler les connoissances qu'il avoit acquises en tout genre (1)... »

La Harpe lui-même a rendu justice, sous ce point de vue, à l'auteur de la *Pucelle*. Chapelain, dit-il, a plus de jugement que Scudéry, et la marche de son poëme pouvait avoir quelque intérêt, s'il avait su écrire (2). Enfin, Th. Gautier, après une charge à fond contre le style de Chapelain, s'écrie, désespéré : « Ce qu'il y a de pis, c'est qu'au fond son ouvrage est très-raisonnable, très-bien conduit, très-bien charpenté, comme on dit maintenant, et qu'il aurait pu être un véritable poëme s'il eût été versifié par un autre que lui (3)... »

On le voit, c'est toujours le même jugement porté par la critique, de siècle en siècle, avec des termes fort peu différents. Nous devons en conclure que la France posséderait enfin quelque jour son poëme national si vainement attendu, si un poète pouvait se rencontrer, au vers souple, fier et largement frappé, qui, s'inspirant du plan dressé par Chapelain et retranchant certains détails inutiles, voulût consacrer sa muse à reprendre l'œuvre ébauchée.

Surtout, il lui faudrait éviter de tomber dans la monotonie en ramenant sans cesse les mêmes idées

---

(1) Goujet, *Bibl. franç.*, XVII, 384-385.
(2) La Harpe, *Cours de litt.*, IV, 265.
(3) Th. Gautier, *Les Grotesques*, p. 269.

et les mêmes détails. On sent trop que Chapelain, après avoir écrit méthodiquement le programme de chacun de ses livres, l'a mis en vers isolément, sans se préoccuper de l'effet général. Les batailles sont toutes les mêmes batailles ; les discours sont tous les mêmes discours, et les descriptions ou les comparaisons minutieuses sont plutôt des hors-d'œuvre que des moyens de lier l'action. Tout arrive froidement à sa place ; c'est en vain que l'on cherche l'enthousiasme. Une seule qualité résulte de cette manière de procéder : c'est que tous les caractères se soutiennent invariablement sans dévier un seul instant de la ligne tracée. La Pucelle, toujours inspirée, toujours sur la brèche pour combattre l'Anglais ou pour relever les courages abattus, semble une incarnation de l'assistance divine, qui jamais n'abandonne l'homme de foi, même dans ses faiblesses. Dunois, chevalier sans peur et sans reproche, toujours au premier rang dans le danger, n'écoute dans le conseil que la voix du devoir, et marche droit son chemin dans les sentiers de l'honneur. Charles, faible et irrésolu, se laissant aller à tous les vents de la colère, de l'amour, du courage, de la peur ou de la générosité, passe brusquement du découragement à la confiance, de la majesté impatiente à la soumission la plus complète, de la passion à l'indifférence. Voici enfin Philippe, Agnès, Gillon, Amaury, types bien distincts, physionomies très-nettes, toujours ressemblantes au portrait que le poète en avait d'abord esquissé... Cela nous a fait réfléchir sérieusement sur une page de la préface de Chapelain, à laquelle M. Guizot ne juge pas à propos de s'arrêter, et que les autres critiques ont en partie citée, mais sans vouloir la prendre au sérieux, la considérant comme ajoutée pour la forme et après coup :

« D'ailleurs, dit Chapelain, bien que j'aye fait prendre à la *Pucelle* une part fort confiderable en ce succès (celui de la délivrance du pays), je ne l'ay pas tant regardée, comme le principal héros du poème, qui à proprement parler est le *comte de Dunois*, que comme l'*intelligence* qui l'assiste efficacement dans l'entreprise qu'il s'étoit proposée, de délivrer la France de la tyrannie des Anglois. Je ne l'ay bien regardée que comme la Pallas de mon Ulysse, ou, pour m'expliquer plus chrétiennement, que comme la *Grâce* dont il plut à Dieu d'armer et fortifier le bras qui soustenoit l'État, et sans laquelle tous ses efforts auroient esté inutiles à quelque degré de valeur qu'il eust sceu les porter.

« Mais pour faire voir plus clairement que je n'ay point eu d'autre visée, je leveray ici le voile dont ce mystère est couvert, et je montreray en peu de paroles qu'afin de réduire l'action à l'universel, suyvant les préceptes, et de ne la priver pas du sens allégorique par lequel la poésie est faite l'un des principaux instruments de l'architectonique, je disposay toute sa matière de telle sorte que la France devoit représenter *l'âme de l'homme* en guerre avec elle-même et, travaillée par les plus violentes des émotions ; le roy Charles, la *Volonté*, maîtresse absolue, et portée au bien par sa nature, mais facile à porter au mal sous l'apparence du bien ; l'Anglois et le Bourguigon, sujets et ennemis de Charles, les *divers transports de l'Appétit irascible,* qui altèrent l'empire légitime de la Volonté ; Amaury et Agnès, l'un favory, l'autre amante du prince, les *divers mouvements de l'Appétit concupiscible,* qui corrompent l'innocence de la Volonté par leurs inductions et par leurs charmes ; le comte de Dunoys, parent du Roy, inséparable de ses intérêts et champion de sa pucelle, la *Vertu,* qui a ses racines dans la

Volonté, qui maintient les semences de justice qui sont en elle, et qui combat toujours pour l'affranchir de la tyrannie des passions ; Tanneguy, chef du conseil de Charles, l'*Entendement* qui éclaire la volonté aveugle ; et la Pucelle, qui vient assister le monarque contre le Bourguignon et l'Anglois, et qui le délivre d'Agnès et d'Amaury, la *Grâce divine*, qui, dans l'embarras ou dans l'abattement de toutes les puissances de l'âme, vient raffermir la Volonté, soutenir l'Entendement, s'y joindre à la Vertu, et par un effort victorieux assujettissant à la Volonté l'Appétit irascible et concupiscible qui la trompent et l'amollissent, produire cette paix intérieure et cette parfaite tranquilité, en quoy toutes les opinions conviennent que consiste le souverain bien (1)... »

On trouvera tout simple, dit la Harpe, après avoir cité une partie de ce passage, qu'il n'y ait pas beaucoup de poésie dans une tête remplie de ce galimatias métaphysique. N'exagérons rien ; en somme, ce n'était là qu'un tribut payé après coup à la mode généralement reçue d'affecter une érudition scolastique. Le Tasse lui-même donna une explication à peu près semblable de sa *Jérusalem délivrée*, qui n'en est pas moins un ouvrage admirable ; mais il est vrai qu'il ne prit ce parti que pour répondre aux critiques qui avaient blâmé ses fictions, et pour les rendre respectables sous le voile de l'allégorie morale et religieuse qui semblait alors devoir tout consacrer. Dirons-nous avec M. Guizot que Chapelain avait trop de bon sens pour qu'on suppose, malgré sa préface, que ces belles inventions aient été réel-

---

(1) Chapelain, Préface de la *Pucelle*.

lement l'objet de son travail (1) ? Nous croyons plutôt que c'est précisément à ces « belles inventions » qu'il convient d'attribuer les caractères nettement déterminés, toujours suivis et franchement originaux de tous les personnages du poème. Charles ne se départ jamais de sa versatilité, Dunois de sa loyauté intrépide et chevaleresque, Jeanne de sa mission inspiratrice, Amaury de sa jalousie inquiète et menaçante.... etc... Nous accorderons volontiers que la France, représentant l'âme de l'homme, a pu être imaginée après coup ; mais toutes les autres allégories ont été scrupuleusement suivies dans toute la marche du poème, qui porte l'empreinte très-accusée de ces reliefs précis, qu'un travail mûr et réfléchi avait d'abord détachés. C'est un mérite dont il faut tenir grand compte à Chapelain, plus propre, avec son talent méthodique et correct, à tracer des esquisses franches d'allure et de burin qu'à les orner de toutes les grâces et de toutes les ressources de l'art.

(1) Guizot, *Corneille et son temps*, p. 338.

III

LE STYLE. — CITATIONS DU POÈME

Si nous entrons maintenant dans le détail du poème de la *Pucelle*, nous trouverons beaucoup plus à reprendre qu'à louer. L'imagination manque essentiellement à Chapelain ; il la remplace par un appareil pompeux d'érudition sèche, d'hyperboles outrées et de comparaisons disposées en assises trop régulières. A ces tours forcés, à cette absence de vérité et de goût, à cette abondance de détails minutieux, bizarres ou superflus, qu'on ajoute un système constant d'inversions pénibles, d'immenses épithètes rejetées à la fin de chaque vers, de mots étranges, durs et sans harmonie, et l'on pourra se faire une idée de ce style cahoteux qui choqua violemment les oreilles de Boileau et lui inspira sa croisade impitoyable. Heureusement, à côté de morceaux déplorables, on rencontre en revanche d'excellents passages et même de fort beaux vers, qui font pardonner les premiers ; mais ceux-ci frappent davantage, et nous devons commencer par eux, puisqu'ils ont établi la réputation du poème. Prenons au hasard au milieu des douze livres imprimés :

. . . .
Par ce *foudre* guerrier toujours plus *formidable*,
Enfin se *dontera* Dunkerque l'*indontable*,
Et les flots et les vents en sa faveur armés
Verront pour elle en vain leurs efforts consommés.
Contre l'honneur des lys, la *vaincue Ibérie*,
Pour relever le sien ranimant sa furie,
Par son foudre allumé Louys la combattra,
Et par luy de rechef à ses pieds la mettra.

On ne goûtera pas moins cette scène de l'escalade des remparts d'Orléans :

Elle, de plus en plus s'éloigne de la terre,
Et soutient sur son dos tout le faix de la guerre;
L'Anglois sur elle tonne, et tonne à grands éclats.
Mais pour tonner sur elle il ne l'étonne pas.
Elle dissipe enfin la tempête mortelle
Et luyt affreusement au sommet de l'échelle.
Dans ses yeux embrasés et dans son fer ardent,
L'estranger reconnoist son trespas évident (1).
. . . .

Avouons qu'il n'est pas possible de pousser plus loin la platitude et la coriacité (On nous pardonnera bien de forger ce mot pour exprimer une chose qui n'a pas de nom dans la langue française), et n'est-on point tout prêt à s'écrier avec Boileau ?

Chapelain veut rimer; et c'est là sa folie ;
Mais bien que ses *durs vers*, d'épithètes enflés,
Soient des moindres Grimauds chez Ménage sifflés,
Lui-même il s'applaudit, et d'un esprit tranquille,

(1) La *Pucelle*, chant III, p. 74.

Prend le pas au Parnasse au-dessus de Virgile.
Que feroit-il, hélas! si quelque audacieux
Alloit pour son malheur lui désiller les yeux,
Lui faisant voir ses vers, et sans forme et sans grâce,
Montés sur deux grands mots comme sur deux échasses;
Ses termes sans raison l'un de l'autre écartés,
Et ses froids ornements à la ligne plantés (1) ?

Ailleurs, ce sont des descriptions tellement minutieuses qu'elles ressemblent à des inventaires ou à des états de lieux, et qu'elles ont inspiré à M. Gérusez cette ingénieuse remarque, que fils et petit-fils de notaire, Chapelain aurait été incomparable dans la profession paternelle. Nous recommandons tout particulièrement le portrait d'Agnès Sorel (2), qui avait le privilége d'agacer au dernier point les nerfs du critique *Polychrôme*, ou les descriptions du sacre du roi dans la cathédrale de Reims et du brigantin bizarre sur lequel Agnès se rend au camp français. Mais le chef-d'œuvre du genre est celle du bûcher que le peuple prépare à Rouen pour la malheureuse Jeanne. Après une première couche enduite de poix,

On met sur cette couche une seconde couche,
Et la souche d'en haut croise la basse souche;

(1) Boileau, satire IV (1664).
(2) C'est là qu'on voit à la place des yeux :
...Rouler deux cieux d'où mille ardentes flâmes,
Mille foudres sans bruit s'élancent dans les âmes.

C'est là qu'
On voit, hors des deux bouts de ses deux courtes manches,
Sortir à découvert deux mains longues et blanches
Dont les doigts inégaux, mais tous ronds et menus,
Imitent l'embonpoint des bras ronds et charnus !!!

d

> Mais pour donner au feu plus de force et plus d'air,
> Le bois en chaque couche est demi-large et clair.
> A la couche seconde une troisième est jointe
> Qui, plus courte, la croise et commence la pointe ;
> Plusieurs de suite en suite à ces trois s'ajoutant,
> Toujours de plus en plus vont en pointe montant (1).

Voilà bien le style de notaire par excellence, et ce passage nous représente l'incarnation la plus complète de l'esprit de Chapelain. On se demande vraiment, en lisant de pareils vers, comment ce tabellion dévoyé a pu se croire poète.

Et cependant il eut ses heures d'inspiration, car il y a dans la *Pucelle* plus de beaux vers qu'on ne pourrait se l'imaginer. C'est ainsi que plusieurs recueils poétiques ont reproduit le solennel portrait de « Dieu dans sa gloire » que Voltaire, dans *la Henriade*, a imité sans pouvoir l'égaler. Ces nobles accents sont voisins du sublime et semblent inspirés d'un souffle cornélien :

> Loin des murs flamboyans qui renferment le monde,
> Dans le centre caché d'une clarté profonde,
> Dieu repose en luy-mesme ; et vestu de splendeur,
> Sans bornes, est remply de sa propre grandeur.
> Une triple personne en une seule essence,
> Le suprême pouvoir, la suprême science,

---

(1) Ailleurs, Roger propose à deux prélats de leur expliquer les sujets historiques des tableaux qui ornent le magnifique palais de Philippe de Bourgogne :

> L'un et l'autre l'agrée, et son âme resveille,
> *Et tous deux pour s'instruire ouvrent l'œil et l'oreille.*
> *Roger lève la canne et la voix à la fois ;*
> *L'œil s'attache à la canne et l'oreille à la voix !*

Et le suprême amour unis en trinité,
Dans son règne éternel forment sa majesté.
Un volant bataillon de ministres fidèles,
Devant l'Estre infiny, soutenu sur ses ailes,
Dans un juste concert de trois fois trois degrés
Luy chante incessamment des cantiques sacrés.
Sous son trosne étoilé, patriarches, prophètes,
Apostres, confesseurs, vierges, anachorètes,
Et ceux qui par leur sang ont cimenté la foy,
L'adorent à genoux, saint peuple du saint Roy.
.... Tranquille possesseur de la béatitude,
Il n'a le sein troublé d'aucune inquiétude,
Et, voyant tout sujet aux lois du changement,
Seul, par luy-mesme, en soy, dure éternellement.
.... Du pécheur repenty la plainte lamentable
Seule peut ébranler son vouloir immuable,
Et, forçant sa justice et sa sévérité,
Arracher le tonnerre à son bras irrité (1).

Si ces vers vraiment beaux étaient donnés sans nom d'auteur dans un recueil de poésies, qui pourrait se douter qu'on les a extraits du poème de la *Pucelle ?*... On l'a déjà dit, et nous le répéterons, ce portrait seul est capable de suffire à la gloire d'un poète. C'est l'élan d'une foi sincère qui l'a dicté ; ici plus de règles ni de méthode, et pour la seule fois peut-être pendant sa longue carrière, Chapelain a rencontré la véritable inspiration. Nulle part ailleurs, chez les poètes de l'antiquité, ni chez les modernes, Dieu n'a été chanté avec une pareille ampleur ni une telle sérénité. Dans le même chant, la prière de Charles VII et le portrait de Jeanne d'Arc offrent

(1) La *Pucelle*, chant I, p. 11-12.

aussi d'excellents passages ; mais ils sont comme perdus dans une forêt épaisse de *transports indomptables*, *d'insupportables maux*, de *regards flamboyans*, *d'éternelle fraischeur* et de *traits foudroyans*. Voici encore quelques morceaux que nos prédécesseurs dans l'analyse du poème n'ont point mis en relief, et qui méritent d'y être mis à bon droit. Sans parler des imprécations de Marie, en apprenant l'infidélité de Dunois, quel entrain dans la marche de l'armée royale à laquelle Jeanne a communiqué son enthousiasme martial ! Allons à Reims, s'écria le camp tout entier :

> Le son en rejaillit au sommet des montagnes ;
> Il se roule et s'espand sur les vastes campagnes ;
> La forest le répète, et le vaste torrent,
> Plus trouble et plus émeu, fuit en le murmurant.
> Tout marche, et le soldat, en son ardeur extrême,
> Rapidement vers Reims se porte de lui-même.
> On voit comme à l'envy les drapeaux ondoyans
> Vers la sainte cité d'eux-mesmes se ployans.
> Le cri des bataillons imite le tonnerre ;
> Leurs pas plus sourdement font résonner la terre ;
> La poussière s'élève et compose une nuit
> Qui du camp disparu ne laisse que le bruit.
> Ainsi quand au signal l'importune barrière,
> Ouvre aux barbes rangés le front de la carrière,
> Et que les cris du peuple, aux trompettes meslés,
> Poussent leurs sons aigus aux lambris étoilés,
> De la main aussitôt ils partent tous ensemble.
> Au battement des pieds le sol murmure et tremble ;
> On les voit s'éloigner, et l'œil en les suivant
> Moins viste qu'eux se lasse et se perd dans le vent (1).

(1) La *Pucelle*, chant VI, 193.

Veut-on entendre un beau mouvement d'éloquente indignation? Écoutons la Pucelle s'adresser vivement à Charles VII chancelant, lorsque les pernicieux conseils d'Amaury veulent lui faire abandonner la poursuite de Bedfort :

> En ces termes, dit-elle, et jusqu'en ta présence
> Oser de ses décrets blâmer la Providence !
> L'oser jusqu'en ton nom, l'oser en me parlant,
> Ah ! c'est estre, à vray dire, un peu trop insolent !
> Ah ! c'est trop écouter l'indigne jalousie
> Dont pour mes grands succès on a l'âme saisie !
> C'est faire trop d'injure au bras du Tout-Puissant,
> Et trop de ses faveurs être méconnaissant !
> On a donc pu sitost bannir de sa mémoire
> Du Dieu libérateur l'éclatante victoire,
> Quand près de ses hauts murs le fidèle Orléans,
> Sous le poids de mes coups vit tomber les géants !
> On ne se souvient plus que de ce hardy passage,
> Qui de tant de cités éloigna le servage ;
> On ne se souvient plus du sacre glorieux
> Dont l'objet triomphant s'offre encore à nos yeux (1)!

Et quand, au lieu de Charles seul, il faut ramener au combat l'armée tout entière que la terreur et la panique, suscitées par l'enfer, ont découragée :

> Où sont ces braves cœurs, ces héroïques âmes
> Qu'on voit toujours brusler de belliqueuses flâmes ?
> Qu'est devenu ce camp dont les robustes bras
> Devançoient le mien mesme en l'ardeur des combats ?
> Les mains contre Bedfort sont sans doute occupées,
> Et de rebelle sang font rougir leurs espées,

---

(1) La *Pucelle*, chant IX, 279-280.

> *Car ces fronts estonnés, ces visages blêmis*
> *Sont ceux qu'en me voyant prennent mes ennemis.*
> C'est là du Bourguignon la morne contenance ;
> C'est ainsi que l'Anglois se trouble en ma présence (1).

Cette vigoureuse harangue entraîne les soldats plus loin que ne l'aurait voulu la Pucelle, et dans le carnage et l'incendie du faubourg de Paris, l'armée se livre aux plus cruelles atrocités. Jeanne est obligée de faire cesser le massacre, et le poète s'écrie :

> Le combat est infâme, et la victoire est triste :
> L'honneur ne peut souffrir tant de lasches rigueurs ;
> *La peine est aux vaincus et la honte aux vainqueurs* (2).

Nous terminerons en citant quelques comparaisons assez heureuses, choisies au milieu de beaucoup d'autres, trop souvent sèches ou peu adaptées au sujet. On a plusieurs fois loué celle qui représente Talbot au plus fort de la bataille de Janville, environné d'ennemis et luttant toujours avec courage, malgré sa défaite certaine :

> Il est désespéré, mais non pas abattu,
> Et médite un trépas digne de sa vertu.
> Tel est un grand lion, roi des monts de Cirène,
> Lorsque de tout un peuple entouré sur l'arène,
> Contre sa noble vie il voit de toutes parts
> Unis et conjurés les épieux et les dards ;
> Reconnoissant pour luy la mort inévitable,
> Il résout à la mort son courage indomptable ;

(1) La *Pucelle*, p. 298.
(2) *Id.*, chant X.

Il y va sans faiblesse, il y va sans effroy,
Et, la devant souffrir, la veut souffrir en roy (1).

En voici une autre qui n'est peut-être pas très-appropriée à la situation, mais dont les vers sont harmonieux. Charles, désespéré de ne pouvoir atteindre Bedfort, qui lui échappe toujours dans sa marche de Reims sur Paris, assemble son conseil et lui demande si l'on doit continuer ou retourner sur ses pas :

Dans toute l'assemblée, après cette ouverture,
Il s'élève un confus et paisible murmure ;
Pareil à ce doux bruit qu'on entend quelquefois
Troubler innocemment le silence des bois,
Quand l'amoureux Zéphire, en se plaignant de Flore,
Fait de son sein bruslant mille soupirs éclore,
Et force les échos des rochers d'alentour
A parler avec luy de son ardent amour (2).

Ailleurs, le démon ayant jeté la terreur dans le camp français, les soldats, même avant de combattre, sont découragés, et plusieurs tombent morts d'un effroi invincible :

Ainsi quand du fiévreux la cervelle embrasée
A d'humeur et d'esprits la substance épuisée,
Et que de forts liens le malade enchaîné,
A cent trespas honteux s'estime condamné,
Rien ne luy vient frapper l'oreille ni la veue
Qu'il ne prenne, en tremblant, pour le coup qui le tue ;
Et rien de son effroy ne pouvant le guérir,
Il se livre à la mort par la peur de mourir (3).

(1) La *Pucelle*, chant V, p. 161-162.
(2) *Id.*, chant X, p. 312.
(3) *Id.*, chant X, p. 294.

Dans les douze chants que nous publions aujourd'hui, on pourrait faire aussi une heureuse récolte, et nous signalons spécialement le passage suivant, dans lequel le poète fait allusion au jeune Lionel, fils de Talbot, qu'un amour malheureux pour Marie a conduit presque à la mort, et dont les forces ont peine à revenir :

> Tel un lys orgueilleux, sur qui d'un gros nuage
> Durant la fraische nuit s'est déchargé l'orage,
> Et qui sous cet effort coup sur coup redoublé
> Et s'abat et languit de la grêle accablé :
> Bien qu'aux puissants rayons du Dieu de la lumière,
> Il reprenne l'éclat de sa beauté première,
> Qu'il se relève enfin de son abattement,
> S'il revient de sa chute, il revient lentement.

Mais, hélas ! ces quelques vers bien frappés, ces traits heureux qui justifient hautement le crédit littéraire de Chapelain jusqu'à l'apparition de son poème, sont perdus dans un amas de tirades monotones qui donnent trop souvent raison aux critiques de Linière.

IV

DESTINÉES DE LA PUCELLE. — CHAPELAIN ET BOILEAU

Durant près de dix années, c'est-à-dire jusqu'à l'apparition de la première satire de Boileau, les beautés éparses dans le cours du poème de la *Pucelle* firent pardonner au poète la dureté générale de ses vers et, sauf quelques épigrammes dont nous avons donné la mesure, on se tut plutôt que d'attaquer. Mme de Longueville, assistant à une lecture du poème, avait dit tout franchement : « Cela est parfaitement beau, mais cela est bien ennuyeux. » Le mot avait fait fortune, et l'on s'en tenait à cette appréciation, que Boileau consacra plus tard dans la troisième satire, en faisant dire à l'un des personnages du *Festin ridicule* :

> La *Pucelle* est encore une œuvre bien galante,
> Mais je ne sais pourquoi je bâille en la lisant (1).

C'est aussi la conclusion du sonnet souvent cité du fameux Saint-Pavin :

> Je vous dirai sincèrement
> Mon sentiment sur la *Pucelle* :

---

(1) Boileau, satire III (1667).

> L'art et la grâce naturelle
> S'y rencontrent également.
>
> Elle s'explique fortement,
> Ne dit jamais de bagatelles,
> Et toute sa conduite est telle
> Qu'il faut la louer hautement.
>
> Elle est pompeuse, elle est parée ;
> Sa beauté sera de durée ;
> Son éclat peut nous éblouir.
>
> Mais enfin, quoiqu'elle soit telle,
> Rarement on ira chez elle
> Quand on voudra se réjouir (1).

La considération de Chapelain comme homme de lettres demeura donc d'abord à peu près intacte. Il succéda, en 1661, dans l'estime officielle de Colbert, à celle qu'il avait trouvée chez les premiers ministres lorsqu'ils s'appelaient Mazarin et Richelieu; et quand le contrôleur général voulut, en 1662, confier à un juge impartial et compétent le soin de distribuer les gratifications que le roi voulait faire aux gens de lettres et aux savants célèbres, tant en France que dans toutes les parties de l'Europe, il jeta les yeux sur Chapelain et lui remit, suivant la pittoresque expression d'un critique de nos jours, « la feuille des bénéfices littéraires (2). »

On connaît ce rapport curieux où le nom de chaque littérateur est accompagné d'une appréciation sur

---

(1) *Œuvres* de Saint-Pavin, édit. Saint-Marc, p. 41.
(2) Géruzez, *Hist. de la litt. franç.*, II, 222.

son caractère et sur ses talents. Colbert voulait avoir une liste de tous les savants, « pour connoître le plus ou moins qu'ils avoient de mérite, afin que les bienfaits du roi fussent non seulement placés, mais mesurés (1) » et surtout pour savoir à quel emploi pouvait se prêter le talent de chacun en particulier, pour célébrer la gloire du roi. Chapelain y fait de lui-même ce portrait fort exact :

« C'est un homme qui fait profession exacte d'aimer la vertu sans intérêt : il a été nourri jeune dans les langues et la lecture, ce qui, joint à l'usage du monde, lui a donné assez de lumières des choses pour l'avoir fait regarder des cardinaux Richelieu et Mazarin comme propre à servir dans les négociations étrangères. Mais son génie modéré s'est contenté de ce favorable jugement et s'est *renfermé dans le dessein du poème héroïque qui occupe sa vie et qui est tantost à la fin.* On le croit assez fort dans les matières de langue, et l'on passe volontiers par son avis sur la manière dont il faut s'y prendre à former le plan d'un ouvrage d'esprit, de quelque nature qu'il soit ; ayant fait étude sur tous les genres, et son caractère étant plutôt de judicieux que de spirituel ; surtout il est candide, et comme il appuye toujours de son suffrage ce qui est véritablement bon, son courage et sa sincérité ne lui permettent jamais d'avoir de la complaisance pour ce qui ne l'est pas. *S'il n'étoit point attaché à son poème, il ne feroit peut-être pas mal l'histoire,* de laquelle il sçait assez bien les conditions (2). »

Mais que diable allait-il donc faire dans cette galère, et pourquoi, connaissant aussi bien sa valeur, ne

(1) Pellisson et d'Olivet, édit. Livet, II, 133-134.
(2) *Mélanges de litt.*, tirés des lettres de Chapelain. Paris, 1726, p. 233.

s'est-il pas attaché à l'histoire plutôt qu'à la poésie épique?...

On remarque, dans la liste des auteurs *gratifiés*, deux noms plus tard célèbres, mais qui commençaient à peine alors leur carrière littéraire : ce sont ceux de Racine et de Fléchier. Or, la réputation de Chapelain était alors si peu entamée par le silence relatif qui se faisait autour de la *Pucelle*, que tous deux venaient implorer son appui pour faire avec plus de sûreté leurs premiers pas dans la république des lettres.

Hélas ! la reconnaissance de Racine ne fut pas de longue durée, car, s'étant lié peu après avec Boileau, qui suivait les leçons du satirique Furetière, tous les trois composèrent « à table, le verre à la main, non pas *currente calamo*, mais *currente lagena* » (1), cette amusante parodie du *Chapelain décoiffé*, qui sonna le glas de la grandeur du *Père de la Pucelle*, et que l'abbé Fléchier, moins mobile dans ses affections, s'indigna de voir représenter avec pompe, à Clermont, pendant les grands jours d'Auvergne (2). Nous avons tous récité au collége, ces vers spirituels qui couvrent de ridicule un poète en faveur duquel on rétablit peu ou point, dans les classes, la vérité littéraire et historique ! Nous autres Français sommes ainsi faits, que nous sacrifierions nos propres intérêts au plaisir d'une bonne plaisanterie.

---

(1) Lettre de Boileau du 10 décembre 1701.
(2) Fléchier, *Les grands jours d'Auvergne*, p. 134.

LA SERRE

Enfin vous l'emportez, et la faveur du roi
Vous accable de dons qui n'étoient dus qu'à moi ;
On voit rouler chez vous tout l'or de la Castille.

CHAPELAIN

Les trois fois mille francs qu'il met dans ma famille
Témoignent mon mérite et font connoître assez
Qu'on ne hait pas mes vers pour être un peu forcés (1).

Et quoi de plus comique, après la querelle où la Serre, franchissant toutes les bornes du respect, arrache la perruque du pauvre poète, que le fameux monologue :

O rage ô désespoir, ô perruque ma mie !
N'as-tu donc tant vécu que pour cette infamie ?
N'as-tu trompé l'espoir de tant de perruquiers
Que pour voir en un jour flétrir tant de lauriers (2)?

(1) Ce passage montre que la satire a été composée peu de temps après la distribution des pensions aux gens de lettres par Colbert, c'est-à-dire à la fin de 1663. Nous la trouvons imprimée pour la première fois dans un *Recueil de plusieurs et diverses pièces galantes de ce temps,* publié en 1665 (à la Sphère). Elle n'y est pas absolument conforme à la parodie publiée plus tard dans les œuvres de Boileau, mais les variantes sont peu de chose.

(2) Le manuscrit de cette parodie, conservé dans le recueil de Conrart, à la bibliothèque de l'Arsenal (IX, 95), se termine à ce monologue par les deux vers suivants :

Faut-il de mon honneur voir triompher la Serre,
Et que ce flagorneur sur notre Parnasse erre !

Puis on lit à la suite un curieux madrigal :

Vous qui riez de cette vieille hure
Dont Chapelain fait sa coiffure,
Ne riez pas de lui seul aujourd'huy :
Bien d'autres gens qui sont en grande estime,
Et qui sont coiffez de sa rime,
Ne sont-ils pas plus mal coiffez que luy ?

Cette parodie sanglante fut suivie de la *Métamorphose de la perruque de Chapelain en comète*, assez mauvaise allégorie, disait Furetière, « parce que les comètes ont des cheveux, et que la perruque de Chapelain est si usée qu'elle n'en a plus... » Pendant plusieurs années, cette malheureuse perruque devint le sujet de tous les quolibets de la ville et de la cour. Chapelain souffrit ces plaisanteries avec patience ; on lui attribua même l'épigramme suivante, qui n'est pas de lui :

> Railleurs, en vain vous m'insultez,
> Et la pièce vous emportez ;
> En vain vous découvrez ma nuque ;
> J'aime mieux la condition
> D'être défroqué de perruque
> Que défroqué de pension (1).

Mais les attaques ne se bornèrent pas à ces plaisanteries. Boileau, voyant le succès de son escarmouche joyeuse, entreprit de détrôner définitivement Chapelain de sa royauté littéraire, et surtout de l'estime du contrôleur général. Un siège en règle commença contre les vers de la *Pucelle*, et dès sa première satire, Boileau leur porta des coups qu'il répéta désormais plus drus et plus violents dans tous ses autres ouvrages.

> Enfin je ne saurois, pour faire un juste gain,
> Aller bas, en rampant, fléchir sous Chapelain (2).

(1) Elle est peut-être du chevalier d'Aceilly, qui lui adressa une consolation dont la pensée est la même. (Cf. *Œuvres*, recueil de la Monnoye, I, 242.)
(2) Boileau, satire I (1663 ou 1664).

Voilà donc l'origine de la querelle, s'écrie Voltaire dans son mémoire sur la satire : un peu d'envie et de penchant à médire (1) !

Nous avons déjà cité, dans le cours de notre étude, plusieurs de ces passages, d'autant plus terribles pour la mémoire de Chapelain qu'ils sont devenus classiques. On connaît les autres :

> Ainsi, sans m'accuser, quand tout Paris le joue,
> Qu'il s'en prenne à ses vers, que Phébus désavoue ;
> Qu'il s'en prenne à sa muse, allemande en françois ;
> Mais laissons Chapelain pour la dernière fois (2).

Ce n'était là, comme on le pense bien, qu'un serment peu sincère, car plus loin le terrible Aristarque :

> Ne trouve en Chapelain, quoi qu'ait dit la satire,
> Autre défaut, sinon qu'on ne sauroit le lire,
> Et pour faire goûter son livre à l'univers,
> Croit qu'il faudroit en prose y mettre tous les vers (3).

Mais il faut nous borner, car Boileau n'a pas ménagé les vers contre la *Pucelle* ; il l'a même fustigée en prose dans un passage du *Dialogue sur les héros de romans* :

PLUTON : A-t-elle du talent pour la poésie ? — DIOGÈNE : Vous l'allez voir.

---

(1) *Œuvres* de Voltaire, édit. Hachette, XXIV, 18.
(2) Boileau, satire IX (1667).
(3) *Id.*, satire X (1693).

LA PUCELLE.

O grand prince, que grand dès cette heure j'appelle,
Il est vrai, le respect sert de bride à mon zèle ;
Mais ton illustre aspect me redouble le cœur,
Et me le redoublant me redouble la peur.
A ton illustre aspect mon cœur te sollicite
Et, grimpant contre mont, la dure terre quitte.
Oh ! que n'ai-je le ton désormais assez fort
Pour aspirer à toi sans te faire de tort !
Pour toi puissé-je avoir une mortelle pointe,
Vers où l'épaule gauche à la gorge est conjointe :
Que le coup brisât l'os et fît pleuvoir le sang
De la tempe, du dos, de l'épaule et du flanc (1).

PLUTON : Quelle langue vient-elle de parler ? — DIOGÈNE : Belle demande ! françoise. — PLUTON : Quoi ! c'est du françois qu'elle a dit ? Je croyois que ce fust du bas-breton ou de l'allemand. Qui lui a appris cet étrange françois ? — DIOGÈNE : C'est un poète chez qui elle a été en pension quarante ans durant. — PLUTON : Voilà un poète qui l'a bien mal élevée. — DIOGÈNE : Ce n'est pas manque d'avoir été bien payé, et d'avoir exactement touché ses pensions... etc., etc. (2).

Quand un satirique est en si belle veine, on comprend qu'il soit difficile de l'arrêter. Aussi serait-il impossible de dire toutes les plaisanteries auxquelles se livrèrent Boileau et ses amis sur le compte de la

---

(1) Il est bon de remarquer que cette harangue n'existe pas dans la *Pucelle*; ce n'est qu'un centon composé d'hémistiches rapprochés, pris au hasard dans le poème ; et M. Ch. Romey, qui, dans son livre intitulé : *Hommes et choses de divers temps* (Dentu, 1864, in-12), se livre à une charge à fond contre Chapelain et prétend avoir lu la *Pucelle*, cite ce passage de confiance, comme s'il était textuellement du poète !

(2) Boileau, *Dialogue des héros de romans.*

malheureuse *Pucelle,* et lorsque M. Sainte-Beuve dit que le poème de Chapelain a fatalement amené celui de Voltaire, cela ne peut se laisser admettre que si l'on songe à tous ces quolibets. En réalité, ce n'est pas l'ouvrage de Chapelain qui a suggéré l'infâme pasquinade de Voltaire; ce sont les plaisanteries dont on s'accoutuma, sur les traces de Boileau, à saluer l'héroïne d'Orléans pendant la seconde moitié du XVIIe siècle. La chronique rapporte que sur la place du Cimetère-Saint-Jean il y avait un traiteur fameux chez qui s'assemblaient les jeunes seigneurs les plus spirituels de la cour, en compagnie de Despréaux, Racine, La Fontaine, Chapelle, Furetière. Or, il y avait sur la table de la chambre particulière qui leur était affectée un exemplaire de la *Pucelle* de Chapelain, qu'on y laissait toujours. Quand l'un d'eux avait commis une faute, soit contre la pureté du langage, soit contre la justesse du raisonnement, on le jugeait à la pluralité des voix, et la peine ordinaire était de lire un certain nombre de vers du poème. Quand la faute était considérable, on condamnait le délinquant à en lire vingt; il fallait qu'elle fût énorme pour que la sentence s'étendît jusqu'à un chant tout entier.

Ce que la chronique ne dit pas, on peut le supposer. La Fontaine et Chapelle sont assez connus pour qu'il soit permis de croire qu'on égayait la scène par quelques bons mots peu orthodoxes. Les recueils du temps ont conservé le souvenir de fort joyeuses libations, à la charge de tous ces habitués du Parnasse.

Nous ne croyons donc pas nous avancer trop loin en disant que la *Pucelle* de Voltaire est née chez le traiteur de la place du Cimetière-Saint-Jean. Au nom de l'harmonie et du bon goût, Boileau a voulu faire justice des vers de Chapelain : il a eu raison ; mais il a beaucoup outre-passé ses droits en atteignant, par ses parodies et ses quolibets, l'homme et son héroïne : aussi le poète blessé, fit-il dire au premier président de Lamoignon que « c'estoit une chose indigne de lui de souffrir qu'un homme comme Despréaux fust bien reçu dans sa maison. Le premier président répondit qu'il s'entremettroit volontiers pour faire une bonne paix entre eux. » Sur cette belle démarche de Chapelain, Boileau fit cette épigramme :

> Chapelain vous renonce et se met en courroux
>   De ce que l'on me connoist chez vous.
>   Vous avez beau faire merveilles,
> Eussiez-vous, Lamoignon, enflé son revenu,
> Vous n'aurez point de part à ses pénibles veilles.
> Oh ! qu'il eust été bon, pour le bien des oreilles,
>   Que Longueville m'eust connu (1) !

Et Chapelain rimait contre son persécuteur ce sonnet qu'il n'imprima point, car il était plus charitable :

> Despréaux, grimpé sur Parnasse
> Sans qu'on en eust jamais sceu rien,
> Trouva Régnier avec Horace
> En doux et paisible entretien.

(1) Tallemant, II, 494.

Son cœur fut tenté de leur grâce ;
Il résolut d'avoir leur bien,
Les en despoüilla plein d'audace
Et s'en para comme du sien.

Jaloux du plus grand des poëtes,
Dans ses satyres indiscrètes
Il choque sa gloire aujourd'huy.

En vérité, je luy pardonne :
S'il n'eust mal parlé de personne,
On n'eust jamais parlé de luy (1).

Que si l'on veut connaître de plus près encore l'opinion raisonnée de Chapelain sur ses détracteurs, qu'on lise plus loin le début de sa préface des douze chants aujourd'hui mis en lumière. De rares et intrépides amis entrèrent en lice pour soutenir son honneur, et parmi eux nous devons citer en première ligne le savant Huet, futur évêque d'Avranches, qui éleva publiquement la voix contre les satires de Boileau.

« Pour moi, qui ai lu avec soin tout le poème de Chapelain, je puis certifier, dit-il, qu'il eût obtenu l'honneur et les louanges dont il est digne, s'il eût paru dans un temps meilleur et sous une génération plus mâle et plus juste... Et si l'œuvre entière, et garnie de toutes ses pièces, étoit vue de personnes doctes et non point aveuglées par l'envie, elles en apercevroient toute la grandeur (2)... »

Il se trouva au XVIIIe siècle des « personnes doctes et non point aveuglées par l'envie » qui, après

---

(1) Bibl. nat., ms., nouv. acq., n° 1859.
(2) Huet, *Mémoires*, traduits par M. Nisard, p. 104, 106.

avoir lu l'apologie de l'évêque d'Avranches, eurent l'idée de réaliser ce dernier désir. Nous devons remarquer, du reste, que les satires de Boileau ne donnèrent pas le coup de mort à Chapelain, car on s'occupa beaucoup de lui sous Louis XV et sous Louis XVI. Un critique imprudent, le chevalier de Cubières, prétendit même, dans une lettre restée fameuse, adressée au marquis de Ximénès (1), qu'il était plus poète que Boileau, et la Harpe prit la peine de consacrer près de vingt pages à la réfutation de cette énormité littéraire, qui s'appuyait sur ce que Boileau n'avait jamais fait que de mauvaises odes, tandis que celle de Chapelain au cardinal de Richelieu est fort belle (2). On peut affirmer qu'à cette époque, il y eut deux camps très-décidés luttant pour et contre la *Pucelle*. Un immortel défendit en pleine Académie le choix du sujet attaqué par Voltaire, et, pendant que Marivaux critiquait vivement, dans le *Mercure*, le pédantisme et le froid orgueil de Chapelain (3), un éditeur intrépide préparait une édition revue, retouchée et considérablement diminuée des vingt-quatre chants de la *Pucelle*. On était

---

(1) Paris, Boyer, 1787.

(2) Voyez, sur toute cette querelle, *Boileau jugé par ses amis et ses ennemis*. Paris, Mougie, an X, 1 vol. in-12.

(3) L'article de Marivaux, intitulé *Le Miroir*, parut dans le *Mercure* de janvier 1755. Il accusait Chapelain « d'avoir pris les contorsions de son esprit pour de l'art, son froid orgueil pour de la capacité, et ses recherches hétéroclites pour du sublime; » mais il avouait que, moins adulé par ses contemporains, « il seroit devenu plus estimable, car, dans le fond, il avoit beaucoup d'esprit, sans en avoir assez pour voir clair à travers tout l'amour-propre qu'on lui donna. »

généralement d'accord, en effet, sur le peu de poésie du style de Chapelain; ses plus chauds admirateurs l'abandonnaient en partie sur ce point, et le confrère du docteur Mathanasius avait porté le dernier coup à sa versification en la raillant fort plaisamment dans le *Parallèle entre Homère et Chapelain*, imprimé en 1714 à la suite du *Chef-d'œuvre d'un inconnu* (1).

En revanche le P. Oudin, qui estimait assez le poème de la *Pucelle* pour croire que cet ouvrage, traduit en beaux vers latins, serait admirable, prétendait avoir comparé suffisamment les poésies de Chapelain avec celles de Despréaux pour être en état de prouver que ce dernier avait tiré beaucoup d'hémistiches, voire même des vers entiers, de son poème (2); et l'abbé Prévost, dans le *Pour et Contre*, protestait énergiquement contre les injures de Voltaire, qui avait dit des premiers académiciens : « Leurs noms sont devenus si ridicules que, si quelque auteur passable avait le malheur de s'appeler Chapelain ou Cotin, il serait obligé de changer de nom (3). »

---

(1) Tel ce passage entre mille : « Je ne nie pas qu'il n'y ait dans son poème des vers durs et même très-durs; mais je soutiens qu'ils doivent l'être, et qu'ils ne vaudroient rien s'ils avoient un seul degré de dureté de moins. Toute cette rudesse n'est que l'effet d'un art incomparable, et l'on verra toujours qu'elle accompagne quelque beauté merveilleuse dont la découverte ne sauroit qu'être due à une même réflexion ; que le flux rapide d'un vers coulant entraine trop vite l'esprit, et qu'il est nécessaire que la rudesse des sons l'arrête, et lui donne le loisir de pénétrer dans la pensée qu'elle enveloppe... »

(2) V. *Mélanges hist. et philos.* de l'avocat Michaud, 1753, 2 vol. in-12.

(3) Le *Pour et Contre*, 1737, XII, p. 12.

La question en était là lorsqu'en 1756, date choisie pour célébrer le centenaire de la publication de la *Pucelle*, parut dans l'*Année littéraire* le *Projet d'une édition corrigée du fameux poème de Chapelain*. En dépit des attaques du satirique, on allait emprunter ses armes et ses conseils pour donner à la France le poème épique national qu'elle attend encore aujourd'hui :

« Il faut convenir, disait ce prospectus audacieux, que l'exécution de la *Pucelle* est demeurée au-dessous du talent de l'auteur pour imaginer ; mais c'est moins défaut de talent que de goût, et si l'on se transporte au temps où il écrivoit, peut-être de ce côté-là accuseroit-on Boileau d'un excès de sévérité... Si l'on pardonne à Corneille tant d'inégalités, de négligences, de familiarités, pourquoi les mêmes imperfections ne seroient-elles pas également pour l'un et l'autre les fautes de leur siècle plutôt que de leur génie ?... *On se propose de corriger tous ces défauts dans une nouvelle édition du poëme de la Pucelle.* Elle ne paraît pas encore ; mais elle ne tardera pas à être imprimée. L'éditeur a retranché tout ce que l'on a trouvé de superflu. Il a rapproché des idées que d'autres idées intermédiaires faisoient languir ; enfin, il a rajeuni ce même Chapelain qu'un homme de génie vient de travestir. Si, malgré ces soins, ce poëme paroît encore d'un coloris faible, surtout en l'opposant au style brillant et fleuri de la *Henriade*, on a cru que, dans la poësie comme dans la peinture, il étoit différentes sortes de beautés : *qu'un poëme pouvoit exceller par l'ordonnance, comme un tableau par la régularité du dessin, et que, si la manière grise du Poussin n'ôtait rien au mérite de ses ouvrages comparés à ceux de Rubens, la Pucelle ne perdrait rien à certains yeux, même jugée après la Henriade*, etc...

Ce prospectus, que nous abrégeons beaucoup, était conçu en termes fort sensés, et nous n'hésitons pas à déclarer que nous souscrivons volontiers à sa profession de foi, qui résume assez bien tous les débats sur le poème de la *Pucelle*. Quelques mois après, l'auteur, M. de Caux de Cappeval, réimprima son projet d'édition nouvelle et fit insérer, dans l'*Année littéraire,* deux articles de réclame dans lesquels il annonçait que *la Pucelle,* corrigée, formerait trois volumes in-8o et serait suivie de deux autres volumes contenant, l'un la *Henriade* avec une traductions en vers latins, l'autre les poésies de l'éditeur, le tout en « beau papier, beau caractère, prix : 15 liv. broché (1); » mais nous ne sachions pas que tout cela ait jamais été publié. Une note de la *Biographie universelle* de Michaud, article *Chapelain,* dit cependant qu'on imprima, vers cette époque, des éditions de la *Pucelle* plus complètes que celle du XVIIe siècle ; l'une, en 1755, contenait, dit-on, quinze chants ; l'autre, en 1756, dix-huit, et la troisième, en 1757, en contenait vingt. Nous n'avons pu découvrir où l'auteur de cette note avait pris d'aussi fantaisistes renseignements, car ni le *Manuel,* de Brunet, ni la *France littéraire,* de Quérard, ne mentionnent une seule de ces éditions, et nous ne les avons rencontrées dans aucun catalogue.

Il y a tout lieu de supposer que l'auteur de cette note a pris, par une très-regrettable erreur, les éditions de la pasquinade de Voltaire pour celles de l'œuvre patriotique de Chapelain.

---

(5) *Année littéraire,* 1756, VIII, 283, 284.

Nous espérons qu'après la lecture de ces douze chants inédits, les admirateurs de la vaillante héroïne partageront notre sentiment sur les qualités et les défauts de l'œuvre capitale du chantre de ses exploits. Ils admireront surtout l'intrépidité de M. Herluison, qui n'a pas craint de relever à ses risques et périls ce monument en l'honneur de la Pucelle, et ils lui en garderont une vive reconnaissance.

René KERVILER.

PRÉFACE DE CHAPELAIN

Ce que j'avois prévu des malignes influences que mon poëme devoit essuyer à son entrée dans le monde ne s'est que trop vérifié par l'événement. L'envie, qui est naturellement contraire aux entreprises élevées, a fait le même accueil à la mienne qu'à celles des anciennes qui ont le plus éclaté, et qu'aux modernes qui ont eu l'approbation la plus grande. Elle n'a pu voir paroistre cet ouvrage avec quelque applaudissement sans le couvrir de son venin, et sans aiguiser les dents des mauvais critiques, pour ne laisser aucune partie de son corps qui ne se sentist de leurs atteintes. Il est vray, qu'elles l'ont si peu entamé, que, si leur malveillance n'étoit point d'ailleurs manifeste, on croiroit qu'ils l'ont fait de concert avec moy, et pour rehausser ce qu'elle peut avoir de lumières par leurs ombres. Je me garderois bien aussi de parler de leur injustice si je ne me trouvois point obligé de rendre grâces au public de la justice qu'il luy a faite sur un procès si mal fondé. A moins que de cela, j'aurois eu bien moins de peine à me taire de leurs faibles attaques, que je n'en ai eu à cacher les défenses qui les ont repoussées avec tant de vigueur. Ce fut en effet contre ma volonté que quelques-uns de mes amis leur firent plus d'une response, et ce fut à mon instante prière que ces responses demeurèrent supprimées ou qu'elles ne furent veuës que de peu de gens. Dès lors je m'affermis dans la résolution de ne me commettre point avec la chicane, et j'eus trop bonne opinion de mon siècle pour craindre qu'on pust le surprendre par des discours sophistiques et de frivoles accusations. Je creus après Aristote que les particuliers pouvoient bien être sujets aux bévues et aux passions, mais que le général était exempt des unes et des autres. Je le creus surtout en matière de productions d'esprit, dont il est le souverain arbitre, et dans lesquelles il ne cherche point ce qu'il y peut avoir de mauvais pour les décrier, mais ce qu'il y peut avoir de bon pour le tourner à son avantage. Il n'est pas sans doute facile d'en faire accroire au public ; et par le public j'entens le sénat, les chevaliers et ce qu'il y a d'honnestes gens parmi le peuple. Persuadé de cette vérité, je me rapportoy à luy seul du mérite ou du démérite de mon ouvrage ;

mais j'eus encore un autre motif pour m'en remettre
à son seul jugement sans essayer de l'avoir favorable
par mes brigues. Sur l'article de la gloire, j'ay de
tout temps estimé que, pour en jouir avec satisfaction, il falloit sentir que l'on en est digne ; que,
pour la posséder sans scrupule, il ne la faut devoir ni
à l'authorité, ni à la faveur, ni à la cabale, et que,
quand on l'obtiendroit par de si bas moyens, ce seroit
moins l'avoir gaignée que l'avoir volée. Je ne la
regardoy jamais que comme le plus noble et le plus
précieux de tous les biens, et elle me sembla si peu
propre à estre acquise par d'autres voyes que par
celles de la vertu et du travail, qu'il m'est incom-
préhensible qu'on y ose prétendre sans avoir de
quoy la payer, je dis davantage, quand même il
seroit possible de la desrober ; je n'ay pas plus
compris qu'on la pust garder sans une appréhension
continuelle d'estre reconnu pour usurpateur, et de se
voir honteusement despouillé d'un honneur que l'on
ne tiendroit pas à bon titre. Sur ces considérations,
lorsque j'entrepris cet ouvrage, je sentis une extrême
répugnance à me parer d'une réputation mendiée ou
donnée gratuitement, et je me résolus à ne prendre
point d'autre chemin, pour y parvenir, que celuy qui
auroit esté battu jusqu'icy par les grands hommes,
laissant du reste prononcer aux habiles si je ne m'en
serois point escarté et si j'aurois heureusement fourni
ma carrière. Je me déterminay, dès lors, à n'en
croire pas plus mes amis que mes ennemis, puisqu'ils
se pouvoient également abuser par des préoccupations

d'amour ou de haine. Le seul tribunal auquel je me voulus soumettre fut celuy des indifférens, qui, par inclination ou par aversion, ne seroient point excités à trahir leurs pensées ou à faire pancher la balance d'autre costé que de celuy de la raison. Ce tribunal n'est autre que le public, à la seule décision duquel je me remets encore, attendant avec respect l'arrest de cet aéropage pour m'y conformer sans requeste civile et sans proposition d'erreur. Je me confie en son intégrité, et je ne le prie de rien que de vouloir estre toujours luy-même. Je ne l'imploreray point contre la conspiration de mes adversaires, ni pour la protection de mon bon droit ; je ne chercheray point à émouvoir sa compassion par la cruauté qu'ils ont exercée sur mon innocente bergère ; je ne lui représenteray point les soins que j'ai pris de lui oster le plus que j'ay pu de sa rusticité naturelle ; je ne feray qu'achever de produire les pièces du procès, que mettre sur le bureau sa seconde moitié, afin qu'il voye si elle justifiera la première et si elle confondra bien ses calomniateurs. Que si le poëme entier se trouve tel qu'il le doit être, il n'aura besoin que de luy-même pour advocat, et il tirera de son propre fonds de quoy rabattre victorieusement toutes leurs attaques. La pièce que ses juges considéreront le plus sera, je m'assure, le dessein, comme celuy qui tient lieu d'ame à son corps, et qui donne la qualité de poëte à celuy qui a bien mis ses matériaux en œuvre. Ils esplucheront scrupuleusement son invention et sa disposition, comme les deux principaux arcboutans qui en soustiennent l'édifice. Ils observeront si l'imitation y règne partout, si la vraisemblance y accompagne la merveille, et si le rapport des parties au tout y est juste et sans embarras. Ils observeront si le nœud s'en forme nécessairement et si le desnouement s'en fait de même ; si la péripétie y est régulière et si les agnitions y augmentent ce qu'elle a de surprenant ; si la fable y a donné du relief à la vérité, et si l'on a sceu tirer avantage de ce qu'il y avoit de désavantageux dans l'histoire. Il observeront si l'on y a abusé des temps, et si l'on les y a étendus ou resserrés au-delà de ce que souffrent les préceptes ; si les puissances célestes et les infernales, aussi bien que les personnes allégoriques, y ont esté introduites par grandeur plustost que par besoin qu'il en fust, et si les épisodes y sont enchâssés de telle sorte que le gros de l'avanture puisse bien subsister sans leur aide, mais qu'il se soustienne beaucoup mieux par cet entrelas. Ils observeront si l'on y a traité les choses saintes avec révérence, et si dans l'employ des anges, des saints et des démons, on a monstré une raisonnable émulation de l'employ des divinités payennes, en évitant de confondre la bonne religion avec la mauvaise et d'accoupler des choses dont l'une destruit l'autre, et entre lesquelles il y a une absolue incompatibilité. Ils observeront si, dans la distribution des événemens, l'un y suit probablement de l'autre, et si tous y tendent sans violence, infailliblement, à leur fin, avec ce plaisir sensible qui résulte de la conversion de la fortune lorsqu'on n'a pu prévoir par quels destours ce changement devoit arriver. Ils observeront, après toutes choses, si le génie du siècle, qui a esté spectateur de ce visible miracle, s'y trouve bien représenté; si les mœurs et les passions, les descriptions et les harangues n'y tiennent point de la chimère et de la déclamation; car, quant aux vers et au langage, ce sont des instrumens de si petite considération dans l'épopée, qu'ils ne méritent pas que de si graves juges s'y arrestent. On les abandonne à la fureur de la nation grammairienne sans qu'on s'en estime plus ou moins pour l'approbation qu'ils recevront d'elle, ou pour les coups de bec qu'elle leur pourra donner. Il faut, à la vérité, que le poëte en sache revestir son ouvrage au mieux qu'on le peut souhaiter et selon que les règles les plus sévères le demandent. Mais il se doit souvenir que la pureté de la diction, le nombre du vers et la richesse de la rime ne font que l'habillement du corps poëtique, qui a les sentimens et les actions pour membres, et pour ame l'invention et la disposition. Il doit penser que, prenant les choses à la rigueur, le poëme ne seroit pas moins poëme quand il ne seroit point escrit en vers, pourveu que d'ailleurs il ne manquât d'aucune des parties que j'ay touchées et qu'il fût rangé dans l'ordre que j'ay marqué. Il doit imaginer le dessein qui les embrasse toutes, comme le roi de la poësie, au service duquel il faut que toutes contribuent. Il doit estre persuadé que quiconque n'est pas capable de le faire juste n'a qu'à renoncer au titre de poëte et qu'à se retrancher dans celuy de versificateur. Il doit tenir pour indubitable que celuy qui ignore les conditions requises à sa perfection ne scauroit en faire qu'une fausse critique et que donner lieu d'appeler de luy comme de juge incompétant. Il n'a qu'à se remettre en la mémoire le mot de ce fameux comique qui, ayant dressé le plan d'une pièce de théâtre dont il étoit chargé et pressé, dit à ses amis, qui n'en voyoient rien encore : « N'en soyés pas en peine, c'est une chose faitte; il n'y a plus à mettre que les vers. » Cette response lui apprendra de quelle dignité est le dessein dans un poëme par dessus tout ce qui entre dans sa constitution, et de quelle importance il est à celuy qui le veut bien faire, ou qui en désire bien juger, d'en avoir la véritable idée. C'est pour cela mesme que, quand j'eus résolu mon entreprise, je fis une particulière considération sur ce point capital, estant assuré que c'étoit principalement de là que dépendoit mon honneur ou ma honte. J'envisageay ma matière par toutes ses faces; j'en repassay tous les accidens; j'en examinay tous les inconvéniens; j'en mis à part tout ce qui pouvoit servir à sa perfection, et en rejetay tout ce qui pouvoit y nuire; j'y appliquay l'esquierre et le plomb de l'art pour luy faire prendre la forme poëtique. Je ne m'en tins ni au premier ni au second arrangement; j'en fis l'assemblage en plusieurs manières; je cherchay à rendre juste et proportionné celuy que je choisis comme le meilleur; j'essayay à remplir de majesté et d'agrément la variété de ses parties et à leur donner une suite qui allast toujours en croissant, qui maintinst l'esprit dans l'impatience de savoir quelle en seroit l'issue, et qui aboustit à une fin de plus grand éclat que tous les moyens qui la précéderoient. De tant de modelles divers celuy que j'ay suivi me déplut le moins, comme celuy où la nature et l'art, le merveilleux et le vraysemblable me parurent s'accorder le mieux et s'entr'appuyer davantage. M'estant déterminé à cette forme, tout ce qu'il m'a depuis cousté de vers pour la colorer ne m'a semblé que la partie la moins noble et la moins digne de mon attention. Ce n'est pourtant pas que je l'aye négligée, et que, si le mérite d'un travail se réglait par la peine qu'on y a prise et par le temps qu'on y a employé, je n'en pusse prétendre un assés grand pour le soin que j'ay eu d'essayer à rendre ma versification aussi supportable en son genre que mon dessein le peut estre dans le sien. Je ne fais pas mesme difficulté d'avouër que cette partie, quoyque la moindre, a esté celle qui m'a le plus causé de chagrins et qui m'a plus fait ronger mes ongles. Mais c'est qu'avec tout cela je ne l'ay jamais conçue que sous l'image d'un ornement externe qui n'avoit guère d'autre lustre que celuy qu'elle tiroit du sujet qu'elle revestoit.

Comme le dessein donc est la chose sur laquelle je me suis fondé plus que sur aucune chose pour aspirer au nom de poëte épique, j'attens que le public juge, par le dessein, si j'y ay témérairement aspiré

et si mon ambition a esté au-dessus de ma puissance.
Je ne dis rien de ce que, dans l'économie de l'ouvrage, la guerre y règne d'un bout à l'autre comme son principe matériel, auquel se doit rapporter tout le reste. Je lui laisseray seulement examiner si elle y a été bien entenduë, si je l'y ay déployée en toutes ses diversités, et si j'ay deu y appuyer plustost sur les projets et sur les opérations militaires, sur la manière d'investir ou d'attaquer les places, sur le rangement des troupes et sur les combats de corps contre les corps que sur un confus détail de combats de personne à personne. En quoy je confesse que c'est volontairement que je me suis écarté de la pratique des Grécs et des Latins, lesquels, pour la pluspart, ont rejetté cette imitation générale de la conduite d'un capitaine pour embrasser celle de la valeur particulière des soldats et des actions où le courage se signale plus que la prudence, où la force corporelle a de l'avantage sur celle de l'esprit. Je laisseray juger si la politique y est raisonnablement maniée, et si, dans le point de la négociation, l'adresse des légats auprès de Beford, de Charles et de Philippe, prévaut ou non sur celle de Nestor et de Vénule auprès d'Achille et de Diomède.

Je laisseray examiner si, me conformant à la pratique moderne, j'ay pu ou non me permettre de semer dans mon poëme des épisodes amoureux en plus grand nombre et plus estendus que la gravité des anciens ne le leur souffroit dans les leurs, afin d'adoucir par leur tendresse l'âpreté inévitable d'un

f

assaut ospiniatré ou d'une bataille acharnée. Je laisseray meurement peser si, pour demeurer dans les termes de l'imitation sans ruiner la vraysemblance, j'ay eu besoin d'en exclure la machine de la magie, comme celle qui n'a jamais produit aucun effet semblable à ceux que luy attribuent les romans pour les révolutions des empires. Je laisseray débattre si celle de l'astrologie, que je luy ay substituée pour l'un des principaux ressorts de la merveille, a plus ou moins de probabilité, veu les illustres et malheureux effets que la crédulité humaine a fait subir à cette science pour la cheute des couronnes ou pour l'abaissement des grands. Je laisseray remarquer si la géographie n'y est pas aussi exacte que dans l'histoire la plus sévère, comme celle qui n'est point sujette à l'opinion, qui ne peut changer qu'avec la nature, et sur qui la poésie n'a point de jurisdiction à exercer ; enfin je laisseray considérer si l'érudition y est assés enveloppée pour oster tout soupçon que j'en aye voulu faire parade et que j'y sois tombé dans l'affectation ; ou si, lorsque j'y ay touché du doigt quelques points de physique et de morale, quelques maximes des arts libéraux ou des arts méchaniques, je l'ay fait avec fondement et par des expressions qui ne sentent ni l'atelier ni l'eschole. Ma déférence pour ce que le public en décidera n'en sera pas moins grande que mon mespris pour ce que l'envie y trouvera à redire ; et de quelque manière qu'il prononce sur tous ces articles, je profiteray ou de l'éclaircissement de mes fautes ou de l'approbation de mon tra-

vail. Je scay bien qu'on me dira que le nombre de
mes approbateurs sera petit si je me retranche dans
les seuls habiles, comme ceux qui sont fort rares en
tous les temps ; mais c'est ce qu'on ne sauroit dire
sans faire une notable injure au nostre, et ce ne seroit pas une injure légère aux François en particulier
de présumer que leur terre fust stérile de juges capables de faire droit sur un semblable différent. Elle
est maintenant, grâces à Dieu, en l'estat où estoit
autresfois la Grèce, lorsque ces grands hommes qui
s'étoient élevés en foule dans son sein, et qui l'a-
voient enrichie de toute sorte de sciences, inspiroient
la délicatesse au peuple mesme, et en rendoient le
goût assés rafiné pour n'estre pas un estimateur indigne des productions les plus rares. Nous n'avons
pas seulement parmi nous quantité d'illustres en
toutes sortes de belles connoissances; le bourgeois
aussi bien que le courtisan, les femmes ordinaires
aussi bien que celles de la plus haute condition, sont
sensibles aux perfections et aux défauts des pièces
qui sont du ressort de la morale; et tous ou les reçoivent ou les rejettent, selon le coin dont elles sont
frappées, selon leur bonté ou selon leur fausseté.
Quand néantmoins cette disette de juges seroit aussi
réelle qu'elle est imaginaire, et qu'il fallust que le
long cours des années en fournist un nombre suffisant
pour former un arrest qui ne fust point sujet à cas-
sation, je seray bien aise de m'expliquer là-dessus et
de déclarer à l'envie que je n'attens pas cet arrest de
mon siècle seulement, qu'encore qu'il me l'eust

donné favorable j'en voudrois la confirmation de la postérité, et que, comme je n'ay pas travaillé pour luy seul, mais pour tous ceux qui le suyvront, je ne croirois m'en devoir remettre qu'à ce dont ils seroient tous convenus, afin que, s'il m'estoit accordé de leur consentement commun, j'en pusse gouster le fruit sans scrupule. Je ne prens pas moins que l'univers pour théâtre et que l'éternité pour spectatrice. Ce que toute la terre reconnoistra pour bon et à quoy tous les temps croiront devoir leur suffrage; ce qui leur semblera garder le caractère de l'*Iliade* et de l'*Enéide*; ce qu'ils trouveront qui marche dans la mesme route et du mesme pas, me paroîtra seul légitime, et ce ne sera que sur leur créance que je me croiray possesseur de bonne foy de la gloire qui m'en pourra revenir. Mais lorsque je dis toute la terre, lorsque je dis tous les temps, je veux dire ce qu'il y aura de sensé et d'équitable dans tout le monde, ce qu'il y aura de juste et de raisonnable dans toute la suite des âges; et pour prendre de solides conclusions sur des matières poëtiques, je n'exclus pas moins les barbares et les stupides que les malins et les jaloux. Je ne conte pour rien cette commune grossière qui n'a ni raison ni savoir. Je la récuse en toutes mes causes, dans la discussion desquelles je prétens qu'on ne doit point d'égard à sa voix. Je tiendrois même à honte si je ne luy déplaisois pas, et je demanderois comme ce fameux Grec : « Quelle sottise ay-je faitte ou dite, que cette canaille, m'applaudit ? » Bien qu'en tout mon siècle il n'y eust que trois ou quatre experts qui eussent bonne opinion de mon ouvrage, ce me seroit assés pour n'en avoir pas mauvaise opinion, et je jouirois de l'espérance que nos neveux n'en seroient pas mal persuadés. Je ne suis pas toutesfois réduit à un si petit nombre de partisans; j'ay l'obligation à beaucoup de gens de qualité, de vertu et d'esprit, et que nulle raison particulière n'intéresse en mon honneur, d'avoir espousé ma querelle, et de s'y estre fameusement attachés malgré tous les efforts de mes parties. Je n'allègue point les princes et les princesses que je sers, et de qui j'ay une si glorieuse dépendance, ni les autres grands que je révère et qui veulent bien me souffrir, ni mes généreux amis qui ont levé l'estandart pour moy, et devant qui mes ennemis ou demeurent muets, ou ne parlent que pour désavouer leurs satires. J'allègue seulement des académies et des sociétés entières qui n'ont pas désapprouvé mon travail, et qui m'en ont donné des marques trop éclatantes. Je n'allègue nommément que le savant M. Paulet d'Albi, lequel, sans me connoître que par mon poëme, et sans y estre porté que par son propre mouvement, a bien daigné s'abaisser à en faire une version latine qui ne cède en rien à son original. Pour le sentiment du public, je ne me le puis juger désavantageux après avoir veu l'édition renouvellée jusqu'à six fois en moins de deux ans, soit dedans, soit dehors le royaume. Il n'en falloit pas tant pour m'engager à luy en témoigner ma gratitude et pour m'encourager à finir ce que j'ay commencé. Je luy rends donques icy les

f.

graces que je dois, et le supplie de recevoir la dernière partie de mon ouvrage comme un effet du bon accueil dont il a honoré la première. Luy demander qu'il la favorise de la même protection, ce seroit trahir ma candeur, qui ne me permet pas de la luy souhaiter si elle ne s'en trouve pas digne. Il me suffit d'être assuré qu'elle l'obtiendra de sa justice aussi bien que l'autre, si elle luy paroist aussi supportable que l'autre. Je le conjure seulement de la regarder avec des yeux indifférens et d'observer sans prévention d'esprit si elle mérite son amour ou sa haine. Encore est-il superflu de l'en conjurer, puisqu'il est équitable, et qu'il n'y a ni force ni artifice qui le puisse faire agir contre ce que lui dictera son devoir. Ce que j'estime pouvoir désirer de luy avec bienséance, c'est qu'il veuille se rendre familier un art tel que celuy-cy, dont la doctrine n'a pas besoin d'une médiocre estude pour être comprise, et que les Aristotes et les Horaces n'ont desmeslée et digérée qu'après de profondes méditations sur les poëmes où leurs autheurs avoient bien ou mal rencontré. Ce n'est pas une règle ployable comme la Lesbienne, mais une règle inflexible, qui sert également à connoistre ce qui est droit et ce qui ne l'est pas. C'est le résultat et la quintessence de mille remarques diverses qui ont produit des préceptes invariables, des dogmes d'éternelle vérité. C'est la raison mesme passée en loy, qui convainc l'esprit, qui lui épargne des recherches douteuses, et qui l'informe en un moment de ce qu'il n'auroit pu découvrir tout seul qu'en plusieurs centaines d'années. Car je n'ay garde d'estre de l'avis de ceux qui, comme si les ames tomboient du ciel de Platon en terre instruites de toutes choses, soustiennent que, sans le secours des maîtres, un homme de bon sens peut faire tout et juger de tout. J'admire que ceux-là mesme qui n'oseroient penser qu'un peintre, qu'un sculpteur, qu'un architecte, je dis plus, qu'un charron, qu'un sellier, qu'un fourbisseur, pust réussir dans ses ouvrages, ou porter jugement sur ceux de ses compagnons sans en scavoir les éléments, et sans y avoir fait son apprentissage ; j'admire, dis-je, que ceux-là osent prétendre que, sans estre informé des principes, et sans avoir jamais pratiqué, l'on puisse, avec quelque heureuse naissance et quelque usage de la vie, devenir un poëte excellent, et être autheur d'une bonne décision sur la régularité et l'irrégularité des poëmes. Quoy ce qui n'est que le fruit des veilles, des spéculations, des raisonnemens, de tout ce que l'antiquité a eu de grands personnages, ce qu'ils n'ont amassé que pièce à pièce, ce dont ils n'ont enflé leur trésor qu'après avoir foüillé à loysir dans celuy de la nature, qu'après avoir manié et remanié les sujets, demeslé et comparé leurs propriétés et leurs différences, vérifié ce qui en causoit la justesse et qui en destruisoit la proportion ; ouvert et purgé une mine si dure et si précieuse ; cette lumière, dis-je, vraye, seure et produite par tant d'agitations diverses et tant de diverses réflexions, se trouvera dans un homme ordinaire, par le sens commun tout seul

joint à quelque routine du monde, sans autre peine
que celle d'une application de peu de momens ! Non,
non, l'homme en cela n'est pas semblable à l'ange;
il ne voit pas dans les objets en un seul instant tout
ce qu'ils comprennent ; ses conclusions ne viennent
jamais qu'en conséquence des prémisses ; il procède
pied à pied dans ses connoissances ; il est sujet à erreur,
et souvent est contraint d'abandonner les propositions qui luy auroient semblé les plus certaines. C'est
un effet de l'opacité du corps qui oflusque la clarté
de l'entendement, par les ombrages de la matière.
C'est une sujétion qu'il a pleu au ciel de donner à
l'ame immortelle, en luy donnant cette compagnie
pour tant que dure leur union ; et bienheureux sont
ceux qui ne patissent que médiocrement de ces ténèbres, et qui sont le moins abusés par ces illusions.
Si rien la dégage de la servitude de ce tyran domestique, ce n'est qu'une habitude formée par une fréquente répétition de ces veuës sur les objets qui luy
sont présentés, avec quoy elle s'affermit contre les
fallaces des sens, et se met à couvert de leurs sur-
prises. Mais comme la vie n'est pas longue et que le
travail n'est pas petit, son scavoir auroit des bornes
fort étroittes s'il étoit limité au peu de connoissances
que ses seuls efforts lui en feroient acquérir. Pour se
rendre bientost maître d'un si riche héritage, on
doit profiter de la peine de ceux qui y sont entrés les
premiers, et suyvre la manière dont il se sont pris
à le défricher. Si l'on veut joüir prontement de ses
fruits, il les faut aller prendre chés ceux qui les ont

dépoüillés, ou aller ramasser les grains eschappés à leur diligence par la même voye et avec les mêmes soins qu'ils ont fait. Il en est de la science comme des grands Estats : heureux les princes qui y viennent après leur conqueste et leur établissement. Ils joüissent de la suëur de leurs ancestres, ils profitent de leurs souffrances, de leurs combats et de leurs progrès, et s'ils en poussent plus loin les frontières, ils ne le font que sur le plan et sur les ordres de ceux qui les ont précédés. Les commencemens en ont esté obscurs ; ceux qui en ont jetté les fondemens n'ont guère esté que des pasteurs ou des soldats de fortune qui cherchoient moins qu'ils n'ont trouvé. Ceux qui sont venus depuis ont lutté contre mille obstacles, ont surmonté mille difficultés. Ils ont peu avancer en beaucoup de temps, et ont souvent appréhendé de reperdre ce peu de terrain qu'ils avoient gaigné avec beaucoup de sang. Enfin une victoire suyvant l'autre, de cent provinces assujetties il s'est composé un empire vaste, opulent, inébranlable, dont les peuples reçoivent la loy sans répugnance, et qui est également craint et respecté des naturels et des estrangers. Il en est des beaux-arts comme d'un palais superbe : un architecte seul, à la façon des magiciens, ne le construit pas d'un coup de baguette ; il faut arracher ses matériaux du fond des carrières ; il faut conduire son marrein des forêts d'outre-mer, lasser les forges et les enclumes à façonner le fer que l'on y doit employer, occuper mille bras à la taille et à la polissure de ses marbres, dresser cent machines pour en asseoir les pierres, appliquer l'industrie de cent maistres à en dorer et peindre les dedans, hasarder la vie de cent ouvriers pour y mettre la couverture et pour le munir contre l'inclémence des saisons. Il ne prend forme que peu à peu par le concours de plusieurs manœuvres, par le travail de plusieurs massons, et par la suitte de plusieurs années. Heureux les enfants qui noissent depuis son accomplissement et qui se viennent prévaloir du labeur de leurs pères, ou qui n'ont qu'à y adjouter quelques commodités qui y manquoient, qu'à l'embellir de quelques ornemens qu'on y trouvoit à dire; et malheureux, ou plustôt insensés ceux qui s'imagineroient de pouvoir par leurs seules forces, de leur seule tête, et avec leurs seules mains, commencer et finir un si royal édifice. Le temps d'Hésiode n'est plus : on ne devient plus en une courte nuit un grand poëte. Il n'y a plus d'Astrée où l'on dorme si scavamment, plus de laurier que l'on masche si efficacement, ni plus d'Hippocrène qui donne à boire si glorieusement. Homère même, tout démon qu'on l'ait creu, a eu besoin de l'instruction de Phemius pour faire valoir son admirable génie et pour réussir un si grand artisan. Il est encore moins de juges nés des ouvrages poëtiques que des poëtes qui n'ayent point affaire d'enseignemens pour le devenir. La méditation, l'estude, le travail, quoy qu'on veuille dire, sont les Apollons et les Calliopes, les Permesses et les Cyrrhes, qui inspirent les uns et qui font les autres. Je veux aussi espérer que ceux qui désirent participer à leurs mystères pour ne pas encourir la peine de ce grossier roy de Phrygie, si mauvois estimateur du chant des neuf sœurs, ne s'en fieront pas à leur oreille seule. Je me promets qu'ils en iront chercher les règles dans les écrits de ce grand Stagyrite (1), qui ont éclairci une matière si obscure. Je me promets qu'estant guidés par ce flambeau ils sentiront le plaisir qu'il y a d'édifier seurement et sans crainte d'estre obligé de destruire, de prononcer sur le bien ou le mal des poëmes sans appréhender qu'on appelle de leur sentence comme d'abus, et il me semble desjà voir noistre de cette précieuse semence mille nouvelles productions qui, ne le cédant point aux anciennes, rendront encore en cela notre siècle égal aux siècles passés, où la gloire de l'esprit alloit de pair avec celle du courage. Il me semble voir toutes les nations leur disputer une si belle palme, mais plus que toutes la françoise, laquelle, sans contredit, a le plus de quoy justifier ma prédiction. Si elle est en possession immémoriale de l'honneur des armes, elle a aussi, des premières, ressuscité celuy des lettres ; et dans ces derniers temps elle les a portées si haut et si loin, que ce n'est ni la flater ni faire tort à ses rivales de luy augurer le même rang sur la montagne des Muses qu'elle s'est acquis et maintenu dans les champs de Mars. Pour moy, si je ne suis pas trouvé digne du poste que j'ay prétendu sur cette montagne, et si le nom de poëte est

---

(1) Aristote.

trop élevé pour y laisser atteindre un effort aussi foible que le mien, je m'en consoleroy par l'avantage que tirera ma patrie de l'adresse et de la vigueur de ceux qui entreront après moy dans cette carrière, et qui l'auront fournie plus heureusement que moy.

LA PUCELLE

ou

LA FRANCE DÉLIVRÉE

LIVRE TREIZIESME.

CHANTRES du Saint des saints, dont l'ardeur immortelle
M'eschauffa d'un saint feu pour chanter la Pucelle,
Et dont le puissant souffle accompagnant ma voix
La put faire escouter des peuples et des roys,
Daignés luy conserver votre faveur céleste,
Pour maintenir sa force au récit qui luy reste ;
Et de ses masles sons chassant toute langueur,
Veuillez-en mesme au double accroistre la vigueur.
De mon brillant sujet la merveille dernière,
Du voile de l'oubli sans couvrir sa lumière,
Écartez-en l'ombrage, et donnez à mes vers
D'en bien monstrer la gloire aux yeux de l'univers.
   Par le fatal exil de la fille divine,
Betford, quoique tiré du fonds de sa rüine,
Quoiqu'eschappé du joug, dans son mortel effroy,
N'ose à tant de bonheur prester encore foy ;

Pour libre qu'il se sente, il n'ose encore croire
Qu'à l'Anglois abatu demeure la victoire,
Que le François vainqueur fuit comme repoussé
Et laisse à son vaincu le boulevard forcé.
Cette fuite est suspecte à son âme confuse;
Il ne la peut juger qu'un piége et qu'une ruse.
Et prudent, sans besoin de flèches et de dards,
Contre Charles absent il borde ses remparts.
Dans la peur qui le trouble et trouble son armée,
Pour leur commun salut il l'y tient renfermée,
Et croit voir à tous coups, entre mille trespas,
La guerrière à l'assaut revenir sur ses pas.
En ce doute inqüiet la nuit se passe toute,
Et le jour qui la suit ne calme point son doute.
D'une peur moindre enfin, sur les proches sillons,
Il remeine en tremblant ses tremblans bataillons.

   Ainsi quand un navire, au fort de la tempeste,
De quelque banc caché frise la dure creste,
Et que son corps massif par la quille entamé,
Dans le gouffre escumeux s'est veu presque abysmé,
Le nocher qui partout craint un escüeil sous l'onde,
De moment en moment les noires vagues sonde,
Et bien que le péril soit désormais passé,
Frémit mesme en couppant le flot calme et baissé.

   L'Anglois s'avance en ordre; et recherchant la plaine,
De son sein oppressé sent alléger la peine;
Il n'y voit rien paroistre, et son esprit remis
Dans le seul Barbazan voit tous ses ennemis.
Barbazan des François est le seul qu'il y treuve,
En luy la fermeté fait sa dernière espreuve.
Immobile en son poste, il le garde tousjours,
Et tousjours pour objet se propose ces tours.
D'un cœur si haut, si fier, le général s'estonne;
De plus d'un escadron le héros environne,
Le presse de se rendre et contre tant de mains
Luy fait voir que deux bras sont des obstacles vains.

   Je me rends, respond-il, et je le fais sans honte;
Mon prince, non l'Anglois, aujourd'huy me surmonte;

Sa retraitte affoiblit les efforts de ma foy,
Et vous estiés vaincus s'il eust fait comme moy.
   Betford le donne en garde et surtout recommande
Qu'on ait un grand respect pour une âme si grande,
Puis lasche ses drappeaux sur l'immense butin
Qu'a sous les murs laissés, laissé le camp mutin.
Des nombreux pavillons riches d'or et de soye
L'impétueux soldat fait son avide proye ;
Il la fait du bagage, et sur l'argent batu
Satisfait plus encor sa brutale vertu.
Le chef luy permet tout, et de tout le pillage
Ne veut que le canon pour son juste partage,
Ne veut que les harnois, les piques, les espieux,
Instrumens de conqueste et butin glorieux.
Dans le vuide arsenal, au travers de la ville,
L'équipage guerrier est conduit file à file ;
A l'agréable aspect des canons recouvrés,
Le peuple estime enfin ses remparts délivrés.
L'effroy cesse partout, partout la plainte cesse ;
En tous lieux on n'entend que des cris d'allégresse,
Et parmi l'allégresse on ne voit en tous lieux
Que feux estincelants, qui volent jusqu'aux cieux.
Betford reprend courage à ce succès prospère ;
Il n'appréhende plus la fortune contraire ;
Et du camp dispersé publiant le malheur,
En impute l'effet à l'angloise valeur.
Il vante aux habitans, et leur peut faire croire
Qu'il a sur les François remporté la victoire,
Qu'il a fait, sous ces murs, leur audace eschoüer
Et s'est fait pour vainqueur par leur prince avouër.
Il le croit presque mesme, et plein de confiance
Se promet cette fois de s'asservir la France ;
Il l'espère, et son cœur, pour un dessein si beau,
N'attend que le retour du prochain renouveau.
   Le radieux Titan à peine hors de l'onde
Sur la pasle Cérès levoit sa teste blonde,
Et dans son court chemin d'ombrages entouré
Laissoit peu l'horizon de sa flamme éclairé.

Le verseau roy du ciel appuyé de Saturne
Noyoit le char de feu des torrens de son urne,
Et Pyroe et Phlégon plus qu'a demi-gelés
Précipitoient leurs cours par les champs estoillés.
Sans chaisnes les Autans, les Aquilons sans bride,
De l'empire des airs occupoient l'ample vuide,
Et dans mille combats y roulant leur fureur
En remplissoient le sein de tumulte et d'horreur.
En flocons argentins les neiges espanchées
Tenoient les monts couverts et les plaines jonchées ;
Et les lacs, les estangs, les fleuves, les ruisseaux
Avoient en marbre dur changé leurs molles eaux.
De frimas pénétrans la nature assaillie
Se monstroit aux regards descharnée et vieillie,
Et sembloit un corps sec, have, sans mouvement,
Qui ne demandoit plus que le seul monument.

A la faveur du froid, Betford l'âme enflammée
Veut redonner la vie à sa mourante armée,
Et pour en réparer le funeste debris,
Aux grands soins de ses chefs propose de grands prix.
Partout où l'Angleterre aux fleurs de lys commande,
Chacun dans ses quartiers va regrossir sa bande ;
Mais bien qu'en ces travaux leurs soins soient vigilans,
A ses pressans désirs leurs soins paroissent lents.

Ainsi lorsque l'amant d'une dure maistresse
Croit pouvoir désormais en fléchir la rudesse
Par cent gestes flatteurs et cent propos ardens,
Il convie à l'aider ses plus chers confidens ;
Mais quelque plein de feu qu'il esprouve leur zèle
L'impatient désir d'estre bien voulu d'elle
A sa fougue emportée, à ses esprits boüillans
Fait trouver endormis leurs soins les plus veillans.

En haste, vers son fils, avant tout, il envoye
Vers son cher Édoüard, sa douleur et sa joye,
Qu'il n'avoit jusqu'alors, dans la peur du danger,
Confié qu'à la foy d'un rivage estranger.
Maintenant que son cœur le juge en asseurance,
Sans plus craindre il l'appelle au throsne de la France,

Et pour venir enfin y seoir triomphamment
Ne veut pas que son bois le retienne un moment.
Il veut qu'aux yeux du prince, aux yeux de l'Angleterre,
Il s'équipe, il s'embarque, il vole pour la guerre ;
L'envoyé part sur l'heure, et traversant les flots,
Au fond de son désert va troubler son repos.
  Alors la Renommée en mille endroits public
Qu'on en verra bientost la promesse accomplie,
Et que par ses hauts faits le décret du Destin
S'en va mettre à ce coup cette avanture à fin.
Chaque chef à ce bruit sent redoubler son zèle,
Pour regarnir ses rangs ses efforts renouvelle,
Et le rebelle heureux voit à tous les instans
Renfler ses bataillons de nouveaux combattans.
Ensuite à d'autres soins, d'une ardeur empressée,
Le prévoyant Betford applique sa pensée,
Et dans trois lieux divers de rivières voisins,
De fourage et de bleds forme ses magazins.
A polir le métal de la terrestre foudre,
A forger ses boulets, à composer sa poudre,
A remonter ses corps d'affusts neufs et puissans
Ne s'appliquent pas moins ses pensers agissans.
Barbazan seul les trouble, et noble, et magnanime,
Partout contre l'Anglois ses sentimens exprime ;
Dans les fers il est libre, et criant : Liberté,
Non sans toucher le peuple, est du peuple escouté.
Betford, pour rendre vain l'effet de ce langage,
Aussitost le relègue en une isle sauvage,
Et dans un antre obscur d'abysmes entouré,
Sous une triple garde il le tient resserré.
Dunois pendant ce temps, sur l'espineuse plume,
Languit dans un brasier qui ses forces consume,
Et ses énormes coups le travaillent si fort,
Qu'on n'en peut désormais attendre que la mort.
Sans couleur, sans vigueur, près de sa dernière heure,
Au palais où Marie eut sa noble demeure,
Le guerrier estendu sur de riches coussins
  N'est veu, n'est assisté que de ses médecins.

Elle, sa médecine, ainsi que son amante,
Plus qu'eux autour de luy s'agite et se tourmente,
Plus qu'eux, bien que zélés, fidelles et prudens,
Luy rend d'utiles soins et des devoirs ardens.
Autant que la pudeur souffre qu'elle le face,
Et les jours et les nuits près sa couche elle passe,
Le sert et le console, et donne à ses douleurs
Quelques fois du remède et quelques fois des pleurs.
Pour luy tousjours tremblante et tousjours inquiète,
L'oreille au moindre souffle attentive elle preste,
Et le désir bruslant de le voir bientost sain
Souvent à le panser lui fait prester la main.
Tout ce que de ses maux lui peut causer la rage
L'amoureuse princesse avec luy le partage,
Et contre leurs efforts son esprit impuissant
Plus que le prince mesme en luy-mesme le sent.

Ainsi, près de son pair l'amante tourterelle,
Le voyant défaillir d'une langueur mortelle,
L'assiste en ses besoins, le plaint dans ses tourmens,
Et gémit de douleur à ses gémissemens.
Malgré ses desplaisirs elle feint d'estre gaye,
Et sous un front serein cache une peine vraye,
Cherchant à soulager par ce desguisement
Le douloureux chagrin de son léger amant.
Il est vray qu'à tous coups la froide jalousie
Venant à reglacer sa morne fantaisie,
Plus d'un triste souspir exhalé de son sein
Vient contre son vouloir traverser son dessein.
Il est vray qu'à tous coups, en desployant ses charmes,
Sortent de ses doux yeux d'involontaires larmes,
Tesmoins quoyque muëts du courroux véhément
Qu'en elle de l'ingrat émeut le changement.
Mais pour sensible et dur que luy soit cet outrage,
Son véhément courroux n'en paroist pas moins sage ;
On ne l'en voit pas plaindre, et son juste dépit
Aux replis de son cœur se cèle et s'assoupit.
Elle ne dit jamais à quel point il la touche,
Jamais de la guerrière elle n'ouvre la bouche,

Et quoique son amour le reproche à Dunois,
C'est du cœur seulement et non pas de la voix.
En sa présence un jour d'un air rempli de grâce,
Ayant mis son armet et vestu sa cuirasse :
   Cher Dunois, luy dit-elle, ils ne me pèsent pas,
Et je pourrois sous eux affronter le trespas.
Pour te suyvre partout où la gloire te porte,
Mon amitié du moins me rendroit assez forte ;
Et ce valeureux fer redouté des humains
Se pourroit signaler entre mes faibles mains.
La pudeur toutes fois règne trop dans mon âme
Pour me conseiller rien qui soit digne de blasme ;
Contre la bienseance il ne faut rien pouvoir,
Ni, pour te plaire mesme, oublier son devoir.
   Là se tait la princesse, et le prince volage
Connoist, non sans rougir, où tendoit ce langage,
Voit le tort qu'il luy fait, mais forcé par son sort,
Ne peut se repentir de luy faire ce tort.
Plus que droit, ni raison, sa passion puissante
Ne veut pas que pour elle il ait l'âme innocente,
Ni que de sa révolte équitable vainqueur
Pour elle à la guerrière il arrache son cœur.
Il se dit à lui-mesme : O destinée estrange,
Par qui mon lasche esprit est capable de change,
Qui l'as rendue perfide, et qui d'un autre objet
L'as obligé par force à devenir sujet !
Pourquoy me faire aimer une illustre princesse,
Si je devois un jour luy manquer de promesse ?
Pourquoy lui faire aimer un lasche comme moy,
Si je devois un jour estre ingrat à sa foy ?
N'est-ce rien d'estre ingrat, infidelle, volage
Pour une âme si tendre, un si ferme courage ?
Tes faveurs, ô Marie, aggravent mon erreur ;
Loin de les attirer, je te dois faire horreur.
Je mesprise un objet qui n'eut jamais d'exemple ;
J'égorge l'Amour mesme au milieu de son temple ;
Je foule aux pieds l'honneur à son plus haut degré,
Mais tout pour un objet adorable et sacré :

Pour un objet céleste au-dessus de l'envie,
A qui je dois l'honneur, à qui je dois la vie,
A qui l'Estat françois du tout mort au bonheur
Doit comme moy la vie, et comme moy l'honneur.
Une sainte guerrière en nos maux secourable,
O Marie, envers toy me rend seule coupable.
Si je suis criminel, c'est d'aimer la vertu
Dont cet ange visible a le sein revestu.

Ainsi Dunois se parle en gardant le silence ;
Son trouble dans ses yeux monstre sa violence.
Hautement il souspire, elle souspire aussi,
Et croit assés parler de lui parler ainsi.
Un mois s'estoit coulé dans ce triste exercice,
Et le mourant Dunois par cette aide propice,
Cette conduite adroitte et ce soin assidu,
Estoit presque remis de tant de sang perdu,
Quand du funeste sort de la sainte Pucelle
Le surprit tout à coup l'effroyable nouvelle,
Et par l'avis constant de sa captivité
Priva son cœur de force, et ses yeux de clarté.
Sous ce grand coup de foudre il tombe de foiblesse
Entre les foibles bras de l'amante princesse,
Si pesamment y tombe et si soudainement
Qu'elle croit de ses jours voir le dernier moment.
De trouble, d'espouvante à cet aspect saisie,
Forçant à la pitié sa propre jalousie,
Elle court au remède, et par mille hauts cris
Au sein abandonné rappelle les esprits.
Mais malgré ses clameurs, malgré son assistance,
Longtemps de son ingrat dure la deffaillance.
Il en sort à la fin et par deux longs hélas !
De son aspre douleur commence les éclats.

Hélas ! hélas ! dit-il, ô Dunois misérable !
A quoy m'a réservé le ciel inexorable !
Pour voir un mal si grand ai-je été conservé ?
Ah ! c'est estre perdu que d'estre ainsi sauvé.
Quelle aide, astres cruels, de me rendre à la vie,
Pour voir au camp françois la guerrière ravie !

Il eust bien mieux valu périr sous cette tour,
Que revoir à ce prix la lumière du jour !
Toy qui lis dans mon ame et vois ce que j'endure,
Grand Dieu, retiens ma langue, arreste mon murmure.
La fureur me transporte et figure à mes sens
De tes sages conseils les ordres impuissans.
Les enfers sur la sainte obtenant la victoire
Aux yeux de l'univers triomphent de ta gloire,
Et si son bras tonnant de leurs fers est chargé,
Tu laisses ton honneur dans leurs fers engagé.
O bras du Tout-Puissant ! ô céleste guerrière !
Ce n'est que mon malheur qui t'a fait prisonnière.
L'amour que j'ay pour toy seule t'a fait ce tort,
Et seule t'a soumise aux rigueurs de mon sort.
Percé de mille coups, pressé de mille gesnes,
Je t'ai communiqué mes tourmens et mes chaisnes.
Tu me dois tout le mal qu'on te fait supporter,
Et tu peux à moi seul justement l'imputer.
Ma prison fait la tienne ; honneur, devoir, contrainte,
Sans vous j'eusse à l'assaut accompagné la sainte ;
Sans vous dans son exil j'eusse suyvi ses pas
Et destourné sa prise ou receu le trespas.
Mais dans un tel désastre, ô grand Dieu, qui m'assure
Que l'ennemi respecte une vertu si pure,
Et que, la craignant mesme au fond de sa prison,
Il espargne à ses jours le fer ou le poison ?
Craignons tout de l'Anglois contre ce grand courage,
Craignons tout, croyons tout. O désespoir, ô rage !
Pourquoy ne mourir pas, s'il falloit que mon sort
Me fist voir en vivant sa prison ou sa mort ?

   La douleur en ce lieu lui couppe la parole ;
Tout sert à l'affliger, et rien ne le console.
Marie en ce besoin l'eust voulu consoler,
Mais sa propre douleur l'empesche de parler.
Bien que plus que jamais la froide jalousie
Des plus noires horreurs comble sa fantaisie,
A force d'endurer pour elle et pour Dunois,
L'excès de sa douleur luy dérobe la voix.

Sa langue à la pitié, non moins qu'à la colère,
Refuse en cet estat son foible ministère,
Et son esprit succombe à son propre tourment,
Loin d'alléger le mal que souffre son amant.
   Tel parmi le débris d'un funeste naufrage
Dont la terreur s'accroist par celle de l'orage,
Entre cent cris aigus et cent doubles sanglots,
Un père voit son fils engloutir par les flots.
Le poil à cet objet sur sa teste se dresse,
Vers luy rapidement le porte sa tendresse ;
Mais au point que des flots il le veut garantir,
Luy-mesme par les flots il se voit engloutir.
   Le prince, terracé par l'affreuse nouvelle,
Se livre tout entier à sa rage crüelle,
Et sent par tout son corps de rouges taches peint
Se ranimer plus vif un brasier presque esteint.
Sa fièvre se renflamme, et dans toutes ses veines
Réveille avec son feu la grandeur de ses peines.
Le médecin paslit et fait croire à le voir
Qu'à ce coup de sa vie il a perdu l'espoir.
Toutes fois il le veille et luy rend assistance,
Malgré tout son chagrin, toute sa résistance ;
Il l'observe et connoist qu'il ne veut point guérir
Et que s'il pense à rien, ce n'est plus qu'à mourir.
En cette extrémité l'amoureuse Marie
Pour luy plus que devant par son mal attendrie,
Plus que devant le plaint, et quoyque pour autruy
Sent forcer son amour à prendre soin de luy.
Elle a beau de l'ingrat n'esprouver qu'injustice,
Elle luy rend tousjours service sur service,
A tousjours le regard attaché sur son front
Et pour tous ses besoins a le bras tousjours pront.
Aux remèdes enfin l'ardente fièvre cède,
Mais le soin de Marie est son plus vray remède,
Et le secours de l'art en un mal si pressant
Auroit esté sans elle un secours impuissant.
La santé qu'il reçoit des mains de la princesse,
Au lieu de joye en luy ne produit que tristesse.

Il voudroit plus que tout ne la luy point devoir
Et d'elle sans despit ne la peut recevoir.
Ayant sceu mesme alors que l'estranger rebelle
Avoit du Bourguignon obtenu la Pucelle,
Il mesla son amante en cette lascheté
Et jugea ce dessein par elle projetté ;
Sa fureur, son transport lui purent faire croire
D'un cœur si magnanime une action si noire,
Comme le seul moyen que son sort malheureux
Luy laissoit d'escarter l'obstacle de ses vœux.
Nourrissant plein de fiel cette indigne créance,
Devant sa bienfaitrice il garde le silence
Ou ne respond au plus à ses rares bontés
Qu'avecque des respects et des civilités.
Elle voit ses froideurs sans pouvoir reconnestre
Quel secret mouvement les a pu faire naistre,
S'en prend à son estoille, et seule l'en blasmant,
N'en veut point accuser son infidelle amant.
Elle croit que des cieux la maligne influence,
Pour elle a dans son sein produit l'indifférence,
Et croit que les enfers par un damnable sort
Ont approuvé des cieux le criminel effort.
Elle se flatte mesme et croit que la bergère
L'eschauffe seulement d'une amour passagère.
Bref, elle pense tout plutost que de penser
Qu'il l'ait pu de son âme entièrement chasser.
De tout point toutes fois l'en eust-il rejettée,
Il est au moins présent à sa veüe enchantée ;
Eust-il entièrement oublié son devoir,
Dans ce malheur au moins l'a-t-elle en son pouvoir.
Loin de choquer son goust, loin d'attirer sa haine,
Il resjouit ses yeux au plus fort de sa peine,
Et luy fait amuser sa triste passion
Par cette ombre de joye et de possession.
Mais ce qui plus que tout sa souffrance modère
C'est qu'en ce cœur changeant le sien tousjours espère
Et croit qu'en sa faveur de moment en moment
Elle luy reverra changer son changement.

Dans ce trompeur espoir la malheureuse amante,
Sent son aspre douleur un peu moins véhémente,
Sert tousjours son volage avec la mesme ardeur
Et du feu de son sein descouvre la grandeur.
    Lyonnel, qui voit tout, ne peut voir sans colère
Qu'à Dunois odieuse elle essaye à luy plaire,
En murmure, s'en plaint, mais jaloux et discret
En secret en murmure, et s'en plaint en secret.
Plus que d'elle il se plaint de l'estoille maligne,
Qui de porter ses fers le luy fait croire indigne
Et qui devant ses yeux, pour rengreger son mal,
La rend si secourable aux maux de son rival.
Son amour ne peut voir sans rage, sans furie
Que Dunois soit aimé, soit flatté de Marie,
Que bien qu'adoré d'elle il l'ose desdaigner,
Et règne en son esprit sans y vouloir régner.
Il n'est aucune peine à la sienne pareille :
Le jour elle l'abat, la nuit elle l'esveille.
Du désir mille fois il brise sa prison,
Et mille fois en blasme et desdit sa raison.
Il veut, mais vainement, s'affranchir de servage,
La honte de sa chaisne offense son courage,
La beauté de sa chaisne entretient son amour,
Et ces deux passions l'occupent tour à tour.
A l'envy puissamment l'une et l'autre l'agite ;
A l'envy l'une et l'autre et l'appaise et l'irrite,
Et fait que son esprit de çà de là flottant
N'est jamais de tout point content ni mescontent.
    Tel est un grand vaisseau que sur les champs de l'onde
Le sud a fait voler de l'un à l'autre monde
Entre des monts d'escume, enfans de sa fureur,
Et sous des cieux armés d'espouvante et d'horreur ;
Quoyque le nort contraire en combatant sa rage
D'un soufle triomphant vueille calmer l'orage,
Le vaisseau par tous deux balancé sur les flots,
N'a jamais pleinement ni trouble, ni repos.
Le malheureux guerrier ne pouvant de son âme
Ni bannir son courroux, ni rejetter sa flamme,

Après mille projets, en conçoit un enfin
Qu'il estime seul propre à changer son destin.
Il pense qu'esloignant de la princesse amante
Ce qui la rend si dure au feu qui le tourmente,
Il pourra l'adoucir, s'il ne peut la gaigner,
Et porter sa rudesse à le moins desdaigner.
A sa triste pensée, au fort de la souffrance,
S'offre le grand Talbot prisonnier de la France,
Que donnera la France aux désirs de l'Anglois
Si l'Anglois veut pour luy donner le grand Dunois.
A peine à sa raison esclost cette lumière,
Qu'il croit voir du succès la certitude entière
Et se tient fortuné d'avoir trouvé ce jour
De servir à la fois la nature et l'amour.
Il s'aime et s'applaudit d'avoir trouvé la voye
Qui peut de la douleur le mener à la joye,
Et par un seul effet chassant un double ennuy
Terminer les malheurs de son père et de luy.
Flatté de cet espoir, à Betford il s'addresse,
Luy propose l'eschange, et l'en prie, et l'en presse,
Luy cache la moitié de son intention,
Et de son naturel couvre sa passion.
 Betford, qui sur son fils fait rouler sa conduite,
Voyant de ce discours la périlleuse suite,
Tesmoigne dès l'abord de le désapprouver,
Et c'est en se forçant qu'il le laisse achever.
De Dunois, de Talbot la vaillance et la haine
Menaçant Édoüard d'une perte certaine,
Sa peur luy fait conter entre ses plus grands biens
Que tous deux soient alors tombés dans les liens.
Leurs liens paroissoient mesme à sa desfiance
Mettre de son cher fils la vie en asseurance,
Et n'assurer pas moins contre ses ennemys
Le fatal avantage à ses armes promis.
Sur de tels fondemens il reçoit la prière
D'un farouche regard et d'une mine fière
Sans luy repartir rien, fors qu'une autre saison
Aux deux braves guerriers ouvriroit la prison.

Lyonnel à ces mots demeure sans respondre;
Il sent par leur éclat son esprit se confondre,
En pénètre la cause, en descouvre la fin,
Et n'en peut accuser que son astre malin.
Müet il se retire et remporte en son âme
Un courroux, une rage, un dépit tout de flamme.
La nature et l'amour indignement trompés
Luy laissent de fureur tous les sens occupés.

 Mais un courroux moins aspre, une moindre furie
Ne vint pas occuper tous les sens de Marie.
Lorsque le bruit commun eut rendu Lyonnel
Du projet de l'eschange autheur et criminel,
Cet amour qui l'excite à poursuivre l'eschange
Semble à sa passion insuportable, estrange,
Estrange, insuportable et pire mille fois
Que n'est l'aversion que pour elle a Dunois.
Humaine à l'inconstant, au constant inhumaine,
De l'un comme de l'autre elle augmente la peine,
Et surtout de celui qui révère sa loy
Et qui ne luy desplaist que par son trop de foy.
Auprès d'elle sa foy le fait passer pour traistre;
Par cent signes publics elle le fait parestre,
Évite sa rencontre, et, ne le pouvant pas,
Dans ses yeux flamboyans luy montre cent trespas.
Ainsi de Lyonnel la flamme infortunée
A n'espérer plus rien desormais condamnée
Le fait céder par force aux rigueurs de son sort
Et souffrir sans mourir ce qu'on souffre à la mort.
Malvoulu de sa Dame et privé de son père,
Sentant fondre sur luy misère sur misère,
Il s'esbranle, il chancelle, et malgré sa vertu
Sous le poids de ses maux est enfin abbatu.
Il ne résiste plus à sa douleur pressante;
En ses veines s'allume une ardeur violente;
Trois grands feux dévorans le bruslent tour à tour:
La fièvre, la colère et plus que tout l'amour.
En ce funeste estat bruslant d'impatience:
 Chère mort, disoit-il, mon unique esperance,

De mes sens agités vueille calmer les flots
Et sous la tombe au moins me donner le repos.
Assez, et trop, hélas! sur ma mourante vie,
Et le ciel et la terre ont leur rage assouvie;
Assez, et trop, hélas! d'un mutüel accord,
Ils m'ont fait le jouët de l'amour et du sort.
Il est temps d'achever et ma vie et mes peines;
O mort! ô douce mort! vien rompre enfin mes chaisnes.
De la paix du cercueil vien couronner ma foy;
S'il me reste un seul bien, ce bien seul n'est que toy.
Et Marie et Betford ont de mesconnoissance
Payé mes actions, reconnu ma constance.
L'un et l'autre est ingrat, l'un et l'autre endurci,
Et je n'attens plus d'eux ni pitié, ni merci.
Tu me conduiras seule au repos où j'aspire.
Haste-toy de borner ma vie et mon martyre;
De mes crüels tyrans venge-moy par ma fin,
Par ma fin venge-moy de mon crüel destin.
Je ne puis ni ne veux punir leur injustice,
Et j'en respecte encor la haine et la malice;
De leurs mespris amers, de leurs aigres refus
Je seray bien vengé si je n'endure plus.
J'immole ma colère au bien de ma patrie,
J'immole mon despit aux beautés de Marie,
Et pourveu que ton dard m'oste le sentiment,
Je ne veux ni ne puis me venger autrement.
Mais quoy! dans les liens laisseray-je mon père?
Est-ce ce que Talbot de Lyonnel espère?
Puis-je mourir sans honte et sans impiété,
Que je n'aye à son bras rendu la liberté?
Non, avant que mourir faisons cette entreprise;
Pour la seconde fois, rendons-luy la franchise;
Rendons à son parti son bras victorieux,
Et renonçons après à la clarté des cieux.
Betford à mes désirs se moustre inexorable,
Mais peut-estre mon roy leur sera favorable;
Il est affable et juste et pourra m'escouter;
C'est mon dernier remède, et je dois le tenter.

O paternel amour, ennemi de ma flamme!
A quel joug tyrannique asservis-tu mon âme?
Ma flamme veut ma mort, et toy, contraire amour,
Tu veux que malgré moy je conserve le jour.
 Le guerrier à ces mots s'arreste plus tranquille,
Et pour sa guérison se rend moins difficile;
Mais il revient à peine, et sa triste langueur
Voit en lui lentement retourner la vigueur.
Tel un superbe lis sur qui d'un gros nuage
Dans la chaude saison vient à fondre l'orage,
Et qui sous cet effort coup sur coup redoublé
Et s'abbat et languit de la gresle accablé.
Bien qu'aux puissans rayons du Dieu de la lumière
Il reprenne l'éclat de sa beauté première,
Qu'il se relève enfin de son abbattement,
S'il revient de sa cheute, il revient lentement.
 Mais les sages légats qu'a portés leur saint zèle
A venir mettre fin à la grande querelle,
Sur le point de quitter un désert si charmant,
Apprennent de Paris le triste événement.
A l'avis trop certain de l'avanture estrange,
S'estonne leur esprit, leur visage se change,
Et l'un et l'autre craint que l'orgueilleux Betford
Après ce grand succès ne souffre point d'accord.
Ils craignent de trouver en son cœur inflexible
A leurs justes projets un obstacle invincible,
Et consultent longtemps par quels habiles traits
Ils pourront obtenir qu'il entende à la paix.
Ne voulant rien pourtant commettre à la fortune,
Ils retiennent leurs pas durant toute une lune,
Pour voir si la raison luy monstrant son devoir
Ne l'obligeroit point à les bien recevoir.
Enfin sans nul espoir ils marchent vers la ville.
Betford sçait leur venüe et demeure immobile,
Abuse insolemment de son trop de bonheur;
Leur entrée aux remparts est sans marques d'honneur;
Un procédé si dur, un desdain si barbare
Pour de saints envoyés, d'un mérite si rare,

Leur fait de plus en plus sinistrement juger
De l'accord important qu'ils venoient menager.
Requis, sollicité, forcé par leur instance,
Avec faste et froideur il leur donne audience,
Et chacun d'eux assis, sans tesmoins, en lieu clos,
L'un des prélats luy parle et luy parle en ces mots :
 Grand prince, qu'à l'envy le cœur et la prudence
Ont establi nocher au timon de la France,
Et qui dans les combats vaincu, victorieux,
Tousjours également t'es monstré glorieux,
Sois et doux et bénin dans l'heureuse fortune ;
Songe que sa faveur aux mortels est commune,
Et que le Dieu vivant qui la dispense à tous
A ceux qu'elle corrompt fait sentir son courroux.
Nous te disons, Betford, ce que nous venions dire
Au guerrier qui se dit maistre de cet empire,
Et qu'un transport aveugle a seul précipité
Du throsne où ces hauts murs l'ont veu presque monté.
Fuy l'aveugle transport qui suit le sort prospère,
Si tu ne veux du ciel attirer la colère,
A des foudres nouveaux voir ton chef exposé
Et briser à l'escueil où Charles a brisé.
Après un siècle entier de tumulte et de guerre,
Le ciel a résolu le repos de la terre,
Et quiconque de vous ne s'y résoudra pas
Ne sçauroit éviter les fers ou le trespas.
L'hérésie est armée et fait teste à l'Église ;
La haine l'entretient, la fureur l'authorise ;
Et pour la désarmer nos travaux seront vains
Tant que le fer luira dans vos sanglantes mains.
Avecque tant d'ardeur, et depuis tant d'années
Ses erreurs sont par nous vainement condamnées.
Votre division plus forte que nos voix
En maintient la révolte à la honte des loix.
L'Église, qui dans Basle en corps est assemblée,
D'une sainte espouvante en a l'ame troublée,
Et voulant réprimer ce mal contagieux,
Vers toy comme vers luy nous despêche en ces lieux.

2

Pour soustraire à l'erreur l'appuy de si grands princes,
Nous sommes accourus des lointaines provinces ;
Pour redonner la vie à cet Estat mourant,
Nous venons terminer un si long différent.
Le Concile, sacré par nous à juste titre,
Entre les deux partis vient s'offrir pour arbitre ;
Il représente Dieu, le Dieu de l'univers,
Qui fait justice égale à ses peuples divers.
Remets-luy, remets-nous le droit dont l'Angleterre
A fait le fondement d'une si longue guerre,
Et t'attens, s'il est bon, de voir notre équité
Conserver à l'Anglois le sceptre contesté.
Laisse-nous cette charge, et par tes nobles armes
De la religion viens arrester les larmes ;
Par un esprit chrestien à ses ordres soumis,
Tourne ton bras vainqueur contre ses ennemis.
Joins-toy pour les abattre au Prince de l'Église,
Qui va sur la Bohesme espancher la Tamise,
A Winton le Croisé, dont le terrible nom
Au plus bas des enfers fait trembler le démon.
Joins pour exterminer sa funeste puissance
Le bras de l'Angleterre à celuy de la France,
Et l'y joins par la paix qu'un insigne bonheur
T'a donné lieu de faire avecque tant d'honneur.
Tu sçais qu'en ses amours la Fortune muable
Devient souvent contraire à qui l'eut favorable,
Et qu'un temps pourra suivre où tu voudras en vain
La paix, l'aimable paix que tu tiens en ta main.
En cette occasion fais-toy connoistre sage ;
Du bien qui t'est offert fais un loüable usage ;
Ne souffre pas périr cet instant précieux
Où tu peux mériter de la terre et des cieux.
  La frénétique erreur dont la veille est un songe,
Fille louche et sans foy du père de mensonge,
Qui bronche à tous momens, et qui force à broncher
Quiconque sur ses pas se résout de marcher,
Dans sa noire forest, ayant sceu que contre elle
L'Église alloit pousser tout le peuple fidelle

Afin de traverser ses célestes desseins,
Dans leurs cours animés surprit les pères saints.
Aux regards invisible, aux actions présente,
Elle ouït du vieillard la parole tonnante,
Et craignit que Betford par elle intimidé
Ne vînt à consentir au secours demandé.
Elle engage l'orgueil, qui jamais ne la quite,
A faire que l'Anglois s'en trouble et s'en irrite,
Et que, foulant aux pieds droit humain, droit divin,
A tout propos de paix il couppe tout chemin.
L'impétueux orgueil soudain fond dans son ame,
Par un souffle bruslant la luy met toute en flamme,
Luy donne un fier dégoust pour l'avis proposé
Et dicte la response à son esprit rusé.
  Bons prélats, leur dit-il, allons dans la Bohème
Combattre l'hérésie et punir le blasphême ;
Allons de nostre mère appaiser les ennuis ;
C'est ce que vous voulés, et c'est ce que je puis.
Allons ; mais qu'avec nous aucun autre ne vienne,
Je respondray bien seul de la cause chrestienne ;
Et si Charles prétend y combattre avec moy,
Il luy faut déposer la qualité de roy.
Je ne le reçoy point s'il ne cède la France
Au prince qui de droit en a la joüissance,
S'il ne vient renoncer à la prétention
Qui trouble injustement nostre possession.
Son droit est, à vray dire, un droit imaginaire ;
La vérité du nostre est et certaine et claire ;
Le ciel par cent faveurs a ce droit confirmé,
Et pour le maintenir nostre bras est armé.
Les Anglois pour ce droit n'ont pas besoin de juge ;
Ils sont leurs juges seuls, ils sont seuls leur refuge.
Si Charles à ce point se peut accommoder,
Nous voulons bien la paix à ses vœux accorder.
  Il leur parle en ces mots, et bouffi d'arrogance
Leur parle comme assis au 'throsne de la France.
Les prélats, offencés aussi bien que surpris,
Avec peine et douleur supportent ce mespris ;

Ils supportent ce faste avec douleur et peine,
Abandonnant confus les rives de la Seine,
Et pour la paix qui fuit, et qu'ils n'espèrent pas,
Vers Bourges lentement dressent leurs tristes pas.
 Charles par sa subite et fatale colère,
Tombé de l'heur extrême en l'extrême misère,
Loin des tours de Paris, dans ses fidelles tours,
Passoit amèrement et les nuits et les jours.
Tousjours plein d'Amauri, pour la sainte guerrière
Son cœur envenimé gardait sa haine entière,
Et par luy, par ses chefs, près et loin puissamment
Travailloit à refaire un royal armement.
Les prélats survenus au fort de cet ouvrage
Demandent d'estre oüis, exposent leur message,
Représentent surtout le péril des autels,
Le font en graves mots, et ces mots furent tels :
 O prince malheureux qui parmi tant de larmes
As si long-temps cherché ton salut dans les armes,
Et qui, plus qu'aucun prince, as jusques à l'excès
De la double fortune esprouvé les succès,
Enfin l'heure est venüe où la bonté divine
Veut des lys terracés relever la rüine,
Et le propre intérest de la gloire des cieux
L'engage à rappeller le calme dans ces lieux.
Le dragon infernal glissé parmi le trouble
Redouble sa fureur, sa malice redouble,
Et son fiel, non content de corrompre les mœurs,
D'une fausse doctrine empoisonne les cœurs.
L'erreur opiniastre, indocile, emportée,
Par luy de son haleine a l'Europe infectée.
Le discord la fomente, et d'un progrès sans fin
Luy fait partout vomir son pestilent venin.
Pour combattre ce mal, la France et l'Angleterre
Doivent d'un pront accord finir leur longue guerre,
Et chacune à l'envi, par le feu, par le fer,
Jusqu'en sa forest sombre aller vaincre l'enfer.
C'est le désir commun de la trouppe zélée,
Que l'Esprit trois fois saint a dans Basle assemblée;

C'est elle qui t'adjure au nom des immortels
D'oublier ta vengeance en faveur des autels.
C'est elle qui, par nous, et t'exhorte et te prie
De tout sacrifier à ta chere patrie ;
Si Dieu l'ordonne ainsi, pourrois-tu justement
Ne te conformer pas à son commandement ?
Par l'excès de ta joye et celuy de ta peine
Tu vois qu'une puissance au-dessus de l'humaine
Exerce absolument son empire sur toy,
Et rend tous tes desseins dependans de sa loy.
Suy cette loi divine, et croy que le Concile
Par de justes moyens te le rendra facile ;
Si ton vouloir demeure à ceste loy sousmis,
Tu verras sous ton joug ployer tes ennemis.
 Il luy tient ce propos d'un air doux et modeste,
Accompagnant sa voix et des yeux et du geste ;
Charles, touché du ciel plus que de son propos,
Se recueille en luy-mesme et respond en ces mots :
 Prélat auguste et saint, que l'Église assemblée
A fait ange de paix pour la France troublée,
Et toy, sage prélat, qui par ce mesme choix
Viens aussi pour calmer l'orage des François,
Quoyqu'un prince guerrier, que le malheur surmonte,
Ne se puisse à la paix laisser porter sans honte,
Et qu'avant que son bras redevienne vainqueur
L'honneur mesme le semble interdire à son cœur,
Tout confus que je sois d'estre sans la victoire,
Tout bruslant que je sois de relever ma gloire,
Tout douteux que je sois que l'orgueilleux Betfort
Trouve bon qu'entre nous il se parle d'accord,
L'amour, qui pour mon peuple en mon ame est si tendre,
Me contraint malgré moy d'y vouloir bien entendre,
Et le respect des cieux en mon ame imprimé
Pour n'y résister point m'a le bras désarmé.
Proposez un remède à nos maux salutaire ;
En tout, à vos désirs vous me verrez complaire.
Ouvrés-nous un moyen propre à tout composer ;
J'engage ma parole à ne rien refuser.

Si des saints assemblés la sagesse suprême
Peut vuider le débat du françois diadême,
Je m'en remets sans crainte à leur avis prudent,
Bien que de Dieu tout seul je vive dépendant.
Le droit que je soustien ne se peut contredire :
Chascun sçait qu'il nasquit avecque cet empire,
Qu'il fut de sa grandeur l'unique fondement,
Et qu'il l'a conservé libre de changement.
Depuis que Varamond eut la Meuse franchie,
Le monde a veu des Francs durer la monarchie,
Sans qu'une seule fois, en mille ans accomplis,
Son redoutable sceptre ait veu filer les lys.
Le ciel, le juste ciel tesmoigna bien luy-mesme,
Appeller l'homme seul à ce grand diadême,
Lorsqu'il fit prendre au roy, qui fut son premier oint,
Les lys de qui le propre est de ne filer point.
Ce glorieux Estat enfanté par la guerre,
Et dont la destinée est d'asservir la terre,
Du sexe le plus foible appréhendant la loy,
Ne put souffrir de reyne et ne voulut qu'un roy.
Tel est l'usage vieux que, des bords de la Sale,
Apportèrent les Francs pour la race royale,
Qu'inspire la nature, et qu'en chaque maison
Pour le bien général establit la raison.
La loy de mes ayeux, le ciel et la nature
Condamnent de l'Anglois l'entreprise et l'injure,
Parlent en ma faveur, et de ce grand procès
Promettent à mon droit un glorieux succès.
Équitables vieillards, prenés donc connoissance
De cet antique droit qui me sousmet la France ;
Balancés-le, jugés-le, et comblant vos souhaits,
Pour l'intérest des cieux unissés-nous en paix.
Bien que mes braves chefs d'une ardeur enflammée
Ramassent les débris de ma mutine armée,
Bien qu'on soit prest de voir, amoureux des combats,
Marcher sous mes drappeaux cent fois mille soldats,
Je retiendray les coups de cette trouppe immense,
Tant que d'un juste accord reluira l'espérance,

Et mes rebelles murs n'en souffriront l'effort
Que l'Anglois n'ait paru contraire à tout accord.
Mais, ô prudents légats, que j'ay sujet de craindre
Qu'il ne faille à la paix par force le contraindre !
Que je crains qu'endurci par son farouche orgueil
Il ne vueille de paix que celle du cercueil !

   Luy-mesme après ces mots dans le temple les meine,
Joint aux soins obligeans une parole humaine,
Avec eux s'entretient, et sur la fin du jour
Avec peine les quitte et s'enferme en la tour.
Vers où le mur est ceint d'une plus molle vase
Le pied de cette tour a le centre pour base,
Et par le sein des airs son faiste impérieux
Monte à la région la plus proche des cieux.
La figure en est ronde, et le lieu qu'elle embrasse
A la veüe estonnée offre un si grand espace,
Qu'au monarque, à sa cour, en guerre comme en paix,
Il sert de forteresse, et tient lieu de palais.
Là pour un court repos le prince se retire;
Mais loin de reposer, il s'agite et souspire,
De sa condescendance est presque repenti
Et ne croit pas sans blasme avoir pris ce parti.
Les prélats resveillés, au resveil de l'aurore,
Le trouvent qui se lève et qui s'agite encore;
Charles, en les voyant, compose son aspect,
Et son accueil pour eux est meslé de respect.
Il les promeine alors par la maison royale,
Et sa pompe à leurs yeux royalement estale;
Les portes, les degrés et les appartemens
Les charment par leur nombre et par leurs ornemens.
Enfin de l'un à l'autre arrivés à la cime :

   Pères saints, leur dit-il, de cette tour sublime
Après estre tombé sous d'heureux attentats,
Je voyois les confins qui bornoient mes Estats.
Ayant perdu la Seine et l'Yonne perdüe,
Désormais ma puissance avoit peu d'estendüe;
La Loire en tout son cours n'estoit pas toute à moy,
Et de ces seuls ruisseaux je m'osois dire roy.

Nostre bras cependant, malgré l'angloise rage,
Jusqu'aux remparts de Rheims s'est pu faire passage,
Et sans la trahison de nos plus favoris
Ce bras, comme dans Rheims, nous mettoit dans Paris.
Si de trop d'heur flaté mon ennemi s'oublie,
La force de ce bras n'est en rien affoiblie ;
Sans peine à la raison il sçaura le ranger,
Et mes peuples destruits sur ses peuples venger.
Mon cœur, qui n'est pour luy que paix et qu'indulgence,
Ne sera plus pour luy que guerre et que vengeance,
Et la rébellion dans son grand chastiment
Sentira la grandeur de mon ressentiment.
 Du prince et l'un et l'autre approuve le langage ;
Sa justice les touche ; ils aiment son courage,
Et si l'Anglois refuse un équitable accord,
Ils s'engagent dès l'heure à luy donner le tort.
Portant les yeux en rond, et l'un et l'autre admire
A quoy fut du François réduit le vaste empire,
Et s'il se voit plus ample, au seul bras du Seigneur
L'un et l'autre en rapporte et l'effet et l'honneur.
L'irrité Bourguignon que sa haine dévore
Aux saints ambassadeurs restoit à voir encore,
Mais c'est celuy des trois que moins facilement
Ils pensent disposer à l'accommodement.
Pressés de leur ardeur, sans vouloir plus attendre,
Ils prenoient dès ce jour la route de la Flandre ;
Au moins ils le vouloient, si le monarque humain
N'eust forcé leur vouloir d'attendre au lendemain.
Tous deux enfin, comblés des caresses du prince,
Partent, et s'avançant de province en province,
Des François, des Anglois à l'envi respectés,
Gaignent avec lenteur les flamandes cités.
 Tels pour rendre le calme à la vague dépite
L'impérieux Neptune et la verte Amphitrite
De leurs antres profonds, sur la face des eaux,
S'élèvent à l'envy couronnés de roseaux ;
Ils vont, et devant eux sur tout leur long passage
Les flots ailleurs émeus perdent toutte leur rage,

Ou s'ils gardent encor l'aigreur de leur courroux,
Au moins devant leurs dieux ils contrefont les doux.
Philippes, malgré luy de son aspre querelle
Remettoit la poursuite à la saison nouvelle,
Et de grains cependant, d'armes et de soldats
Faisoit en plus d'un lieu plus d'un soigneux amas.
Arrivés dans ses murs, après quatre journées
Au repos, aux besoins à l'usage données,
Les timides légats en sa présence admis
Prennent pour luy parler un air humble et soumis.
Mais Philippes, forcé par son impatience,
Rompt d'un ton brusque et haut l'ordre de l'audience;
Il connoist le sujet qui les a fait venir
Et previent le discours qu'ils luy veulent tenir.
   Espargnés-vous, dit-il, une harangue vaine;
Je sçay quelle raison de si loin vous ameine;
Betford, dont l'intérest est au mien attaché,
Pour me le faire entendre a vers moy despêché.
Je sçay que dans l'espoir d'appaiser cet orage
Vous avés entrepris ce pénible voyage,
Et que le saint Concile à vos soins a commis
De reünir nos cœurs contre ses ennemis.
Je sçay que la concorde est même désirable
A ceux à qui le ciel est le plus favorable,
Et que le moment propre à conclure la paix
Est quand nostre fortune égale nos souhaits.
Je sçay que c'est le bien de l'un et l'autre empire,
Que Charles plus que nous à ce bonheur aspire,
Et que si nous voulons de ce commun bonheur
Nous remporterons seuls le profit et l'honneur.
Je sçay tout, mais je sçay la victime et l'offrande
Que le sang de mon père à mes armes demande.
Je suis fils, et mon père est mort en trahison;
J'oppose à vos raisons cette unique raison.
Mon père chaque nuit blasme ma négligence
De tarder si longtemps à faire sa vengeance;
La mort de son meurtrier à ses malheureux os
Seule dans le cercueil peut donner le repos.

Par son trespas cruël la paix quita la terre ;
Celuy de son meurtrier doit en bannir la guerre.
Pour dissiper le trouble et la paix rappeller,
Aux mânes de mon père il le faut immoler,
A qui je dois le jour je dois ce sacrifice ;
Je le dois par nature, et le dois par justice ;
Tous les droits à l'envy m'y tiennent engagé,
Enfin mon père est mort et veut estre vengé.
Sans que la mort du traistre ait satisfait mon père
C'est en vain, bons prélats, que la paix on espère.
 A ce mot il finit le visage embrasé,
Et son courroux encor n'est pas tout espuisé.
Le cœur des saints vieillards à ce discours s'estonne ;
D'horreur en l'escoutant l'un et l'autre frissonne,
Et ce que leur harangue eust eu de plus disert
En leur esprit glacé se confond et se perd.
Le moins jeune pourtant, malgré toute sa crainte,
Rallumant de son cœur la flamme presque esteinte,
Pour combattre Philippe à l'adresse a recours
Et tourne sur le champ l'ordre de son discours.
 Noble duc, luy dit-il, que la mort de ton père
Remplit pour la venger d'une noble colère,
Et qu'un indispensable et rigoureux devoir
Vient contre son meurtrier jour et nuit émouvoir,
A Dieu ne plaise, hélas ! que le Concile blasme
Un feu si justement allumé dans ton ame,
Ni vueille encore moins soustraire au chastiment
Celuy par qui ton père a veu le monument.
Il croit que ta douleur est digne de loüange,
Il veut ainsi que toy que ton père se venge ;
Mais il n'approuve pas que de ta propre main
Tu te faces raison de son sort inhumain.
C'est à Dieu qu'appartient de venger cette offense,
A Dieu qui s'est toujours réservé la vengeance,
Et jaloux de son droit sçait rudement punir
Quiconque pour la prendre ose le prévenir.
C'est luy qui la doit prendre, ou plutost qui l'a prise,
Ayant au sceptre anglois la fleur de lys sousmise,

Et renvercé du throsne et banni de ces lieux
De ton père chéri le meurtrier odieux.
Charles par la grandeur de ses peines mortelles
A purgé dès long-temps ses erreurs criminelles ;
Par ses maux ton coupable a son crime purgé ;
Tu cherches la vengeance, et ton père est vengé.
Mais quand bien tu pourrois sans estre sacrilége
Usurper aujourd'huy le divin privilége,
Et comme un autre Dieu cette injure venger,
Sur quoy pourroit ton bras sa foudre descharger ?
En vain faute d'objet tomberoit ton tonnerre ;
Charles est sans soldats, sans places et sans terre,
Et de vouloir sa mort, c'est ce qu'il ne faut point,
Dieu par son huile sainte en ayant fait son oint.
As-tu jamais songé, méditant sa ruine,
Que vous avés tous deux une mesme origine,
Et que lorsque ton fer alloit chercher son flanc
C'estoit sur ton sang propre aller venger ton sang ?
As-tu jamais songé, songes-tu point encore
Que cet embrasement tes provinces dévore,
Et que ton triste peuple et tes braves guerriers
Expirent sous le faix de tes plus beaux lauriers ?
Si ton bras donc sur luy ne peut rien entreprendre,
Si c'est ton propre sang que ton bras veut respandre,
Si la guerre est funeste à tes propres vassaux,
Si la paix est un baume à guérir tous les maux,
Si des deux nations ton crédit et ton zèle
Peuvent facilement assoupir la querelle,
Si ton aspre courroux peut trouver dans la paix
De quoy se satisfaire et combler ses souhaits ;
Enfin si des autels la gloire déplorée
Par cette mesme paix se peut voir assurée,
Quelle ombre de couleur ton plus juste transport
Pourroit-il alléguer contre un si juste accord ?

    Par ce discours adroit, d'un effort insensible
Philippes sent fléchir son courage inflexible ;
Il le sent, en a honte et tasche à l'empescher,
Ou du moins, s'il ne peut, résout de le cacher.

De son siège il se lève et rompt la conférence ;
Eux à leur avantage expliquent son silence,
Et quoyqu'à leur discours il n'ait point respondu,
Jugent que c'est assez qu'il l'ait tout entendu.
Ils jugent qu'à traiter la playe est délicate,
Qu'un mal comme le sien demande qu'on le flate,
Et que la patience et la dextérité
Seules pourront calmer son esprit agité.
L'un et l'autre le juge, et dans toute la suite,
Sur ce raisonnement establit sa conduite ;
Ils ménagent sa peine, et ne le pressant plus
Évitent le hasard d'attirer un refus.
Sans parler, sans agir, ils donnent à sa haine
Le loisir de se rendre un peu moins inhumaine,
Et sous plus d'un prétexte attendent l'heureux temps
Où leurs sages désirs puissent estre contents.
Par ce sourd procédé, par cette voix müette
Se glisse au cœur du prince une douceur secrette ;
D'un moins crüel vautour il se trouve rongé
Et trouve mesme enfin que son père est vengé.
 De mesme la liqueur de l'enfant de Semèle
Fumeuse et boüillonnante en sa prison nouvelle
S'y laisse contenir avec difficulté,
Et fait sentir au goust sa mordante aspreté.
Mais quand plus d'une lune a sa pointe esmoussée
Et que dans le vaisseau sa fougue est abbaissée,
Sa trop rude saveur, traittable désormais,
Cesse enfin de choquer la langue et le palais.
Philippes sent qu'il change, et toutes fois le cèle ;
La honte à la raison le tient tousjours rebelle,
Et, si pour la concorde il forme un bon dessein,
Cette honte l'estouffe au profond de son sein.
Au fort de ce combat, durant la nuit obscure,
Avant que s'esveillast la dormante nature,
Après un agréable et tranquille sommeil,
Le prince est visité par l'ange du conseil.
Cet ange, plus que tous cher à la Providence,
Préside en l'univers à l'humaine prudence,

Et dans l'ame des bons, aux affaires de poids
Fait luire le flambeau qui les guide en leur choix.
  A Philippes douteux cet ange salutaire
S'offre pendant l'ombrage et de son feu l'éclaire ;
Le prince illuminé vient à s'appercevoir
Que son meilleur parti c'est de n'en point avoir.
Désormais sa raison voit que dans cette guerre
Il ne peut sans périr se joindre à l'Angleterre,
Qu'il ne peut sans pudeur à la France estre uni
Avant que de son crime il ait Charles puni.
Par ces esgards divers l'ange induit son courage
A ne se point mesler dans leur fatale rage,
A maintenir son bras en ses terres armé,
Et ne voir que de loin leur combat animé.
Il induit son courage à garder sa puissance
Pour faire seul un jour le destin de la France,
Et dans son juste temps à l'un et l'autre roy
En arbitre absolu donner enfin la loy.
Philippes suit en tout les mouvements de l'ange,
Et sans plus balancer à ce parti se range ;
Mais il le dissimule, et fait tousjours à tous
Voir contre le François un véhément courroux.
Il tesmoigne à chacun que ses bandes sont prestes,
Pour appuyer l'Anglois en ses hautes conquestes ;
Mais bien qu'il le tesmoigne, il ne fait pourtant rien
Qui de son but l'escarte et qui n'aille à son bien.
  Les patients légats, quoyque remplis de doute,
Pour aller à leur but ne quittent point leur route,
Et leur esprit accort, dans tout ce qu'il peut voir,
Ne sent pas que sa peur esteigne son espoir.
Tant que le fer du prince espargnera la France,
Ils auront moins de peur qu'ils n'auront d'espérance ;
Tant qu'il les souffrira dans ses murs séjourner,
Au but qui les ameine ils croiront le mener.
Que si par la douceur ils l'y peuvent conduire,
Ils y veulent l'Anglois par la force réduire,
Sur son chef orgueilleux deschargeant à la fois
La foudre bourguignonne et l'orage françois.

LA PUCELLE

ou

LA FRANCE DÉLIVRÉE

LIVRE QUATORZIESME.

Quand des mains du vainqueur la muraille conquise
Eut par l'art du démon recouvré sa franchise,
Charles, par Tanneguy vers Bourges entraisné,
Jura de retourner au mur abandonné.
A retourner puissant au rempart adversaire
Il voulut s'engager par un vœu militaire,
Et pour rendre son vœu plus fort, plus solennel,
En prit mesme à témoin le nom de l'Éternel.
Il crut devoir monstrer que sa seule vaillance
Auroit bien pu suffire à délivrer la France;
Et de la sainte mesme il se crut bien venger,
S'il pouvoit, sans son aide, en bannir l'estranger.
Tout ce qu'à sa couronne ou l'honneur ou le zèle
Avoit dans son débris conservé de fidelle,
Par ses ordres pressans, soudain de toutes parts
Vola pour ramasser ses bataillons espars;

Tout courut à l'envy de province en province
Pour ranger les mutins à l'estendard du prince.
On dit tout, on fit tout ; mais ces cœurs forcenés
Ne purent jamais estre au devoir ramenés.
L'innocente héroïne indignement chassée
A tel point contre luy révoltoit leur pensée,
Que, pour les disposer à ce nouveau dessein,
Tout effort reüssit, aussi foible que vain.
Confus, désespéré d'un succés si funeste,
Le monarque s'en prit à la bonté céleste ;
D'un céleste rayon ses chefs mieux éclairés
S'en prirent à luy seul, confus, désespérés.
Un silence profond, une morne tristesse
Firent en chacun d'eux mourir toute allégresse,
Et tous furent alors pour les malheureux lys
De crainte et de pudeur également remplis
Tanneguy, plein sur tous de pudeur et de crainte,
N'espéra désormais qu'au rappel de la sainte,
L'osa dire au roy mesme, et l'y voulut porter ;
Mais jamais son courroux ne le put escouter.
Tousjours à sa douleur l'odieuse guerrière
Se monstroit d'Amauri la coupable meurtrière,
Et, pour besoin qu'il eust du secours de ce bras,
Sa haiñe à ce secours préféroit le trespas.
Des fers de la Pucelle enfin la renommée
Ayant d'un ton affreux la nouvelle semée,
Le croyant par ce trait d'outre en outre percé,
Aucun ne douta plus qu'il n'en fust terracé.
 De mesme quand un bord est surpris de l'orage,
Que les vents deschaisnés luy font peur du naufrage,
Et que privé de mâts, privé de matelots,
Il erre à l'avanture entre des monts de flots,
Si par un flot dernier qui de tous est le pire
Trébusche le pilote au sein du moite empire,
L'espoir que conservoient les moins désespérés
Trébusche avecque luy dans les flots azurés.
 Tout aveugle qu'il est, Charles croit voir luy-mesme
De cet énorme choq tomber son diadême ;

Tanneguy juge seul par un instinct prudent
Pouvoir tirer profit d'un si triste accident.
Après le grand désordre où l'horrible disgrace
Mit le sage guerrier durant un long espace,
La clarté de son sens luy tenant lieu de nort,
Il crut par le naufrage aller plus droit au port.
Il crut qu'en publiant que pour la prisonnière
Le prince généreux arboroit sa bannière,
Par un nom si chéri le soldat excité
Retourneroit sans peine à l'estendard quité.

 Crois-le, Sire, dit-il, c'est ton remède unique,
Si tu ne veux bientost faire une fin tragique.
De l'abisme profond ta vie est sur le bord,
Et tu touches du doigt aux portes de la mort.
A son terme fatal ta fortune est conduitte,
Néglige ce moyen, ta grandeur est destruitte ;
L'Anglois, le Bourguignon et mesme le François
De cent lieux sur les bras te fondront à la fois.
Mets bas ce point d'honneur qui t'est si dommageable ;
Dis que tu ne crois point la guerrière coupable,
Que ton camp de son bras ne peut vivre privé
Et que tu veux sauver celle qui t'a sauvé.
Pour rendre à tes drappeaux ta fugitive armée
Cette voye est ouverte, et toute autre est fermée ;
Le François déserteur en son crime obstiné
Sera par elle seule aux drappeaux ramené.
Ton nom est son horreur, ton aspect est sa crainte ;
La sainte est son plaisir, son amour est la sainte.
Bien qu'il soit ton sujet et que tu sois son roy,
Ne crois pas que sans elle il face rien pour toy.
Par elle à la raison tu le peux resousmettre,
Et tu te peux de luy toutes choses promettre,
Si l'on sème en tous lieux que pour sa liberté
De ton vaillant soldat tu veux être assisté.
Pour le rejoindre à toy ce coup est infaillible ;
Pour fléchir sa fureur rends ton courroux flexible.
Ce seul expédient te le peut redonner,
Et tu tardes encore à t'y déterminer ?

Artus, qu'a vers le roy fait voler son courage,
Exalte cet avis comme fidelle et sage.
Alençon, qui l'entend, le célèbre à l'envy
Et dans ce juste éloge est du reste suivy.
Saintrailles, Archambaud, Coulonces et Vignoles
N'ont point pour le loüer d'assés grandes paroles ;
La joye est générale, et tous, jeunes et vieux,
Estiment ce penser inspiré par les cieux.
Charles l'improuve seul, et seul tousjours espère
Sans un moyen si dur son armement refaire ;
Mais se voyant déceu par ce frivole espoir,
Il veut ce que les siens le forcent de vouloir.
Il souffre que partout on publie, on escrive
Que l'objet de la guerre est la sainte captive,
Et qu'il ne se prépare à de nouveaux exploits
Que pour l'aller tirer des chaisnes de l'Anglois.

A l'avis respandu qui surprend et qui charme,
Dans tout l'Estat françois tout s'esveille, tout s'arme,
Et pour prester leurs bras à ce noble dessein
Tous sentent rallumer la flamme de leur sein.
Ceux qui pour leur monarque avoient l'âme endurcie
L'eurent pour leur guerrière aussitost adoucie ;
L'horreur de ses liens, l'ardeur de la revoir
Les firent sans effort rentrer en leur devoir.

Comme lorsqu'un torrent par une aspre gelée,
Avant que de son lit l'onde soit escoulée,
A senti tout à coup ses flots précipités
Dans leur cours le plus fort en glaçons arrestés,
Si l'autan élancé de la plage africaine
Vient couver ces glaçons de son humide haleine,
On les voit aussitost fondre, se dégeler,
Et plus pronts que devant leurs cours renouveller.

Ainsi ceux dont l'exil de la vaillante sainte
A les bras énervés et la valeur esteinte,
Assurés que leur roy se tourne en sa faveur,
Renouvellent pour luy leur antique ferveur.

C'estoit en la saison qu'au dieu de la lumière
Le céleste bélier vient ouvrir la carrière,

3

Et d'un front rayonnant dissipe les frimas
Qui dans les champs d'azur font obstacle à ses pas.
Pour flater le travail de sa course enflammée,
L'aurore avoit de fleurs sa route parfumée
De ces premières fleurs dont en riche appareil
Flore venoit d'orner le palais du soleil.
Les jours, et plus serains et de plus d'estendüe,
Rendoient à tous les corps l'allégresse perdüe,
Et le mort univers, au feu de la clarté,
Des ombres du tombeau sembloit ressuscité.
Parmi les prez herbus se glissoient les fontaines ;
D'un tapis verdoyant se recouvroient les plaines,
Et partout renaissoit sous les zéphirs légers
Et la feüille aux forests et le fruit aux vergers.
Les animaux de l'air, de la terre et de l'onde
Esprouvoient la vertu de la chaleur féconde,
Et leurs sens refroidis par son tiède retour
Sentoient revivre en eux les flammes de l'amour.

 Des monstres que le temps voit naistre d'âge en âge,
L'impitoyable guerre a sur tous l'avantage,
Et plus que pas un autre aux peuples malheureux
Se fait voir effroyable et sentir rigoureux.
Des Estats corrompus les humeurs opposées,
Par les astres malins aux troubles disposées,
De son estre premier uniques élémens,
Fournirent de matière à ses commencemens.
La fureur la conceut, l'intérest fut son père ;
Elle eut pour nourriciers l'orgueil et la misère,
Prit sa vaste croissance à l'ombre du malheur
Et ne repeut sa faim que du pain de douleur.
C'est l'instrument fatal des vengeances divines,
Pour remplir l'univers de morts et de rapines,
Lorsqu'on a mis le comble aux actes vicieux
Et que contre la terre ils provoquent les cieux.
Il a les dents d'acier, et d'acier les escailles ;
D'un semblable métal sont ses dures entrailles,
Et son immense dos fait sur luy près à près
Dresser des fers d'espieux et des pointes de traits.

Par cent gueules d'airain ses cent testes superbes,
Ayant d'un souffle ardent séché les molles herbes,
Vomissent à grand bruit cent tonnerres d'airain,
Dont le trait le dispute aux traits du souverain.
Ce monstre en un tel corps n'a qu'un brasier pour âme,
N'exhale de son sein que fumée et que flamme,
Et n'aborde aucun lieu que son choq véhément
Ne laisse renversé jusques au fondement.
Accablé de son poids, en serpent il se traisne,
Lentement se remüe et n'avance qu'à peine ;
Mais partout dans sa route et sur ses deux costés
Il désole les champs et destruit les cités.
Mille entraves de fer, mille chaisnes puissantes
Pour arrester ses pas ne sont pas suffisantes ;
De tout il s'affranchit, et l'ange de la paix
Seul luy peut de son joug faire porter le faix.
Son sommeil est léger, et la seule froidure
Assoupit pour un peu sa veillante nature,
Et quand se fond la glace et s'allongent les jours
Il s'esveille et reprend son formidable cours.
Au gré de la Fortune insolente et volage,
Des sceptres adorés il fait le doux partage ;
Il brise les petits ; il dissipe les grands,
Et n'a de fermeté que pour les conquérans.
Son naturel repaire est le creux des abysmes ;
Mais la terre à tous coups l'en tire par ses crimes.
Sur elle il se promène, et dans tous ses climats
Imprime tour à tour les traces de ses pas.
Une fois seulement la prison du bas monde
Le retint enchaisné dans sa grotte profonde,
Quand le Fils du Très-Haut, pour sauver les humains,
Nasquit sous le plus grand des monarques romains.
Plus qu'en nulle contrée on l'a veu dans la France
Exercer de tout temps sa mortelle puissance ;
Et dans ce dernier temps plus qu'en nul des passés
On en a veu par luy les peuples oppressés.
Pour elle il a semblé négliger tout le reste :
Il l'a faitte d'horreurs un théâtre funeste ;

Il s'est plu dans sa peine, et sans fin l'agitant
D'un siècle de travaux n'est pas mesme content.
 Au sein de la forest qui d'Orléans se nomme,
Sous les frimas gelés il dormoit un court somme,
Et, pendant le repos qu'il prenoit en dormant,
Le François accablé respiroit un moment.
Mais au bruit des tambours que dans chaque province
Pour refaire son camp faisoit battre le prince,
Le formidable monstre, en sursaut esveillé,
Fit retrembler les champs sous son ventre escaillé.
On ne voit désormais que des armes luysantes,
Que des cœurs embrasés et que des mains vaillantes;
On ne voit désormais voler de toutes parts
Qu'enseignes, que drappeaux, que guidons, qu'estendards.
De cent lieux pour la sainte, en petites armées
Marchent au rendés-vous cent trouppes enflammées.
Le prince les reçoit avec joye et transport;
Roüen pour ses remparts en craint desjà l'effort.
Par cette nouveauté qu'on n'a point attendüe,
La raison des Anglois demeure confondüe,
Et jugeant que le sort médite un changement
Ils se trouvent saisis d'un morne estonnement.
 Telle est du voyageur l'affligeante surprise,
Quand la sérénité par le soleil promise,
Ayant fait du matin le plus brillant des jours,
Se vient changer en nuit au milieu de son cours.
Il ne voit pas plus tost à l'entour de sa teste
Les tourbillons s'unir, se former la tempeste,
S'entrechoquer les vents, les esclairs s'élancer,
Qu'il s'estonne et d'effroy sent ses esprits glacer.
 Betford sent, à l'avis des bandes rassemblées,
De son âme sur tous les puissances troublées,
Et dans l'orage obscur qui se va descharger,
Pour luy, plus que pour tous, reconnoist du danger.
Contre tant de François rengagés à la guerre
Il voit l'Anglois trop foible et par mer et par terre,
Et voit le Bourguignon plus douteux que jamais
Retenir dans sa cour les ministres de paix.

Il voit de son cher fils la grandeur espérée
Désormais plus lointaine et plus mal assurée ;
Il luy voit par le sort cent piéges apprestés,
Et se souvient pour luy des astres irrités.
Sa peur plus que devant conseille à sa tendresse
De soustraire Édoüard au malheur qui le presse
Et d'en mettre la vie à couvert du trespas
Par tout ce que l'Anglois a de fer et de bras.
Il sçait combien Henri, son prince et son pupille,
Se contient avec peine en l'enclos de son isle,
Et que, s'il l'abandonne, un monde de soldats
D'un cours impétueux marchera sur ses pas.
Sous couleur de son sacre, à l'instant il le prie
D'assembler tous les corps de sa brave patrie,
Et sur terre et sur mer dresser un armement
Qui puisse assujettir l'un et l'autre élément.
Henri reçoit à grâce une telle prière,
Embrase tous les siens de sa flamme guerrière,
De toutes parts despesche, arme de toutes parts,
Et sème terre et mer de canons et de dards.
Mais malgré son ardeur, malgré sa diligence,
Betford de son estoille a tousjours deffiance,
Et son fils à sa peur n'apparoît plus que mort
Quand il songe à quel point Charles s'est rendu fort.
Bien que dans ses liens il ait tousjours la sainte,
Il n'en est pas saisi d'une moins froide crainte,
Voyant contre l'Anglois un camp si florissant
Paroistre à son esprit tout à coup renaissant.
Il retourne à son doute, et s'accuse et se blasme
D'avoir de son cher fils couppé la noble trame ;
Il paslit à l'aspect de ce proche danger,
Se repent de son ordre et le voudroit changer.
Il voudroit le pouvoir rachoter de sa vie ;
Mais son engagement s'oppose à son envie,
Mais son fils, embarqué sous les yeux de son roy,
S'oppose à son envie et le met hors de soy.
Par trois courriers divers il sçait qu'à la Tamise
On a veu d'Édoüard la personne commise ;

Qu'on l'a veu de la Manche ouvrir les noires eaux
Et que près de la Seine on a veu ses vaisseaux.
Dans le livre des cieux, sa favorite estude,
Il cherche du remède à son inquiétude,
Et les cieux de nouveau, sur son fils consultés,
Luy font voir des grandeurs et des calamités.
Il y voit tout ensemble et promesse et menace ;
Mais celle-cy prévaut et les veines luy glace.
Il résout qu'Édoüard retourne en son désert
Des astres conjurés se remettre à couvert.
Soudain il luy despesche et de rien ne le charge
Que sortir de la Manche et de prendre le large,
Que d'éviter le sud, et, cinglant vers le nord,
Tascher à rendre vain le décret de son sort.

   Les vents contre les vents alors entrent en guerre ;
Ils renversent les flots ; ils esbranlent la terre :
De l'un à l'autre bout l'univers en gémit,
Et par tout son grand corps la nature en frémit.
Betford, tirant profit de ce trouble du monde,
Feint d'avoir pour son fils peur du courroux de l'onde.
Comme craignant la mer, de la mer il se plaint ;
Mais ce n'est pas la mer, c'est la terre qu'il craint.
Il craint la terre seule, et d'heure en heure pense
Voir arriver son fils aux plages de la France,
Et repassant des cieux les immüables loix,
Il le pense à ce coup voir réduit aux abois.
En son cœur agité cette effroyable image
Accroist l'émotion et redouble l'orage ;
Il l'a tousjours présente et voit incessamment
Son fils tombant du throsne au creux du monument.

   Tel est l'estat des airs, lorsque leur vaste empire
Sert de lice au combat de l'Eure et du Zéphire,
Et qu'après un long choq le plus foible donté
En cède au plus puissant le droit mal disputé.
L'Eure, à qui désormais il n'est rien qui s'oppose,
Aux plaines de Junon son rude joug impose,
De nuages les comble, et les semant d'effroy
S'en monstre le tyran beaucoup plus que le roy.

Mais voyant qu'Édoüard tarde encore à parestre,
Il sent en son esprit l'espérance renaistre,
Et croit qu'assés à temps averti du danger,
Il aura vers le nort tourné son vol léger.
N'ayant rien sceu pourtant depuis plus d'une lune
De ce que de sa lettre avoit fait la fortune,
Il se sent retomber en sa première peur,
Et d'un bonheur si grand juge l'espoir trompeur.
Sa peur fait qu'à toute heure il se figure entendre
Qu'aux rivages normands son fils vient de descendre
Pour faire à cette fois d'un effort glorieux
Jouïr les léopards des largesses des cieux.
Rentré plus que devant en son inquétude,
Et pour revoir ses cieux cherchant la solitude,
Tout à coup, sous l'habit d'un soldat estranger,
Édoüard de luy-mesme arrive messager.
A l'aspect d'Édoüard, sa raison imbécille
Luy laisse l'âme émeüe et le corps immobile ;
Il sent à son palais sa langue se coller,
Et jusqu'en ses poumons sa parole geler.
Il voit le temps venu, ce temps inévitable
Qui doit porter son fils au throsne redoutable,
A ce throsne éclatant d'où la rigueur du sort
Le doit précipiter aux ombres de la mort.
Plus troublé que jamais par l'aspect qui le tuë,
Avec peine et douleur il en souffre la veuë,
Et d'un objet si doux, mais si peu fortuné,
S'il eust pu se mouvoir, il se fust destourné.
Le jeune Anglois, surpris de ce morne silence,
Perd aussi la parole et demeure en balance.
Puis, rompant les liens qui retenoient sa voix :
    Regarde bien, dit-il ; c'est ton fils que tu vois,
Ton fils, ton Édoüard ; ouy, Betford, c'est luy-mesme,
Mais reste du naufrage, et de la parque blesme,
Des ondes et des vents le jouët devenu,
Et par trop de malheurs à luy-mesme inconnu.
La fatale couronne à ma teste promise,
Et que seule a pour but la hautaine entreprise,

Si la suitte respond à ce commencement,
Par les cieux à ton fils se vendra chèrement.
Par ton ordre absolu, de mon antre sauvage
Je m'esloignay sur l'heure en superbe équipage ;
Je fis monstre à la cour de mon train florissant,
Et la cour toutes fois ne me vit qu'en passant.
Sur trois vaisseaux guerriers hauts de proüe et de pouppe
Aux yeux de tous je monte, et fais monter ma trouppe.
L'Océan nous reçoit, et paisible d'abord
Avant la fin du jour nous devoit rendre au port,
Quand, non loin du milieu de l'orageuse Manche,
Un bruyant tourbillon sur l'eau calme s'espanche ;
L'eau va chercher la nüe, et l'ombre qui la suit
Sur le front du soleil fait parestre la nuict.
Aux foudres redoublés, la céleste machine
Semble esbranler sa vouste et tomber en ruïne,
Et la terre à l'envy semble de tous costés
S'entr'ouvrir à l'aboy des flots entre-heurtés.
Nos voiles, que bientost met en pièces l'orage,
Roulent autour des mâts, sous la grondante rage.
Câbles, ancres, timons, tout cède à son effort,
Et tout offre à nos yeux l'image de la mort.
Sous plus d'un choq puissant les navires gémissent ;
Les vagues en leur sein par mille endroits se glissent.
Nous en sommes doutés, et nos soins assidus
Pour en vuider nos bords demeurent tous perdus.
Du souffle impétueux la fureur la plus forte
Presque tousjours unis à son gré les emporte ;
Elle les pousse enfin contre le mesme escueil,
Et les plonge brisés dans le mesme cercueil.
Ainsi tous abysmés au moite sein des ondes,
Nous tombons au plus bas de leurs grottes profondes,
Et ton fils, comme tous enseveli dans l'eau,
Fut le seul dont la mer ne fut pas le tombeau.
Heureux seul entre tous, mais heureux misérable,
J'embrasse du débris une légère table,
Et, bien que sans espoir de rencontrer le port,
Je nage seulement pour reculer mon sort.

O destin ! m'escriay-je, est-ce là l'avantage
Qu'à ton cher Édoüard tu donnes en partage?
Est-ce ainsi qu'envers ceux qui ne croyoient qu'en toy
Tu maintiens ta promesse et dégages ta foy?
Un vaste mont d'escume à cette voix plaintive
Me lance demi-mort sur la prochaine rive,
Et j'y languis longtemps sans pouls et sans vigueur,
Du ciel et de la terre esprouvant la rigueur.
Puis trouvé, secouru des pescheurs de la plage,
Je demande en quel lieu m'a jetté mon naufrage;
Et me reconnoissant au rivage breton
Je me feins Escossois et desguise mon nom.
Nul ne sait mon dessein ni ne sçait ma naissance;
Si je dois mon salut, c'est à leur ignorance.
Ayant par eux enfin restabli ma santé,
Je prends soudain mon cours vers la reyne cité;
Je m'y vois garanti de l'onde et de la terre,
Prest à te descharger du faix de cette guerre.
C'est moy, n'en doute point, ouy, c'est moy que tu vois,
Édoüard, ton amour et l'espoir de l'Anglois.

Betford, dont la raison à son abord troublée
D'horreur par son récit avoit esté comblée,
Le voyant toutes fois seul eschappé des flots,
Au travers de son trouble entrevit le repos.
Le voyant resté seul, il crut pouvoir encore
Cacher son arrivée à l'Anglois qui l'ignore;
Il crut pouvoir encore, en la dissimulant,
Tenir loin de son chef son destin violent.

Ainsi dans son malheur sa tristesse console
Le hardi joüaillier qui, sous un autre pôle,
Par un corsaire avare et de meurtres soüillé
Du navire et du bien se trouve despoüillé;
Il se console ainsi, quand laissé sur la plage,
Et des yeux et des mains repassant son dommage,
Et des mains et des yeux il peut sentir et voir
Sa pierre la plus riche encore en son pouvoir.

Dans cet affreux discours Betford croit reconnestre
Qu'il pourra d'Édoüard estre encore le meistre,

Recueille et raffermit ses esprits esperdus,
Et vers son bien-aimé va les bras estendus ;
Il l'embrasse, et panché sur sa teste embrassée :
　Mon cher fils, luy dit-il, mon unique pensée,
Je te vois, et te vois, entre mille plaisirs,
Par ta douce présence accomplir mes désirs ;
Mais s'il faut que je m'ouvre et que je me desploye,
De te voir en ces murs imparfaitte est ma joye,
Et sachant de quel œil te regardent les cieux,
En ton secret vallon mon cœur t'aimeroit mieux.
Ces estoilles pourtant qui menacent ta vie
Peut-estre en ton naufrage ont leur rage assouvie ;
Peut-estre ce malheur si semblable à la mort
Est l'unique trespas que t'auguroit le sort.
Heureux si ce malheur en bornoit la menace ;
Mais pourquoy se forger une pire disgrâce
Et douter que le ciel à ta perte animé
N'ait pas en ce malheur tout son fiel consommé ?
J'en doute cependant, et mon amour trop tendre
D'une si juste peur ne sçauroit se défendre ;
Il s'estonne de voir tout à coup si puissant
Le François qui naguère estoit si languissant.
Une si peu prévuë et si forte tempeste
Plus que tout a pour but ta précieuse teste,
Et, si je ne te vois de plus fermes appuis,
T'exposer à ses coups, c'est ce que je ne puis.
Parmi nous quelque temps séjourne sans parestre,
Et cachant ton visage aussi bien que ton estre,
Oste l'occasion au rigoureux destin
De donner à tes jours une tragique fin.
　Il achève en pleurant, et descouvre en ses larmes
De son sein agité les mortelles alarmes ;
Dans le sein d'Édoüard son propos et ses pleurs
Laissent le mesme trouble et les mesmes douleurs.
De grandeur et de gloire Édoüard est cupide ;
Mais sa cupidité loge en un sein timide,
Et sa timidité par son impression
Sçait tousjours l'emporter sur son ambition.

Le péril le moins proche et le moins juste ombrage
Dans sa plus vive ardeur luy glacent le courage.
Il a tout pour suspect, et tousjours dans son cœur
Il sent que le désir est moins fort que la peur.
Du trait le plus perçant que décoche la crainte,
A ces pleurs, à ces mots son âme fut atteinte ;
Il se creut mort dès l'heure et souhaita cent fois
D'estre encore à partir du profond de son bois.
Toutes fois à ses vœux trouvant le sort contraire,
Il suit du moins en tout les ordres de son père
Et semble, en se cachant dans les plus sombres lieux,
Craindre autant la clarté que la haine des cieux.

 Betford, durant ce temps, rempli d'inquiétude,
Pour les reconsulter cherche la solitude ;
Il les observe encore, et revoit leurs beaux feux
Pour son cher Édoüard heureux et malheureux.
Plus il les considère et plus il y remarque
Son fils prest à subir la rigueur de la parque ;
Et si l'heur qu'il y voit vient flater sa douleur,
Il la sent croistre au double, y voyant le malheur.
Pour éloigner de luy la foudre menacée,
Mille moyens divers roulent dans sa pensée ;
De ces divers moyens aucun pourtant ne rit
Aux regards ténébreux de son flottant esprit.
Enfin celuy de tous qui moins le mescontente
Et semble le plus propre à sa raison tremblante,
C'est que pour d'Édouard assurer bien les jours,
De ceux de la Pucelle il faut borner le cours.
Il croit qu'à son cher fils la guerrière indontable,
Toute prise qu'elle est, est tousjours redoutable ;
Tousjours il l'appréhende, et, fors par son trespas,
Il ne le peut bien croire à couvert de son bras.

 Ainsi quand la lionne aux ongles sanguinaires,
Après avoir rougi les plages solitaires,
Et jusqu'aux lieux hantés le carnage estendu,
Est tombée à la fin dans le piége tendu,
Quoyqu'entre cent barreaux sa valeur soit captive,
La noire nation n'en est pas moins craintive,

Et contre un ennemi si cruel et si fort
Ne voit point d'assurance, ou n'en voit qu'en sa mort.
   Pour son fils toutes fois, de la vaillante sainte
Le bras n'est pas le seul dont peut venir sa crainte ;
Par cent autres fameux, et de fers non chargés,
Ses beaux et nobles jours peuvent estre abrégés.
Si mesme ce cher fils tomboit vif en servage,
De sa franchise en elle il pense avoir un gage,
Pense qu'à ce besoin il la doit réserver
Et ne veut plus du jour désormais la priver.
Ce n'est pas cependant qu'il ose se résoudre
D'exposer Édoüard à la françoise foudre,
Et si grand est sur luy le trouble de son cœur,
Que des propres Anglois pour sa vie il a peur.
Pour cette chère vie il craint les Anglois mesmes ;
Sa peur voit tout pour luy plein de dangers extresmes ;
De tout il prend ombrage, et son sens esperdu
Sans se déterminer demeure suspendu.
   Le dragon couronné qui régit le bas monde,
Et sur le seul Betford toute sa gloire fonde,
Informé des soucis dont il est travaillé,
Frémit en rougissant sur son dos écaillé ;
Du fer de l'Angleterre et du fer de la France
Il voit pour Édoüard sa juste desfiance,
Et luy-mesme est outré de voir que dans les fers
La sainte puisse encor faire teste aux enfers.
Il voit plein de fureur le cachot qui l'enserre,
Loin d'abbatre son camp, l'animer à la guerre,
Et voit Charles encore avec trop de vertu
Pour estre à force ouverte en nul temps abbatu.
Il sçait que de Dunois le courage invincible
Rend la cheute des lys par la force impossible,
Et que tant que son bras pourra donner la mort
L'Anglois ne peut contre eux faire qu'un vain effort.
Où l'effort ne peut rien, sa profonde malice
Inspire à son courroux d'employer l'artifice,
Et luy fait souvenir que, pour les généreux,
Son trait de tous les traits est le plus dangereux.

Il le veut employer, et par luy se fait croire
Que l'Anglois du François obtiendra la victoire ;
Puis appelle la Fraude, et la Fraude à l'instant
A ses pieds se vient mettre et ses ordres attend.
Des ministres crüels du ténébreux empire,
La Fraude au double front se peut nommer le pire,
Portant sous un aspect aussi flatteur que beau
Le venin le plus pront qui conduise au tombeau.
Douce est sa contenance, et doux est son langage ;
Doucement elle trace et meine son ouvrage,
Et sçait parmi tant d'ombre en produire l'effet,
Qu'il fuit la prévoyance, et n'est connu que fait.
On la voit peu paroistre en sa propre figure ;
Un visage emprunté déguise sa nature,
Et pour oster aux yeux tout moyen de la voir,
Elle couvre son corps d'un voile espais et noir.
Sous les pans de sa robbe elle cache l'espée
Qui dans le sein des bons est par elle trempée ;
Adroitte, par le flanc elle attaque tousjours,
Et tousjours pour frapper cherche et prend des destours.
D'elle sans cesse exhale une vapeur estrange,
Qui farde les objets, les altère et les change,
Et qui, selon les temps et les occasions,
Impose aux plus accorts par cent illusions.
Quant aux yeux de l'abysme et sur la rive blesme
Elle s'offre sans masque et se monstre elle-mesme,
D'un serpent gros de fiel elle a l'horrible corps
Et rampe impérieuse entre les pasles morts.
Du prince des démons elle est la favorite ;
Aucun d'eux près de lui ne la passe en mérite ;
Elle est de son Estat le principal appuy,
Et souvent par les siens elle est prise pour luy.
C'est elle qui pour luy, sur la nouvelle terre,
Au premier des humains fit une heureuse guerre,
Et qui, l'empoisonnant d'un fruit doux et fatal,
Commit en un seul meurtre un meurtre général.
 A ce monstre cruël le roy des plages mortes
Séparé du commun de ses noires cohortes,

Descouvrant d'un ton bas son trouble et son dessein :
Va, dit-il, vers Betford, et te coule en son sein.
Toy par qui, sans laisser cette caverne immonde,
Je me suis autres fois assujetti le monde,
Et qui m'as establi le culte qu'en cent lieux
Mes enfers ont encore, à la honte des cieux,
Fraude, mon seul support et ma seule espérance,
Ayde-moy, je te prie, à retenir la France ;
Elle eschappe à mes mains, et jusqu'icy Betford
Pour me la conserver a perdu son effort.
Ce Charles n'en va pas d'une moins viste course ;
De Betford son addresse est l'unique ressource.
Au point où je le voy, si tu ne le secours,
Sa gloire est terminée, et c'est fait de ses jours.
Nos plus chers intérests marchent tousjours ensemble :
Quand j'ay peur, il a peur ; quand il tremble, je tremble ;
Son malheur me regarde, ainsi que son bonheur,
Et luy sauver la gloire est me sauver l'honneur.
Va donc, et te glissant jusqu'au fond de son âme,
Ourdis pour son salut quelque nouvelle trame.
Surmonte-toy toy-mesme, et fay dans cet employ
Un si notable mal qu'il soit digne de toy.
  A ce mot part la Fraude et son vol précipite ;
En faveur de l'Anglois tous ses sens elle excite,
Et recherche avec soin, pour le rendre vainqueur,
Tout ce qu'elle a de ruse aux replis de son cœur.
Elle veut que pour luy sa malice infernale
En cette extrémité hautement se signale,
Et, par un trait plus beau que les plus beaux efforts,
Confirme son crédit près du tyran des morts.
Elle songe et resonge, et parmi cent lumières
Qui s'offrent à ses sens vives et singulières,
Plus que toute autre enfin l'une fixe son choix,
Le fixe et luy promet le salut de l'Anglois.
Arrivée à la chambre où, comblé d'amertume,
Dormait le fier Betford sur l'espineuse plume,
Aux timides pensers qui troubloient son repos
D'un son imaginaire elle mesle ces mots :

Tu resves, luy dit-elle, et te repais de songes ;
Dans ces projets guerriers vainement tu te plonges ;
La force est à ton fils un chemin périlleux,
Pour monter sur le throsne où le portent tes vœux.
La Pucelle et Dunois, en ta folle croyance,
Estoient seuls les piliers qui soustenoient la France ;
Et les tenant captifs, les plus foibles Anglois
Te sembloient assez forts pour luy donner des loys.
Mais tu vois par espreuve, au plus beau de ta course,
Combien de cet Estat est grande la ressource,
Et vois sans la Pucelle, ainsi que sans Dunois,
Mille bras moins vaillans faire paslir l'Anglois.
Lorsque la force est vaine, il faut de l'artifice
Implorer, employer le secourable office,
Et tenir glorieux, non seulement permis,
Ce qu'il t'inspirera contre tes ennemis.
En ce dernier besoin, c'est le dernier remède ;
Icy toute puissance à sa puissance cède.
Remets-luy ta conduite, et sans délibérer
Suy ce qu'en ce moment il vient te suggérer.
Si de ton Édoüard tu veux sauver la vie,
Si tu veux voir la France à ses loix asservie,
Defens-le de la mort par les propres François,
Et sousmets à ses pieds la teste de leurs roys.
Édoüard et Rodolfe ont mesme air, ont mesme âge ;
Ils ont mesme action, ils ont mesme langage.
Bref, ils sont si pareils, ou si peu différens,
Qu'ils pourroient imposer aux yeux de leurs parens.
Tu le sçais mieux que tous, toy qui, lors de sa prise,
Creus voir ton Édoüard despouïllé de franchise,
Et dans ce grand captif t'imaginant le voir,
D'horreur et de pitié te sentis esmouvoir.
Rodolfe est dans les fers, et pour calmer ta crainte,
Sous son nom tu peux faire une héroïque feinte ;
Tu peux, avec succès, sous ce nom emprunté,
Despescher Édoüard vers le camp redouté.
De tes intentions tu n'auras qu'à l'instruire ;
Il pourra sourdement tes ennemis déstruire ;

Il pourra sans hasard, il pourra sans effort
Te livrer Charles mesme ou luy donner la mort.
Ainsi, pour ton salut, des armes de la France
Tu vivras désormais en parfaite assurance,
Et le fer des Anglois par toy seul agissant,
Ne peut estre pour luy que doux et qu'innocent.
Qu'il parte donc, qu'il aille, et qu'au cachot funeste
Il se die enlevé par une main céleste,
Enlevé pour finir le projet commencé
Et pour tirer du joug le royaume oppressé.

   Tel fut le grand projet, l'insigne tromperie
Qu'au sommeillant Betford inspira la furie,
Et tel fut le discours dont le flateur poison
Repeut d'un doux espoir sa timide raison.
Betford, à cette veuë, en sursaut se resveille ;
D'un si rare penser son esprit s'esmerveille,
Pour véritable autheur en croit le firmament,
Et sans délibérer le suit aveuglément.
Il court vers Édoüard d'une ardeur violente,
Et luy monstre sa joye en sa mine riante ;
Puis : O mon fils, dit-il, nos troubles sont cessés :
Le ciel, le juste ciel a nos vœux exaucés.
Il vient en cet instant de m'ouvrir une route
Qui de ta seureté ne me laisse aucun doute,
Et qui, t'affranchissant de la peur du trespas,
Au throsne des François mènera droit tes pas.

   Il descend au destail et luy prescrit ensuite
Quelle, en ce grand dessein, doit estre sa conduite,
Quels moyens il prendra pour bien l'exécuter,
Et quel ordre ils tiendront pour s'entre-consulter.
Par le menu sur tout il luy trace et figure
De chaque chef françois l'image et la stature,
Leurs exploits, leurs humeurs luy peint et luy déduit,
Et de leurs intérests exactement l'instruit.
Édoüard, au récit d'une si fine trame,
D'un plaisir nompareil sent chatoüiller son âme,
Du foudre menacé s'estime garanti
Et desjà se croit voir Charles assujéti.

Il sent son lasche cœur brusler d'impatience
De s'aller asservir le monarque et la France ;
Betford résout qu'il parte en ce propre moment,
Et quoyque sans besoin l'en presse vivement.
   Ainsi, quand le coursier qu'a nourri la sirène
Précipite son cours sur la bouïllante arène,
Souvent le cavalier joint sans nécessité
Les poignans esperons au cours précipité.
   Édoüard prend son vol pour la haute entreprise.
La Fraude est à son flanc ; l'ombre les favorise.
Ils vont trouver le prince, animés de l'espoir
De luy faire bientost esprouver leur pouvoir.
Mais ils n'ont pas quitté les royales murailles,
Que Betford pour son fils sent frémir ses entrailles,
Et blasme sa raison d'avoir légèrement
Approuvé les motifs de cet esloignement.
Malgré tout son espoir, il craint pour ce voyage ;
En sa plus vive ardeur se glace le courage,
Tremble pour Édoüard, voudroit le retenir
Et, non moins que devant, a peur de l'avenir.
Mais ce vouloir en luy s'efface avec la crainte,
Songeant que dans ses fers il a tousjours la sainte,
Et que pour Édoüard le péril est léger
Tant qu'avec la guerrière il pourra l'eschanger.
Contre le fier prélat appuyant sa justice,
Il défend que pour elle on parle de supplice,
Désormais prend sa cause et ne peut plus souffrir
Qu'une lasche fureur la condamne à mourir.
Il dit qu'elle est captive et non pas criminelle,
Que de leurs tribunaux aucun n'est fait pour elle,
Et que par tous ses droits la guerre ne veut pas
Que comme prisonnière on l'envoye au trespas.
   Le prélat inhumain à cet ordre réplique
Que c'est authoriser la puissance magique
Et la mettre en estat d'enlever aux Anglois
Le bras par qui les lys doivent subir leurs loix.
Il dit qu'elle a causé le violent orage
Qui peut-estre à ce bras a fait faire naufrage,

Et que, tant que du feu l'exempteront les fers,
Sa voix tousjours pour elle armera les enfers.
Il le mande à Betford poussé de sa furie;
Dans sa haine animé, dans Rouën il le crie,
Et le peuple insolent avec cent cris affreux
Demande qu'elle meure, et meure dans des feux.
Pour elle il ne connoist ni droit, ni privilége;
Il noircit sa vertu du nom de sortilége,
Et dit qu'ayant usé de moyens défendus
La guerre en cette cause a tous ses droits perdus.
Betford qui plein d'horreur en entend la nouvelle,
Qui voit où la fortune a réduit la Pucelle
Et qui par force enfin la voit preste à mourir,
Par art en ce danger pense à la secourir.
Comme pour éviter le reproche et le blasme
De l'avoir sans sujet condamnée à la flamme,
Il désire qu'on donne au futur jugement,
Par une claire preuve, un certain fondement.
Il dit que si d'un sort la guerrière est coupable,
Il faut rendre ce crime évident et palpable,
Qu'il faut que le François en demeure d'accord
Et souscrive luy-mesme à l'arrest de sa mort.
Mais tousjours des mutins appréhendant la rage,
A l'aller réprimer son espouse il engage,
Et peut par son addresse et son autorité
En suspendre l'audace et l'inhumanité.
Par elle en mesme temps, d'une manière adroitte,
Il enlève Rodolphe à sa prison estroitte,
Et fait croire en tous lieux que par illusion
Il a trouvé la voye à son évasion.

Agnès, au beau désert cependant demeurée,
Couloit ses tristes jours par ses soins dévorée,
Destruitte par ses soins couloit ses tristes nuits,
Et nourrissoit de fiel ses maux et ses ennuis.
Charles incessamment roule dans sa pensée,
Et contre luy sans cesse il la tient offensée;
Philippe incessamment roule dans son esprit,
Et contre luy sans cesse il l'anime et l'aigrit.

Amante de tous deux et de tous deux aimée,
L'orgueilleuse est contre eux de colère enflammée ;
Tous deux elle les hait au fort de son amour,
Et se ronge pour eux et la nuit et le jour.
Philippes toutes fois moins que Charles la ronge ;
C'est à Charles surtout qu'elle songe et resonge ;
De son ambition elle le fait l'objet,
Et sur tout à ses lois le désire sujet.
  Comme un soleil d'argent la lune est pleine et claire.
Illuminant un soir le palais solitaire,
Agnès, dans un milieu de veille et de repos,
De la source en resvant alla chercher les flots ;
Elle va vers la source, et suyvant sa pensée
Dans le bois ténébreux pas à pas avancée,
Sans route et sans dessein s'enfonce au plus espais,
Et jouït en marchant de l'ombrage et du frais.
Hors d'elle, après cent tours le sort enfin la meine
Où la forest embrasse une secrette plaine,
Dont l'artiste nature aux seuls regards des cieux
Forme en amphithéâtre un cercle spacieux ;
Il est de cent vieux troncs qui de leur fière teste
Semblent du dieu tonnant deffier la tempeste,
Et de mille grands bras, en hardis combattans,
Imiter contre luy l'attaque des Titans.
Du terrain sablonneux la face continuë
Se tapisse partout d'une herbette menuë,
Dont le vert éclatant remporte en l'univers
L'avantage et l'honneur sur tous les autres verds.
En ce temps par les cieux la nocturne courrière,
Arrivée au milieu de sa vaste carrière,
D'un déluge de rais la plaine blanchissant,
En rendoit à l'envy le tour resplendissant.
  La belle sent son âme à cet objet émeuë,
Lorsqu'un objet nouveau vient surprendre sa veuë,
Un objet magnifique et surperbe entre tous,
Qui n'est pas moins pour elle effroyable que doux.
Du sein entrebaillé de trente vastes chesnes
Elle voit tout d'un coup sortir autant de reynes

Dont la couronne d'or brille de diamans,
Et d'or et de rubis luisent les vestemens.
Tout ce qu'a de thrésors la rive orientale
Dans leurs bras, sur leur sein, avec pompe s'estale;
Tout ce que Chypre mesme eut jamais de beauté
S'estale sur leur front avecque majesté.
Au centre de la plaine Agnès les voit se rendre;
Elle leur voit les mains l'une à l'autre se tendre,
Faire une danse en rond, et d'un juste compas
Dans un bal grave et lent mesurer leurs beaux pas.
Elle les voit ensuite, observant la cadence,
Changer les mouvemens de leur royale danse,
Se quitter, se rejoindre, et d'un plus viste cours
Faire un chaisnon meslé de tours et de retours.

 C'est ainsi qu'où la terre est du Tigre inondée,
Dans les sereines nuits la sçavante Chaldée
Reconnut autres fois pleine d'estonnement
Des errans feux du ciel le divers mouvement.
Telles elles apperceut aux célestes campagnes
S'approcher, s'esloigner ces lumières compagnes,
Et par mille entrelas brillans et gracieux
Respondre avec justesse à la lyre des cieux.

 Des astres vagabonds la trouppe alors s'arreste,
Pour mieux considérer une si rare feste,
Et d'un œil curieux paroist la regarder,
Voyant à ce grand bal le sien mesme céder.
La glorieuse danse est à peine finie,
 Que vient vers elle en corps l'auguste compagnie;
La belle de frayeur sent ses pieds chanceller;
Elle tente la fuite et ne peut s'esbransler.
Des reynes la plus haute et la plus rayonnante
En auguste maintien devant elle se plante,
Doucement l'envisage, et par ces doux accens
Rassure son esprit et console ses sens :

  O toy que les destins désormais moins sévères
Ont fait participer à nos secrets mystères,
Et qui pourras un jour sur toutes te vanter
D'avoir veu quels plaisirs ces bois nous font gouster,

Par l'effet de mes dons et des dons de mes fées,
Tu te vas ériger de glorieux trophées.
De ton règne à la fin le vray temps est venu :
Charles ne peut plus estre à tes vœux retenu ;
Une noble colère irritant son courage
A la fin l'a tiré de son lasche servage ;
Son cœur s'est dégagé de ses honteux liens,
Et rien n'empesche plus qu'il ne souffre les tiens.
De tes deux ennemis si tu fus outragée,
De tes deux ennemis un seul coup t'a vengée.
Du fer de la guerrière Amauri transpercé
Contre elle sans retour tient Charles courroucé.
Il a du camp françois avecque ignominie
Pour ce meurtre fatal la guerrière bannie,
Et quoyque de son camp pour elle abandonné,
A ne la point revoir n'est pas moins obstiné.
Le ciel sur leur ruïne a ta grandeur bastie ;
Sa rigueur en douceur pour toy s'est convertie ;
Il ne tient plus à rien que le volage roy
De leurs loix affranchi ne rentre sous ta loy.
Ranime ta beauté, réveille ton addresse,
Avecque ton espoir reprens ton allégresse ;
Tu n'auras pas besoin pour regaigner l'ingrat
Ni de tout ton esprit, ni de tout ton éclat.
Pour te mieux assurer cette illustre victoire,
Nous te venons couvrir de toute nostre gloire,
Et venons renforcer de nos dons précieux
La force de ta voix et celle de tes yeux.
Riche de nos présens, poursuy ton entreprise ;
Ton inconstant par eux reperdra sa franchise ;
Par eux tu reverras mollir sa dureté,
Et l'auras pour jamais en tes nœuds arresté.
 Elle l'embrasse alors et sur elle se couche,
Puis murmure son don de sa puissante bouche :
C'est le don de l'empire, un grand don que les loix
N'accordent qu'imparfait au plus digne des rois.
Elle passe, et soudain une autre prend sa place,
Et comme la première et se couche et l'embrasse,

Le don qu'elle luy fait, c'est de persuader
Tout ce qu'avec justice on ne peut demander.
De mesme fait le reste, et vient de suite en suite
La revêtir des dons de grâce et de conduite,
Bref, de tous les attraits, de tous les ornemens
Qui peuvent retenir ou gaigner des amans.
Enfin, laissant la belle et favorite plaine,
Dans le bois ténébreux la première la meine,
La meine pas à pas vers un antre escarté
Qu'un nüage dérobe aux traits de la clarté.
Le dehors en est brut, et cent roches cornuës
En élèvent la masse à la hauteur des nuës;
Cent autres rocs aigus, qui ferment ses costés,
Paroissent au hasard l'un sur l'autre jettés.
Estroitte en est l'entrée, et le dedans immense.
Tous les estres finis y prennent leur naissance,
Et pareils en matière, en forme différens,
Dans un ordre immuable y conservent leurs rangs.
Tous forgés à l'envy sur le parfait modelle
Que s'est fait de chascun la sagesse éternelle,
D'un flux continuël, semblables et divers,
Réparent les débris du fragile univers.
Une femme androgyne, et pygmée et géante,
Jeune et vieille tousjours, tousjours droitte et gisante,
Tousjours conçoit, anime, amplifie et soustient
Tout ce que le grand tout en soy-mesme contient.
Sa figure est bizarre et ne voit rien comme elle :
Son corps n'est en tous sens que ventre et que mamelle,
Ni son âme qu'un feu qui, tousjours agissant,
Tout engendre et corrompt, joignant et dispersant.
Cette mère de tout, qu'on appelle Nature,
A pour jumeau le Temps qui garde sa closture,
Le Temps par qui sans fin sont au monde introduits
Tous les corps que sa sœur pour le monde a produits.
Sa vertu tient du ciel, et sa source est divine;
C'est un mystère saint que sans voir on devine.
Tel ombrage le couvre et par de tels brouïllards
S'en interdit la veuë aux plus perçans regards.

LIVRE QUATORZIESME.

La fée au cœur de l'antre ayant conduit la belle :
Ce que tu vois, ma fille, et ne vois point, dit-elle,
Ce chaos ordonné, ce fonds de biens sans fonds
Est le sacré thrésor d'où se tirent nos dons.
Tu vois ce feu, cet air, cette onde et cette terre,
Qui ne sont bien en paix que lorsqu'ils sont en guerre,
Ces premiers élémens dont se compose tout,
Ces élémens derniers en qui tout se résout.
Tu vois les embrions des fécondes minières,
Des esprits et des sels les distinctes manières,
Les gluantes liqueurs d'où sortent les métaux
Et les sucs nourriciers des vivans végétaux.
Tu vois tout ce qui sent et tout ce qui raisonne.
Ce sont là les brillans dont luit nostre couronne ;
C'est nostre grand domaine, et si tu le voulois,
Nous pourrions tout entier le sousmettre à tes loix.
Mais de nos dons parée et de ta propre gloire,
Ta beauté sans autre aide obtiendra la victoire,
Contre tous l'obtiendra, sans plus d'empeschement ;
La Pucelle est aux fers et loin de ton amant.

A la fin de ces mots la trouppe libérale
Comme un nuage vain se dissipe et s'exhale.
Agnès en est surprise, et s'esveillant alors
Se voit de la fontaine aux solitaires bords.

Des anges révoltés qui, dans leur précipice,
Eurent la terre et l'air pour lieu de leur supplice,
Une moins noire bande attachée à ce bois
Fut celle dont en songe elle entendit la voix.
Ce fut son pinceau seul qui peignit à la belle
L'imaginaire danse agréable et mortelle,
Et qui luy desseigna l'ambitieux projet
De rengager son prince à vivre son sujet.

Agnès, se resveillant à cette image pleine,
Desjà du souverain s'estime souveraine ;
Pleine de cette image, elle croit desjà voir
Et la cour et le camp sousmis à son pouvoir.
Elle présume tout, et se fait mesme croire
Que le sort n'a causé qu'en faveur de sa gloire.

Ce trespas, cet exil, si peu d'elle attendus;
Par qui tous ses honneurs luy vont estre rendus,
Sa vanité l'élève au-dessus d'elle-mesme;
Sa supresme beauté sent sa force supresme,
Et l'art qui vient aider ses naturels attraits
N'estime rien contre elle assés fort désormais.
A se mettre en chemin pour sa haute conqueste,
Le désir et l'espoir veulent qu'elle s'appreste;
Mais sans le beau Roger se résoudre à partir,
C'est à quoy sa raison ne sçauroit consentir.

Après l'assaut vainqueur à Charles inutile,
Qui laissa l'Anglois maistre en la maistresse ville,
Roger, aux proches lieux comme aux lieux éloignés,
Avoit des pères saints les pas accompagnés.
Paris, Bourges, Arras le virent à leur suite
Des princes opposés observer la conduite,
Et par un soin discret, un pénible travail,
De leurs desseins obscurs pénétrer le détail.

Agnès pour compagnon dans le sien le désire,
De son retardement et murmure et souspire,
S'en trouble, et craint tousjours qu'un sinistre accident
N'ait de ce nouvel astre avancé l'occident.
Enfin par son retour elle perd toute crainte,
Et surtout veut sçavoir ce qu'il sçait de la sainte;
Il luy conte à loysir les mots qu'elle a soufferts,
Sa playe et son exil, sa retraitte et ses fers.
Il conclut après tout que pour sa délivrance
Charles a des François rassemblé la puissance,
Qu'on en voit allarmés Philippes et Betford,
Et qu'Arras et Paris en redoutent l'effort.

Allons donc, dit Agnès, sans parler davantage,
Ranger ce grand captif dans son premier servage,
Ressusciter sa flamme, et par force d'amour
Resousmettre à ma loy son armée et sa cour.
Pour affermir mon règne en cet esprit müable,
Jamais ne s'offrira de temps si favorable,
Et le ciel à mes pieds mes jaloux terraçant
Ne me fait que trop voir qu'à mon heur il consent.

Roger pense de mesme, et la mesme journée
Ils quittent du beau bois l'arène infortunée.
Des liens de la sainte et du sort d'Amauri
L'orgueilleuse triomphe et va vers le Berri.
Sur son superbe char superbement parée,
Elle passe en tous lieux des peuples révérée ;
Sa grâce plus qu'humaine et son divin aspect
Des plus barbares cœurs attire le respect.
Roger brille comme elle, et sa belle famille
Sous des habits luisans comme elle éclate et brille ;
Chacun la trouppe admire, et demande à ses yeux
S'ils n'ont point pour objet une trouppe des cieux.
 On croiroit, la voyant, voir désormais sans voiles
Diane pour Latmos desdaigner les estoilles,
Chercher Endimion, et venir en plein jour
Luy monstrer ses appas et le tenter d'amour.
 On la croiroit Vénus qui, dans les plages basses,
Au milieu des Plaisirs, et des Jeux et des Grâces,
Par le berger troyen de sa veuë enchanté
Se vient faire adjuger le prix de la beauté.
 A Bourges elle arrive, et va dès la mesme heure
A la tour où le prince a sa riche demeure,
Y va que le soleil est à peine hors des flots,
Le trouve encore seul et luy parle en ces mots :
 Charles, tu vois Agnès, cette amante fidelle
Dont nulle indignité n'a refroidi le zèle,
Cette fidelle Agnès dont nuls événemens
N'ont pu jamais pour toy changer les sentimens.
Tu rougis, et trahi par le feu de tes jouës
De ma juste douleur les reproches avouës ;
Tu t'en fais à toy-mesme un reproche éternel,
Et sens combien pour moy ton cœur est criminel.
Mais l'ardeur de mon sein pour toy tousjours bruslante
De tout blasme envers moy te délivre et t'exempte ;
De mes injustes maux je descharge ta foy,
Et mon cœur, s'il se plaint, ne se plaint pas de toy.
Il se plaint ou du charme, ou du noir artifice
Qui de tes mouvemens corrompit la justice,

Et qui te contraignit et d'entendre et de voir
Rejetter au besoin l'offre de mon pouvoir.
Il se plaint de l'affront que la sorcière infâme
Fit sous tes propres yeux à ma constante flamme,
Quand, pour mettre en tes mains le sceptre des François,
Je vins t'offrir ce bras, cet arc et ce carquois.
Mais du sanglant affront dont je fus outragée
Mon généreux amant ne m'a que trop vengée
Par un semblable affront, mais bien mieux mérité,
Vengeant et consolant mon amour rebuté.
Du tort que j'ay receu je suis trop satisfaitte,
Voyant deffait l'orgueil qui causa ma deffaitte,
Et voyant libre enfin ce lieu mal usurpé,
Qui par moy seulement devoit estre occupé.
Et c'est ce lieu qu'Agnès, pour toy seul douce et tendre,
Après ce long exil aujourd'huy vient reprendre,
Afin de le garder, afin de t'y servir,
Tant que le trait fatal le lui vienne ravir.
Peut-estre que mon prince aimera les services
De celle à qui jadis il fit des sacrifices,
Et qu'il mettra sa gloire à se voir assisté
Des mains en qui jadis il mit sa liberté.
Peut-estre sans dégoust te verras-tu sousmise
Celle à qui tous en vain sousmettent leur franchise,
Et qui du Bourguignon, ton orgueilleux rival,
Ne veut point pour amant ni mesme pour vassal.
Use donc de mon zèle, use de mon courage ;
Couvre-toy de mon sein contre l'angloise rage ;
Croy qu'en tout je suis tienne, et que rien désormais
Ne me rendra contraire à tes ardens souhaits.
  Là finit son discours, et sa beauté céleste,
S'il reste rien à dire acheva ce qui reste ;
Elle en remet l'office à ses yeux plus qu'humains,
Et de toute sa force avance ses desseins.
Mais avec moins d'effort, avecque moins d'adresse
Elle eust pu de son cœur redevenir maîstresse
De ce volage cœur qui, sans estre appellé,
De son seul mouvement vers elle eust revolé,

Luy-mesme il se rengage en ses aimables chaisnes,
Luy-mesme de son âme il luy livre les resnes,
Et craint que comme indigne elle aille desdaigner
Le throsne où son désir la veut faire régner.
Honteux de se la voir sousmise et suppliante,
Il luy respond alors, mais d'une voix tremblante,
Et pendant son propos ses regards quelques fois
A tesmoigner sa crainte accompagnent sa voix.
  O beauté, luy dit-il, qui n'as point de pareille,
De courage et d'amour incroyable merveille,
Je demeure confus en cette occasion,
Et prens ce que je voy pour une illusion.
Quoy ! celle qu'en mon camp j'ay pu voir maltraittée,
Celle que de mon camp j'ay pu voir rejettée,
Celle dont j'ay bien pu l'esloignement souffrir,
A moy, dans mes besoins, se vient encore offrir !
Agnès, de ma faiblesse il n'est rien qui me lave ;
Elle me rend pour toy mesme un trop vil esclave,
Et sans me donner lieu de me plaindre de toy,
Tu peux aimer Philippe et me manquer de foy.
Je suis un criminel qui moy-mesme m'accuse ;
Je ne mérite point de pardon ni d'excuse,
Et si tu te résous à m'accorder la paix,
C'est grâce, c'est faveur qu'aujourd'huy tu me fais.
Loin de moy donc ces mots de supresme puissance,
De toy ceux de service et ceux d'obéissance.
C'est à toy d'estre reyne, à moy d'estre sujet
Et de suivre les loix d'un si divin objet.
Mais ce qui me fait honte, au bonheur où j'aspire,
C'est que tu régneras sur un petit empire,
Et que ce dont je puis me dire encore roy
Par son peu d'estenduë est peu digne de toy.
Il est vray que mon bras va ses bornes estendre,
Que rien de ses efforts ne pourra se défendre,
Et que le camp nombreux que je viens d'assembler
Fait en tous ses climats l'Angleterre trembler.
Il est vray que, t'ayant pour guide et pour compagne,
Rien ne peut devant moy tenir à la campagne,

Et que ton bras heureux, donnant force à mon bras,
Me rendra conquérant dans mes propres Estats.
Alors, comme le fruit de ta noble victoire,
Tu ne les croiras pas indignes de ta gloire ;
De leurs grandeurs alors l'offrande te faisant,
Je ne te feray pas un indigne présent.
C'est ainsi que mon cœur plus faible que parjure
De ton bannissement veut réparer l'injure ;
C'est ainsi qu'il désire à ta rare beauté
Refaire le serment de sa fidélité.
Donques, pour t'acquérir cette illustre couronne,
Allons chercher la guerre où le destin l'ordonne,
Et désormais unis, sans plus nous séparer,
Allons par tes exploits ma conqueste honorer.
　Agnès, à qui ces mots relèvent le courage,
Soudain sur son amant reprend son avantage ;
Mais l'orgueil en est joint avec tant de douceur,
Qu'il cause du respect, sans causer de la peur.
Elle qui de l'amour sçait toutes les addresses,
Mesle le feint courroux aux flateuses caresses,
Commence les desdains qu'elle n'achève pas,
Et redonne la vie en donnant le trespas.
Forcé par tant d'attraits, pris par tant d'artifices,
Charles croit luy devoir et vœux et sacrifices,
S'oublie en la voyant, ne se croit pas son roy,
Et comme son vassal obeït à sa loy.
　Tanneguy sur ce temps, de plus d'une province
Venant, d'aise ravi, porter l'hommage au prince,
Près de luy voit la belle, et plein d'estonnement
Fait de cette avanture un mauvais jugement.
Charles, sans remarquer son trouble et sa surprise :
　Voy, dit-il, quel renfort pour ma noble entreprise !
Voy quel puissant secours m'ont envoyé les cieux
Pour celuy qu'a perdu mon camp séditieux !
S'il leur faut pour combattre une fille guerrière,
Celle-cy le vient estre et n'est pas prisonnière,
Et si la prisonnière est tousjours son souci,
Il la devra bientost au bras de celle-cy.

Saintrailles, Deloré, Villandrade, Graville,
Au bruit de sa venuë accourant de la ville,
Arrivent sur ces mots, et tristes et confus
Dans le fond de leur âme opinent au refus.
Mais le transport du roy, mais sa voix animée
Les trouble, et dans leur sein tient leur voix renfermée ;
Et quelque insigne mal qu'on en puisse augurer,
Aucun, pour grand qu'il soit, n'en ose murmurer.
Le magnanime Artus, quoyque prince, ne l'ose ;
Gaucourt ne l'ose mesme et tient la bouche close ;
Le sage Tanneguy, de tous abandonné,
Comme eux se détermine au mal déterminé.
 Ainsi lorsqu'un lieu saint, haut, élevé de terre,
Sent fondre sur son toit le quarreau du tonnerre,
Et que son gardien, qui s'esveille en sursaut,
S'appreste à repousser un si terrible assaut,
Si du feu dévorant l'impétüeux rouage
Aux voisins réclamés fait perdre le courage,
Pour ne tenter pas seul un secours foible et vain,
Du périlleux travail il retire la main.
 Tanneguy, comme tous, demeure sans parole,
Et si rien dans ce mal pour son roy le console,
C'est que, bien que la belle ait son cœur renflammé,
Son cœur n'en est pas moins à la guerre animé.
Comme tous il la souffre et garde le silence.
Elle, qui de ses yeux reconnoist la puissance
Et voit combien son règne avancera par eux,
Sur Charles sans mesure en espanche les feux.
Superbe pour le prince, et pour les grands sousmise,
Elle prétend de tous asservir la franchise,
S'abaisse à caresser jusques aux citoyens
Et tend à mesme but par différens moyens.
Plus qu'à tous aux soldats elle se monstre humaine,
A se les attacher n'espargne temps ni peine,
Les comble de bienfaits, et dans tous leurs besoins
Leur offre près du roy son crédit et ses soins.
Mais ce qui plus les touche, et qui fait plus pour elle,
C'est l'honneur qu'elle rend au nom de la Pucelle,

La douleur qu'elle feint de ses travaux soufferts,
Les faux vœux qu'elle fait de la tirer des fers.
Avec ces délicats et souples artifices,
Des soldats corrompus elle acquiert les services,
Adoucit du conseil l'austère jugement
Et tient Charles rangé sous son commandement.

LA PUCELLE

ou

LA FRANCE DÉLIVRÉE

LIVRE QUINZIESME.

Cependant Lyonnel, qui d'amour et de rage
Sentoit d'égale force agiter son courage,
Maistrisant la fureur qui le pousse à la mort,
Pour affranchir son père importune Betford.
Ni de jour, ni de nuit, jamais il ne le laisse ;
Sur ce facile eschange il le presse et represse,
Et n'en remportant rien qu'un orgueilleux mespris,
Sans se contraindre plus remplit tout de ses cris.
Mais Betford, qu'Édoüard ne tient plus guère en crainte
Et que de Lyonnel embarrasse la plainte,
Par un nouveau motif à ces deux adjousté,
Du valeureux Talbot résout la liberté.
  Dans un nocturne ciel et parmi ses figures,
De Marie à loisir cherchant les avantures,
Il y vit estonné qu'un bonheur infini
Devoit suivre l'espoux qui luy seroit uni ;

Il y vit estonné qu'il devoit sortir d'elle
Une race fameuse, héroïque, immortelle,
Qui sçauroit mieux qu'aucune, en auguste splendeur,
Jusqu'à la fin des temps maintenir sa grandeur.
De son espoux surtout il y vit les années
Par la seule vieillesse en gloire terminées ;
Et pour comble de bien, il y vit ses longs jours
D'une mort non sanglante achever leur beau cours.
Un si merveilleux sort le surprend et le touche :
Il destine Édoüard à cette heureuse couche ;
Il y voit le bonheur à son fils souhaité,
Et comme son bonheur y voit sa sûreté.
A cette heureuse couche Édoüard il destine ;
Mais le sort de Marie ailleurs son âme incline :
Dunois l'occupe entière, et le feu qu'elle sent
Se nourrit par sa veuë et devient plus puissant.
Si pour un tel hymen il veut sa complaisance,
Il luy faut de Dunois desrober la présence.
Son cœur s'y détermine, en prononce l'arrest,
Et plus que Lyonnel en fait son intérest.
Il mande Lyonnel, et couvrant sa pensée :

    Le ciel a, luy dit-il, ta prière exaucée.
Dunois, de ses grands coups enfin remis et sain,
Ne peut plus de l'eschange empescher le dessein.
J'y consens désormais, et pour plus d'assurance
Je charge du traitté ta propre diligence.
Va-t'en le ménager ; pars dès cette heure, et croy
Que Betford le désire autant et plus que toy.

    Lyonnel à ces mots perd sa rage mutine ;
A Bourges, sans réplique, en haste il s'achemine,
Et sans peine soudain dispose le François
A délivrer Talbot, pour délivrer Dunois.
L'eschange aux deux partis est jugé nécessaire ;
Pour le faire on prend jour ; on prend lieu pour le faire.
Betford sur cet avis va le prince avertir
Que, s'il veut estre libre, il s'appreste à partir.
Le prince avec transport en reçoit la nouvelle,
Songe à l'heur de pouvoir secourir la Pucelle

Et prévient du penser le plaisir de pouvoir,
En brisant ses liens, la rejoindre et la voir.
 De l'amant passereau despouïllé de franchise,
Tel est dans sa langueur l'agréable surprise,
Lorsqu'une douce main sa cage entre-baillant,
Monstre l'issüe aisée à son désir boüillant.
Il ne se sent pas d'aise, et ses ardeurs fidelles
Desjà pour s'envoler luy font battre des ailes.
Tout obstacle l'afflige ; il s'élance dans l'air
Et croit tousjours trop tard se rejoindre à son pair.
 Du barbare Betford pour ce coup moins barbare
Comme son obligé le guerrier se sépare,
Et par cent mots choisis l'assure, en le laissant,
Qu'au moins de ses faveurs il part reconnoissant.
Puis il va chés Marie, et sans cacher sa joye :
 Mon destin, luy dit-il, vers Charles me renvoye.
Je sçay ce que de moy vos soins ont mérité,
Et ce que mon salut doit à vostre bonté ;
Je le scay, je le sens, et je veux pour ma gloire
Jusqu'à mon dernier jour en garder la mémoire,
Jusqu'à mon dernier jour en tous lieux publier
Combien estroittement vous m'avés sceu lier.
Pleust au ciel que l'honneur, tiran de nostre vie,
Permist à mon esprit de suyvre mon envie !
Nul effort à vos yeux ne pourroit me ravir,
Et je ferois mon bien de l'heur de vous servir.
L'impérieux honneur d'auprès de vous m'arrache ;
Je ne puis désormais y séjourner sans tache,
Et vostre noble cœur est trop noble et trop haut
Pour me vouloir souffrir avec quelque deffaut.
Je suy le dur tiran dont la force m'entraisne ;
Sa chaisne toutes fois ne rompt pas vostre chaisne ;
Je suis dans vos liens pour jamais engagé,
Et bien qu'en vous laissant j'en demeure chargé.
 Là finit son adieu, sans souspirs et sans larmes ;
Il n'a plus pour objet que la sainte et les armes,
Et ce peu qu'il luy dit de sa captivité
Ne fut que bienséance et que civilité.

A ces mots, pasle, froide, immobile, abbatüe,
Sur son volage amant elle attache la veuë;
Muëtte elle l'attache, et de ses yeux mourans
Verse de pleurs amers deux rapides torrens;
D'estonnement saisie et d'horreur occupée,
Elle sent que sa voix par sa peine est couppée;
Elle sent que la honte à la peine se joint,
Et de peine et de honte elle ne parle point.
Il la saluë, il part sans qu'elle luy responde,
Et sur son lit la laisse en tristesse profonde;
Pressé de son désir et pressé de Betford,
Il la saluë; il part et la laisse à la mort.
Sans remors il la laisse, inconsolable, outrée,
De cent traits de douleur atteinte et pénétrée,
Parmi de violents et tragiques transports,
De l'esprit forcenée, et malade du corps.
Sans parole un long temps sur sa couche estendüe,
Elle recouvre enfin la parole perduë,
Et pour donner haleine à des maux si pressans
Elle ouvre enfin la bouche à ces tristes accens :
 As-tu, Marie, enfin la récompense deuë
D'avoir l'indigne vie au perfide renduë ?
D'avoir à l'inconstant gardé fidélité,
As-tu le juste prix par ta foy mérité ?
Il a veu ton amour, pour luy tousjours si tendre,
Plus ferme par ses maux et plus forte se rendre;
Au milieu des glaçons de sa morne froideur,
Il a veu s'augmenter ta violente ardeur.
L'ingrat pour luy t'a veuë, et garde et médecine,
Repousser les efforts de la parque voysine,
Oublier tout pour luy, pour luy tout rejetter;
Il a tout veu, l'ingrat, et t'a bien pu quitter.
Ne prétendroit-il point, ce cœur plein d'artifice,
Avoir, en te parlant, fait un grand sacrifice
De ne te nommer pas le criminel objet
Qui d'un départ si lasche est l'unique sujet?
Mais ce seroit en vain qu'il voudroit le prétendre;
S'il ne te l'a pas dit, il te l'a fait entendre;

Ses yeux ont mal caché le secret de son sein,
Et tout, fors son discours, t'a monstré son dessein.
Il s'en va, l'inhumain ; il s'en va, le volage,
Enlever la guerrière à son juste servage.
Il va par ses efforts luy tesmoigner sa foy,
Héroïques efforts qui n'estoient deus qu'à moy !
Plus que toy de l'Anglois elle n'est pas captive ;
Pour elle cependant de son bras il te prive ;
Il te laisse sans aide et va la secourir ;
Il va la faire vivre et te faire mourir.
Joüet de la maligne et dure destinée,
Que deviendras-tu donc, trahie, abandonnée ?
Quel, en ton désespoir, sera ton reconfort ?
Ha ! s'il en est pour toy, ce n'est que dans la mort.
Mourir est maintenant ce qui te reste à faire ;
Contente la rigueur de ton astre contraire ;
Renonce avec l'espoir à la clarté du jour,
Et submerge en ton sang ta vie et ton amour.
De l'inconstant Dunois prends ainsi la vengeance,
Puisqu'il t'est cher encor, malgré son inconstance,
Puisque, malgré ton feu, par luy-mesme trahi,
Il ne peut de toy-mesme estre encore haï.
O ciel, qui vois son crime et qui vois ma foiblesse,
Termine par ma mort la douleur qui m'oppresse ;
Je ne souhaitte plus ce que j'ay souhaitté ;
Mon amour en ma mort met sa félicité.
   De Marie à ce mot la plainte enfin s'arreste ;
Mais son cœur ne sent point arrester sa tempeste ;
Son trouble est tousjours grand, et par mille transports
Il l'agite tousjours de l'esprit et du corps.
Ainsi de la princesse amante et non aimée,
L'âme plus que jamais de douleur opprimée
Passe les jours entiers et les entières nuits
Dans un gouffre profond de travaux et d'ennuis.
   De Talbot cependant la chaisne se desserre ;
Il vient rendre la force au parti d'Angleterre,
Et son foible soldat, par ce retour heureux,
Presque dans un moment redevient vigoureux.

De mesme, après l'effroy dont une aspre tourmente
Remplissoit des nochers la trouppe languissante,
Après l'épais nüage et le sombre chaos
Dont le voile ombrageoit l'humide sein des flots,
Si, le roi des saisons, couronné de lumière,
Est reveu dans les cieux, poursuyvre sa carrière,
Les Nochers demi-morts, par ses vives clartés
De la nuit du cercüeil semblent ressuscités.
 Betford, pour son rival relaschant de sa gloire,
De leur inimitié veut perdre la mémoire,
Et tempérant l'orgueil du supresme pouvoir,
Avance quelques pas pour l'aller recevoir.
Puis comme sur luy seul appuyant l'espérance
De raffermir l'Anglois au throsne de la France,
Il dit qu'un camp royal digne de leurs besoins
Ne peut estre formé que par ses nobles soins ;
Qu'il passe donc la Manche, et que portant son zèle
Où du jeune Henri le service l'appelle,
De ce pas mesme, en haste, à son vaste armement
Il aille donner l'ordre et l'accomplissement.
 Par la superbe voix qui son aide réclame,
Le généreux Talbot sent chatoüiller son âme,
Et prend plaisir à voir son ennemi sousmis
L'implorer, l'invoquer contre ses ennemis.
Il prend plaisir à voir qu'au sortir de ses chaisnes
De l'angloise milice on luy commet les resnes,
Et que sans répugnance on souffre désormais
Qu'il signale son bras par cent illustres faits.
De l'orgueilleux Betford il reçoit la requeste ;
Plein d'une vive ardeur, à partir il s'appreste,
Et sans perdre un moment, d'un cours précipité
S'avance vers la mer, des François redouté.
Il part le mesme jour et presque à la mesme heure.
Son fils près de Betford dans la ville demeure,
Et laisse croire à tous que pour le seul Anglois
Il demeure en ses murs et veut garder ses toits.
Il le fait cependant pour la seule princesse ;
Il le fait pour tascher d'amollir sa rudesse ;

Il le fait pour tascher de fléchir sa rigueur,
Ou près d'elle en mourant terminer sa langueur.
Betford le reconnoist, mais il le dissimule ;
Il croit que c'est son bien de se feindre crédule,
Et dans son but caché, pour y parvenir mieux,
Aveugle volontaire, à tout ferme les yeux.
Il luy laisse de temps un raisonnable espace
Pour auprès de Marie achever sa disgrâce,
Et par une importune et triste passion
S'establir sans retour dans son aversion.
Il pense qu'Édoüard sera mieux aimé d'elle,
Succédant à l'objet de sa haine mortelle,
Et croit qu'on la verra bien plus facilement
Après un ennemi recevoir un amant.
 Du mourant Lyonnel l'amoureuse furie
Ayant conduit ses pas vers la triste Marie,
Il la prie ardemment d'endurer que son cœur
Suyve comme captif le char de son vainqueur.
 Qu'ay-je fait, luy dit-il, trop aimable princesse,
Pour m'attirer de vous cette fière rudesse,
Ces outrageux mespris, ces superbes desdains,
De mon malheureux sort instrumens inhumains ?
Qu'ai-je fait, qu'adorer ce visage adorable,
Qu'adorer de ces yeux l'éclat incomparable,
Et qu'adorer enfin cette austère vertu
Dont je voy pour moy seul vostre sein revestu ?
Je n'ay rien oublié ; j'ay tout fait pour vous plaire,
Jusqu'à donner la vie à mon propre adversaire,
Tout fait pour surmonter vostre desgoût fatal,
Jusqu'à mettre en vos mains mon trop heureux rival.
Croiriez-vous qu'un amant pust faire davantage ?
J'ay plus fait toutes fois pour cet amant volage :
Bien qu'à son seul sujet je sois haï de vous,
Je n'eus jamais pour luy que des sentimens doux ;
Voyant que vostre choix luy donnoit la couronne,
J'ay pour vostre respect respecté sa personne,
Et le voyant aymé, je n'ay pas creu permis
De conter vostre amant entre mes ennemis.

Lorsque vostre rigueur me sembloit la plus dure,
Je n'ay pas seulement fait oüir un murmure;
J'ay souffert sans me plaindre, et pu mesme chérir
L'inflexible rigueur qui me faisoit mourir.
Je vous veux dire plus, quand, ingrate à ma peine,
Vous ne devriés jamais la payer que de haine :
J'aime mieux ne point voir cesser vostre courroux
Que de jamais songer à me plaindre de vous.
Sans un trop grand effort, une gesne trop grande,
Vous pouvés m'accorder ce que je vous demande,
Non d'estre aymé de vous, mais d'avoir seulement
La liberté de vivre et mourir vostre amant.
De mes prétentions je borne l'estendüe
A voir ma noble ardeur légitime rendüe,
A voir au moins souffert l'éclat de mon beau feu,
Qui ne prétend de vous que vostre simple aveu.
Un autre vous diroit que vous perdrés sa flamme
Si vous n'avés pour luy moins de glace dans l'âme;
De moy, quand vos froideurs causeroient mon trespas,
Dans mon trespas encor vous ne me perdriés pas.
Faittes-moy tort, princesse, ou me faittes justice,
Tousjours également vous aurés mon service.
Mon cœur a fait un vœu, mais un vœu solennel,
De vivre et de mourir vostre esclave éternel.
A bien peu se réduit la grâce qu'il implore :
Comme un objet divin souffrés qu'il vous adore,
Et prenés pour le bras qu'on vient de vous ravir
Ce bras qui n'est pas faible et qui peut vous servir.

 Il finit et, couvert d'une pasleur mortelle,
N'ose presque attacher ses moites yeux sur elle;
Il attend sa response, et douteux de son sort,
Attend de sa response ou la vie ou la mort.

 Pour te désabuser, luy repart la princesse,
J'ay contraint la douleur dont la pointe m'oppresse,
Et du moins, en ce point te voulant contenter,
J'ay forcé mon dépit à daigner t'escouter.
Marie, au grand Dunois pour femme destinée,
En luy seul de tout temps a son amour bornée,

Et quiconque après luy s'offre pour la tenter
L'outrage et ne peut mieux sa haine mériter.
Ne noircis point Dunois du blasme d'inconstance ;
Un sort à sa vertu fit cette violence ;
Mais eust-il de luy-mesme esté changeant pour moy,
Je ne pourrois le suyvre en son manque de foy.
Ainsi que mon espoux, tout léger qu'il puisse estre,
Dans mon cœur pour jamais il demeure le maistre ;
Tout ingrat que pour moy son cœur le face voir,
Je sçay ce que pour luy m'ordonne le devoir.
Je sçay ce que pour luy le ciel m'engage à faire.
A ta propre raison la chose est toute claire,
Et tu viens cependant d'un propos suborneur
Aux despens de ma foy rechercher ton bonheur.
C'est un noir attentat ; mais s'il faut te le dire,
Tu viens d'en entreprendre un autre encore pire,
Un autre que ton feu t'a fait solliciter,
Un autre que ton feu t'a fait exécuter.
Par cent prétextes faux ta voix me veut surprendre.
Pour moy, pour mon Dunois, tu te feins l'âme tendre ;
Mais le crüel dessein dément ta douce voix ;
Ton feu me désunit d'avecque mon Dunois.
Ton père, diras-tu, t'a contraint de le faire ;
Mais je voy ton amour au travers de ton père ;
Ton sein, malgré ce voile, à ma veuë est ouvert ;
Tu rougis, misérable, et te sens descouvert.
Ta rougeur te convainc et sert à te confondre ;
Ta malice est muëtte et n'a rien à respondre ;
Tu te sens criminel, et ton front estonné
Par toy-mesme à mes yeux te monstre condamné.
Amant, barbare amant dont l'amour inhumaine
M'a tousjours fait sentir les effets de la haine,
D'un si funeste feu délivre mon séjour ;
Tu mérites ma haine, et par ton propre amour.
Va, ne me revois plus. A ces mots elle achève,
De son siége doré toute en flamme se lève,
Et fuyant ses regards d'un pas grand et pressé,
Par ces mots foudroyans le laisse terracé.

Le guerrier, abbatu sous cette aspre tempeste,
De longtemps ne respire et ne hausse la teste ;
Enfin il se resveille, et bien que lentement,
Après un long souspir sort d'assoupissement.
A ce triste resveil la fureur et la rage
Se font voir à l'envy peintes sur son visage,
Et dans ses mouvemens se font encore voir
L'horreur de la lumière et l'affreux désespoir.
Résolu de mourir, sur ses pieds il se dresse,
Tout entier s'abandonne au désir qui le presse,
Contre les cieux s'emporte, et d'opprobres sans fin
Accable la fortune et charge le destin.
Mais, bien qu'il soit outré des propos de Marie,
Pour elle toutes fois modeste est sa furie,
Et parmi les eslans les plus impétueux,
Il est tousjours pour elle humble et respectueux.

 Tel le tigre paroist quand sa faim ou sa rage
A du meurtre d'un homme ensanglanté sa cage,
Et que son gouverneur, d'un tel crime irrité,
L'a pour punition de cent coups maltraitté.
Devenu plus féroce au chastiment sévère,
Il fait sentir à tous sa terrible colère,
Heurte murs et barreaux, mord serrure et verroux ;
Mais pour son gouverneur on ne le voit que doux.

 Haï, banni, fuï, dans l'extresme souffrance,
Pour la dure princesse il n'est qu'obeïssance ;
Elle veut que jamais il ne s'offre à ses yeux ;
A suyvre un si dur ordre il est religieux.

 Ouy, pour jamais, dit-il, quittons cette cruelle ;
Mais du moins, la quittant, monstrons-nous digne d'elle.
Fuyons-la ; mais mourons en quittant ses appas,
Puisque sa cruauté ne nous le deffend pas.
Vivre et ne la voir plus n'est pas chose possible ;
Mourons banni des yeux de la belle inflexible ;
Mourons désespéré, mais mourons glorieux,
Du François, sinon d'elle, au moins victorieux.

 Il passe chés Betford, et d'une voix ardente :
L'Angleterre, dit-il, à s'armer est trop lente.

Talbot ne sçauroit seul l'en bien solliciter,
Et ce besoin m'engage à l'aller assister.
Aussi bien icy fais-je un séjour inutile,
Puisque tu suffis seul à défendre la ville,
Et que de jour en jour ton solide rempart
Attend pour protecteur le fatal Édoüard.
  Betford, à son désir feignant de satisfaire,
Dit qu'il y satisfait seulement pour luy plaire,
Et cache le plaisir dont son esprit est plein
D'avoir veu sans son aide accomplir son dessein.
Lyonnel prend sa course, et cette course est triste ;
Il court, et de Talbot vers l'onde suit la piste.
A Calais il s'embarque, et va rapidement
Surgir à l'autre bord du liquide élément.
Betford, desfait du fils comme desfait du père,
Désormais à ses fins ne voit rien de contraire,
Mande en haste Yolante, et d'un ton ferme et haut
Luy livre un formidable et surprenant assaut.
  J'ay pensé, luy dit-il, qu'il faut que j'apparie
Sous le joug de l'hymen Édoüard et Marie ;
Juge si ce penser est pour elle obligeant,
Et si c'est pour sa gloire estre fort négligent.
De son élection je ne suis point en peine,
Sçachant où peut aller son amour ou sa haine.
Je ne vois qu'Édoüard qui puisse estre son choix,
Si Lyonnel la choque et l'offense Dunois.
Mais de ces deux amans fust-elle amante mesme,
Édoüard, que son sort élève au diadême,
L'espoir de l'Angleterre et le promis des cieux,
Devroit seul occuper et son cœur et ses yeux.
Enfin cet Édoüard est mon fils, pour tout dire,
Et luy donnant mon fils je luy donne un empire.
Dis-luy que c'est son bien, que je l'ay résolu,
Et qu'en ses volontés Betford est absolu.
  A ce crüel propos la fidelle Yolante,
D'espouvante et d'horreur troublée et frémissante,
S'en excuse d'abord ; mais luy la repressant,
A faire le message enfin elle consent.

Sur le point de parler, un remors qui la touche
Vient luy noüer la langue et luy fermer la bouche,
Trois fois elle l'essaye, et jusques à trois fois
Au creux de ses poumons sent repousser sa voix.
De ses propres soucis la princesse rongée
Apperçoit le désordre où la fille est plongée,
L'apperçoit, s'en allarme, et ne sçauroit juger
De quel nouveau malheur le ciel veut l'affliger.
 Parle, dit-elle alors, parle sans te contraindre ;
Je sçay que désormais je n'ay plus rien à craindre,
Et que contre mon cœur endurci désormais
Le sort émoussera le reste de ses traits.
 Marie, après ces mots, à l'entendre s'appreste ;
La fille veut parler, mais hésite et s'arreste ;
Le courage luy manque ; elle a beau s'efforcer,
La crainte vient tousjours son dessein traverser.
En paroles pourtant d'ombrage enveloppées,
Et de mille sanglots à tous momens couppées,
Elle fait du tiran comprendre le dessein.
Marie à chaque mot se sent percer le sein ;
Marie à chaque mot sent tomber en son âme
Un orage de glace, un tourbillon de flamme,
Et voit s'ouvrir pour elle un abysme nouveau,
Plus horrible à ses yeux que celuy du tombeau.
Son esprit, estourdi de ce coup de tonnerre,
Luy fait tenir longtemps les yeux fichés en terre ;
Enfin par sa douleur elle esveille ses sens,
Et sa voix se desploye en semblables accens :
 O fortune, dit-elle, injuste, impitoyable,
Tu m'attendois encore à ce pas effroyable,
Et sans te contenter des maux que j'ay soufferts,
Tu destinois ma vie à ces autres enfers.
Ta rage industrieuse et ton malin caprice
Livrent donques mon cœur à ce dernier supplice,
Et, bien qu'usé de peine et mort au sentiment,
Ne le font pas moins voir capable de tourment.
Ah ! j'esprouve aujourd'huy, pour achever ma perte,
Qu'on peut souffrir encore après la mort soufferte.

Je me creus par mes maux à couvert de tout mal,
Mais la rigueur m'en cause un qui n'a point d'égal.
O Betford ! ô son fils ! ô bourreaux de ma vie !
A vouloir cet hymen quel sujet vous convie ?
De vostre lasche esprit qui m'a fait mériter
Un joug de tous les jougs le plus lourd à porter ?
Par vous, tirans nouveaux, qui l'eust jamais pu croire ?
Mes vieux tirans sont chers à ma triste mémoire.
Par ce projet nouveau, pour moy si criminel,
Je tiens presque innocens Dunois et Lyonnel.
Mais qu'est-ce que je dis, et qu'est-ce que je pense ?
Non, vostre offense est douce auprès de leur offense ;
Leur crime me condamne à tousjours endurer ;
Le vostre fera mieux me faisant expirer.
Je luy devray ce coup qui m'est si nécessaire,
L'heureux coup qui peut seul terminer ma misère ;
Et lorsque de ma vie il rompra les liens,
Les maux qu'il me fera me tiendront lieu de biens.
Yolante, au cruël porte cette response,
Et mon décret fatal en ces mots luy prononce :
   Marie a pour tout homme horreur, haine, courroux,
Et du monument seul veut faire son espoux.
Elle est d'un ferme choix à la mort résoluë,
Et, de ses volontés estant royne absoluë,
Betford ne luy sçauroit par son commandement
Faire pour Édoüard changer le monument.
   La fille, qui l'escoute effrayée, abbatuë,
Semble aux yeux une froide, insensible statuë.
Enfin elle s'efforce et tasche à l'adoucir,
Mais par aucun effort n'y sçauroit rëussir.
   Va, dit-elle d'un air où sa fureur éclate ;
Tu fais que le tiran d'espérance se flate ;
Tu fais par ces momens que tu pers avec moy
Qu'au moins de la pensée il jouït de ma foy.
A son barbare cœur va ravir cette joye ;
Dis-luy bien que le mien ne sera point sa proye,
Qu'à l'amour d'Édoüard je préfère la mort ;
Mais dis-le-luy d'un ton aussi libre que fort.

Yolante retourne, et son triste visage
A Betford sans parler explique son message ;
Toutes fois elle parle, et pour moins le choquer,
En des termes plus doux prend soin de s'expliquer.
   Ainsi quand par les siens un téméraire prince
S'engage à conquérir la voysine province,
Et d'heure en heure attend l'agréable courier,
Qui du combat heureux apporte le laurier,
Si la folle entreprise a sa fin malheureuse,
Le discret messager de la nouvelle affreuse,
Au prince téméraire obligé d'en parler,
La rend plus douce au moins s'il ne la peut céler.
   Pour doux que soient les mots dont se sert Yolante,
Betford n'en sent pas moins la force violente.
Il paslit, il rougit, et prest à s'emporter
Peut enfin toutes fois sa colère arrester.
Il retient sa colère au milieu de sa rage,
Monstre que du refus il ne sent point l'outrage,
Feint mesme de le croire un simulé refus,
Et sous un front serein cache un esprit confus.
Il le cache en public ; mais dans la solitude,
Ce coup de tous les coups luy semble le plus rude,
Et, s'il eust de son cœur suivi le mouvement,
Il eust lasché la bride à son ressentiment.
Avecque sa raison tempérant sa furie,
Il veut que la douceur lui regaigne Marie,
Et que la patience unie à la douceur
Rende de son amour Édoüard possesseur.
Dans ce sage dessein, plus sa fureur est grande,
Plus il la tient secrette, et plus il se commande,
Et son brutal orguëil voilé d'un art subtil
Pour elle désormais se rend humble et civil.
Mais quoyqu'en son dessein il ait changé de route,
Il n'obtient pas pourtant qu'elle change et l'escoute ;
Elle ne le voit pas avec plus de plaisir
Et n'esloigne pas moins l'effet de son désir.
   Édoüard cependant, délivré de la crainte
Que rien pust empescher le succès de sa feinte,

Durant la nuit obscure, et par de longs destours,
A pas précipités vers Charles prend son cours.
Seul à travers les champs, d'une marche hastive,
Par le costé du nort à Bourges il arrive,
Et voit en arrivant, sous ses hauts boulevards,
Mille enseignes voler, voler mille estendards :
C'estoit du camp françois la pompeuse reveuë.
Il affermit son âme à cet objet émeuë,
Entre les rangs se coule, et Charles abordant,
Ouvre l'adroitte bouche à ce propos ardent :
 Grand roi, tu vois Rodolfe, après cent rudes gesnes,
Hors du pouvoir anglois et libre de ses chaisnes.
Tu le vois du cachot reconduit en ces lieux
Par l'Esprit souverain qui gouverne les cieux.
Du Très-Haut, à mon tour, l'obscure Providence
M'a pris pour instrument du salut de la France,
Et pour te rendre enfin du throsne possesseur
A préféré mon bras à celuy de ma sœur.
Reconnois ton Rodolfe, et lis sur son visage
La foi qui pour ta gloire anima son courage ;
Mais la dure prison m'a tant causé d'ennuis,
Que je te dois sembler autre que je ne suis.
J'ay, depuis mon malheur, vescu si misérable,
Qu'à moy-mesme aujourd'huy je suis mesconnoissable ;
J'ay depuis tant perdu, qu'il n'est resté de moy
Que le cœur et la main pour assister mon roy.
Pour les cruëls tourmens, les tortures cruëlles
Que m'ont fait endurer les perfides rebelles,
Quand à mon souvenir ils seroient tous présens,
Si j'avois à les dire, il me faudroit des ans.
Je te diray pour tout qu'après mille supplices,
De mes lasches tirans éternels exercices,
Le monarque des cieux, libérateur des siens,
Termina mes travaux et brisa mes liens.
Au noir antre où mon corps pourrissoit dans la fange,
Entre mille rayons je voy paroistre un ange,
Hausser le fer céleste, et d'un sifflant revers
A mes pieds en morceaux faire tomber mes fers.

Par son souffle puissant, je sens qu'à ma foiblesse
Il redonne la force avecque l'allégresse,
Et je sens que par luy mon esprit agité
Recouvre la bonace et la sérénité.
J'entens sa voix ensuite, et j'entens qu'il m'ordonne
De venir sur ton chef rassurer la couronne,
T'ouvrir le grand Paris et ranger sous tes loix
Tout ce qu'à ton empire ont ravi les Anglois.
Je voulois répliquer que la haute entreprise
Seulement à ma sœur devoit estre commise ;
Il connut ma pensée et me dit que les cieux
Sur moy, non plus sur elle, avoient jetté les yeux.
Il me dit que la sainte et vaillante guerrière
Obtiendroit par moy seul sa liberté première,
Et pour tromper sa garde et rompre sa prison,
De la plus seure voye esclaircist ma raison.
Ma sœur eut sa fortune à ton sacre bornée ;
Ton camp l'a depuis veuë en tout infortunée,
Le ciel éleut son bras pour le commencement ;
Le ciel élit le mien pour l'accomplissement.
De mon illustre sœur je viens prendre la place ;
Des injustes Anglois je viens donter l'audace.
Je viens le grand Paris de leurs mains délivrer
Et te faire en ses murs tous tes murs recouvrer.
Rouën, je le connois, est le but de tes armes ;
Mais ce projet n'est bon qu'à redoubler nos larmes ;
Il n'est bon, et m'en croy, si tu veux le tenter,
Qu'à faire de ma sœur la mort précipiter.
Perds donc cette visée à tes fins ruïneuse ;
Destourne de Rouën ta foudre belliqueuse ;
Va la faire éclater sur le mur de Paris,
Et crois avoir pris tout lorsque tu l'auras pris.
A l'endroit le plus haut de l'arsenal céleste,
Entre les fleaux divins, pend obscure et funeste
Une lame d'acier dont le courroux des cieux
Aux humains endurcis laisse couvrir les yeux.
C'est le fameux bandeau que d'Erreur on appelle,
Juste punition de la race mortelle,

Quand les biens immortels à l'homme présentés
D'un insolent desdain par luy sont rebutés.
De ce sombre bandeau l'éternelle justice
Fit du prince françois l'équitable supplice,
Dès que par les enfers son esprit fasciné
Se fut contre la sainte ingratement tourné.
Sur ses yeux mesme encor cette lame colée
Tenoit plus que jamais leur lumière voilée,
Sans qu'il pust au travers de l'aveugle métal
Pénétrer du trompeur l'artifice fatal.

  Ceux qu'a reveus armés la royale bannière
Pour dégager des fers leur captive guerrière
Se proposoient Roüen comme unique dessein,
Et nul autre penser ne rouloit dans leur sein.
Aussi, quoyque le prince en eust un tout contraire,
Que Paris seulement pust ses vœux satisfaire,
Qu'il ne creust que pour luy devoir armer son bras,
Il n'osoit contredire aux vœux de ses soldats.

  Quand mesme le trompeur, exécutant sa feinte,
L'aborda sous le nom du frère de la sainte,
Jugeant que pour Roüen il venoit le presser,
Il alloit vers Roüen ses enseignes pousser.
Mais voyant de Paris proposer l'entreprise,
Il ressentit sa joye égale à sa surprise,
Et n'ayant plus pour luy ni haine ni courroux,
Changea son fier aspect en un visage doux.

  Ouy, dit-il, à Paris, puisque le ciel l'ordonne,
Allons ; que sur ses tours nostre vaillance tonne ;
Allons dans ses remparts, d'un invincible cœur,
Dégager tout ensemble et ma gloire et ta sœur.
Il adjouste à ces mots, cachant sa fin secrète,
Que ce n'est point Paris, mais sa sœur qu'il souhaite.
Édoüard toutesfois descouvre en son sousris
Qu'il ne veut point la sainte et ne veut que Paris.

  Agnès, que le nom seul de frère de la sainte
Avoit d'abord remplie et de trouble et de crainte,
Luy voyant de Roüen l'attaque rejetter,
D'un obligeant discours vient aussi le flatter.

Le trompeur, dont la fraude anime la conduite,
Et qui se sent par elle inspiré pour la suite,
Du monarque et d'Agnès avec humilité
Reçoit l'humain accuëil et la civilité.
Mais contre son espoir trouvant parmi les armes
La fameuse beauté dont rien ne fuit les charmes,
Quoyque bien traitté d'elle, en cet aspect divin
Il voit un dur obstacle à sa mauvaise fin.
Non sans trouble il se voit, pour la fin qui le meine,
Ouvrir un champ plus ample et d'addresse et de peine,
Et voit que s'il aspire à maistriser le roy,
Il doit servir la belle et vivre sous sa loy.
Par mille faux sermens d'aveugle dépendance,
Près de l'impérieuse il veut prendre créance,
Et par mille vœux faux et mille faux respects
Tascher que ses desseins ne luy soyent point suspects.
Il le veut, le résout et commence à le faire ;
La vanité d'Agnès tesmoigne de s'y plaire.
Luy, qui ne tarde point à s'en appercevoir,
Ne peut que bien juger de son naissant pouvoir.
La belle au roy s'attache et sans cesse l'assiége ;
Tousjours à sa raison elle tend quelque piége ;
Elle amollit tousjours ses nobles mouvemens
Et le rend insensible aux masles sentimens.
De son esprit guerrier la chaleur refroidie
Tient au fond de son sein la valeur engourdie,
Et l'aiguillon d'honneur dont il fut si pressé
Ne se sent désormais que foible et qu'émoussé.
  La fraude, qui voit tout, s'encourage et s'excite
A faire que le camp cette mollesse imite,
Et voulant aux drappeaux donner ce sentiment
Dans leurs pensers communs se mesle adroittement.
Sous la forme d'un bien elle la leur présente,
Adjouste à son attrait une force puissante,
Et pour le mieux ranger sous son indigne loy,
Fait valoir auprès d'eux l'exemple de leur roy.
Par un venin si doux, soldats et capitaines
Perdent la noble ardeur qui boüilloit dans leurs veines,

Et malgré leur vertu son air délicieux
A leur goust dépravé devient contagieux.
Sa maligne influence attiédissant leur flamme,
Laisse presque la sainte effacée en leur âme ;
Et tous ces braves corps, par cet air infectés,
Sont enfin sans pudeur au désordre portés.
L'on aime ce poison, bien loin que l'on le craigne.
   Ainsi l'herbe au doux suc qu'engendre la Sardaigne
Fait plus aimablement avaler sa liqueur
Quand avec plus de force elle attaque le cœur,
Quand elle émeut le sein par de plus grands orages ;
Elle peint à l'esprit de plus belles images,
Et quand elle ravit la lumière des cieux,
Sur la bouche elle laisse un sousris gracieux.
   Il n'est sorte de vice et de libertinage
Dont le François ne sente énerver son courage ;
Le plaisir l'affoiblit, et son impression
Y jette la licence et la corruption.
Charles le voit sans honte oublier la Pucelle,
Ne chérir plus qu'Agnès, ne parler plus que d'elle,
Et faire gloire d'estre esclave des beautés
Qui de son prince mesme ont les sens enchantés.
Le trompeur se remplit d'une secrette joye,
Voyant aux voluptés les brigades en proye,
Et ce qu'il y répute à bonheur principal,
C'est qu'Agnès toute seule opère tout ce mal.
Charmé de voir par elle aider sa noire trame,
Il prend part au proffit sans prendre part au blasme.
Il connive et se taist, mais veut, sans s'expliquer,
Qu'on juge qu'il se taist de peur de la choquer.
Il fait juger à tous qu'il ne s'en ose plaindre,
D'un silence affecté leurs monstre de la craindre,
Luy rend mille devoirs, mais si bien dispensés,
Qu'aux clairvoyans du moins ils paroissent forcés.
Le timon qu'il luy cède entretient la créance
Qu'il se sent inégal à sa toute-puissance,
Et ce procédé lasche auprès des valeureux
Passe pour innocent, sinon pour généreux.

La belle, qui n'a plus ni peur ni jalousie,
Escoute et suit en tout sa seule fantaisie,
Et faisant d'elle seule et sa règle et sa loy,
Dispose absolument de l'armée et du roy.
Avant qu'avoir reveu ce céleste visage,
Ils ne respiroient tous que meurtre et que carnage;
Maintenant qu'à leurs yeux il paroist de retour,
Ils ne repirent tous que douceur et qu'amour.
Les dances et les chants, les jeux et les délices
Des braves désormais sont les seuls exercices,
Et le fer glorieux qui pend à leur costé
Comme un simple ornement désormais est porté.
Pour donner un doux change à leur guerrière audace,
Entre tous les plaisirs elle choisit la chasse ;
L'air en est belliqueux, et dans ce passe-temps
Les chasseurs semblent estre autant de combatans.
Ardente elle l'ordonne, et chacun, pour luy plaire,
Contre les noirs sangliers se prépare à bien faire,
Et sur les champs voisins, tous, amans et rivaux,
En manéges divers exercent leurs chevaux.
Mais au milieu de tous, et de tous adorée,
D'une ondoyante juppe et couverte et parée,
Agnès va l'arc au poin, sur le dos le carquois,
Agréable terreur des plaines et des bois.
D'un tissu de joncs mols sur sa tresse divine
Pose une délicate et ronde capeline,
Qui d'un plumage espais ceinte tout à l'entour
Défend son jeune teint des outrages du jour.
Sous elle se débat sa blanche hacquenée,
Qui de sa blanche main sans peine est gouvernée,
Et de qui les crins blancs, touffus et déliés,
Tombent jusques à terre, en nattes repliés.
Des filles, dont elle enfle et pare sa famille,
Une mobile trouppe à l'entour d'elle brille,
Toutes dans l'action d'un port au sien égal,
En semblable habit qu'elle, et comme elle à cheval.
 Telle sortoit Diane aux solennelles chasses
Pour suyvre des lions les périlleuses traces,

Et telles d'un esclat et de voix et de cors
Les nymphes après elles estourdissoient les forts.
    Vingt laisses de lévriers aux espaules armées,
De sang non loin de là se monstrent affamées,
S'agitent en furie et bandant sur leurs traits
Aux valets fatigués ne donnent point de paix.
Charles sur un coureur plus que le vent rapide,
Mais qui sans nulle peine obéit à la bride,
Vole de çà, de là, ses ordres départant,
Et presque en tous les lieux se trouve en mesme instant.
Sur la casaque d'or qui luy bat la botine
Pend à son costé droit une trompe argentine,
Et d'un baudrier d'argent à son autre costé
Pend l'invicible fer des Anglois redouté.
Les chefs les moins âgés, en pareil équipage,
Accompagnent Agnès vers le sombre bocage,
Se rangent autour d'elle, et doux et complaisans
Ne sont pas ses chasseurs plus que ses courtisans.
Au signal attendu tous, en plus d'une bande,
S'en vont percer du bois l'espaisseur la plus grande ;
Tous y vont pleins de feu, mais de tous le premier
Y va le veneur sage et son sage limier.
Où dès avant l'aurore il a fait son enceinte
Il pousse le limier et l'y pousse avec crainte,
Mais reconnoist bientost, par ses constans abois,
Que la beste qu'il cherche est tousjours dans le bois.
On y lasche soudain les forts lévriers d'attache ;
Sous la verte feuillée en vain elle se cache :
La meute enfin l'esvente, et par cent coups de dent
La contraint d'en sortir, escumant et grondant.
Elle en sort et fait voir un sanglier effroyable,
Tiran de la forest superbe et redoutable,
A gauche, à droit muni de deux crocs foudroyans,
Et lançant mille esclairs de ses yeux flamboyans.
Au sortir il s'arreste, et sa double deffense
A l'attaque des chiens fait partout résistance,
En affranchit sa hure, et des plus avancés
Laisse les moites flancs descousus et percés.

Contre tant d'ennemis tout seul il peut suffire.
Charles de ses lévriers la vengeance désire,
Désire leur victoire, et pour la leur donner
Sonne et fait pour chacun cors et trompes sonner.
De ce bruit surprenant la beste espouventée
Aussitost prend la fuite, et sa fuite est hastée.
Malheur à qui se trouve en son chemin fatal !
Rien n'y demeure entier, homme, chien ni cheval ;
Tout cède à sa fureur, et tout luy fait passage.
De matras décochés fond sur elle un nüage ;
Elle tourne, et les chiens, après elle acharnés,
En la voyant tourner s'arrestent estonnés ;
Elle tourne, et vers eux elle n'est pas tournée
Que dans l'œil il luy vole une flesche empennée.
Le hasard conduisit ce coup inespéré,
Et ce coup par Agnès en courant fut tiré.
La douleur de l'atteinte en un lieu si sensible
Fait dresser tout le poil à l'animal terrible,
Le fait frémir d'horreur, à l'escart s'élancer,
Et du bois dans la plaine en désordre passer.
Mais la plaine gaignée augmente son désordre ;
Il n'est chien désormais qui n'aspire à le mordre.
Sa course s'affoiblit, et les dards et les traits
Luy pleuvent sur le dos plus drus et de plus près.
Agnès sur tous le presse, et Charles avec elle,
Inséparable amant, compagnie éternelle.
Vers Agnès vient la beste, et Charles, qui le voit,
Saute en terre, l'attend et du fer la reçoit.
Il la reçoit de front, et la puissante espée
Jusqu'aux gardes se plonge en sa gorge couppée.
Vingt bras suyvent le sien, luy vont ouvrir le flanc ;
Elle tombe et se noye en un lac de son sang.
La belle pour le prince et s'esmeut et frissonne,
Voyant à quel danger pour elle il s'abandonne ;
Le mouvement luy plaist ; son cœur en est flaté ;
Toutesfois à la peur cède la vanité.
De crainte elle s'escrie et sent doubler sa crainte
Luy voyant d'un sang noir sa riche manche teinte.

Enfin elle se calme après avoir connu
Que du mort animal ce sang estoit venu.
Bien que l'un et que l'autre ait part à la victoire,
A son amante seule il en donne la gloire,
Et l'amante à l'envy, civile à son amant,
En rapporte la gloire à son fer seulement.
Du monstre terracé si vaste est l'estenduë,
Que les plus fermes cœurs paslissent à sa vuë,
Et les plus aspres chiens, par ses crocs maltraittés,
Bien qu'ils le jugent mort, s'en tiennent escartés.
Enfin sur le lieu mesme on en fait la curée,
Qui par l'avide meute est soudain dévorée ;
Le chef, par les veneurs au monarque porté,
Par luy-mesme à la belle ensuite est présenté.
A l'aide de cent bras, sur une ample charrette
Le corps démesuré non sans peine se jette,
Le triomphe sauvage avance lentement ;
Le peuple le contemple avec ravissement.
Charles à cet endroit plus longtemps ne séjourne
Et, joint à son Agnès, vers les bandes retourne ;
Luy, transporté d'amour pour ce divin objet,
Elle, pleine d'orgueil de l'avoir pour sujet.
Des filles de sa suite, adroittes et galantes,
Agréables de corps et d'esprit éclatantes,
Chacune à l'entour d'elle a des essaims d'amans,
Et nourrit de chacun les aimables tourmens.
Les gracieux desdains, les querelles flateuses,
Les modestes sousris, les œillades honteuses,
Les refus attrayans, les souspirs affectés,
Font l'art qui de doux nœuds estraint leurs volontés.
Par ces charmes divers leurs âmes enchantées
Dans les prisons d'amour sont sans peine arrestées,
S'y trouvent sans contrainte, et pour s'y maintenir
Des siéges, des combats perdent le souvenir.
Il n'est soldat nouveau ni nouveau capitaine
Qui n'offre sa franchise à l'amoureuse chaisne,
Et peu mesme des vieux conservent leur raison
Exempte des effets de l'amoureux poison.

Telle dans l'air subtil d'une terre malsaine
S'engendre quelques fois une maligne haleine
Qui, semant des esprits aussi doux que puissans,
Sans qu'on s'en apperçoive empoisonne les sens.
Plus de l'air corrompu le vice est insensible,
Plus à la vie humaine on l'esprouve nuisible.
Moins son venin paroist, moins il trouve les corps
Propres à résister à ses secrets efforts.
  Par ces brasiers chéris la renaissante armée
Avant son premier pas est desjà consumée,
Ou, sinon consumée, affoiblie à tel point
Que Paris a sujet de ne la craindre point.
Artus et Tanneguy, Saintrailles et La Hire
Rejettent seuls les loix de ce funeste empire ;
Ils les rejettent seuls avec le grand Dunois,
Qui plus que tous ensemble est rebelle à ses loix.
Leur passion unique est la brave Pucelle ;
Ils veulent, non des jeux, mais la guerre mortelle ;
Ils veulent qu'Édoüard aille au moins sur Paris
Achever le dessein par son ordre entrepris.
Édoüard, plein de fraude, à leurs justes demandes
Oppose la fureur et du prince et des bandes,
Dit qu'avant toutes choses il les en faut guérir
Et presse leur vertu d'y vouloir concourir.
Comme le seul moyen qui soit propre à le faire,
Il propose la jouste, un vrai jeu militaire,
Et du consentement des trouppes et du roy
Fait dresser une lice et publie un tournoy.
Soudain, pour signaler leur puissance guerrière,
Huit cens chargés de fer entourent la barrière,
Et ce noble exercice a tant d'attraits pour eux,
Que des vrais combats mesme ils sont moins amoureux.
Pour tant de cœurs hardis et tant de mains adroittes
Le camp, tout grand qu'il est, a les bornes estroittes,
Et Charles est contraint d'assigner plus d'un jour
Pour les faire en ce lieu paroistre tour à tour.
Au fond du vaste camp on dresse alors sur l'herbe,
Pour le tenant futur, une tente superbe ;

Et de lances sans nombre et de chevaux nombreux
Il fait à gauche, à droit couvrir le camp poudreux.
Pour estre le tenant, il n'est rien qu'on ne face.
Charles remet au sort d'en accorder la grâce,
Mesle au creux d'un armet mille noms glorieux,
Et le sort, entre mille, dit le brave Rieux.
Au bruit de vingt tambours, au son de vingt trompettes,
Du choix qu'a fait le sort les bandes, satisfaittes,
Célèbrent l'heureux nom, et les confuses voix
L'apprennent aux échos des antres et des bois.
De ce feint champ de Mars il va prendre la teste,
Et la lance empoignée à la jouste s'appreste.
Agnès et son amant, juges de ces travaux,
Avecque les vieux chefs montent aux eschafaux.
Édoüard dans le camp toutes choses ordonne,
Garde le rang à tous comme le sort le donne,
Vole à chaque moment de l'un à l'autre bout,
Et d'un air non contraint peut seul pourvoir à tout.
Enfin, l'heure venuë, on commence la course,
Et sous Rieux dès l'abord tombent neuf sans resource.
Son bois comme les leurs a le fer émoussé ;
Et bien qu'ils tombent tous, aucun d'eux n'est blessé.
Aimard court le dixiesme, et l'une et l'autre lance
En vingt petits éclats vers les astres s'eslance ;
Mais dès le second choq, Aimard, desarçonné,
Laisse de son malheur le tenant couronné.
Onze autres, non moins forts, par un destin semblable
Sont veus au second choq estendus sur le sable.
Villandrade les suit ; mais jusques à trois fois,
Avant que trébucher, il voit rompre son bois.
Rieux, applaudi de tous, triomphoit dans la lice,
Flaté de la fortune à ses désirs propice,
Et trente autres guerriers par l'effort de son bras
Qui plus tard, qui plus tost, s'estoient trouvés à bas,
Quand Termes, enfilant la douteuse carrière,
Vient monstrer contre luy sa valeur coustumière ;
Et, bien que non sans peine, après sept vains assauts,
Au huitiesme l'abat devant les eschafaux.

Soit que, par sa foiblesse ou par sa lassitude,
Il ne pust soustenir une espreuve si rude,
Soit ou manque d'adresse ou manque de bonheur,
A Termes en tombant il en cède l'honneur.
　La nuit survient alors, et pour cette journée
Du martial tournoy la guerre est terminée ;
Par les juges amans Rieux, morne et désolé,
Est de son infortune à l'envy consolé.
Le camp demeure vuide, et Termes seul y reste ;
Dans ses tranquilles yeux sa joye est manifeste.
Au pavillon désert il se loge à son tour,
Et du soleil tardif souspire le retour.
Voyant lever enfin l'aurore paresseuse,
Il se présente au front de la lice aréneuse ;
Vers Édoüard envoye, et ses esprits bouïllans
Accusent de tiédeur le feu des assaillans.
Par l'ordre d'Édoüard aussitost ils s'y rendent,
Mais pour quelques momens leur attaque suspendent.
Ils attendent Agnès, ils attendent le roy.
Tous deux bientost en pompe arrivent au tournoy.
Sur leurs throsnes dorés ils sont assis à peine,
Que des clairons aigus sonne la voix hautaine.
Au signal désiré, Termes contre Archambaud
Va la lance levée, et va rapide et chaud.
Archambaud, contre luy non moins chaud et rapide,
Court la lance en l'arrest, et court à toute bride ;
Le choq est effroyable, et du bruit de leurs coups
L'air retentit dessus et la terre dessous.
Leurs bois volent brisés ; eux se maintiennent fermes,
Termes contre Archambault, Archambault contre Termes.
L'avantage est égal entre les deux guerriers ;
Égal est l'avantage entre les deux coursiers.
Au petit pas tous deux vont reprendre leur place,
Et partant d'un temps mesme et d'une mesme audace,
A ce deuxiesme choq tous deux sont ébranlés,
Et dans l'ébranlement l'un à l'autre égalés.
Mais l'atteinte est si rude à la troisiesme course,
Que l'un et l'autre tombe, Archambaud sans resource,

Termes sur ses deux pieds, prest à recommencer,
Honteux de n'avoir pu qu'en ce point le passer.
Il se rejette en selle, et rebaissant sa lance,
S'élance contre Illiers, qui contre luy s'élance.
D'une pareille ardeur l'un vers l'autre est poussé,
Et leur bois dans leur poin de mesme est fracassé.
L'un et l'autre à l'instant remesure la lice ;
Mais la lance à chacun sous l'aisselle leur glisse,
Et tout d'un temps tous deux venant à se heurter,
Termes du poin d'Illiers fait la lance sauter.
Du camp, non sans rougeur, le vaincu se retire ;
Valpergue luy succède, et son malheur est pire :
Le fer victorieux, par malheur acéré,
L'entame, et de son sang retourne coloré.
La blessure est légère et toutes fois estonne.
Termes, de désespoir, aux plaintes s'abandonne ;
L'autre tire le sabre et cherche à se venger ;
Le prince s'interpose et prévient le danger.
 Ainsi, parmi les jeux d'une célèbre feste,
Deux coqs, armés de bec, et d'ongles et de creste,
En champ clos, seul à seul, plein d'un noble courroux,
D'estomach et de front se choquent à grands coups ;
Puis si dans leur combat leur ardeur violente
Se signale en leur sein, et leur plume ensanglante,
Le maistre, à qui tous deux sont chers également,
Fait cesser par ses cris leur combat véhément.
 Ensuite neuf fois sept, par leur cheute commune,
Du tenant invincible accroissent la fortune,
Tous, bien que dans leur course en tombant malheureux,
Heureux d'estre tombés sous son bras valeureux.
Sur le milieu du jour, lorsque tout faisoit croire
Que Termes du tournoy remporteroit la gloire,
Pour la luy dérober le sort nomme Alençon,
Qui vient d'un bras vainqueur le tirer de l'arçon.
Alençon prend son vol, et plus prompt que la foudre
S'enveloppe en volant d'un nüage de poudre ;
Termes va contre luy, plus soudain qu'un éclair,
Et d'un semblable cours fend la vague de l'air.

La rencontre est horrible, et les lances rompuës
S'élèvent en éclats à la hauteur des nuës.
Ils viennent la seconde et la troisiesme fois,
Et tousjours en éclats rompent leurs nouveaux bois.
A la quatriesme enfin, comme atteint du tonnerre,
Termes l'inesbranlable est renversé par terre,
Et le fort Alençon, du grand coup esbranlé,
Tomboit, s'il n'eust des mains son cheval accollé.
Le prince, qui superbe en sa place demeure,
Pour en mettre à bas cent n'est guères plus d'une heure.
Chasteau-Brun suit les cent, mais par ce puissant bras
Est, au cinquiesme choq à peine, mis à bas.
Après luy vient Canède, et sa troisiesme lance
Le voit précipiter, malgré sa résistance.
Gaucourt va jusqu'à six, bien qu'avec mesme sort,
Gaucourt dont pour le prince on avoit craint l'effort.
René se monstre alors dans la lice eschauffée,
Et prétend du vainqueur s'ériger un trophée.
Le sang royal tout seul paroist là maintenant :
L'assaillant est auguste, auguste le tenant.
Dévorés des regards, au son de la trompette,
Bouïllans, impétueux, l'un vers l'autre se jette,
Et semblent l'un et l'autre, en razant les sillons,
Dans les plaines des airs deux bruyans tourbillons.
Pareille est leur vigueur, pareille est leur addresse ;
Ils ont la force égale, égale la justesse,
Et d'une égale ardeur précipitant leur cours,
Paroissent au choquer deux immobiles tours.
Les lances à chacun en menus brins s'éclatent,
Et de leurs secs tronçons la sèche arène battent.
Ils reprennent leur vol, et dix ou douze fois
Jusque dans le talon brisent chacun leur bois ;
Mais enfin la treiziesme achève la dispute :
Alençon sous le coup fait une horrible cheute.
Il tombe ainsi qu'un mort, et de ce coup fatal,
Tout tombé qu'il puisse estre, est encore à cheval.
Si ferme des genoux son coursier il embrasse,
Qu'il faut, terraçant l'un, que l'autre se terrace.

Il tombe et perd le camp sans l'avoir mérité ;
Son coursier fait ce tort à son cœur indonté.
  René, par ce bonheur maistre de la carrière,
Y vouloit attirer la jeunesse guerrière ;
Mais l'ombre s'élevant, et la belle et le roy
Jusqu'au soleil prochain suspendent le tournoy.
Charles avec le jour reparoist dans la place,
Le visage troublé, le sein rempli de glace.
Agnès n'y paroist point, et pour s'en excuser
Contrefait la malade et feint de reposer.
René, comme le roy, troublé de son absence,
Croit désormais en vain desployer sa puissance,
Juge vains désormais les exploits glorieux
Qu'il n'avoit médités que pour plaire à ses yeux.
S'il se porte au combat, s'il cherche la victoire,
Ce n'est plus pour l'amour, ce n'est plus pour la gloire ;
Il n'a plus dans l'esprit que sa seule douleur,
Et sa tristesse seule anime sa valeur.
Sur les rangs avant tous Fratames se présente ;
La course d'un torrent n'est pas si véhémente.
L'œil qui les voit courir les pense voir voler.
Et tous deux en passant rompent sans s'esbransler.
René vers luy revient en forme de tonnerre,
Et fait à son cheval mettre la crouppe en terre ;
De la main toutes fois le cheval redressé
Fournit jusques au bout le chemin commencé ;
Mais son malheureux maistre, à la troisiesme lance,
Moins ferme dans la selle en désordre balance,
Perd le soin de la bride, et quittant les estrieux,
Rend par sa cheute enfin René victorieux.
Le robuste Corras et l'adroit La Palisse
Ne vont pas contre luy plus heureux dans la lice :
L'un au cinquiesme assaut des arçons est tiré ;
L'autre dès le second tombe désespéré.
Cinquante moins fameux, dès la course première
De leurs corps renversés impriment la poussière.
Quarante, à la troisiesme abatus lourdement,
Font retentir sous eux le plus lourd élément.

Un nombre après ceux-cy qu'on peut dire sans nombre,
Et de noms que le temps a couverts de son ombre,
Par plus ou moins d'efforts, dans le mesme matin,
Sous la mesme vaillance a le mesme destin.
Puiseux suit ces obscurs, mais avec plus de peine
Se laisse par le prince estendre sur l'arène,
Trébuche seulement à la septiesme fois,
Et le voit en tombant ébranslé par son bois.
Prégent, Sainte-Sévère, Amador et Coulouces
Ne ressentirent pas des atteintes plus douces ;
Et devant que céder, leur grand et ferme cœur
Ne fit pas voir au prince une moindre vigueur.
Graville, le dernier et le plus redoutable,
Apporte dans la jouste une force indontable ;
A sa taille, à son air, les yeux sont suspendus
Et craignent que René n'ait ses travaux perdus.
L'un contre l'autre alors courant la lance basse
Fait de la lice entre eux esvanouïr l'espace ;
Chacun d'eux sous les pieds sent la terre trembler ;
Chacun d'eux entend l'air sur sa teste siffler.
Tel le nord, tel le sud, de l'un à l'autre pôle,
Dans les champs de Junon l'un contre l'autre vole,
Et vole si bruyant en ce chemin divers,
Qu'on diroit que sous eux va périr l'univers.
La force de René, jusqu'alors espargnée,
Rompt son bois sur Graville auprès de la poignée ;
L'autre en ce mesme endroit rompt le sien sur René,
Puis retourne et vers luy l'apperçoit retourné.
Avec pareille ardeur, pareille violence,
Jusques à quinze fois chacun brise sa lance.
A la seiziesme enfin, au pied des eschaffaux,
Les sangles d'un temps mesme éclatent aux chevaux.
L'un et l'autre est couché sur l'ardente poussière ;
Mais chacun dans son poin garde sa lance entière.
Sur des barbes nouveaux à l'instant remontés,
Ils vont plus que devant par leur flamme emportés.
C'est icy du tournoy l'inévitable terme ;
Des lances l'une rompt ; l'autre demeure ferme.

Graville a la moins forte, et par l'autre poussé
Sur l'aride sablon se trouve renversé.
Entre mille hauts cris, vingt trompettes aiguës
D'un haut chant de victoire alors percent les nuës,
Et Charles à René, comme au victorieux,
Alloit mettre à la main le laurier glorieux,
Quand vingt charmans clairons, surprenante merveille!
Par leur douce harmonie enchantent son oreille,
Et ce doux bruit cessé, vingt doux astres de Mars
Par leurs bénins aspects enchantent ses regards.
En habit d'amazone Agnès ainsy venuë
Par luy, par tout son camp fut d'abord reconnuë,
N'ayant rien recherché dans ce desguisement
Que la nouveauté seule et le seul agrément.
Un casque d'argent mat qui luy couvre la teste
Porte un dragon d'argent pour effroyable creste,
Et vingt plumes autour ses aisles ombrageant
Ne laissent voir que peu de ce casque d'argent.
La cotte d'argent pur dont la belle est armée
Est d'escailles sans nombre artistement formée,
Et les pans argentés qui luy couvrent les flancs
Battent sur chaque bord de ses brodequins blancs.
Dans un croissant léger qui luy sert de rondache,
Le gauche de ses bras jusqu'au coude elle cache,
Et porte à la main droite un grand dard empenné
De vingt rubans divers jusqu'à la pointe orné.
Sur un trappe genêt d'une blancheur de neige,
Qui docile et dressé n'ignore aucun manége,
Agnès, feinte amazone, avance au petit pas,
Et son déguisement augmente ses appas.
Vingt filles derrière elle, et pas une sans charmes,
Sous de pareils habits, sous de pareilles armes,
Forment un escadron si puissant et si fort,
Que sans combatre mesme il peut donner la mort.
Roger, hérault éleu de la nouvelle bande,
A René pour Agnès une course demande;
Mais luy, qui dans ses fers a si long-temps vescu,
Par sa seule beauté se déclare vaincu.

Il court, et contre terre, au milieu de la lice,
De sa maistresse lance il luy fait sacrifice;
Contre terre il la rompt; puis en terre lancé
Adore sa déesse, à ses pieds abbaissé.
Le monarque amoureux, par ce galant hommage
Voyant que de la jouste elle obtient l'avantage,
Va dans sa belle main mettre le beau laurier
Qu'il avoit préparé pour celle du guerrier.
Des trompettes alors la voix harmonieuse
Proclame de la jouste Agnès victorieuse.
La voix des bataillons aux trompettes s'unit;
Elle part triomphante, et le tournoy finit.

LA PUCELLE

ou

LA FRANCE DÉLIVRÉE

LIVRE SEIZIESME.

Charles, de son Agnès l'âme toute remplie,
Pour elle seule enfin toutes choses oublie,
N'a qu'elle pour objet, n'a qu'elle pour désir,
Et content de son sort nage dans le plaisir.
L'Estat, qui de luy seul sa guérison espère,
Luy voit les yeux fermés à sa longue misère,
Et Paris, qui gémit sous le joug des Anglois,
Luy voit l'oreille sourde à sa mourante voix.
Agnès, qui dans ce mal reconnoist sa puissance,
Alors plus que jamais se porte à la licence,
Et voulant dans ses fers tousjours tenir son roy,
Tient la honte incommode et l'éloigne de soy.
Aux pieds elle la foule, et dans les seules armes
Croyant trouver obstacle à l'effort de ses charmes,
Pour amortir le feu qui l'excite aux combats
Elle l'invite encore à de nouveaux ébats.

D'amusemens divers inespuisable source,
Elle propose ceux de l'arc et de la course,
Y fait les plus adroits, les plus prompts appeller
Et dans l'un et dans l'autre offre de se mesler.
Tous elle les embrasse, et pas un ne rebute :
Aux athlètes ardens elle promet la lutte ;
Elle promet le bal où les soldats armés
Représentent le choq de deux camps animés.
Cent autres passe-temps, cent autres exercices
Roulent dans sa pensée avec mille délices ;
Sa vanité s'en flate, et sa gloire sur eux
Fonde plus que sur tout son empire amoureux.
Toutes fois, à personne elle ne s'en explique,
Attendant la saison de les mettre en pratique ;
A Charles seulement elle en donne l'espoir,
Et souffre que par grâce il les puisse entrevoir.
Enchanté par sa veuë, émeu par son langage,
Il perd de la raison la lumière et l'usage,
Et par l'authorité qu'ont sur luy ses appas,
Non moins que ce qu'il voit, croit ce qu'il ne voit pas.
A sa folle conduite, aveugle il s'abandonne
Et luy met dans les mains son sceptre et sa couronne.
De cet abbaissement l'orgueilleuse jouït,
Et de son propre éclat son âme s'éblouït.

Édoüard, dans l'excès d'une telle puissance
Voit matière de crainte autant que d'espérance,
Et satisfait de l'une, et de l'autre affligé,
Sent son timide cœur entre elles partagé.
Il espère qu'Agnès par ses mols artifices
Tiendra loin de Paris les royales milices,
Et craint que, pour régner sans rival à la cour,
Elle ne l'en bannisse ou le prive du jour.
Il voudroit modérer sa faveur redoutable ;
Il voudroit maintenir la France misérable,
Et pour y réussir cherche inutilement
A ces contraires fins un bon tempérament.
Mais Dunois, qui l'observe et ne peut sans colère
Le voir à tant de mal conniver et se taire,

Déteste sa foiblesse, et luy-mesme entreprend
De réprimer le cours d'un désordre si grand.
   Ah! monarque aveuglé, dit le guerrier au prince,
L'Anglois maitrise encor ta maistresse province;
Pour brusler la captive il appreste les feux,
Et nous perdons le temps à d'inutiles jeux.
Nous coulons nos beaux jours dans les resjouïssances,
Et l'Estat est encor dans ses vieilles souffrances;
Nous nous divertissons au milieu des travaux
De celle dont le bras doit seul guérir nos maux.
Tes drappeaux dissipés, tes bandes rebellées
Pour des jeux seulement sont-elles rassemblées?
N'est-ce pas pour la sainte et contre les Anglois
Qu'on les a pu résoudre à rentrer sous tes loix?
La süeur, le combat, marchent devant la gloire;
La joye et le repos vont après la victoire.
Icy l'ordre se change, et devant le combat
A la joye, au repos, on force le soldat.
On terrace, on corrompt sa vertu ferme et pure;
Cependant l'ennemi s'accroist et se rassure.
Sans peine dès cette heure il nous peut résister;
Bientost mesme sans peine il pourra nous donter.
Va, va briser les fers de la libératrice,
Et fay ton saint plaisir de l'oster au supplice.
Pour cette unique fin tu te revois armé;
Donne à ton camp l'objet qui seul l'a ranimé.
Roüen est son objet, puisqu'il tient la Pucelle;
Son rempart à sa prise incessamment l'appelle,
La fille incessamment l'appelle à son secours.
Ah! c'est trop désormais en arrester le cours.
   A ces mots généreux et pleins de véhémence,
Poton et Tanneguy joignent leur vive instance;
Vignoles les seconde et voit en mesme temps
Applaudir à leur voix tous les chefs assistans.
   Ainsi quand de moutons une trouppe indocile
Hors le toit, vers les prés, s'avance filé à file,
Et qu'un naissant méteil venant à la tenter
La fait du droit chemin en désordre escarter,

Si les masles abois du molosse fidelle
Dans cet égarement se font entendre d'elle,
Elle rentre au chemin d'où ses pas sont sortis
Et s'avance avec joye aux verdoyans pastis.
La sainte dans les cœurs reprend soudain sa place;
La parole d'Agnès en sa bouche se glace;
Le prince pour les jeux n'a plus que du mespris,
Mais ne veut point Roüen et ne veut que Paris.

En un retour si pront la Fraude vigilante
Resveille d'Édoüard la malice dormante
Et luy vient au besoin une ruse dicter
Qui peut leur nuire à tous et tous les contenter.
Luy qui de ce rayon sent éclairer son âme
Ourdit de leurs pensers une nouvelle trame,
En luy-mesme l'ourdit, puis, élevant sa voix,
Parle au boüillant monarque en ces termes adroits :

A l'avis de Roüen, grand prince, je me range.
C'est de Dieu seul qu'il vient; c'est luy seul qui me change;
C'est luy qui me fait voir dans les cieux arresté
Que ma sœur avant tout soit mise en liberté.
Mais pour rendre à son bras sa première franchise,
C'est à moy, non à toy, d'en faire l'entreprise;
Seule elle me regarde, ou peu de combatans,
Et j'en connois tout seul la manière et le temps.
Deloré par son art aura bien pu naguère
Enlever Barbazan à la chaisne estrangère,
Et mon zèle et mon art ne me serviroient pas
A délivrer ma sœur des fers et du trespas?
Ouy, j'iray l'arracher à l'injuste puissance
Des mortels ennemis et d'elle et de la France,
Et, renforçant mon bras de son bras glorieux,
Je te redoubleray l'assistance des cieux.
Pour cacher cependant nostre marche enflammée,
Lentement vers Paris esbranle ton armée;
Allentis-en le cours, et retiens-en les corps
Pour mieux et de plus près seconder nos efforts.
Si tu veux cependant que ma sœur se délivre,
Fournis-moy des guerriers qui me sçachent bien suyvre.

Sans attendre du roy ni l'ordre ni le choix,
Pour le suyvre à l'instant se vient offrir Dunois ;
Pour le suyvre, Alençon vient s'offrir de luy-mesme ;
Corras s'offre comme eux, comme eux s'offre Givesme ;
Comme eux Fratames s'offre, et le brave Gaucourt
De tout loin pour s'offrir au premier bruit accourt.
Termes, Rieux, Archambaud, Canède, Villandrade
Demandent d'estre admis dans la forte brigade.
Verduran le demande, et Puiseux et d'Illiers,
Enfin toute la fleur des françois chevalliers.
Le nombre en est si grand, l'ardeur en est si grande,
Que le propre Édoüard désormais l'appréhende.
A cent il les limite, et tesmoigne au surplus
Et regret et douleur de les en voir exclus.
Ainsi, pour arriver où tend son artifice,
Il affoiblit le roy des nerfs de sa milice ;
Mais Tanneguy demeure, et fait en demeurant
Que, tout content qu'il soit, il s'en va murmurant.

    Charles s'accorde à tout, bien qu'il sente avec peine
De la fille des cieux la liberté prochaine ;
Mais sa peine n'est rien comparée au plaisir
Dont l'objet de sa flamme entretient son désir.
Édoüard cache à tous son coupable mystère,
Tandis que par escrit il l'expose à son père ;
En chiffres il l'expose, et pour plus de secret
Le courrier qu'il en charge est et sourd et muët.
Par des signes parlans des mains et du visage,
L'un et l'autre avec luy s'estoit fait un langage
Qui, marquant leur pensée à l'égal de la voix,
Ne pouvoit jamais estre entendu que d'eux trois.
Afin de mieux couvrir leur damnable commerce,
Sans que nul accident l'évente ou le traverse,
Après l'avoir entre eux consulté meurement,
Ils estoient convenus d'un semblable instrument.
Betford, l'avis receu, charmé de sa fortune,
Court à Roüen sur l'heure, éclairé de la lune,
Dans la peur qu'à tout autre il ne commist en vain
La charge d'accomplir le funeste dessein.

Mais, si d'un viste pas à Roüen va le père,
Le fils d'un pas tardif son voyage tempére ;
Au partir de l'armée il prend un long destour,
Ne marche que la nuit et repose le jour.
Ordonnant, observant un rigoureux silence,
Le traistre fait sans bruit sa lente diligence,
A travers champs la fait par des sentiers tortus
Et n'évite rien tant que les chemins batus.
Après cent et cent tours, connaissant infaillible
Le désiré succès de la trame terrible,
A Roüen droit il couppe, et durant l'air obscur
Arrive sourdement au pied de son haut mur.

Ainsi fait le gerfaut qu'une aspre fin resveille,
Lorsqu'il voit vers les cieux pointer une corneille,
Et jusques au-dessus des nüages mouvans
Deffier la tempeste et se moquer des vens.
Pour en faire sa proye avec plus d'assurance,
Il biaise au partir, à l'escart il s'élance,
Puis recouppe, et dans l'air plus haut qu'elle monté,
Rabat sur elle enfin son vol précipité.
A voix basse Édoüard, basse, mais entenduë,
Par la trouppe au fossé comme luy descenduë :

Seigneurs, dit-il alors, dont le sein généreux
Aborde sans frémir un pas si dangereux,
De l'heur qu'à vos exploits promet cette avanture,
L'heur de vostre voyage est un certain augure,
Et ce calme profond, et cet ombrage noir
De l'heur du haut dessein nous confirment l'espoir.
L'Anglois dans cette place est trop loin de la Loire.
Pour craindre nostre assaut, ni mesme pour le croire,
Couvert de dix remparts d'un et d'autre costé,
Il se tient de nos coups en pleine seureté.
Tout dort, vous le voyés, et le ciel et la terre,
Tout icy contribuë à cette sombre guerre,
Et de la lune encor le paresseux décours
Favorise nos vœux pour maistriser ces tours.
L'entreprise est aisée, autant et plus que haute ;
L'effet en manqueroit par nostre seule faute ;

Mais de vostre valeur on ne sçauroit qu'à tort
Présumer que l'arreste un si facile effort.
Vous irés à l'envy sur la ployante eschelle
Passer au boulevard qui retient la Pucelle,
Et dans son noir cachot, image des enfers,
Vous irés à ses pieds faire tomber ses fers.
Vous irés, et j'iray, mais de tous à la teste ;
Du formidable mur j'iray prendre le faiste,
Et je ne veux personne à sa prise engager
Qu'avant tous je n'en aye essuyé le danger.
J'iray seul, avant tous, et monté sur la cime
Sur elle attireray vostre cœur magnanime,
Sur elle attireray vostre invincible bras.
C'est mon droit ; il m'est deu ; ne me l'enviés pas.
   Par ces termes rusés le trompeur les abuse,
Sans que nul en descouvre ou soupçonne la ruse,
Et tous à son vouloir aveuglément sousmis
S'empressent pour tomber aux piéges ennemis.
Tous pensent que le ciel et l'inspire et le guide ;
Tous se ruent pleins d'ardeur à sa trame perfide.
Ils assemblent l'eschelle, et du bas des fossés
L'appliquent doucement aux créneaux avancés.
Sans désordre par eux elle est à peine assise
Que, comme pour tenter la douteuse entreprise,
Édoüard monte seul, et monte hardiment ;
La belliqueuse trouppe en craint l'événement.
Aucun d'eux toutes fois, dans le soin de luy plaire,
N'ose à ce mouvement se tesmoigner contraire.
Il va pour accomplir le projet infernal ;
Au bas chacun muët tend l'oreille au signal.
Il monte, et de son père attendu dans la place,
Ainsi que sans péril, sans frayeur il y passe,
A perdre les François y voit tout disposé
Et du complot fatal voit le succès aisé.
Sur ses pas aussitost il retourne à l'eschelle,
Et Dunois l'invincible avant tout autre appelle.
Dunois avant tous monte, et monte à petit bruit ;
Alençon suit Dunois, et Giresme les suit.

Archambaud monte après ; après monte Canède ;
Avec Rieux et Gaucourt, Fratames leur succède.
Le reste leur succède, et le dernier montant
C'est du Maine guerrier le fameux combatant.
Penché sur la courtine, à leur main redoutable
Édoüard tend la main laschement secourable,
Les y tire chacun, les range près à près,
Et vers le cœur du fort leur fait brandir leurs traits.
Pour s'entre-reconnoistre au milieu de l'ombrage,
Et de leurs propres coups s'entrespargner l'orage,
Il veut que des flocons de rubans argentés
Tombent de leurs armets et battent leurs costés.
Le premier il s'en couvre, et marchant à leur teste
Dans le centre du fort les meine et les arreste.
Puis, comme pour l'attaque aux portes commencer,
S'avance et fait sa trouppe à sa suite avancer.
Il va sans assaillir, il va sans se defendre
Dans les bras de Betford rapidement se rendre.
Betford trompe les siens, et le faisant captif
Le traitte de Rodolfe et de serf fugitif.
Alors paroist l'embusche, et devant et derrière
L'Anglois fond à grands cris sur la trouppe guerrière.
Le nombre en est immense, et par l'obscurité
Le nombre en leurs esprits est encore augmenté.
 Armes bas, dit Betford, champions de pucelles,
Ou vous allés mourir de mille morts cruëlles.
 A ces mots outrageux, Dunois respond du bras
Et dit : Ainsi, cruëls, nous mettons armes bas.
 Le dard, lancé de force à l'opposite trouppe,
Trouve l'un de ses chefs et la gorge luy couppe.
Cent autres dards, partis du bataillon françois,
Volent et font l'effet de celuy de Dunois.
La honte, le dépit, l'horreur et la surprise
D'avoir trouvé l'Anglois instruit de l'entreprise,
Au lieu de les abbatre, irrite leur valeur,
Et dans leur sein bruslant redouble la chaleur.
Résolus à la mort que chacun envisage,
Ils veulent faire au moins un courageux naufrage,

Et chacun à l'envy, pour braver son destin,
Par quelque illustre exploit veut signaler sa fin.
Réduits pour tout secours à leurs seules espées,
Tous au sang de l'Anglois veulent les voir trempées,
S'élancent contre luy; mais de fers hérissés,
Sans qu'ils le puissent joindre ils se trouvent pressés.
D'un corps qui n'est formé que de piques baissées,
Par de robustes bras à reprises poussées,
L'Anglois de tous costés leur vient taster les flancs
Et tient leurs rangs par force éloignés de ses rangs.
La vertu renfermée et d'armes despourveuë,
Par ses rubans trahie, et sans voir estant veuë,
Attaque, mais en vain, résiste, mais sans fruit,
Et plus elle est ardente, et plus elle se nuit.
Plus le François s'efforce, et plus il s'embarrasse;
A plus d'un trait aigu s'oppose sa cuirasse;
A plus d'un elle cède, et l'aride terrain
Rougit desjà du sang de plus d'un noble sein.
Desjà neuf sont à bas sans disputer leur vie,
Et l'Anglois dans leur sang a sa soif assouvie;
Par ses dards, par ses traits tous sont desjà blessés,
Et malgré leurs efforts prests d'estre renversés.
De douleur, de fureur, Dunois hors de luy-mesme,
Resveillant de son bras la puissance supresme,
Saisit un fer de pique, et brusque et vigoureux
Le fait sauter du poin d'un soldat valeureux.
Il arrache la pique, et la pique arrachée
A deux mains en travers sur vingt autres couchée
Ouvre une voye aux siens pour combatre de près,
Et chés les ennemis gaigner un beau cyprès.
Chés eux, suyvant la voye ouverte par la pique,
Quatorze vont chercher une mort héroïque;
Dunois fait le quinziesme, et dans leurs rangs porté
Y cherche plus que tous le trespas souhaité.
Au milieu de leurs rangs comme un foudre il se lance,
Sur tous du fer anglois il sent la violence;
De trente coups atteint, de trente hommes chargé,
Sous ce poids il succombe et demeure engagé.

A ses faits plus qu'humains et non à son visage
Il en est reconnu dans le fort de l'ombrage.
Sans le plus outrager, ils le font leur captif.
Betford ainsi l'ordonne et le veut prendre vif.
Sa peur, de jour en jour pour son fils redoublée,
Sans cesse représente à son âme troublée
Qu'ayant pu l'exposer à des périls si grands,
Il ne peut de sa teste avoir trop de garants.
Dunois à peine est pris qu'une ardente grenade
S'en vient rompre la cuisse au ferme Villandrade,
Et des cercles de feu dans le gros dispersés
Douze des plus vaillans ont les bras fracassés.
Entre tous Alençon, Illiers et La Palisse
Du sort plus que tout autre éprouvent l'injustice,
Et du fer et du feu persécutés tous trois,
Sous le joug estranger tombent comme Dunois.
Tous tombent ainsi qu'eux de ce coup de tonnerre
Et de leurs corps navrés jonchent l'humide terre.
Ce qui d'eux vit encore est aux fers condamné,
Et par l'Anglois vainqueur dans les cachots traisné.
Du trespas ou des fers aucun d'eux ne s'exempte.
Édoüard trompe seul la victoire insolente;
Relasché par son père, et sur le mur passé,
Durant l'aspre meslée il descend au fossé;
Il descend par l'eschelle, et dans le juste doute
Que le François n'eschappe en suivant cette route,
Du mur il la renverse et, couvert de la nuit,
Loin du combat sanglant se retire et s'enfuit.
 Ainsi, quand l'animal qu'une main chasseresse
A dressé pour trahir ceux de sa propre espèce,
Dans le panneau tendu, marchant devant leurs pas,
Leur a fait rencontrer ou la mort ou les las,
Du désastre commun l'adroitte main du maistre
A la faveur du bois met à couvert le traistre
Et le fait évader de ses vertes prisons,
Pour exercer ailleurs les mesmes trahisons.
 Betford, humain aux morts, leur donne sépulture,
Et de chaque blessé recommande la cure.

Pour l'amour de son fils il les veut conserver
Et croit en les sauvant du trespas le sauver.
Il ordonne leur cure; il pourvoit à leur garde,
Et d'un jour à partir en ces soins il retarde,
Puis vers son camp nombreux cependant rassemblé
Retourne comblé d'heur et de gloire comblé.
Édoüard vers le roy de son costé retourne,
Mais retourne à loisir et par les champs séjourne,
Voulant que le désastre aux François advenu
Soit avant son retour de leur prince connu.
Sous les mesmes remparts il retrouve l'armée
En profonde douleur sur ce bruit abysmée;
Il luy voit de Dunois déplorer le malheur
Et de ses compagnons regretter la valeur.
Il luy voit détester l'entreprise mortelle
Qui resserre les nœuds de la forte Pucelle,
Passe entre les quartiers l'œil de pleurs dégouttant,
Le teint mort, le front pâle et le sein halctant.
Il y passe muët, et tandis qu'il y passe,
Le soldat curieux autour de luy s'amasse,
L'interroge à grands cris sur son indigne sort
Et demande quel Dieu l'a gardé de la mort.
Mais sans respondre rien, dans un morne silence,
Levant la veuë aux cieux, vers Charles il s'avance
Et le voit près d'Agnès, qui d'Agnès enchanté
Ne sent point dans quel mal son destin l'a jetté.
Le trompeur, en son geste et surtout son visage
Portant du désespoir une trompeuse image,
Au roy parle, et sa voix se couppe de sanglots;
La Fraude l'accompagne et conduit son propos :
   Ton camp, Charles, dit-il, n'aura point la guerrière;
Betford, le fier Betford l'a tousjours prisonnière.
Nos efforts généreux ont trop mal réussi;
Le ciel visiblement est pour nous endurci.
Ce funeste succès, si funeste à la France,
Est enfin arrivé contre toute apparence.
Mais ce n'est pas le seul, ni mesme le plus grand;
Un autre l'a suivi qui bien plus me surprend

Et quel autre ! Ah ! je voy que par la renommée
L'avanture fatale en ces lieux est semée ;
Betford, traistreusement rendu victorieux,
Ne se sera pas teu d'un sort si glorieux.
Il aura, l'inhumain, pris plaisir à t'instruire
Comment il sceut Dunois, Rieux, Fratames destruire,
Sceut destruire Alençon, Villandrade, d'Illiers,
Destruire enfin la fleur des françois chevalliers.
Je ne t'en apprens point la nouvelle première.
Mais de l'événement escoute la manière,
Et c'est ce qu'aujourd'huy la divine bonté
Veut qui te soit par moy devant tous récité.
  Arrivés sous le mur, et l'eschelle plantée,
D'une commune ardeur l'avanture est tentée.
Je monte seul au fort, et sans empeschement
J'en fais le tour entier, et j'y voy tout dormant.
Sur le signal donné, la trouppe vive et pronte
Dans la place à l'instant l'un après l'autre monte.
Nous n'y voyons encor rien qui soit ennemi,
Et tout comme devant y paroist endormi.
Tous, quoyque sans besoin, à bien faire j'exhorte,
Puis je marche avant tous et m'avance à la porte.
Je m'en veux emparer pour coupper le secours,
Et nos maux dès ce point commencèrent leur cours.
Ce fut dans ce moment que l'on vint à connestre
Qu'entre cent généreux se cachoit quelque traistre ;
De cent cruëls soldats je suis enveloppé,
Estourdi de cent cris et de cent coups frappé.
Pendant que sur mon corps s'exécute leur rage,
Une effroyable voix me tient ce fier langage :
  Fugitif prisonnier, viens reprendre tes fers,
Et t'appreste à souffrir les peines des enfers.
  L'illustre bande alors sent descharger sur elle
Et de dards et de traits une gresle mortelle.
Je vis par ce discours, je vis par cet effort
Que j'estois à ce pas attendu de Betford.
Les guerriers contre nous armés par l'Angleterre
Sembloient comme fourmis sortir de dessous terre ;

L'assaut en fut partout violent, obstiné,
Et par nostre ruïne à la fin terminé.
Je péris avant tous, et perdis l'avantage
D'accompagner Dunois dans son dernier naufrage.
Je l'entendis périr sans pouvoir l'assister.
J'ignore ses exploits; mais qui peut en douter?
D'abord je fus conduit dans les plus basses grottes,
Et chargé pieds et mains de ceps et de menottes.
Je n'ouïs que le bruit des braves combatans,
Et tout ce que j'en sçay, c'est qu'il dura longtemps.
Magnanimes héros, que je vous porte envie
D'avoir si noblement mis fin à vostre vie!
Que j'ay honte de vivre, et de vivre après vous!
J'avois bien mérité de partager vos coups.
Outré contre le sort qui m'osta la victoire,
J'avois langui trois jours dans une fosse noire,
Demandant au Très-Haut le bonheur de mourir,
Lorsque par son saint ange il me vint secourir.
Tout à coup, un esclat d'agréable lumière
Vint dissiper la nuit de l'affreuse tasnière;
Je n'apperceus point l'ange et ne peus toutes fois
Que je ne le connusse aux accents de sa voix :
   Suy-moy, dit-il, Rodolfe, et pour servir ton maistre
Une seconde fois sors des liens du traistre;
Sers à Charles de sainte, et par un trait divin
Aux malheurs des François mets une heureuse fin.
   A l'angélique son mes chaisnes se rompirent.
Dans un profond sommeil mes gardes s'assoupirent;
Les portes du cachot tournèrent sur leurs gonds,
Et du fort devant moy s'abbaissèrent les ponts.
J'en sors privé de force à force de souffrance.
L'ange conduit mes pas au travers de la France;
Je le suy sans le voir, et le feu dont il luit
Me tient lieu de soleil dans l'ombre de la nuit.
Sous un tel protecteur, sous un si sage guide
J'évite du Normand la fureur homicide;
Je remonte la Seine, et le Vexin anglois
Me laisse par ses champs gagner Chartres et Blois.

Favorisé des cieux, je passe enfin la Loire,
Et, triste messager de la lugubre histoire,
Je viens contre Betford si laschement vainqueur
Dans ton adversité te servir de mon cœur.
De juger quel démon pour causer nostre perte
Aura la belle trame aux Anglois descouverte,
C'est ce que je ne puis, et ce crime est trop noir
Pour croire qu'aucun homme ait pu le concevoir.
Mais sans nous plaindre en vain ni soupçonner personne,
Appliquons-nous entiers au bien de ta couronne.
Relevons ton Estat, puisque l'ordre des cieux
Réserve à nostre main cet œuvre glorieux.
Par la desloyauté que les cieux ont permise
Ils ont des murs normands condamné l'entreprise.
Ne la poursuyvons plus; poussons ailleurs nos pas,
Et faisons un dessein qu'ils ne condamnent pas.
Choisis avec les cieux, et de leur grâce espère
Obtenir à ton gré la fortune prospère;
Espère voir par eux ton throsne raffermi;
Partout, fors à Rouën, tu vaincras l'ennemi.

 Charles, dont le récit de l'avanture horrible
Avoit sensiblement touché l'âme insensible,
Se calme aux derniers mots, et consolé par eux
Parle et tient devant tous ce propos vigoureux :
 Je ne hésite point, et sur cette pensée
Je ne sens point, dit-il, ma raison balancée.
Paris de mes efforts doit seul estre l'objet,
Et jamais mon courroux ne fit autre projet.
Au projet de Rouën mon avis fut contraire,
Et l'effet a monstré s'il estoit salutaire;
Je voulois Paris seul, et l'affront de Paris
Sans cesse à l'effacer excitoit mes esprits.
A Paris donc, Rodolfe; allons sous sa muraille
Au lasche usurpateur présenter la bataille.
Allons sous ses remparts à nos exploits sousmis
Réparer nostre honte et venger nos amis.
 Le prince eslit icy ce que plus il désire :
Il ne peut s'attacher qu'au siége de l'empire;

Il croit à l'affranchir son honneur engagé,
Et de ce vautour seul nuit et jour est rongé.
De Rouën à regret il forma l'entreprise,
Craignant que le guerrière y trouvast sa franchise,
Et tel fut le plaisir de perdre cette peur
Que la perte des siens fut légère à son cœur.
Par la perte des siens libre de cette crainte,
Il souffre leur désastre, et le souffre sans plainte.
Son coupable motif, des drappeaux ignoré,
Pour constance leur passe, et d'eux est admiré.

 Au langage du prince, à sa fausse constance,
Les soldats abbattus recouvrent l'espérance,
Et ce nouvel espoir nourri par Édoüard
Leur fait vouloir Paris et presser leur départ.
Le trompeur, qui se voit en l'estat qu'il demande,
De Dunois délivré, délivré de sa bande,
Pour n'avoir plus d'obstacle à maistriser la cour,
Songe à se délivrer de celuy de l'amour.
De tout ce qui d'abord à ses fins pouvoit nuire
La trop puissante Agnès restoit seule à destruire ;
Puissamment il l'attaque, et pour la mettre à bas
Oppose à ses beautés la beauté des combats.
Il veut bannir l'amour des flateuses délices
Par le contraire amour des sanglans exercices,
Et croit, monstrant au prince un plus sublime objet,
Faire que de la belle il ne soit plus sujet.

 Par un motif plus juste une mère amoureuse,
Voyant de son cher fruit la santé langoureuse
Par le deffaut d'un sein qui de lait corrompu
En a malignement le jeune corps repeu,
Pour empescher du mal la dangereuse suite
De l'enfant elle-mesme elle prend la conduite,
Et d'un plus masle suc aidant sa guérison
Luy fait haïr du lait l'agréable poison.

 L'ambitieuse Agnès, qui par l'attrait des armes
Près du roy chaque jour sent affoiblir ses charmes,
Juge l'art nécessaire, et pour se conserver
Suit l'avis courageux et feint de l'approuver.

Adroitte, à ce parti soudain déterminée :
  Ton âme, luy dit-elle, est pour la guerre née,
Et vouloir davantage à des jeux l'amuser
Seroit de sa vertu follement abuser.
Ce camp, ce vaste camp sous qui la terre tremble,
Pour reprendre Paris se voit remis ensemble ;
Son fer par ces grands jeux, ces images de Mars,
S'est assés desrouïllé pour tenter les hazards.
Marche donc vers Paris, et qu'à sa délivrance
De ce camp désormais s'occupe la vaillance ;
Mais pour voir reüssir ce projet glorieux,
Sur le brave René tu dois jetter les yeux.
D'Antoine et de René tu sçais quelle est la haine ;
Tu sçais quel grand débat cause entre eux la Lorraine ;
Tu sçais ce qu'est Philippe au foible Vaudemont,
Et sçais qu'à son secours il sera tousjours pront.
Par le brave René fais désoler sa terre ;
Philippes pour Antoine oubliera l'Angleterre.
Tu pourras cependant avec facilité
Dégager de ses fers la captive cité.
Approuve seulement ce que je te propose,
Et me laisse au surplus le soin de toute chose ;
Sur René je puis tout, et quoyque prince et roy,
Il se plaist dans ma chaisne et ne vit que pour moy.
Je donne à ta fortune, à ta gloire je donne
Cet esclave amoureux qui porte la couronne ;
Il ira contre Antoine, et pour le soulager
Contre Antoine avec luy marchera mon Roger.
De moy, je veux te suyvre, et des tiens à la teste
Je veux du foudre anglois soutenir la tempeste ;
Ton corps m'aura pour ombre, et rien que le trespas
N'empeschera mon cœur d'accompagner tes pas.
  De la belle à son tour l'artifice succède ;
D'Édoüard à son tour l'artifice luy cède.
En grâce elle demeure, et Charles la flatant
De l'offre de René se tesmoigne content.
La voir armer pour luy René contre Philippe
Dans son esprit jaloux tout ombrage dissippe.

La voir à son amour immoler ses rivaux.
Plaist à son âme altiére et rend doux ses travaux.
Édoüard, qui d'Agnès voit l'habile conduite,
Et voit combien fatale en peut estre la suite,
Dissimule comme elle, et tous deux désormais
Se combatent d'addresse et se font guerre en paix.
Elle mande René, son désir luy propose;
A le suivre à l'instant le prince se dispose;
Il part avant le jour de Barbazan suyvi
Et du jeune Roger dans sa route est servi.

 Charles part ainsi qu'eux, mais prend une autre route.
Betford l'entend venir et le choq en redoute;
De ce foudre guerrier il n'entend pas le bruit
Qu'avant sa cheute mesme il s'en juge destruit.
Charles va satisfait, et va dans l'espérance
De calmer seul enfin le trouble de la France,
Seul et sans la Pucelle, et son fiel irrité
Chérit cette pensée et s'en trouve flaté.
Mais bien que de son camp l'ardeur soit violente,
Sa marche toutesfois est une marche lente,
Et le triste Orléans, qui presse son retour,
Ne le voit sous ses murs que le cinquiesme jour.
Betford, à qui d'Agnès les mortelles délices
Non moins que d'Éoüard les profondes malices
Avoient dans son besoin donné le temps d'armer,
En méditoit le siége et venoit le former.
Charles alors survient, et survenant arreste
Dans son nüage obscur la rebelle tempeste;
L'ennemi la retient sur le point d'éclater,
Campe, et sous la forest fait ses bandes huter.
Le François dans la plaine, et loin de la muraille,
A l'Anglois retranché vient offrir la bataille,
Et l'orgueilleux Anglois ses trouppes animant,
S'offre en bataille aussi sur son retranchement.
Charles, quoyque Betford monstre un courage extresme,
Résout de l'assaillir jusque dans son camp mesme,
Et secondé d'Artus, à travers les sillons,
Fait marcher pour l'assaut ses luisans bataillons.

Mais Tanneguy, plus sage, à cet ordre s'oppose,
Et d'un ordre plus seur son attaque dispose ;
Le prince luy défère, et bien qu'avec douleur
Souffre par sa prudence attiédir leur chaleur.
 Comme un ardent cheval dont la fougue guerrière
L'agite pour la course au front de la carrière,
Et qui tout escumeux de moment en moment
Remplit les airs voisins d'un long hennissement,
Si l'adroit cavalier qui le monte et le guide
De la sçavante main luy tient courte la bride,
Au fort de ses élans il demeure arresté,
Et son feu ne nuit point à sa docilité.
D'une flamme moins brusque et non pas moins vaillante
Charles aux ennemis la bataille présente,
Et de cris animés faisant l'air retentir,
Du fort qui les enceint les provoque à sortir,
Deux trouppes cependant des siennes détachées,
Dès avant la clarté de l'ombrage cachées,
Après un grand destour s'enfonçant dans le bois,
Attaquent par derrière et surprennent l'Anglois.
L'une a Poton pour chef ; l'autre a pour chef La Hire,
Et chacune sous eux à la victoire aspire.
Chacune d'un temps mesme et d'un pareil effort
Au camp mal retranché passe et porte la mort ;
Chacune d'un éclat de voix et de trompettes
Trouble du vaste bois les tranquilles retraittes,
Et cet éclat, suyvi de leur bouillante ardeur,
D'une seconde armée imite la grandeur.
Elles chargent d'abord, et d'abord devant elles
D'espouvante et de coups tombent les sentinelles ;
Le corps de garde tremble, et puissamment heurté
Est presque sans combat par leur choq emporté.
La double bande unie ensuite se partage ;
Poton s'avance au parc, et La Hire au bagage.
Le bagage se pille et sans empeschement ;
Mais le parc à l'assaut résiste obstinément.
L'Anglois d'espieux, de traits, de fleaux, de javelines,
En borde tout autour les flancs et les courtines.

Le canon attaqué luy-mesme se défend,
Et de ses gros boulets la brave trouppe fend.
Poton, qui dans l'assaut voit succomber sa bande,
De La Hire et des siens l'assistance demande.
Soudain La Hire accourt aux foibles assaillans,
Et vers eux avec luy courent les plus vaillans.
A la mercy du fer et de l'artillerie
L'un de l'autre jaloux ils donnent de furie,
Et malgré tout enfin, de leur perte irrités,
Au réduit formidable entrent de tous costés.
Des Anglois défenseurs nul ne demeure en vie;
La prise du canon de leur mort est suivie,
Et les cris des vaincus et des victorieux
Se confondent ensemble et volent jusqu'aux cieux.
Par les bouches d'airain les trouppes outragées
Sur elles sans délay veulent estre vengées,
Et les caques de poudre auprès d'elles roulant,
Les expose à l'effet de son feu violent.
Pour y mieux reüssir, une mesche allumée,
Jusque près du talon lentement consumée,
Par le trou débouché sort de chaque baril
Et de ses boute-feux éloigne tout péril.

 Betford, qui sous son camp voit Charles en bataille
Et qui craint que son front à toute heure il n'assaille,
Bien qu'il sçache à son dos le François attaché,
Durant un long espace en paroist peu touché.
Mais voyant le grand mal prendre tousjours croissance,
Voyant le canon mesme au pouvoir de la France,
Contre ce corps vainqueur il se résout alors
A pousser de son camp les trois plus fermes corps.
Les deux nobles guerriers, dont le masle courage
N'est pas dans le combat plus enflammé que sage,
Appercevant sur eux fondre ces tourbillons,
Retirent dans le bois leurs foibles bataillons;
Les trois corps après eux vont serrés et rapides,
Et frisent en passant les caques homicides
Qui toutes sur ce point d'un fracas surprenant
Brisent les lourds affûts de ce métal tonnant.

En pièces tout en vole, et les pièces bruslantes
Rompent les rangs pressés des brigades volantes,
Y respandent le trouble, et d'un fatal effort
Aussi bien que le trouble y respandent la mort.
Cet orage de feu soudain, et sans ressource,
Les estend sur la terre au milieu de leur course,
Et leur ostant et l'ordre et la vie à la fois,
Fait en leurs bras couppés avorter leurs exploits.
Dans cet événement Poton, qui se retire,
Sent la faveur du sort et son bonheur admire :
Il vouloit seulement les canons démonter :
Son bonheur sur l'Anglois les fait mesme éclater.
La nuit, qui cependant ceinte d'ombres arrive,
Luy fait perdre la peur que l'Anglois ne le suive,
Et l'épaisseur du bois l'achève d'assurer
Que sans peine et sans perte il peut se retirer.
Il retire les siens, et le fait sans dommage,
Tous et riches de gloire et riches de pillage ;
Le camp les voit venir, et jaloux de leurs faits
Se plaint qu'on l'ait forcé de se tenir en paix.
   Ainsi, quand d'un lointain et périlleux voyage,
Eschappé des écueils, eschappé de l'orage,
Retourne un galion au havre abandonné,
Et rempli d'opulence et de fleurs couronné,
Ceux que de leurs parens la sagesse craintive
A malgré leur envie arrestés sur la rive,
Par cent plaintes font voir quel est leur desplaisir
Qu'on ait fait violence à leur noble désir.
   Mais aux plaintes du camp Tanneguy peu sensible
Se répute honnoré du blasme d'inflexible,
Voyant que, sans hasard, pour s'estre bien conduit,
De la nouvelle guerre il a le premier fruit.
Lorsque des bataillons la valeur animée
En sa plus vive ardeur fut par luy réprimée,
Édoüard l'appuya ; mais son esprit craintif
Eut pour cet effet mesme un différent motif.
Pour l'honneur de Betford, pour sa teste chérie,
Le lasche appréhenda la françoise furie

Et jugea, dans sa peur, que le retranchement
Seroit un foible obstacle à ce desbordement.
Ainsi les deux guerriers par deux craintes contraires
Retinrent du François les transports militaires,
Et le sort en ce point fut si doux au trompeur,
Que sous la peur d'un autre il put cacher sa peur.
Triomphant sans combat, Charles loge en la plaine,
Et par cent et cent feux dissipe l'ombre vaine.
Une part de ses corps sommeille au long des feux ;
L'autre passe la nuit dans le vin, dans les jeux.
Couvert d'un haut gazon, Betford les craint encore
Et fait que tous les siens veillent jusqu'à l'aurore,
Qu'ils veillent sous le fer, et que de toutes parts,
Comme attendant le choq, ils couvrent les remparts.
Au lever du soleil, le canon, le bagage
Luy font distinctement remarquer son dommage,
Et, rendant ses regards tesmoins de son malheur,
Par l'excès de sa perte accroissent sa douleur.
Il se sent oppressé d'une peine mortelle ;
Sous un front resolu toutes fois il la cèle,
Et dans le triste estat où son destin l'a mis
Monstre peu redouter les efforts ennemis.
Quelque effrayé qu'il soit, il feint de l'asseurance,
Range ses bataillons en guerrière ordonnance,
Et, tant que l'horizon ait veu le jour faillir,
Excite les François à venir l'assaillir.
Plus d'une fois Artus, et Poton, et La Hire
S'esbranlent pour voler où l'honneur les attire.
A chaque fois pourtant le timide Édoüard
Traverse le dessein d'attaquer le rempart.
Pour desrober son père à leur fière vaillance,
Par addresse à tous coups il leur fait résistance,
Et dans tout ce débat il a de son costé
Du sage Tanneguy la grave authorité.
 Mais si tost que la nuit eut de son voile sombre
Enveloppé le ciel et mis la terre à l'ombre,
Sans plus cacher sa peur, Betford à petit bruit
Employe à son salut la faveur de la nuit.

Soudain par la forest ténébreuse et secrette
Les Anglois vers Paris font leur sourde retraitte,
Et de feux éclatans et de confuses voix
Pour cacher leur retraitte amusent les François.
Les foudroyans canons, désormais inutiles,
Sont laissés dans le parc sur le ventre immobiles ;
Et pour n'allentir point le voyage pressé,
Tout le pesant bagage est dans le camp laissé.
Derrière lentement va la cavallerie ;
Devant elle à grands pas marche l'infanterie.
Les chefs sont à la queuë, et leur course animant
Ne leur permettent pas d'arrester un moment.
Avant qu'on vît l'aurore au monde rallumée,
Dans l'ouvert Artenay se voit l'angloise armée,
S'y repose un instant, fait un repas léger
Et va le mesme jour à Touri se loger.
Là, moins saisi d'effroy, Betford résout d'attendre
Si Charles contre luy voudra rien entreprendre.
L'honneur de l'Angleterre et son propre pouvoir
De son âme estonnée exigent ce devoir.

 Tel un superbe dogue, enfant de la Tamise,
Que deux loups affamés attaquent par surprise,
Succombant sous la peur plus que sous leur effort,
En désordre et muët devant eux fuit d'abord ;
Mais, reprenant soudain sa première asseurance,
Il fait ferme et médite une noble deffense,
Résolu de venger par de plus puissants coups
Les puissans coups qu'il doit aux morsures des loups.

 Mais tandis qu'à l'Anglois Betford cache sa peine,
Il despesche en secret vers la cruelle reyne,
Et si l'on ne désire ou sa honte ou sa mort,
Demande un pront secours, un notable renfort.
Puis trouvant de Touri la petite closture
Pour son camp trop estroitte et pour luy trop peu seure,
Dehors il se retranche, et là de toutes parts
Trace des forts nouveaux et de nouveaux remparts.

 Mais Charles, de l'Anglois ayant connu la fuite,
En vouloit, en alloit commander la poursuite,

Quand le fils de Betford, que trouble ce dessein,
A par ces mots adroits l'heur de le rendre vain :
Les lasches, luy dit-il, ont tout un jour d'avance,
Et leur frayeur mortelle accroist leur diligence.
Poursuy-les, si tu veux ; ils tromperont tes soins,
Et par ton brave camp jamais ne seront joints.
Avec tes escadrons tu pourrois les atteindre ;
Mais des escadrons seuls qu'est-ce qu'ils ont à craindre ?
Tes cavaliers vaillants, sans tes forts bataillons,
De leur sang sous l'Anglois baigneront les sillons.
Sers-toy mieux de la peur des trouppes d'Angleterre :
Occupe leur canon et leur en fay la guerre.
Au désordre où Poton l'a naguères laissé,
Il n'a pu des fuyards suyvre le cours pressé.
Saisis-le, et le remonte, et durant cet ouvrage
Fay prendre haleine aux tiens, et leur fougue ménage.
Repose quelques jours, puis, armé de ce dard,
Va du rebelle mur terracer le rempart.

 Agnès suit cet avis, et le monarque cède ;
Il cède à la beauté qui son âme possède,
Et foible et complaisant veut bien pour quelques jours
Suspendre sa carrière et retenir son cours.
Il s'arreste et soudain, d'une ardeur vive et pronte,
Le canon démonté par ses soins se remonte ;
Devant ses propres yeux il fait le bois tailler
Et voit pour leurs liens dix forges travailler.
Par les soins qu'il s'en donne, et plus par sa présence,
L'ouvrage commandé d'heure en heure s'avance ;
A l'exemple du roy, les plus nobles guerriers
Pour avancer l'ouvrage animent les ouvriers.
Dans moins de cinq soleils, le prince et sa milice
Remettent les canons en estat de service ;
Ils roulent au sixiesme, et le camp reposé
Avec eux s'ébranslant marche d'un cours aisé.
Le prince est à sa teste et luy tient lieu de guide ;
Édoüard à regret le suit d'un pas timide,
En informe Betford qui, bien que retranché,
Dans son retranchement s'estime mal caché.

Contre ses gros canons revenus à la France
Il juge son rempart une foible deffense,
Et pour luy d'autant moins y voit de seureté,
Qu'à sa juste hauteur il n'estoit pas monté.
La crainte l'aiguillonne; il va de bande en bande,
Le départ aux soldats, aux officiers commande,
Leur monstre le danger, et veut que sur le champ
En haste vers Paris se retire le camp.
Il le veut; ils le font, et sa peur véhémente,
Passant au cœur des siens, s'y tourne en espouvante;
Elle peut à leurs pieds des ailes attacher,
Et par elle chacun vole au lieu de marcher.
D'Estampes au-dessus la plate et grasse terre
Par deux costeaux voysins ses vastes champs resserre,
Et présente à l'effroy du fugitif Betford
Pour arrester le prince un endroit assez fort.
Il suspend là sa fuite, et rempli d'espérance
Occupe sans tarder l'une et l'autre éminence,
Y trace deux réduits, et trace entre les deux
Un rempart qui doit ceindre un fossé large et creux.
Pressé de sa terreur, chaque corps y travaille.
Sous le moderne nom de corne et de tenaille,
Il se forme, il se lève, et semble avec cent bras
Au François attendu préparer cent trespas.
Le François cependant suit l'Anglois dans sa fuite,
Le suit d'un pas léger, d'une chaude poursuite,
Et l'eust joint dans un jour si l'attirail roulant
N'eust tenu lieu de bride à son cours violent.
Lente se trouve enfin toute sa diligence;
Betford a desjà mis son réduit en défense,
Et Charles, qui le voit, sent son cœur oppressé
De le voir en estat de n'estre plus forcé.
De mesme un pesant ours, le sein rempli de rage
D'avoir du fin renard enduré quelque outrage,
Pour en tirer vengeance à grands pas, à grands bonds,
En suit de loin la piste et par vaux et par monts;
Mais quand, prest à le joindre, à sa mort il s'appreste,
Si l'animal subtil d'un pin gagne le faiste,

Il mugit de le voir hors de prise grimpé,
Honteux qu'il soit par ruse à sa force eschappé.
 Le roy, plein de fureur, voit sur l'ample terrace
L'Anglois qui des François les bataillons menace,
Sent doubler contre luy son généreux courroux,
Et sur luy de son bras veut signaler les coups.
Édoüard, de Betford connoissant l'avantage,
Du prince jusqu'aux cieux exalte le courage.
Il approuve l'assaut, s'offre mesme à donner,
Et fait les plus vaillans de son cœur estonner.
Mais Tanneguy l'improuve, et Poton et La Hire
Improuvent avec luy ce que Charles désire,
Et la puissante Agnès, leur avis secondant,
Maistrise les transports de son désir ardent.
Il quite ce projet, et, bien que non sans peine,
Réprime son désir pour complaire à sa reyne,
Et changeant désormais le dessein d'attaquer
Au combat seulement veut l'Anglois provoquer.
Par plus d'une semonce et plus d'une escarmouche
Il tasche d'obtenir que la gloire le touche.
Il tasche d'obtenir qu'à nombre et sort égal
Sa peur ose accepter un combat général.
Pour faire toutes fois qu'il veuille la bataille,
Charles par tout son art vainement se travaille.
Nul art à l'y résoudre au monarque ne sert ;
Derrière ses gazons il se tient à couvert.
De honte, seulement la septiesme journée,
Ayant d'archers nombreux sa ligne couronnée,
A la faveur des traits qui volent sans cesser
Il fait au camp voysin six escadrons passer.
De cent hommes choisis chacun d'eux il compose,
Et rangés près à près à Charles les oppose.
Hors de la forte enceinte, et non loin du rempart,
Chacun d'eux, sans bransler, garde son estendart.
Le prince, qui les voit, de joye alors s'escrie
Et les fait assaillir par sa cavallerie ;
Sous l'invincible Artus six pareils escadrons
 Sur eux, serrés comme eux, fondent bruslants et pronts.

Chacun s'attache au sien, mais avant qu'il s'y mesle
De flesches et de dards souffre une rude gresle,
Et, bien que chaque coup ait dans leurs rangs porté,
Leur cours d'un moment seul n'en est pas arresté.
Malgré flesches et dards, chacun au sien s'attache
Et luy fait esprouver ou sa lance ou sa hache;
Chaque escadron anglois soustient avec vigueur
Des françois escadrons la mortelle rigueur.
Là tous les deux partis, d'une égale vaillance,
Longuement sans souffrir exercent leur puissance.
Enfin, comme d'accord redoublant leurs exploits,
Anglois rompent François, François rompent Anglois.
De deux corps ennemis, par un soudain meslange,
Il se fait un seul corps, des corps le plus estrange
Dont l'affreuse union le rend plus desuni,
Où la forme est perdue, et d'où l'ordre est banni;
L'un partout force l'autre, et l'un l'autre disperse.
Semblable est le succès; la manière est diverse :
Ils s'entreblessent tous; tous respandent du sang,
Qui du chef, qui du sein, qui du bras, qui du flanc.
Tel ayant sa valeur hautement signalée
Tombe percé de traits au fort de la meslée;
Et tel percé de traits dans le fort du combat
Se soutient sans tomber et l'adversaire abat.
La mort vient profiter des crimes de la guerre;
D'hommes et de chevaux elle jonche la terre,
Et pour la mieux joncher d'hommes et de chevaux
Du fer des combatans se fait autant de faux.
De l'Anglois, du François pareille est la vaillance;
La fortune sur eux tient sa rouë en balance.
Elle l'y tient longtemps; à la fin toutes fois
On voit qu'elle se tourne en faveur des François.
Après ce choq confus, après ce long carnage,
Le François s'apperçoit qu'il en a l'avantage,
S'apperçoit que l'Anglois, par luy presque destruit,
Et cède, et plein d'effroy regaigne son réduit.
Sa victoire l'estonne, et contre son attente
Il jouït du bonheur que le sort luy présente;

Il pousse les vaincus jusques sous leur rempart
Et sur eux s'enrichit de plus d'un estendard.
La trouppe des vainqueurs, à peu d'hommes réduitte,
Va rejoindre son gros plus qu'à-demi destruitte.
Les voyant revenir sans lances, sans escus,
Le camp les prend de loin pour estre les vaincus.

 Durant trois jours entiers ces attaques sanglantes
Furent les jeux cruëls de ces trouppes ardentes,
Le caprice du sort à nul assujetti,
Soustenant tantost l'un, tantost l'autre parti,
Sur la fin du troisiesme, un courrier d'Isabelle
Vient surprendre Betford d'une triste nouvelle;
A l'avis il se trouble, et la suivante nuit
Vers Paris, en volant, ses brigades conduit.

 Ainsi le laboureur, qui des avares ondes
Veut sauver le thrésor de ses javelles blondes,
Leur oppose la terre, et par d'amples travaux
Résiste heureusement à leurs rudes assauts.
Mais si de la chaussée il voit à la mesme heure
Une flamme imprévuë embraser sa demeure,
Ces deux maux d'une veuë à sa crainte s'offrant,
Il néglige le moindre et prend soin du plus grand.

 Par son ingrat Dunois Marie abandonnée,
A l'hymen d'Édoüard se voyant destinée,
Et ne pouvant souffrir Édoüard ni Betford,
Hait désormais le jour et désire la mort.
La mort elle désire et l'invoque à son aide;
Elle croit que son sort n'a point d'autre remède,
Et desjà dans son sang auroit trempé ses mains,
Si le choix du trespas estoit libre aux humains.
La fidelle Yolante, en ce fatal orage,
D'abord pense comme elle et s'appreste au naufrage,
Puis songe, et jugeant mieux luy dit : Non, vos soucis
Peuvent malgré le sort estre encore adoucis.
Captive de Dunois et de Betford captive,
Vous souffrés bien par eux une peine excessive;
Mais vouloir par la mort de leurs chaisnes sortir,
C'est à quoy ma raison ne sçauroit consentir.

C'est faire à vos tirans un trop beau sacrifice
De vouloir par la mort plaire à leur injustice,
Il faut, pour vous soustraire à tant de cruauté,
Courir, non au trespas, mais à la liberté.
Des liens de Dunois ingrat à vostre flamme
Par un puissant effort affranchissés vostre âme,
Et dans le mesme temps, par un puissant effort,
Affranchissés vos bras des liens de Betford.
Princesse, l'un et l'autre est et juste et possible;
Mais le dernier surtout me paroist infaillible.
Aux chaisnes de l'Anglois vous pouvés vous ravir,
Si de l'occasion vous sçavés vous servir.
Betford, loin du haut mur qui vous tient renfermée,
Vers Charles sur la Loire a conduit son armée,
Et plus d'une rencontre a desjà bien fait voir
Combien dans le combat il luy cède en pouvoir.
Employés vostre cœur, employés vostre addresse
Pour rendre la cité d'elle-mesme maistresse,
Et que son habitant connoisse son danger
Si sous l'ombre des lis il tarde à se ranger.
Du parti d'Orléans ramassés les reliques;
Allumés dans ces cœurs des brasiers héroïques,
Et d'eux accompagnée allés par la cité
Menaçant les Anglois et criant liberté.
La ville par ce bruit, par ces armes surprise,
Avec contentement reprendra sa franchise,
Et vous, dans son bonheur le vostre retrouvant,
Vous serés de Betford libre comme devant.
Après de vostre ingrat il faudra vous desfaire.
L'ingrat, respond Marie, est mon mal volontaire;
Quoyque mesconnoissant, je ne puis le quiter.
L'autre dessein m'agrée et peut s'exécuter.
Allons de ces remparts tenter la délivrance,
Allons tenter la nostre. Et soudain, en silence,
La princesse au palais durant l'air ténébreux
Rassemble d'Orléans les restes généreux.
O vous tous, leur dit-elle, à qui de l'Angleterre
La rage fait tousjours une si rude guerre

Et que ses fiers décrets contre vous obstinés
Ont sans espoir de grâce à la mort condamnés,
Auriés-vous bien besoin d'autres que de vous-mesmes
Pour vous faire penser à vos périls extresmes,
Pour vous les faire craindre et pour vous exciter
A chercher les moyens de vous en racheter?
Non, vous n'avés manqué que d'un temps favorable
Pour vous en garantir par un coup mémorable;
Et ce temps favorable est à la fin venu,
Bien qu'il ne soit de tous espéré ni connu.
Vous ignorés l'estat où le courroux céleste
A réduit de Betford la puissance funeste.
Du piége de Rouën il vante le succès,
Et par là de ses maux pense cacher l'excès.
Il vous cèle avec soin que vostre juste prince
Le pousse devant luy de province en province,
Qu'il a le gros canon de ses mains dégagé
Et qu'en son logement il le tient assiégé.
Mais il le cèle en vain, car ces chères nouvelles
Ont passé jusqu'à nous par des courriers fidelles.
Vous estes, je le voy, charmés de les ouïr;
Mais ce n'est pas assés de vous en resjouïr:
Il faut joindre à la joye une ardeur valeureuse,
Et, tandis que le prince a la fortune heureuse,
Tandis que le barbare est des murs escarté,
Aux citoyens captifs offrir la liberté.
La ville a peu d'Anglois, et le peuple volage
Pourra facilement suyvre vostre courage;
Du moins à l'estranger aucun ne s'unira,
Et Charles cependant à vostre aide accourra.
C'est là, n'en doutés point, une entreprise seure,
Et j'en veux la première esprouver l'avanture.
Secondés mes desseins sans peur et sans regret,
Et jusques au trespas gardés-moy le secret.
　　Elle achève à ce mot, et d'une égale flamme
Tous pour le grand projet sentent brusler leur âme;
Tous viennent dans ses mains l'entreprise jurer,
Puis vont pour l'accomplir leurs armes préparer.

Le secret à chacun surtout se recommande;
Mais qui peut s'assurer d'une trouppe si grande?
L'un d'eux, qui du succès est mal persuadé,
Va trahir le secret sur tout recommandé.
Il y va du pas mesme, et cruël infidelle
En éclaircit au long l'inhumaine Isabelle;
Elle frémit d'horreur à l'aspect du danger
Et prend le seul moyen qui l'en peut dégager.
   Ainsi quand l'animal, soigneux ami de l'homme,
Resveille le berger de son tranquille somme
Et luy fait voir l'aspic, qui tout gros de venin
Vient par plus d'une langue avancer son destin,
A cette veuë affreuse il devient froid et pasle,
Saisit en se levant son arme pastorale;
Mais il ne s'en sert pas, de peur de l'irriter,
Et pense faire assés de la luy présenter.
   La reyne en chaque place, ainsi qu'à chaque porte,
Avant tout autre soin rend la garde plus forte,
Puis en tous les quartiers toutes les chaisnes tend,
Et partout fait armer le nombreux habitant.
Du nom des conjurés bien qu'elle soit instruitte,
Elle le dissimule et suspend leur poursuite,
De peur qu'en la faisant le parti bourguignon
Ne se range à Marie, y rencontrant son nom.
Il semble à sa fureur qu'il lui doit bien suffire
De sauver à Betford le siége de l'empire,
Et de luy dépescher en ce pressant besoin
Du généreux complot le parjure tesmoin.
Vers luy, devant le jour, le perfide elle envoie;
Et par sa lasche voix la trame luy desploye.
La trame l'espouvante, et s'il ne veut périr
Il se trouve par force obligé d'y courir.
Soudain il s'y résout, et la nuit vient à peine
Qu'il vole vers Paris au secours de la reyne.
La princesse et sa bande, au retour de Betford,
N'osent attendre moins qu'une tragique mort.

LA PUCELLE

ou

LA FRANCE DÉLIVRÉE

LIVRE DIX-SEPTIESME.

Mais l'injuste prélat, dont la haine mortelle
N'esteindra bien son feu qu'au sang de la Pucelle,
Outré de voir qu'on tarde à luy donner la mort,
Comme d'un lasche crime en accuse Betford.
Partout il l'en accuse, et sa fureur extrême,
L'emportant à la fin jusques dans Paris mesme,
Il luy vient devant tous d'un air audacieux
Demander le trespas de la fille des cieux.
 Qu'attens-tu plus, dit-il, à terminer la guerre
Et sousmettre la France au joug de l'Angleterre,
Si les astres cruels, redevenus humains,
En ont remis l'obstacle en tes heureuses mains?
Par tant de négligence où rien n'est plus facile,
Veux-tu rendre à ton roy leur bienfait inutile ?
Veux-tu paroistre, à ceux dont le sort t'est commis,
Estre d'intelligence avec leurs ennemis ?

Tu le parois, Betford, retardant le supplice
De ce monstre d'horreur, de ce nid d'artifice,
De cette âme exécrable en qui le brave Anglois
A rencontré l'escueil de ses nobles exploits.
Son supplice est le bien des angloises provinces ;
C'est celuy de Henry ; c'est celuy de ses princes ;
C'est celuy de ton camp ; que dis-je ? c'est le tien,
Et tu remets encor à faire un si grand bien !
Du salut général sa mort sera suivie ;
Les François n'ont vescu que par sa seule vie :
Si l'on les voit tousjours favorisés du sort,
C'est que le feu vengeur va trop lent à sa mort.
Doncques par son bûcher délivre-nous de peine ;
Estouffe dans son sang sa magie inhumaine,
Et sans crainte de blasme, en la faisant mourir,
Fay-nous par son naufrage éviter de périr.
D'aucun bon mouvement son esprit n'est capable ;
De mille maux divers sa malice est coupable.
De cette infâme source ont coulé nos malheurs ;
Elle a seule produit l'excès de nos douleurs.
Sur ces forfaits connus juge-la criminelle ;
Punis-la des tourmens que nous souffrons par elle,
Et sans plus délayer son juste chastiment,
Tire de son trespas nostre soulagement.

 Par ce discours indigne et plein de véhémence,
Betford d'un voile obscur sent couvrir sa prudence.
Il ne voit plus son bien, et ce propos vainqueur
A cette mort inique eust résolu son cœur,
Si dans ce mesme instant sa femme survenuë
De son sens ténébreux n'eust dissipé la nuë,
N'eust forcé sa foiblesse, et l'en faisant rougir,
Dans ses vrays intérests ne l'eust contraint d'agir.
A part elle le tire, et dans sa trouble veuë
Luy descouvre à quel point son âme estoit émeuë,
De sa peur sur son front luy monstre la grandeur,
Par le bras le saisit et luy parle d'ardeur.

 De la sainte captive en haste, luy dit-elle,
Je viens auprès de toy soustenir la querelle,

Appuyer le mérite et mettre en seureté
La valeur, l'innocence et la pudicité.
Jamais rien de si pur, jamais rien de si sage
En nul lieu ne se vit, ne se vit en nul âge;
Mes yeux, mes propres yeux par sa gloire éclairés,
Sont de ce que je dis des garands asseurés.
Cela suffiroit seul, sans nulle autre défense,
Pour sauver sa vertu de toute violence,
Et pour ne l'asservir qu'à la juste raison
Qu'exige entre guerriers le sort de la prison.
Mais un plus haut motif, une raison plus forte
A luy rendre assistance et m'invite et me porte;
Le ciel à la venir puissamment protéger
Contre Causson luy-mesme est venu m'engager.
La nuit que précéda la course destinée
A perdre auprès de toy l'illustre infortunée,
L'ange qui de mes jours a le gouvernement
A moy dans mon repos s'apparut clairement.
Aux yeux de mon esprit il apparut en songe,
Et ce songe, Betford, ne fut point un mensonge;
J'en crois encore voir l'aspect délicieux;
J'en crois encore ouïr les sons harmonieux.
  Va, mais va, me dit-il, d'un mouvement rapide
Combatre la fureur du prélat homicide;
Va destourner l'effet du coupable transport
Qui luy fait de la fille entreprendre la mort.
La fille est vrayment sainte et, sans trop d'injustice,
Elle ne sçauroit estre exposée au supplice.
Son trespas à l'Anglois ne peut qu'estre fatal
Et qu'ouvrir sous son prince un abysme de mal.
Ce trespas, s'il arrive, est sa misère extrême;
C'est celuy d'Édoüard, de Betford, de toy-mesme :
Votre sort et son sort marchent également.
Va doncques y pourvoir, mais va soudainement.
Va, dis-je; en ce besoin la lenteur est mortelle.
C'est travailler pour toy que travailler pour elle.
Causson, tout vieux qu'il est, va contre elle à grands pas
Et peut par ta paresse obtenir son trespas.

Je le pers, et de trouble en sursaut resveillée,
D'une froide suëur sens ma face mouïllée.
Je pars au même instant, le cœur glacé d'effroy,
Et pour rompre son coup je viens courant vers toy.
Si tu t'aymes, Betford, si tu chéris ta femme,
Si nostre enfant commun touche encore ton âme,
Pour toy, pour moy, pour luy, garde d'oppression
Celle qu'a mis Dieu mesme en ta protection.

Betford, illuminé, prévoit le précipice
Où du prélat cruël le poussoit la malice,
En frissonne d'horreur et, surpris du danger,
Veut s'en mieux esclaircir pour s'en mieux dégager.
Il a recours encore aux célestes figures,
D'Édoüard, de la sainte y voit les avantures,
Et trouve que d'accord et l'ange et le destin
Marquent au mesme temps leur désastreuse fin.
Il voit dans ces aspects où leur fortune est peinte
Qu'Édoüard ne mourra que quand mourra la sainte,
Et que si dans la vie ils n'ont pas mesme sort,
Sans différence au moins ils l'auront dans la mort.
Confirmé par ses cieux qu'avec la prisonnière
Son fils conserveroit et perdroit la lumière,
Pour luy plus que jamais d'espouvante il frémit,
Et plus à le sauver s'engage et s'affermit.
Il mande l'inhumain, et d'un ton de tonnerre :

Ce que tu veux, dit-il, choque la bonne guerre,
Et ni le droit des gens, ni l'honneur de l'Anglois
Ne sçauroient consentir qu'on en blesse les loix.
Puis adjoute à ces mots qu'une autre loy secrette
Le force à rejetter sa chaleur indiscrette,
Et luy déclare enfin, que, s'il ne veut périr,
Il ne faut plus qu'il songe à la faire mourir.

Le prélat, agité de sa noire furie,
Le quite, et le quitant murmure, gronde et crie,
Et proteste en son cœur de ne s'arrester pas
Au droit qui met la fille à couvert du trespas.

Ainsi quand le fiévreux qu'une soif véhémente
Au fort de son accès sur sa couche tourmente,

Par plus d'une prière et d'un gémissement
Demande à son brasier du rafraischissement,
Si la rigide voix du médecin habile
Défend l'onde glaçante à son aduste bile,
Le feu qui le dévore, aigri par le refus,
Cherche à se soulager et ne se contraint plus.

 Causson plus que devant part animé contre elle ;
L'enfer souffle en sa flamme et la rend plus rebelle.
Il part ; il n'attend plus que le moment fatal
Où se puisse accomplir son projet infernal.
Betford, pour réprimer cette damnable flamme,
Vers Rouën sur ses pas fait retourner sa femme,
Et veut que du barbare observant les desseins
A tous elle s'oppose, et les rende tous vains.

 Mais la sainte, en l'estat où le sort l'a réduite,
Tenoit pour son salut tout une autre conduite,
Et son vray sentiment sur sa vie et sa mort
N'estoit guère semblable à celuy de Betford.

 Plus haut que tous les saints, que tous les anges mesme,
L'esprit le plus aimé de la bonté supresme,
Et par qui tout pour elle est capable d'amour,
Vit et règne avec elle en son heureuse cour.
Il a des séraphins la bruslante nature,
Fors qu'on la voit en luy plus bruslante et plus pure,
Et d'un céleste azur est fait l'habillement
Qui luy sert à voiler son vif embrasement.
Le flamboyant esprit, qui Charité se nomme,
Presque autant que de Dieu se monstre ami de l'homme,
Et le faisant tousjours pancher au bien d'autruy,
Le rend de son prochain plus soigneux que de luy.
C'est cet esprit ardent dont la fureur divine
Au docteur des gentils eschauffa la poitrine,
Et fit qu'il s'offrit mesme aux tourmens éternels
Pour tout ce que le vice a fait de criminels.

 Dès que la sainte fille à la guerre appellée
Vers le mur de Chinon prit sa noble volée,
Le mesme ardent esprit, ardent, mais gracieux,
Pour se rendre en son sein quitta le haut des cieux.

9.

Il descendit en elle avec toute sa flamme ;
Il s'unit à son cœur, fut l'âme de son âme,
Et, quand sous ses efforts tombèrent les Anglois,
Eut le mérite entier de ses divins exploits.
Par luy pleine de zèle et pleine de constance,
Elle se dévoüa pour le bien de la France,
Et pour la racheter de son malheureux sort
Dans le contraire fer chercha cent fois la mort.
Mais n'ayant pu mourir, bien qu'à l'aspre tempeste
Elle eut cent et cent fois abandonné sa teste,
Et du cruël destin le caprice nouveau
Luy donnant la prison plutost que le tombeau,
Le bienheureux esprit du profond de son âme
D'un transport amoureux s'éleva tout en flamme,
Et sur tout son esprit parut si lumineux
Qu'il le revestit tout d'inextinguibles feux.
Dans un brasier si chaud sa raison espérée,
Et mieux qu'auparavant par luy-mesme éclairée,
En son sein magnanime, avec un saint plaisir,
Fit tout à coup éclore un généreux désir.
Ce n'est rien de mortel que ce qu'elle désire :
Elle porte ses vœux à l'honneur du martyre ;
Mais n'en osant qu'à peine espérer la faveur
En ces mots la demande avec crainte et ferveur :

Monarque souverain, qui de rien m'as tirée,
Pour rendre en ces bas lieux ta grandeur révérée,
Si j'ay de point en point suivi ta volonté,
Donne à mes longs travaux l'heur qu'ils ont mérité.
Je ne te requiers point que tu bornes mes gesnes ;
J'aspire moins encore à voir briser mes chaisnes ;
Tu me peux satisfaire, et par un moindre effort
Je renonce à la vie, et ne veux que la mort.
Par ton ordre, en ton nom, j'ay dans cette aspre guerre
Pour relever la France abbatu l'Angleterre ;
Pour affranchir la France au milieu des enfers,
Il faut par mon trespas abbatre de mes fers.
Au point où je me voy, si la captive France
Ne peut plus par ma vie avoir sa délivrance,

Grand Dieu ! veuïlle à ma mort accorder le pouvoir
D'estre l'heureux moyen qui la luy face avoir.
Rends-moy digne, ô Seigneur ! d'expier par ma peine
Les crimes qu'a commis sa fureur inhumaine
Et d'attirer sur moy le juste chastiment
Qui se doit à l'horreur de son déréglement.
Pour elle je suis preste à te livrer mon âme ;
Je suis preste à mourir et d'une mort infâme.
Dans le choix du trespas mon cœur n'est point douteux :
J'eslis celuy du feu comme le plus honteux.
Si d'une infâme croix tu fus bien la victime
Pour arracher le monde au tiran de l'abysme,
Voulant à son tiran ce royaume arracher,
Je puis bien l'estre aussi d'un infâme buscher.
Mais quelle est l'infamie à mourir dans la flamme ?
Seule infâme est la mort dont la cause est infâme.
Ta mort des belles morts est l'exemple et la loy ;
Je mourray glorieuse en mourant comme toy.
Pour terminer enfin une si longue guerre,
Souffre qu'en me perdant se perde l'Angleterre,
Que la France se sauve en me laissant périr
Et recouvre la vie en me voyant mourir.
    Sur des aisles de feu la prière volante
Aux pieds du Roy des roys en ces mots se présente.
Favorable il l'escoute, et sa voix animant
Fait de ces sacrés sons trembler le firmament.
    Que la fille en ses fers, contente, espère et vive.
Un ange fond soudain où languit la captive,
L'instruit du saint décret, et malgré sa langueur
Fait d'une immense joye espanouïr son cœur.
Il luy dit que la loy sainte, auguste, puissante
Ordonne qu'en ses fers elle vive contente
Et voye en paix venir le terme destiné
Où son noble travail se verra couronné.
A l'ordre du Très-Haut, aux paroles de l'ange,
La fille sans réplique, humble et douce, se range,
Et de son heur prochain la grâce révérant,
Sent à tout autre objet son cœur indifférent.

Son âme, en ses liens libre autant que hardie,
Au milieu des tourmens le martyre estudie,
S'apprivoise à la peine, et suivant son désir
En despit de ses sens se la tourne en plaisir.
 Ainsi le monde a veu par la seule coustume
L'homicide poison perdre son amertume,
Au siége de la vie aller innocemment,
Et loin de l'estouffer, luy servir d'aliment.
 De son transport divin l'asseuré tesmoignage
Éclate sur son front, reluit sur son visage,
Et de ses durs geollliers l'œil sur elle veillant
S'eblouït aux rayons de son regard brillant.
 Cependant les Anglois bruslent d'impatience
Qu'Édoüard le fatal vienne à leur assistance,
Et tous d'un cri pareil sa lenteur accusant
En ce dernier besoin le souhaitent présent.
 A quoy donc, disent-ils, nostre folle sagesse
Veut-elle réserver cette main vengeresse,
Ce bras, ce puissant bras, ce foudre de valeur,
Qui doit de l'Angleterre escarter le malheur?
Le guerrier tant promis attend-il à parestre
Que du throsne françois Charles soit rendu maistre?
Attend-il qu'au sépulcre il nous ait veu porter,
Pour avoir plus de gloire à nous ressusciter?
Que nous manque-t-il plus pour descendre à la tombe?
Nostre honneur en tout lieu sous l'ennemi succombe;
Nous luy cédons partout, et de tous nos efforts
Nous ne remportons rien que des coups ou des morts.
La Pucelle une fois par ses armes charmées
A forcé nos remparts et desfait nos armées;
Son frère maintenant, de son charme héritier,
Nous chasse devant luy de quartier en quartier.
Aux douleurs des François on voit tousjours quelque aide
En leurs malheurs divers apporter le remède;
On ne voit des Anglois en leurs divers malheurs
Jamais aucun secours appaiser les douleurs.
Betford promet sans cesse et n'a point de parole.
Ah! ne nous flatons plus de cet espoir frivole;

Ou paraisse Édoüard, ou sans combatre plus
Espargnons à nos mains des exploits superflus.
Aux pieds de nos vainqueurs allons jetter les armes;
Allons les adoucir par le cours de nos larmes,
Et, si le foible ciel ne nous en peut sauver,
Allons à leurs genoux leur clémence esprouver.

 Betford, pour satisfaire à la plainte publique,
De ce retardement accuse l'art magique,
En accuse la sainte, et veut que par un sort
Elle ait fait qu'Édoüard erre esloigné du port.
 La tempeste, dit-il, en la Manche excitée,
De mon fils loin de nous a la voile emportée,
Et cet affreux orage est le malin effet
Que pour nous le ravir un sortilége a fait.
Malgré l'art toutes fois de l'infernale trouppe,
Aux rivages normands abordera sa pouppe,
Quand vous croirés le plus que vous aviés en vain
Logé vostre espérance en sa fatale main.
 Cette couleur légère et cette foible excuse
Du commun des guerriers le desplaisir amuse,
Et leur esprit müable avec facilité
Au vouloir de Betford tourne sa volonté.
 Mais ce qui plus que tout cause leur confiance,
Qui le plus de leurs vœux calme l'impatience,
Qui rassure le plus le rempart estonné,
C'est du jeune Henri l'abord inopiné.
 Ce nouveau possesseur de l'angloise couronne,
Pressé des mouvemens que la gloire luy donne,
D'un généreux dépit eut le cœur enflammé,
Apprenant d'Édoüard le destin renommé.
Il lui vint un désir d'estre plustôt luy-mesme
Le fatal champion de l'anglois diadême.
Seul il s'en jugea digne, et creut honteux pour luy
Qu'un autre que luy-mesme en fût élu l'appuy.
Poussé de cette honte et des boüillons de l'âge,
Il veut au ciel françois faire voir son courage,
Et pour l'accompagner ordonne à ses Estats
D'armer ce qu'en leur sein il restoit de soldats.

Mais au bruit espandu de la marche ennemie,
Il trouve à n'y pas courre une ombre d'infamie,
Et ses drappeaux nombreux tardant à s'amasser,
Sans eux aux champs des lys il résout de passer.
Avec sa garde seule il quite l'Angleterre ;
A la merci des flots il vient chercher la guerre,
Près du Hâvre débarque, et vers Paris volant
S'en vient y rasseurer le peuple chancelant.

   A cette non préveuë et charmante arrivée,
Le party bourguignon croit la ville sauvée,
Croit le pouvoir anglois en France raffermi
Et se rit maintenant du pouvoir ennemi.
Par ce double renfort se ranime Isabelle
Et sur les conjurés se tesmoigne cruelle ;
L'injuste ne craint plus d'émouvoir la cité
Et sur eux désormais se venge en seureté.

   Betford, contraire à tous, ne voit pas sans tristesse
Du passage royal l'heureuse hardiesse,
Et, surpris de ce coup pour son cher Édoüard,
Craint d'avoir sans profit consommé tout son art.
Il s'afflige de voir en son jeune monarque
D'un martial esprit une si noble marque,
Et craint que désormais, pour calmer son ennuy,
L'Anglois en Édoüard espère moins qu'en luy.
Mais il le dissimule, et gardant le silence
Voile ses noirs pensers d'une douce apparence,
Puis exalte le prince, et par un feint devoir
S'empresse plus qu'aucun à le bien recevoir.
Sur tous de sa venue il monstre de la joye ;
Sur tous à l'honnorer tous ses soins il employe,
Et luy voulant sur tous montrer sa passion,
Prend pour moyen flateur la divine onction.
Il en résout le sacre et soudain le propose ;
Sur l'accord du monarque, il l'ordonne et dispose,
Et feint que par cet acte, à l'égal des vrais rois,
Il prétend l'affermir dans le throsne françois.

   Au cœur du grand Paris un vaste et riche temple,
Des édifices saints le plus superbe exemple,

A le pied dans les eaux aussi bas enfoncé
Que vers le firmament il a le front haussé.
Du sommet des portaux, sur une mesme face,
D'impérieuses tours sort une double masse,
Qui, lassant à la voir la foiblesse des yeux,
Porte ou semble porter la machine des cieux.
Son haut toit sert de baze à la sublime aiguille
Sur qui l'oiseau du jour ainsi qu'un astre brille,
Et le commun le prend pour l'estoille qui luit,
Lors mesme qu'au soleil a fait place la nuit.
En sa comparaison la voûte en semble basse,
Bien que de l'air moyen les bornes elle passe,
Et qui la voit d'en bas, d'estonnement surpris,
L'égale en sa pensée aux célestes lambris.
Sa longueur, sa largeur à sa hauteur respondent,
Et pour le rendre auguste elles s'entresecondent ;
Toutes trois à l'envy sont immenses en tout,
Et l'œil, pour loin qu'il voye, à peine en voit le bout.
De piles à trois rangs, ou grosses ou menuës,
Sont de ses bas costés les voûtes soustenuës ;
De chapelles, d'autels le tour en est garni,
Et partout l'argent mat se mesle à l'or bruni.
De ce divin séjour par une ample croisée
Est l'antique structure en deux parts divisée.
L'art a formé ces parts d'inégale grandeur :
La plus grande est la nef ; la moins grande est le chœur.
Mais le chœur, cette part qu'il forma la moins ample,
Seule par sa grandeur pourroit faire un grand temple,
Tant il contient de peuple en ces jours solennels
Où le ciel y respand ses thrésors éternels.
La nef vers le portail d'abord offre à la veuë
Du géant Porte-Christ l'admirable statuë,
L'honneur des temps grossiers, par qui sont avilis
Les plus beaux monumens des temps mesme polis.
Cent tableaux de cent vœux causés par cent désastres
Embrassent de la nef les orgueilleux pilastres,
Dans toute sa longueur en ordre disposés,
Et partout front à front l'un à l'autre opposés.

Au-dessus, un amas d'enseignes maltraitées
Par Betford à Rouvroy sur Charles remportées
Pend de çà, pend de là, confusément rangé,
Et le sacré chemin en est tout ombragé.
Au mur qui du grand chœur la grande nef sépare
S'adossent deux autels d'une ordonnance rare
Dont l'éclat éblouït les pécheurs éplorés
Par qui sans cesse en foule on les voit révérés.
De ces deux toutes fois celuy qui plus éclaire
Est de la sainte fille, est de la sainte mère,
De cette fille-mère en qui Dieu fut conceu,
Et de qui ce lieu saint a le saint nom receu.
 Betford dans ce lieu saint, le plus saint de la France,
Feint qu'il veut de Henry rehausser la puissance,
Que par l'huile des cieux il le veut rehausser,
Et le sacre françois par l'anglois balancer.
Il le veut, il le fait, et la tourbe infinie
Avec joye et transport voit la cérémonie,
La voit semblable en tout à celle qui dans Rheims
Mit au juste héritier le sceptre entre les mains.
Elle est et faitte et veuë en la ville royale
A celle que vit Rheims en toute chose égale,
Sans que rien y manquast, fors l'huile seulement
Qui pour oindre Clovis tomba du firmament.
Mais pour n'estre pas oint de ce céleste cresme,
Henry n'est pas moins creu digne du diadême ;
Il ne s'en voit pas moins, où s'estendent ses loix,
Vénérable aux François, vénérable aux Anglois.
De ce nouveau brillant sa grandeur revestuë
Relève des Anglois l'espérance abbatuë,
Et le destin contre eux jusqu'alors mutiné
Leur semble dès ce point en leur faveur tourné.
L'assurance en leurs cœurs tout à coup ressuscite ;
Chacun pour la victoire à la guerre s'excite,
Et d'entre eux désormais il n'est si foible corps
Qui n'aspire à l'honneur des plus masles efforts.
 Mais Charles, triomphant après l'angloise fuite,
Pressé de tous ses chefs d'aller à la poursuite,

De leur guerrière ardeur tempérant les bouïllons,
Par force au mesme champ retient ses bataillons.
Édoüard, qui l'obsède, à sa raison inspire
Le parti qui pour luy des partis est le pire,
Et le voulant résoudre à se faire ce tort
Luy rend ainsi suspect le départ de Betford.
 Toy, dit-il, qui, poussé d'une juste vengeance,
Contre l'injuste Anglois animes ta vaillance,
Et veux après ses corps aveuglément courir,
Réprime cette ardeur, si tu ne veux périr.
Son esprit n'est que ruse, et sa bizarre fuite
Pour cause a moins sa peur qu'elle n'a sa conduite ;
Il a pour but ta mort, et bruslant de la voir
Recourt à l'artifice au deffaut du pouvoir.
Regarde, observe tout, et voy si sa retraitte
Peut avoir autre fin que ta seule desfaitte ;
Juge si ce départ brusque et précipité
A quelque autre motif peut estre rapporté.
Couvert de ses remparts dans cet estroit passage,
Il pouvoit seurement mespriser ton courage,
Et sans rien hazarder, à l'abri de ses grais,
De tes nobles desseins arrester le progrès.
S'il a désemparé ce poste insurmontable,
Ce n'est pas qu'à son camp tu fusses redoutable ;
C'est pour mieux t'engager, en marchant sur ses pas,
A tomber dans le piége où t'attend le trespas.
Tant de combats divers, mesme dans la victoire,
Ont ta force amoindrie en accroissant ta gloire ;
Tes blessés et tes morts t'ont rendu moins puissant,
Et l'accort ennemi le connoist et le sent.
Ne laisse point ton sort aveuglément conduire
A qui ne pense à rien qu'à te perdre et destruire ;
Gouverne-toy toy-mesme, et sans témérité
Mesure tes projets à ton utilité.
Quelques heures du moins fay ferme, et te repose,
Tant qu'on ait veu la fin que l'Anglois se propose.
Fay-le bien reconnoistre, et te résous après
A le suivre en sa fuite ou de loin ou de près.

Au conseil d'Édoüard Charles a répugnance :
Il choque sa valeur ; il choque sa prudence ;
Il luy semble choquer son intérest aussi,
Et les plis de son front descouvrent son souci.
Mais à son feu guerrier Agnès, tousjours contraire,
Vient aider le trompeur, et l'aide est nécessaire,
Par cent fines couleurs confirme son avis,
Et de l'avis du roy les leurs furent suyvis.
D'Agnès et d'Édoüard le commun artifice,
Malgré luy, contre luy, le firent leur complice.
De la foudre empoignée il désarma son bras,
Et de ses bataillons fit suspendre les pas.
L'avis des plus vieux chefs eut beau le contredire ;
Il n'en creut Tanneguy, ni Poton, ni La Hire.
Des favoris adroits les coupables desseins
Ravirent les fuyards à ses fatales mains.
Dans l'armée, en son cours par cet art retenuë,
Aussitost de Henry se respand la venuë,
Et le bruit par l'Anglois semé de toutes parts
Le fait accompagné de six vingts estendards.
De ce bruit le trompeur prend alors avantage
Et : Voy, Charles, dit-il, si mon avis fut sage,
T'assurant que Betford se feignoit esperdu,
Et que c'estoit un piége à tes forces tendu.
Il fuyoit devant toy, bien qu'égal en puissance,
Bien qu'un roy valeureux courust à sa défense,
Bien qu'un valeureux camp vinst accroistre le sien.
Et fuyoit-il de peur, ou fuyoit-il pour rien ?
Tu vois trop maintenant que sa fuite rusée
Fut pour rendre à son fer ta perte plus aisée ;
Tu vois que le trompeur ne fuyoit devant toy
Que pour mieux te sousmettre à sa barbare loy.
Il l'entend sans respondre et commence à le croire ;
Il gourmande en son sein le désir de la gloire,
Et, logeant ses drappeaux aux lieux abandonnés,
Rassure les soldats par ce bruit estonnés.
Mais lorsqu'on sçeut enfin que d'une ardeur pressée
Henri presque tout seul avoit la mer passée

Et s'estoit dans Paris sur le throsne des roys
Osé faire sacrer monarque des François,
Transporté de douleur et bouïllant de colère,
Il se plaint d'Édoüard, et d'une plainte amère
De mollesse il l'accuse, et, s'il n'est pas vainqueur,
L'impute seulement à son manque de cœur.
A ce juste reproche, à cette amère plainte,
Édoüard perd la voix et se glace de crainte.
Agnès, qui contre luy voit le prince irrité,
Le laisse sans secours en son adversité.
De son désastre mesme accorte elle profite,
Près du roy désormais la guerre sollicite,
Et l'exhorte d'aller aux despens de l'Anglois
Faire contre Paris éclater ses exploits.
Par la belle à ce coup sa valeur excitée
Vers la cité royale est soudain emportée;
Elle emporte le camp de son trouble guéri,
Et leur unique but est la mort de Henry.
Charles marche à grands pas, l'âme tout enflammée;
Comme luy tout en feu marche à grands pas l'armée,
Et l'énorme attirail du canon remonté
N'allentit que bien peu leur cours précipité.
Betford, qui sur Paris voit fondre cet orage,
Du jeune prince anglois émoussant le courage,
Force sa noble fougue à l'attendre venir
Et le peut, quoyqu'à peine, en ses murs retenir.

    Comme un fier lionceau qu'en sa cave profonde
Un sage gouverneur tient séparé du monde,
Et qui voit contre luy, proche de ses barreaux,
Ronfler sous l'aiguillon d'impétueux taureaux,
A ce pressant objet, de sa dent acérée
Il mort en rugissant la closture ferrée,
Et, s'il ne combat point, c'est que sous cent verroux
On y retient captif son généreux courroux.

    Henry hors des remparts ses bataillons disperse;
A la besche, à la pelle, au pic il les exerce,
Leur fait pour se couvrir remuër le terrain,
Aux assauts des François puissant et rude frein.

Le long retranchement à peine se commence
Qu'il se monstre aux regards presque mis en défense.
L'œil du prince entretient la chaleur des ouvriers,
Également pour luy travailleurs et guerriers.
 Au fort de ce travail, d'une marche soudaine
Charles de tous ses corps vient inonder la plaine.
A son jeune rival il vient se présenter,
Et d'égal avec luy le throsne disputer.
De çà, de là volans, ses escadrons superbes
Près du lieu retranché foulent les molles herbes,
Et d'un cri belliqueux de mille cris formé
Provoquent à sortir l'ennemi renfermé.
Betford retient le prince, et l'effroy son armée;
La chaleur du François est ainsi réprimée,
Et, faute de matière offerte à sa valeur,
Il en voit sans effet consumer la chaleur.
Du courageux Henry, malgré sa hardiesse,
Charles ayant tiré cet aveu de foiblesse,
Et ne pouvant rien plus, ne fait plus que songer
A prendre ses quartiers et ses trouppes loger.
A la teste des siens, aux yeux de l'adversaire
Il se fait apporter la carte militaire,
Qui d'une seule veuë, en son plan raccourci,
Monstre avec la cité ses environs aussi.
 Dans un vélin roulé sur un baston d'ébeine
Est de vives couleurs peinte la vaste plaine,
Et la sçavante main qui marqua chaque trait
N'y laissa rien de faux, d'obscur ni d'imparfait.
Le tour en est bordé d'une pompeuse frange
Où l'or joint à l'argent fait un riche meslange,
Et sur ce mesme tour, artistement tracés,
Rampent les lauriers verds aux palmes enlacés.
 La carte de son long par le prince estenduë
Est par deux de ses chefs devant luy suspenduë.
Tandis que sur son plan il recherche des yeux
Quels sont pour le blocus les plus commodes lieux,
Vers la plage du ciel d'où vient le froid au monde,
Il remarque Lagni sur la Marne profonde,

Et vers celle où des flots naît le bruslant soleil
Sur la profonde Seine il voit plus loin Corbeil.
Plus près, vers le midi, par sa roide montagne
Il apperçoit Meudon dominer la campagne,
Et vers où meurt le jour en des champs tout unis,
Il reconnoist les murs du fameux Saint-Denis.
De çà, de là, cent bourgs, cent hameaux, cent villages,
Cent ruisseaux, cent vergers, cent canaux, cent boscages,
Amusant ses regards de mille objets divers,
Luy semblent descouvrir un petit univers.
  Sur tous, pour logement, à soy-mesme il s'ordonne
Le fort qui de Meudon l'éminence couronne,
Du sourcilleux Meudon qui, voysinant les cieux,
Ne voit que comme bas le plus haut de ces lieux.
Pour le sien, à sa gauche, Édoüard prend Surène,
Prend le pont au-dessus et maistrise la Seine ;
Puis jusques à Neuïlli, le long des mesmes eaux,
Il estend le surplus de ses braves drappeaux.
Artus loin au-dessous prend un poste plus ample
Où l'apostre françois a son superbe temple,
Et par plus d'un drappeau, par plus d'un estendard
S'empare de la place et borde le rempart.
Pour logis, à sa droitte, où s'élargit la plaine,
Tanneguy prend le Bourg fier du nom de la Reine,
Et La Hire à Wincestre, un autre illustre nom,
Tout de suite se loge et loge le canon.
Mesme jusqu'où Vitri cultive son vignoble
Il avance du camp la trouppe la plus noble,
Durant que sous Poton les novices soldats
De Lagni, de Corbeil s'en vont saisir les pas.
Tel est l'ordre du roy que chacun d'eux observe ;
Pour le séjour d'Agnès le sien propre il réserve,
Ne pouvant confier un bien si précieux
Qu'à sa demeure propre et qu'à ses propres yeux.
  Tout s'accomplit par tous sans désordre et sans peine ;
De tous costés tout cède au bonheur qui les meine ;
Tout cède au juste effroy qu'imprime en tous les cœurs
Le bruit de tous ces corps incessamment vainqueurs.

Pour se rendre aux quartiers que l'on venoit d'élire,
Au monarque, à ses chefs deux jours peuvent suffire ;
Le second, tout s'achève, et le matin suyvant
On marche vers les murs, les enseignes au vent.
Revoyant la cité qui n'a point de pareille,
Le François pour l'assaut sa vaillance resveille,
Resveille son désir et se promet de voir
Ses boulevards d'abord réduits en son pouvoir.
Il sent combler son sein d'une excessive joye,
Dans l'espoir que ce jour ils deviendront sa proye,
Et qu'il y pourra faire un immense butin
Sur le rebelle Anglois et le peuple mutin.
Contre l'un, contre l'autre il s'émeut et s'excite,
L'attaque près des chefs à grands cris sollicite,
Et plusieurs, emportés de leur noble chaleur,
Vont mesme des tirans irriter la valeur.
  Ainsi, quand sous le bois où l'on a fait la queste,
Du lieu de l'assemblée on descouvre la beste,
Et que pour l'attaquer au milieu de ses forts
Desjà sonnent partout les trompes et les cors,
Des chiens vifs et bouïllans qu'assujettit la laisse
Par cent abois confus chacun la chasse presse,
Et tels, rompant le trait qui les tient arrestés,
En dépit des veneurs y vont précipités.
  Le monarque françois, qui n'est que feu luy-mesme,
Du François valeureux voyant l'ardeur extresme,
De tous ses bataillons dix escadres formant,
Le prépare à l'assaut du bas retranchement.
D'un projet si hardi Betford mesme s'estonne ;
Édoüard, à le voir, en paslit et frissonne,
Et le mortel effroy dont ils sont tous deux pleins
Leur fait mal augurer de leurs profonds desseins.
Sur le front des Anglois la terreur est empreinte ;
Aux creux de leurs réduits ils renferment leur crainte,
Et, pour s'en délivrer, d'une tremblante main
Tousjours de plus en plus ils haussent le terrain.
Mais si dans ce péril ils sont remplis de trouble,
Les factieux bourgeois s'espouvantent au double ;

Charles par sa présence altère leurs esprits,
Et chacun de son crime attend le juste prix.
Comme en un mur forcé, les places et les ruës
Retentissent des cris qui montent jusqu'aux nuës,
Et le plus foible sexe aux saints lieux resserré
De son honneur encor s'y tient mal asseuré.
 Le jeune prince anglois, seul ferme en ce tumulte,
Quel ordre s'y peut mettre en luy-mesme consulte,
Et parmi l'embarras de son sort inhumain
Trouve ou pense y trouver un remède certain.
Animé tout à coup d'une héroïque flamme,
Par son ardeur fatale il sent porter son âme
A voir de prince à prince, et par un seul combat,
Du sceptre contesté finir le grand débat.
Son sens préoccuppé veut que par cette addresse
Aux forces du François s'égale sa foiblesse,
Et que sans avantage, en ce choq hazardeux,
La victoire dans l'air se suspende entre eux deux.
Un projet si sublime, inouï dans cet âge,
Chatouïlle son orgueil et flate son courage,
Sans laisser reconnoistre à sa foible raison
Que ce qu'il en doit craindre est du moins la prison.
Par le trompeur éclat d'une fausse lumière
L'aveugle ambition offusque sa paupière ;
Son cœur est du combat esperdument espris,
Et sans en voir la peine il n'en voit que le prix.
 Tel est le cerf amant qui descouvre la biche
Dans l'enclos espineux d'une lointaine friche,
Et qui, plus que jamais transporté de la voir,
En sent plus que jamais ses esprits émouvoir.
Vers elle plein de feu sa course il précipite,
Et, bien que tout s'oppose au dessein qu'il médite,
Bien qu'un abysme creux s'ouvre devant ses pas,
Il n'a d'yeux que pour elle et point pour le trespas.
 Henry veut le duël ; mais, dans la juste crainte
De trouver par les siens sa liberté contrainte,
A son plus vieux héraut mandé secrettement
Il fait d'un masle ton ce beau commandement :

Vers Charles va, dit-il, et luy tiens ce langage :
Toy qui viens de mon prince envahir l'héritage,
Fay-luy du moins la grâce, en le luy disputant,
De le luy disputer en royal combatant.
Si tu luy fais la guerre, apprens à la luy faire
En lion généreux, non en loup sanguinaire.
Vien seul contre luy seul, et tesmoigne aux humains
Que ta main fait ta force, et non pas d'autres mains.
Pour éprouver ton cœur en ce genre de guerre,
En simple avanturier il quite l'Angleterre,
Et, traversant les mers, seul à seul avec toy,
Vient de battre la France et s'en prouver le roy.
Assés et trop encor cet Estat misérable
A langui sous le faix qui l'opprime et l'accable ;
Assés et trop encor de son peuple esperdu
Et pour vous, et par vous, s'est le sang respandu.
Délivrés-le une fois de sa peine mortelle ;
Avec vos propres bras vuidés vostre querelle ;
Voyés par vostre sang et par vostre vertu
A qui doit demeurer le throsne débatu.
Mon roy, pour l'éclaircir, le combat te demande.
On verra qui de vous a l'âme la plus grande ;
On verra par l'espreuve, en ce pas dangereux,
Si ce n'est point à tort qu'on te croit valeureux.

    Il va, trouve le prince, et d'une voix altière
Luy porte aux yeux de tous l'ambassade guerrière,
Le gantelet luy jette, et rehaussant sa voix :
Des armes, luy dit-il, on te donne le choix.

    Le monarque s'émeut au superbe message,
Sent contre son rival enflammer son courage,
Et pesant chaque terme au sens qu'il est conceu,
S'irrite de l'affront qu'il pense avoir receu.
Il relève le gage, accepte la parole,
Veut qu'aux murs à l'instant le messager revole
Et rapporte à son roy qu'avant le jour fini
De sa funeste audace il se verra puni.
Il veut que chacun d'eux signale sa vaillance
A cheval, à l'espée, à la hache, à la lance,

Assure le champ libre, et dans ses nobles jeux
Fait reluire l'espoir d'un succès glorieux.
　Le héraut s'en retourne, et par la renommée
La nouvelle estonnante aussitost est semée.
L'un et l'autre parti, d'un tel avis troublé,
S'en moustre également de tristesse accablé.
Du projet de Henry, de son ardeur fatale
Naist dans le cœur des siens une horreur générale.
Ils y résistent tous par mille cris confus,
Mais n'en obtiennent tous qu'un desdaigneux refus.
En son esprit hautain la chose est résoluë;
Il le veut, et le veut de puissance absoluë;
Il veut qu'on y souscrive et le commande en roy,
Sous peine d'infamie et de manque de foy.
Tous le pressent au moins, s'il s'obstine à combatre,
De lier la partie à quatre contre quatre,
Et de prendre des siens, pour se moins hazarder,
Ceux qui pourront le mieux son effort seconder.
Mais ferme en son propos, d'une œillade farouche,
Mesme sans leur respondre, il leur ferme la bouche,
Et, qu'ils veuïllent ou non à ses vœux consentir,
Pour tenir sa parole il s'appreste à partir.
　Betford, seul entre tous observant le silence,
Semble en regarder tout avec indifférence,
Et de tous les Anglois excitant le courroux
Par un murmure égal en est blasmé de tous.
Seul au combat du prince il fint de contredire,
Songeant que s'il y tombe il luy laisse l'empire,
Et, comme pour luy plaire ainsi se ménageant,
Il le peut obliger en le désobligeant.
　Charles, de son costé, sans escouter personne,
Pour le royal duël toutes choses ordonne,
Fait à tous sur son front remarquer sa fureur,
Et Tanneguy luy-mesme en a de la terreur:
Au feu vif et bruslant qui luit sur son visage,
Il voit que luy parler c'est l'aigrir davantage,
Se perdre auprès de luy sans nulle utilité
Et résister en vain à la fatalité.

Ainsi, lorsque le mal, plus fort que le remède,
Fait que pour le guérir aucun soin ne succède,
Et que tous les secours qu'on y peut apporter,
Au lieu de l'adoucir, ne font que l'irriter,
Abandonné de l'art comme de la nature,
Le médecin aux cieux abandonne sa cure,
Et deust-il mesme aux cieux l'avoir laissée en vain,
Pour en vain la reprendre il refuse la main.

Édoüard comme tous tesmoigne aussi de craindre,
Mais dit qu'on croit en vain pouvoir Charles contraindre,
Et sous la feinte peur qu'à chacun il fait voir
De la mort souhaitée il peut cacher l'espoir.

Agnès, que fait frémir une peur véritable,
Oppose à ce torrent une voix lamentable,
Et, pour mieux exprimer jusqu'où vont ses douleurs,
A sa voix lamentable entremesle des pleurs :

Ah! dit-elle, grand roy, quel caprice vous guide?
Qui vous fait de vous-mesme être le parricide?
Qui vous fait vostre honneur à l'Anglois immoler?
Qui vous fait vostre sort à son sort égaler?
Pour vaincre désormais, vous n'avés rien à faire ;
Henry voit sa ruïne, et la voit toute claire ;
C'est un désespéré qui, se sentant périr,
Veut tenter en mourant de vous faire mourir.
Qui peut donc vous porter en faveur de sa rage
A quitter aujourd'huy votre insigne avantage,
Unir vos vœux aux vœux d'un esprit égaré
Et mettre en compromis un bonheur asseuré?

Elle vouloit poursuyvre et marquer par ses larmes
Ce qu'elle appréhendoit des incertaines armes,
Marquer par ses clameurs l'excès de son ennuy,
S'il falloit que le sort se tournast contre luy ;
Mais, sans luy donner temps de prolonger sa plainte,
Pour consoler son âme et dissiper sa crainte,
Ne connoissant que trop où tendoit son discours,
Il le rompt et l'arreste au milieu de son cours :

Belle Agnès, luy dit-il, bel astre de ma vie,
A mon heureux destin ne portés point d'envie.

Laissés tomber ma foudre, et croyés par raison
Que jamais son éclat ne fut plus de saison.
Je m'en vais d'un seul coup achever cette guerre
Et dans un seul Anglois terracer l'Angleterre.
Quel plus rare bonheur pouvoit-il m'arriver,
Et quel moindre péril y pouvois-je trouver?
Mille bras vigoureux, au milieu des batailles,
De mille dures morts menacent mes entrailles;
Icy le foible trait d'un imbécille bras
Peut à peine à mon sein faire craindre un trespas.
Le combat sera doux et de peu de durée;
La victoire à ce fer en est toute asseurée.
Croyés-le, mon bel astre, ainsi que je le croy,
Si vous craignés pour moy, vous jugés mal de moy.
Mais, deussé-je tomber sous la force ennemie,
L'Anglois m'a provoqué; sous peine d'infamie
Il le faut satisfaire, ou vivre diffamé;
Un infâme par vous pourroit-il estre aimé?
Rodolphe, Tanneguy, par leur juste silence,
Contre luy de ma gloire approuvent la défence,
Et vous l'improuvés seule! Ah! sans plus contester,
Ah! laissés-moy partir, combatre et surmonter!
 A ces mots il s'esloigne, et demandant ses armes
Demeure pour ce coup insensible à ses larmes.
Saintrailles dans son sein estouffe ses sanglots,
Et d'un souple chamois luy vient couvrir le dos.
Il luy met par dessus l'esclatante cuirasse
Dont la forme en beauté toutes autres surpasse,
Et dont la fine trempe et le métal espais
Esmoussent tous les dards, espointent tous les traits.
Ensuite au corselet les braçards il attache,
Et l'un et l'autre bras dans l'un et l'autre cache,
Puis luy fait en escharpe à deux gros chaisnons d'or
Pendre sur le costé le coutelas encor.
Du casque reluisant dont un coq fait la creste,
Pour armure dernière, il luy charge la teste,
Et du superbe casque un pennache ondoyant
Sort et bas sur le dos du harnois flamboyant.

Deux pages grands et forts, en fière contenance,
Portent devant ses pas son bouclier et sa lance,
D'un escuyer suyvis, conducteur du cheval
Sur qui Charles s'appreste à vaincre son rival.
Le relevé chanfrein du coursier indomtable
Par sa pointe d'acier rend son choq redoutable,
Et la crouppe et les flancs du rapide coursier
Sont de lames couverts et de mailles d'acier.
Du cheval et du roy les armes azurées
Ne laissent voir partout que fleurs de lys dorées,
Marques de son empire et tesmoins glorieux
Du légitime droit qu'il a sur ces beaux lieux.
En ce riche équipage il paroist dans la plaine,
Suyvi de ses drappeaux avec douleur et peine,
Et voit le prince anglois paroissant à l'envy,
Avec peine et douleur de ses drappeaux suyvi.

L'Anglois, non moins brillant, pour tesmoins et pour marque
Qu'il est de ces beaux lieux légitime monarque,
A la teste des siens d'un harnois est armé
Qui sur un fond d'azur est de lys d'or semé.
L'armure de Henry, du cheval qui le porte,
Sans nulle différence à l'autre se rapporte,
Est mesme chose en tout, fors qu'on y voit espars
Entre les lys dressés les passans léopards.

Charles rougit de voir son royal adversaire;
On douta s'il rougit de honte ou de colère;
Mais de l'un et de l'autre il rougit à la fois
Lorsqu'il se voit en tout égalé par l'Anglois.
Le masle cœur rempli d'une fureur mortelle,
Il monte son coursier, s'affermit dans la selle,
Embrasse son escu, s'avance au petit pas
Et présente à Henry la lance et le trespas.

Ainsi, quand sur un pont forgé d'airain solide,
A son grand char d'airain laschant toute la bride,
L'orgueilleux Salmonée, un faux foudre en ses mains,
Se feignit Jupiter aux crédules humains,
L'Élide gémissante au-dessus de sa terre
Vit le vray Jupiter armé d'un vray tonnerre

Lever le bras horrible, et du faux Jupiter,
Grondant d'un ton plus fort, le trespas méditer.
  De çà, de là, soudain la trompette animée
Ordonne le silence à l'une et l'autre armée,
Et, sous peine de mort, à tout chef, tout soldat,
Défend, au nom des roys, de troubler le combat.
  La plaine où doit finir la royalle querelle
S'estend sur la main gauche et se nomme Grenelle ;
Elle est unie et vaste, et le tour de ses champs
Peut servir de camp clos à deux immenses camps.
De deux lieux opposés, en guerrière ordonnance,
L'un et l'autre parti dans la plaine s'avance ;
Assés proche ils font halte, et, retenant leurs traits,
D'un mutuël accord se regardent en paix.
De concert entre eux deux reste un petit espace,
Du combat assigné l'ambitieuse place,
Le camp libre d'obstacle où, par leurs seuls exploits,
Les rivaux couronnés vont décider leurs droits.
Dans un ciel épuré l'astre de la lumière
Inclinoit vers les flots qui bornent sa carrière,
Et ses bruslans rayons sur tant d'armes jettant,
En faisoit rejalir un feu plus esclatant.
D'un et d'autre costé les trouppes estenduës
Sur le douteux succès demeurent suspenduës,
Tremblent toutes de crainte, et d'un soin curieux,
Sans parler, sans mouvoir, n'agissent que des yeux.
Au milieu des deux camps la fortune de France
Par le sort à ce coup est mise à la balance ;
On dispute en ce lieu le sceptre des François,
Et les deux champions sont et braves et roys.
Les roys l'un devant l'autre, à cette proche veuë
D'un plus fort mouvement se sentent l'âme émeuë ;
Ils relèvent le front ; ils redressent le corps
Et roidissent le bras pour de masles efforts.
Tous deux, comme animés d'une vigueur nouvelle,
Pèsent sur les estrieux, se colent à la selle,
Et sur le champ guerrier l'un et l'autre cheval
Désormais pour partir n'attend que le signal.

Édoüard et Betford, des deux bandes contraires
Éleus pour les parrains des deux grands adversaires,
Partagent le soleil aux héros combatans,
Et du choq souhaitté marquent enfin le temps.
La trompette le marque, et deux torrens superbes
De deux coteaux voysins, sur les tremblantes herbes,
D'un moins rapide cours bondissant et roulant,
Se viennent rencontrer dans leur choq violent.
Sous les pieds des chevaux, les arènes menuës
S'élèvent aussi haut que les plus hautes nuës,
Et l'aride terrain à leur dru battement
Sans éclat retentit et respond sourdement.
Au milieu des escus chaque lance poussée
De l'atteinte en passant se trouve fracassée ;
Leurs éclats contre mont volent d'un vol divers ;
Ceux du bois étranger vont moins haut dans les airs.
En ce terrible assaut Charles, plein d'assurance,
Comme une ferme tour reçoit son coup de lance.
Henry se désajuste en recevant le sien,
Et pour ne pas tomber a besoin de soustien.
Estonné du grand coup, pour n'aller pas à terre
Il se prend à l'arçon et de la main le serre ;
Il bransle dans la selle, et trois et quatre fois
Le sein à cette veuë est de glace aux Anglois.
Charles, durant ce temps, au bout de sa carrière
Jette le court tronçon sur l'ardente poussière,
Tourne ainsi qu'un éclair, au poin le coutelas,
Et vers son ennemi revient, doublant le pas.
Mais, tousjours magnanime, au moment qu'il le double,
Remarquant de tout loin son désordre et son trouble,
Il le souffre remettre, et son généreux cœur
Sans ce juste avantage en veut estre vainqueur.
Au fort de son courroux conservant sa noblesse,
Pour son propre rival il sent de la tendresse,
Et, pourveu que son bras l'empesche de régner,
En le surmontant mesme il voudroit l'espargner.
Henry tire son fer, et, tout rempli de flamme,
De son choq inégal veut réparer le blasme,

Vers Charles vient courant, pressé de son ennuy.
Charles, le fer levé, s'en va courant vers luy.
Tous deux en mesme instant haussent leurs deux espées,
Et dans leur sang tous deux les pensent voir trempées.
Les deux coups toutesfois, bien qu'assénés à plein,
Descendent sans effet et trompent leur dessein.
Le métal affiné des deux riches cuirasses
A peine de leurs fers conserve quelques traces.
Sous leurs armets soudain ils rameinent leurs coups,
Et ne les trouvent pas sous leur acier plus doux.
Des armes qu'à l'envy l'un et l'autre martelle,
A chacun de leurs coups sort plus d'une estincelle ;
Soit qu'ils frappent la teste, ou l'espaule, ou le flanc,
Ils en tirent du feu sans en tirer du sang.
 Le fer hors la fournaise, appliqué sur l'enclume,
Ainsi rouge et bruslant sous le marteau s'allume,
Et de cent coups battu par quatre bras nerveux
Résiste, et seulement jette en rond feux sur feux.
 Charles, confus de voir, outre son espérance,
Le combat jusqu'alors demeurer en balance,
Ramasse sa vigueur, et le bras desployant
Descharge à l'adversaire un revers foudroyant.
Le coup sur le bras droit tombe comme un tonnerre
Et du braçard espais met le coude par terre ;
Le bras mesme il entame, et le sablon séché
Est du sang qui ruisselle en plus d'un lieu taché.
Par ce coup s'affoiblit le plus jeune monarque,
Et pour luy son armée appréhende la Parque.
Son courage pourtant soustient tousjours son bras,
Et, bien qu'il soit plus foible, il ne s'estonne pas.
Charles, qui de Henry voit le désavantage,
Luy commande en vainqueur qu'il luy rende l'hommage
Et que, de son faux droit le tort reconnoissant,
Il cède la couronne au chef du plus puissant.
 Les siens, voyant leur prince au bord du précipice,
Sentent qu'à tous le poil sur leur front se hérisse,
Et pour s'estre rendus complaisans à ses vœux
S'imputent du combat le succès malheureux.

La peur, démon glacé qui leur âme possède,
Leur fait à ce grand mal chercher un grand remède
Et soudain leur inspire, en faveur de leur roy,
De mettre sous les pieds la justice et la foy.
Ils ne peuvent souffrir qu'un si noble courage
Faute d'aide succombe à ce fatal orage,
Et tous d'un mesme esprit en mesme temps portés
Pour l'en mettre à couvert joignent leurs volontés.
Ils s'entendent des yeux sans besoin de parole,
Et voilà tout d'un coup chacun s'esbranle et vole,
Vole lance baissée, et sur Charles fondant
Vient délivrer Henry du trespas évident.

 A l'insulte mortel, le soldat de la France
Sur le perfide Anglois impétüeux s'eslance ;
Le vuide du milieu périt en un moment,
Et le bruit de leur choq va jusqu'au firmament.
Les roys ont beau tous deux la bataille défendre,
Ni l'un ni l'autre camp ne les veulent entendre.
A haute voix en vain la défendant les roys,
L'éclat du choq affreux en estouffe la voix.
De l'un et l'autre prince à cette aspre tempeste
L'un et l'autre parti songe à garder la teste.
Chacun a pour tout but d'en garentir le sien
Et, fors cet intérest, n'entend ni ne voit rien.
D'une égale fureur, et d'une force égale,
Ils se font l'un à l'autre une attaque brutale,
S'entr'enfoncent d'abord, et d'abord se meslant,
Ne sont plus qu'un chaos aveugle et turbulent.

 Quels accens assés hauts, quelle assés longue haleine
Fourniroient aux horreurs dont cette attaque est pleine,
Et feroient distinguer dans la confusion
Du sang des deux partis la noire effusion ?
La mémoire en ce lieu s'embarrasse et s'estonne,
De tant d'efforts divers le détail abandonne,
Et dans un tel désordre ose à peine espérer
D'en nommer les autheurs et de ne point errer.

 La réciproque insulte a peut-estre l'image
De deux vastes Typhons, gros de fiel et de rage,

Qui, poussés de fureur, chacun avec cent mains,
Se monstrent à l'envy l'un sur l'autre inhumains.
  On voit en mesme lieu dards, traits, lances et piques
Produire en mesme temps cent et cent morts tragiques,
Et dans de rouges lacs chefs, soldats et chevaux
Pesle-mesle borner leurs belliqueux travaux.
  Par les siens, malgré luy, l'infortuné monarque
A la faveur du trouble est soustrait à la Parque,
Et Charles, qui le cherche et qui le cherche en vain,
Leur fait du moins sentir les foudres de sa main.
Sa supresme valeur, sur toutes reconnuë,
Sur toutes par son fer leur nombre diminuë.
Son redoutable fer les presse plus que tous
Et se fait remarquer par de plus pesans coups.
Enfin, trouvant pour luy leur résistance vaine,
Leur cœur se sent pressé d'une terreur soudaine;
Ils cèdent, et cédant du François sont chassés
Jusque sur leurs remparts, jusque dans leurs fossés.
Vignolles à la droitte, à la gauche Saintrailles,
Les meinent tous batant jusque dans leurs murailles.
Artus plus qu'eux les pousse, et sans l'obscurité
Paris par ce torrent pouvoit estre emporté.
  La nuit qui vient alors termine cette guerre
Et sauve du François les armes d'Angleterre.
Charles vers son costeau retire ses soldats
Et veut qu'en seureté se délassent leurs bras.
Au pied du mont il campe, et sous des gardes fortes
Oblige à reposer ses vaillantes cohortes;
Le camp dort sur la terre et, plein de ses exploits,
Combat encore en songe et desfait les Anglois.
  Mais la garde contre eux est un soin inutile;
La crainte les renferme au dedans de leur ville.
Nul ne clost la paupière, et durant l'air obscur
Tous en ordre rangés veillent sur le haut mur.
  A peine éclost le jour que la cité, qui tremble,
De chacun des quartiers chés le prince s'assemble;
On y parle, on y crie, et chacun y conclut

Qu'on doit de Talbot seul attendre son salut.
Henry, pour le haster, luy fait sur l'heure écrire,
Sans que l'ose Betford en ce point contredire,
Bien que pour Édoüard son amour paternel
Craigne désormais seuls Talbot et Lyonnel.

 Charles, de son costé, dès la clarté première
Consulte des vieux chefs la prudence guerrière,
Et tesmoigne d'abord, par son boüillant discours,
Qu'il veut planter l'eschelle à ses rebelles tours.
Mais l'accort Édoüard, qui ses avis ménage
Selon que de Betford le prescrit l'avantage,
Prend le parti contraire et soustient puissamment
Qu'on les peut asservir par la faim seulement.
Son dessein est mauvais, mais sa raison est forte ;
Des vieux chefs appuyé, sur Charles il l'emporte,
Fait résoudre le siége et, pour le bien former,
Dit qu'il faut et la Seine et la Marne fermer.

 Ainsi, pour resousmettre à son antique chaisne
L'ourse aux cruëlles dents, à la patte inhumaine,
Qui du joug affranchie a de son antre affreux
Et retrouvé la route et regaigné le creux,
D'un amas de rochers, d'un abatis de souches,
Traversant ses abords et resserrant ses bouches,
On fait que l'animal, par la faim surmonté,
Retourne de luy-mesme à sa captivité.

 Édoüard le propose, et le prince l'appreuve.
Soudain cent bateaux plats descendent par le fleuve ;
Sur l'ordre d'Édoüard, Corbeil les a fournis,
Et les deux bords du fleuve en doivent estre unis.
Un long et large pont sous Atis s'en compose ;
Tanneguy qui le meine à Charenton le pose.
Mille ancres de leurs crocs autour mordant le fond,
Sur les mobiles flots affermissent le pont.
Trente canons pointés sur le moite rivage,
Au-dessus, au-dessous favorisent l'ouvrage.
Le François l'accomplit, et pour le traverser
L'Anglois saisi de peur n'oseroit s'avancer.

A la faveur encor des machines bruyantes,
Tanneguy fait passer les brigades ardentes ;
La moitié seule en passe, et les proches sillons
Sont d'escadrons couverts, couverts de bataillons.

LA PUCELLE

ou

LA FRANCE DELIVRÉE

LIVRE DIX-HUITIESME.

Mais le jeune Henry, dans la sensible peine
Où le combat troublé met son âme hautaine,
Craint qu'usant de son droit Charles victorieux
Ne veuïlle qu'il renonce à régner en ces lieux.
Ce penser le travaille autant que sa blessure.
Il cherche et ne voit rien qui son doute rassure.
Cent moyens différens luy roulent dans l'esprit;
Enfin ce moyen seul le contente et luy rit.
Pour le mettre à couvert du blasme qu'il doit craindre,
Des François escadrons il résout de se plaindre
Et juge que son camp peut en estre sauvé,
S'il rejette sur eux le désordre arrivé.
A cet expédient il s'attache avec joye,
Et son mesme héraut vers le prince renvoye.
Le hardi messager, de toute chose instruit,
Part qu'à peine le jour avoit chassé la nuit.

La garde de tout loin le connoist à sa marque,
Le reçoit et le meine aux tentes du monarque ;
Le héraut, qui le voit de ses chefs entouré,
Luy tient en l'abordant ce propos asseuré :
  Prince, qui nous débas la françoise province,
Je retourne vers toy par l'ordre de mon prince,
Non pas pour t'imputer le trouble qu'à son bras
Viennent en ta faveur d'apporter tes soldats,
Quoy qu'il peust bien penser, dans sa juste colère,
Que le mal qu'ils ont fait, ils l'ont fait pour te plaire,
Et qu'en secret du moins ta peur ait consenti
Au crime qui des fers t'a par eux garanti.
Bien qu'il pust de leur tort tirer son avantage,
Pour t'en rendre garant son courroux est trop sage.
Il ne demande point ce qu'il peut demander
Et que par ton serment tu luy dois accorder.
Généreux, il t'en quitte, et seulement souhaite
De voir de camp à camp sa gloire satisfaitte,
Puisque de seul à seul ton favorable sort
Luy rend vain contre toy son héroïque effort.
Fondé sur sa valeur, qui son droit justifie,
Mon prince par ma voix au combat te deffie,
Au combat général, quand l'un et l'autre camp
Pourront en force égaux disputer ce beau champ.
Ses drappeaux sont en mer et bientost vont paroistre ;
Ce champ sera bientost éclarci de son maistre.
Prépare cependant ton soldat criminel
A recevoir Henry, Talbot et Lyonnel.
  Le François de ces mots et murmure et s'offense ;
Charles sur sa response a l'esprit en balance.
L'art du vaincu le choque, et son fier et grand cœur
Souffre impatiemment qu'il le traitte en vainqueur.
Son noble cœur pourtant, plus noble que colère,
Résout de luy respondre et de le satisfaire,
Mais d'un air si royal, qu'en comblant son souhait
Il le laisse confus d'estre ainsi satisfait.
  Va, héraut, luy dit-il, et rapporte à ton maistre
Que Charles, bien que franc, sçait les ruses connoistre,

Qu'il a connu la sienne et veu, non sans douleur,
Que pour cacher sa honte il cherche une couleur.
Il est d'un trop beau sang pour faire des bassesses ;
Qu'ouvertement plutost il manque à ses promesses,
Et si de l'un des deux il doit estre accusé,
Qu'il le soit d'estre injuste et non d'estre rusé.
De mes sages guerriers, sans user d'artifice,
Je puis trop aisément maintenir la justice,
Et trop, si je le veux, son honneur engager
Dans le crime où les siens ont voulu le plonger.
Mais pour le rendre autheur ou garant de leur crime,
Je suis trop équitable et suis trop magnanime ;
Et jugeant de Henry comme je fais de moy,
Je le purge et l'absous de tout manque de foy.
Doncques de son malheur dis-luy qu'il se console,
Que sans m'en prévaloir je luy rends sa parole
Et que, ne voulant pas l'obliger à demi,
Je luy permets encor d'estre mon ennemi.
Dis-luy que je reçois la parole nouvelle
Qui l'engage à finir nostre longue querelle,
Que j'attens la bataille et qu'avecque plaisir
Mon désir en ce point respond à son désir.
Dis-luy que sa levée à son aise il achève,
Que pour ce dessein seul je luy donne la tresve,
Que mesme de vingt jours je la luy veux donner
Et par un tel surcroyt mon bienfait couronner.
 Là met fin le monarque à sa response fière.
Le héraut à Henry la va redire entière ;
Le prince l'entend toute, avec honte l'entend,
Mais du succès heureux il n'est pas moins content.
Cette tresve au besoin, sans qu'il l'ait demandée,
Si généreusement à ses vœux accordée,
Le remplit à la fois de joye et de pudeur,
Et de son grand rival luy monstre la grandeur.
Il prétend contre luy profiter de sa grâce ;
S'il luy cède en vaillance, en finesse il le passe.
Il veut user du temps qu'il lui vient d'octroyer
Et sa propre faveur à sa perte employer.

Il despesche à Talbot, le presse et luy commande
Que dans deux fois dix jours en ces murs il se rende,
Et s'y rende suyvi du secours important
Dont l'Anglois assiégé sa délivrance attend.
Avec la mesme haste et par la mesme voye
Au vaillant Lyonnel le mesme ordre il envoye,
Et les vistes courriers mesme route suyvant,
Partent à la mesme heure et partent en volant.
Calais soudain les voit, soudain les perd de veuë ;
Ils singlent, et pour eux la mer n'est point émeuë.
Un favorable autan crespe le sein des eaux
Et vers deux lieux divers pousse les deux vaisseaux.
L'un, tirant droit au nort, frise les terres hautes ;
L'autre droit au couchant raze les blanches costes,
Et chacun en son cours, au couchant comme au nort,
Visite chaque rade et passe en chaque port.

Vers où le ciel de glace en frimas se distille,
Au sein de l'Océan repose une grande isle
Qui, riche de tous biens, l'est aussi d'habitans
Nourris tous dans l'audace, et tous nés combatans.
L'isle au sud s'élargit, serre au nort son espace
Et dans son ample tour deux royaumes embrasse,
D'un troisiesme royaume à l'occident couverts,
Tous trois par la nature exclus de l'univers.
Ils comprennent tous trois de nombreuses provinces
Qui suyvent à l'envy les ordres de leurs princes,
Bien que leur peuple altier, encore mal donté,
Dans la sujétion garde la liberté.
Tous trois ne font qu'un corps de Bretagne la Grande.
Le premier, l'Angleterre, et le second, l'Irlande,
Du valeureux Henry reconnoissent les loix ;
L'Escosse montüeuse est le dernier des trois.
Ce dernier, bien qu'estroit, que pauvre, que stérile,
Tesmoigne une vertu plus ferme et plus virile ;
Jacques est son seigneur, qu'un vouloir affermi
Rend amy du François, de l'Anglois ennemi.
De tout temps un esprit de discorde et de guerre
A mis aux mains l'Escosse avecque l'Angleterre.

De concorde et d'amour un esprit de tout temps
A de France et d'Escosse uni les habitans.
Au bas de l'isle immense, et non loin de la plage
Qui des Bretons françois regarde le rivage,
Se courbe le terrain et forme un large port
Où mesme près du quay flotte le plus haut bord.
Plimmouth la renommée, et magnifique ville,
De hauts toits tout autour enceint l'onde tranquille,
Et dans son pur crystal, ainsi qu'en un miroir,
Toute, mais à l'envers, se peint et se fait voir.
Vers le golfe escumeux deux pointes avancées
Se présentent au choq des ondes courroucées,
Et quand le moite sud trouble le plus les flots,
A ce lieu malgré luy conservent le repos.
Un roc de masse énorme, estrange de figure,
Couvre de ce grand port la petite ouverture,
Et luy sert de bouclier contre les mauvais temps
Dont le charge sans fin le souffle des autans.
De leur aspre fureur l'eau claire deffenduë
Dort, égale et paisible en sa vaste estenduë,
Et la lune en son plein, lorsqu'elle luit le plus,
N'y fait pas remarquer différence de flux.
De mille gallions capable est son enceinte,
Sans que l'un cause à l'autre embarras ni contrainte.
D'un solide et bas mur il a son tour paré ;
Le lit en est profond et l'ancrage asseuré.
Là, s'il faut entreprendre ou guerre ou long voyage,
Comme au havre de tous le plus franc de l'orage,
De tous le mieux fourni pour les plus grands projets,
Se rangent les vaisseaux du prince et des sujets.
Là du brave Talbot la valeur enflammée
A mis le rendés-vous de la navale armée,
Et là, comme à leur but, volent de toutes parts
Des belliqueux Anglois les navires espars.

L'un et l'autre envoyé, chacun dans sa chaloupe,
Ménageant le vent frais et le prenant en pouppe,
Parle à ceux qu'il rencontre, et d'un pressant discours
En haste vers ce port leur fait dresser leur cours.

La Manche en est semée, et les espaisses voiles
A la clarté du jour, au brillant des estoilles,
Vont toutes sans tarder, et vont rapidement
Où du sage admiral prescrit le mandement.
Là se rend Lyonnel, et par sa diligence
De l'armement royal l'assemblage commence ;
Il y vient du ponant, et ce premier amas
Fait de toutes grandeurs plus de soixante masts.
Mais Talbot, que son zèle aux mesmes soins excite,
Du midi, du levant les peuples sollicite,
Et pour les enroller vers eux également
Use de la menace et du commandement.
A sa voix tout s'émeut, et l'amour de la guerre
De chefs et de soldats espuise l'Angleterre ;
Il l'espuise ou plutost l'achève d'espuiser,
Après ceux que de Christ l'amour a fait croiser.

   Ainsi quand d'un haut mont dont les riches entrailles
De l'avare mineur ont usé les tenailles,
Et qu'avec plus d'un pic vivement enfoncé
Son bras du riche fonds n'a presque rien laissé,
Si quelque autre mineur que mesme faim dévore
De ses flancs desgarnis en veut tirer encore,
Il a beau s'efforcer, beau remüer les mains,
Tout l'amas qu'il en fait ne va qu'à peu de grains.

   Au plus sombre vallon qu'ait la noire Hercinie,
De l'Ignorance jointe avec la Calomnie
Un monstre s'engendra, nommé jadis Erreur,
Des bohêmes grossiers le charme et la fureur.
De ce monstre inhumain sourde fut la naissance,
Sourde la nourriture, et sourde la croissance ;
Mais enfin rendu fort, on le vit sans arrest
De l'un à l'autre bout s'asservir la forest.
Ceux qui de son venin eurent l'âme saisie,
Animés de l'aigreur qu'inspire l'hérésie,
Comme autant de lyons, de tigres deschaisnés,
Par le triste univers coururent effrénés.
Ni la crainte des cieux ni l'humaine prudence
Ne purent de leur cours réprimer la licence.

Les doux moyens sans fruit contre eux furent tentés;
Leurs cœurs de ce poison estoient trop infectés.
Pour estouffer enfin cette peste fatale,
Les saints que l'Esprit-Saint a convoqués dans Basle,
Voyant les moyens doux employés vainement,
Avoient à la rigueur tourné leur sentiment.
Entre eux Winton le juste, excité par son zèle
A deffendre l'Église et venger sa querelle,
Pour fidèle instrument offrit son propre bras,
Offrit son Angleterre et ses pieux soldats.
Ainsi devenu chef de la belle entreprise,
Il vola sur les bords qu'humecte la Tamise
Et fit à ses guerriers, par sa tonnante voix,
Contre la gent impie endosser le harnois.
Pour donter le rebelle autrement indontable
Il arbore l'enseigne aux enfers redoutable,
Et de l'auguste croix faisant les siens marquer,
Pour singler à l'instant les fait tous embarquer.

 Entre mille anges noirs qui travaillent le monde,
L'un pour champ de bataille a l'empire de l'onde
Et dispute sans cesse un champ si spacieux
A l'ange qui de droit y règne au nom des cieux.
Seul dans le sein des airs il produit les orages;
Il ouvre seul l'abysme et cause les naufrages,
Et par luy seulement les bancs et les rochers
Dans le plus heureux cours sont l'effroy des nochers.

 Au bruit des grands apprests d'une guerre si sainte,
Le turbulent démon se sent glacer de crainte,
Puis, contre elle eschauffé, demande à sa fureur
Comment d'un trait si fort se parera l'erreur.
Inspiré par sa rage avant toute autre chose,
De l'autan aux croisés tout le souffle il oppose,
Et par luy fait qu'aucun ne s'esloigne du bord
Qu'il ne soit au moment rejetté dans le port.
Pour la levée enfin qu'appréhende la France,
Observant de Talbot la vaine diligence,
Aux cheveux avec joye il prend l'occasion,
Et veut en profiter par une illusion.

Il prend du fier Rigby la vivante figure,
Représente son air, imite sa posture,
Et, le contrefaisant jusqu'au son de la voix,
Vient tenir ce discours au général anglois :
   Talbot, qu'attends-tu plus en la peine où nous sommes?
Ton soin dans ces Estats en vain cherche des hommes;
Ce qui leur en restoit, ils te l'ont tout donné,
Et pour nostre besoin leur pouvoir est borné.
Tu perds temps si tu crois en tirer davantage.
Sur Henry cependant gronde un mortel orage;
Son trespas est certain s'il manque de secours.
Aide-le, bien que foible, et vers luy prens ton cours.
Mais, ha! que dis-je, foible? ha! qui le sçauroit croire,
A voir entre tes mains un gage de victoire,
A voir un autre camp et d'Anglois et d'amis
Que le ciel si tu veux en ta puissance a mis?
La fleur de nos soldats qu'emporte la croisade
Guérira de ton roy la fortune malade,
Si, dans l'horrible gouffre où son sort l'a jetté,
Tu la sçais rendre utile à sa nécessité.
Ce moyen de ses maux est l'unique remède;
A l'intérest du prince enfin tout autre cède,
Et c'est fait de sa vie, à moins que ces saints bras
Ne viennent avec nous le sauver du trespas.
   Là le démon finit, et d'une infecte haleine
De l'honneur des autels il luy souffle la haine,
Contre l'Église sainte altère ses esprits,
Et pour ses vérités luy donne du mespris.
Le guerrier tout à coup se sent l'âme changée;
Du poids qui l'accabloit se la sent deschargée,
Va trouver les croisés dans leur forcé repos,
En assemble les chefs et leur parle en ces mots :
   Compagnons, leur dit-il, qu'un zèle trop peu sage
A de lointains périls hors de saison engage,
Le ciel, qui veut qu'ailleurs vous employés vos mains,
Par un visible effet condamne vos desseins.
Le Sud, qui si constant traverse vostre route,
Déclare son vouloir et le met hors de doute;

Le ciel ne peut souffrir que par ce contre-temps
Vous priviés vostre roy de tant de combatans.
Il s'agit d'assister le prince et la patrie ;
Au secours, au secours, l'un et l'autre vous crie.
Le païs et le roy sont à l'extrémité,
Et les laisser mourir blesse la piété.
Par l'ordre des devoirs réglés vostre courage ;
Portés-vous aux besoins qui pressent davantage,
Et justes et prudents faites vos seconds soins
Des besoins les moins grands et qui pressent le moins.
Resveillés aujourd'huy vos âmes assoupies ;
Pour estre trop pieux, vous deviendriés impies,
Et pour vouloir trop tôt les autels secourir,
Vous verriés la patrie et le prince périr.
Par le droit que sur vous a l'angloise couronne,
De luy prester vos bras, Anglois, je vous ordonne
De venir vostre prince à la mort enlever
Et du joug ennemi la France préserver.
Je vous l'ordonne à tous, et tous je vous conjure
De venir réparer nostre commune injure ;
Quand nous aurons ensemble abbatu nos tirans,
Vous irez à la foy ramener les errans.

  A deffendre leur roy le démon les excite ;
L'absence de Winton le succès facilite ;
Le grand péril les touche, et de tendresse pleins
Ils offrent pour leur prince et les cœurs et les mains.
L'esprit modérateur des caprices de l'onde
Moins fort à cette fois cède à l'esprit immonde,
Et le divin conseil, pour sa secrette fin,
Permet que le bon ange y succombe au malin.
Le vent, qui tout à coup s'est rendu favorable,
Au volage croisé rend Talbot vénérable,
Et le luy faisant croire éclairé par les cieux,
De plus en plus l'engage à le suivre en tous lieux.
Ils haussent tous la voile, et la voile haussée
Vers Plimmouth à sa suite est comme un trait poussé
Ils s'en vont de leur prince accroistre le secours ;
La pacifique mer s'accommode à leur cours.

Winton survient alors, et, blasmant leur licence,
Essaye à les ranger sous son obéissance ;
Mais en vain il l'essaye, et de force emporté
Est contraint de fléchir sous la nécessité.
  Ainsi quand l'escuyer dresse en raze campagne
Ou le barbe africain, ou le genêt d'Espagne,
Et que, le travaillant en cent et cent façons,
Il l'esprouve docile à toutes ses leçons,
Si par un vain ombrage il cesse enfin de l'estre
Et que du mors baveux il se rende le maistre,
L'escuier, quoy qu'il face, au lieu de l'arrester,
Par son feu, malgré luy, se sent mesme emporter.
  Non loin des bords où Kent tourne son cap à l'ourse,
L'envoyé joint Talbot au milieu de sa course,
Admire son bonheur et voit que sans besoin
Il se précipitoit pour le chercher plus loin.
Ils tirent vers Plimmouth d'une ardeur enflammée ;
Là de cent corps divers se compose l'armée ;
Mais le prudent Talbot, avant que l'esbranler,
Veut en pleine reveue à ses yeux l'estaler.
  Le ciel estoit serain, et la face de l'onde
Joüissoit d'une paix agréable et profonde,
Et sur les flots gisans les amoureux zéphirs
Dans le sein de Junon poussoient de longs soupirs.
Talbot, qui voit Neptune en un estat durable,
Sans perdre un moment seul d'un temps si favorable,
Ordonne que chacun, du sommeil se privant,
Soit prest pour faire monstre au point du jour suyvant.
De cet ordre chacun fait éclater sa joye ;
Chacun également ses richesses desploye,
Et parant ses soldats, et parant ses vaisseaux,
Apperçoit le soleil qui sort en feu des eaux.
Le bel astre du jour, plus beau qu'à l'ordinaire,
Quite son moite lit et l'horizon éclaire ;
Il en chasse partout les brouïllards ennemis,
Et tient mesme à l'Anglois plus qu'il n'avoit promis.
A la morte nature il vient redonner l'âme ;
Tout rit, et terre et mer, sous sa bénigne flamme ;

Par les plaines d'azur et les sillons dorés
Tout sent avec plaisir ses rayons tempérés.
Sans trouble, hors du port, navire après navire,
Chacun va se ranger sur le liquide empire,
Et l'on ne voit aux masts, aux vergues, aux chasteaux
Que flotans pavillons et qu'ondoyans drappeaux.

 Esprit dont la vertu préside à la mémoire,
Flambeau qui m'as régi dans cette obscure histoire,
Toy qui seul en as pu suyvre bien tout le cours
Et seul me peux guider par ses sombres destours,
Veuïlle prester encor la lumière éternelle
Aux ténébreux regards de ma foible prunelle,
Et rends la vie aux noms de tant de combatans
Que tient ensevelis l'avare sein des temps.

 Du grand hâvre, avant tous, sort la vaste ramberge
Qui règne en l'Océan sous le nom de la Vierge,
Forteresse mobile aux campagnes des flots,
Et grosse de soldats comme de matelots.
Seule dans l'armement elle va sans égale,
D'une forest de nefs légitime admirale
Et d'où, s'il faut agir, le prudent général
Donne à toutes pour tout et l'ordre et le signal.
Talbot se la réserve, et seul il la commande ;
Elle sort à la mer, seule pompeuse et grande,
Et, pour voir chaque bord devant elle passer,
A la rade voysine elle va se placer.
On voit paroistre alors sur neuf puissantes pouppes
Ceux qui de Cornüaille ont élevé les crouppes,
Par leur courage propre à la guerre animés,
Et d'estain presque tous au lieu de fer armés.
Presque tous ont d'estain la pointe de ces flesches
Que l'on voit du combat sortir rarement sèches,
Telle est leur industrie à tramper le métal,
Né comme eux et pour eux dans leur terroir natal.
Là sont les laboureurs eschappés de la plaine
Que Neptune a couverte et de flots et d'arène,
Joints aux forgerons noirs du mont impérieux
Qui fait encore teste à son choq furieux.

Entre eux est l'habitant de l'amoureuse plage
Qui vit Artus et naistre et terminer son âge,
Artus, le preux Artus, dont les faits sans égaux
Passent pour fabuleux à force d'estre hauts.
Entre eux est remarquable une trouppe mutine
Qui de leurs vieux géants vante son origine,
Et que leur taille immense et leurs muscles nerveux
En ont fait présumer vrais arrière-neveux.
Leur nombre est de trois mille, et le chef qui les meine
Dans un corps monstrueux enferme une âme humaine,
Courtois autant que brave, et craint autant qu'aimé,
Du nom de sa famille Arondel surnommé.
Chacun des neuf vaisseaux est de forme nouvelle;
Mais celuy d'Arondel a forme d'arondelle,
Et dans ses estendards et dans ses pannonceaux
A pour devise un nid de ces vistes oyseaux.
Ils passent trois à trois, et passent sous la Vierge,
Devant elle inclinant et pavillon et verge,
Et de tous leurs çabords, pour la mieux honnorer,
Ils font tous en passant tous leurs canons tirer.
Elle reçoit salut et reçoit leur hommage,
Sans leur rendre d'honneur le moindre tesmoignage,
Et sur ses ancres fermes attend altièrement
Mesme respect du reste et mesme traitement.
Ils vont prendre leur poste et mouïllent à la rade.
 Denshire vient après faire des siens parade;
Ils remplissent huit bords, et ses nobles Estats
S'en trouvent moins garnis de deux mille soldats.
Ces peuples ont les corps moins grands et moins robustes;
Mais ils sont plus adroits, et leurs coups sont plus justes;
Leurs estocs percent mieux, et d'armes mieux couverts
Ils sont par l'ennemi moins aisément ouverts.
Sur un puissant vaisseau sont les trouppes meslées
De ceux dont le Thamar arrose les vallées,
Et de ceux qu'un haut mont, qui Hanaste est nommé,
Enrichit du métal en ses veines formé.
Sur deux autres sont ceux que Plime, le doux fleuve,
Entretient de sa pesche et de ses eaux abreuve,

Et ceux que de Plimmouth les thrésors infinis
Ont, en riche équipage, à l'armement fournis.
Tous se disent issus du brave Corinée,
Qui du feint Gogmagog finit la destinée,
Quand sur le proche tertre avec luy combatant
Il le précipita dans l'empire flotant.
Sur les quatre d'après on voit passer encore
Ceux qui tirent l'aymant du sourcilleux Dertmore,
Et du royal Excestre assiégé tant de fois
Les polis tout ensemble et valeureux bourgeois.
Le dernier est chargé du peuple enflé de gloire
Qui cultive le dos du fameux promontoire
Où, si le bruit n'est faux, Hercule aux premiers temps
Fit sentir sa massuë à de nouveaux Titans.
Pour armes ils ont tous ou le trait ou la hache,
Et tous pour se couvrir le pot et la rondache.
Courtenay les commande, et, rejetton des lys,
En tient de tous costés ses drappeaux embellis.
Ils passent, et Talbot, dans leur grave passage,
Reçoit de leurs canons le légitime hommage,
Et ne l'a pas receu qu'il voit dans le moment
Vers lui trois galions venir conjointement.

 Dorcestre en ces trois bords a renfermé sa bande,
Petite en quantité, mais en courage grande;
Son corps est par Sturton à la guerre mené
Et porte son drappeau de six sources orné.
Là sont ceux qui de Lime habitent les rivages,
Ceux que Burport exerce à tordre des cordages
Et ceux pour qui le flux, sable et vase roulant,
Fait joindre la grande isle à l'isle de Portland.
Là sont ceux que le Wey lave de son eau pure,
Ceux qui bordent la Frome et qui boivent la Sture,
Enfin ceux dont sur tous la vaillance fleurit
Et que leur péninsule arme, couvre et nourrit.
Cette trouppe est adroite et n'a point de seconde
A bien tirer de l'arc, bien ruër de la fronde;
Ses armes sont les traits et les rocs bruïssans,
Et leur nombre est en tout de trois fois quatre cens.

Sommerset suit Dorcestre, et sur ses masles traces
Fait passer sa milice en quatre galéasses;
Tous ont un carcan d'or, tous ont d'or un collier,
Et pour armes ont tous l'espée et le bouclier.
Là sont de Camulet les païsans superbes,
Qui pensent voir d'Artus le throsne entre les herbes,
Et ceux qui proche d'Aure en leur plaine autres fois
Virent sous le Saxon trébucher le Danois.
Là sont ceux dont le soc cultive la belle isle,
Qu'Alfred en sa disgrâce eut pour fidelle azile
Et ceux du lieu fatal aux belliqueux torrens
Des conquérans Bretons, des Danois conquérans.
Là sont ceux que Glaston sous deux piles antiques
Voit aux cendres d'Artus consacrer des cantiques,
Et là les curieux de Mendippe voysins
Qui dans son antre obscur vont chercher leurs destins.
Là sont ceux de qui Bathe en ses chaudes fontaines
Adoucit les travaux et modère les peines;
Ceux qu'enrichit Bristol de ses flots escumans
Et ceux qui de leurs monts tirent des diamans.
De seize cens au plus est l'orgueilleuse bande,
Pour un si grand païs à sa honte peu grande;
Edmond en est le chef, et dans ses estendards
Arbore des grifons joints à des léopards.

Après eux vient le corps dont l'ardente Wilshire
Fait grossir l'armement du britannique empire;
Leur nombre de trois mille occupe dix vaisseaux;
Leurs armes sont à tous des sabres et des fleaux.
Là brillent les rameurs du canal de Mercure,
Des combatans saxons théâtre et sépulture,
Et là les peuples forts dont l'Avone en son cours
Humecte les pastis et baigne les labours.
Là sont encore ceux de la plaine escartée
Que le meurtre et le vol ont presque désertée,
Et ceux du Mont-Aride, où l'eau, vile en tous lieux,
Est un breuvage rare, exquis et précieux.
Là du bon Sarsburi va la trouppe hautaine,
Vaine de son assiette, et de son temple vaine,

Vaine de ses grands rocs en trois ronds disposés
Que Bransle des Géans son peuple a baptisés.
Par le brave Statford cette escadre est menée ;
Il plaint de son Germain la mort infortunée,
En veut tirer vengeance, et par un glaive nu
Veut qu'en tous ses drappeaux son projet soit connu.

 A ces ardens guerriers succèdent ceux d'Antzire ;
Bernard, qu'ils ont pour chef, sa fougue leur inspire,
Et l'aigle en ses drappeaux les ailes estendant,
Est de son feu rapide un symbole évident.
Il régit des chasseurs la bande ramassée
Qui dans la Forest-Neuve aux travaux s'est dressée,
Et les fiers nourrissons d'un lieu si respecté
Que mesme les forfaits y sont en seureté.
Il régit le pescheur qui fréquente la plage
Où l'illustre Canut se tesmoigne si sage,
Et le corps que Wincestre arme de chiens si forts
Qu'il en est remarquable entre les autres corps.
Ceux qu'a ravis Porthmouth à l'écumeuse Baye,
Où le choq de deux flux les rivages effraye,
Comme ceux que Silcestre et que Wicth ont fournis,
Par le mesme Bernard aux autres sont unis.
Leur nombre est de neuf cens, et sous sa discipline
Tous portent le carquois, l'arc et la javeline.
Deux cens dogues soldats marchent sous leurs drappeaux,
Et de tout sont chargés quatre petits vaisseaux.

 Ils passent, et soudain suit la trouppe assemblée
Où la belle Barksire élargit sa vallée,
Gens lestes, dont l'amas de près de deux milliers
N'éclate par rien tant que par ses cavaliers.
Là vont, du haut honneur l'âme ardemment esprise,
Ceux que l'Isle traverse avant qu'estre Tamise
Et ceux, qu'étant Tamise, avec mille détours,
Elle vient rendre heureux par son paisible cours.
Au-dessous Walengford, au-dessus Abandune,
Pour former leur levée ont armé leur commune,
Et vers où sont du Knet les bouïllons abysmés
Rendigue pour l'accroistre a ses marchands armés.

Enfin le grand palais, le royal Windesore,
Qui du nom de prison se glorifie encore,
Pour relever ce corps sur tous les combatans,
Espuise ses remparts de guerriers habitans.
Gautier, du jeune roy le trésorier fidelle,
Est le chef de la bande et marche devant elle,
Sur quatre galions tranche le flot salé,
Et son illustre enseigne est un ciel estoillé.
    Sur les liquides champs après luy vole et glisse
De Suthray, de Sussex la vaillante milice ;
Celuy qui la commande est le brave Howard ;
L'escu d'or et d'azur brille en son estendard ;
Le renommé Guilford dont la grandeur périe
Encore de Godwin blasme la barbarie,
Et le noble Otelande, où du fleuve royal
Le premier camp romain trouva le gué fatal.
Ce que la creuse Molle en sa source et ressource
De terres et de prés arrose dans sa course,
Et ce que de Richmont le faiste sourcilleux
Voit sous luy ce païs fertile et populeux ;
Ce lieu qui, bien qu'assis loin de la mer profonde,
Est toutefois batu par le flux de son onde,
Et du beau Nouesuk les environs plaisans
Y joignent leurs bourgeois avec leurs païsans.
Dans ce corps ont les leurs ceux de la longue coste
Qui Donne est surnommée, et s'offre blanche et haute,
Et dont la grasse craye aux regards des nochers
Présente des moissons sur le dos des rochers,
La Wé, petite ville opulente et peuplée,
D'Hasting et de Pemsay la plaine signalée
Où de l'empire anglois le sort bien disputé
Vit par Guillaume enfin Haralde surmonté.
La gloire des Saxons en ce lieu fut esteinte ;
Il garde de leur sang l'arène encore teinte,
Et l'on y trouve encor le sacré monument
D'un azile establi par le vainqueur Normand.
Winchelsey malheureuse, autres fois florissante,
Rich heureuse à son tour, autres fois languissante,

Et des mines de fer les robustes ouvriers,
Dans ce corps ennemi meslent de leurs guerriers.
Tous sont couverts du fer que leur donnent ces mines,
Ceux-cy de pieux armés, ceux-là de javelines,
De piques la pluspart, et dans huit longs vaisseaux
Au nombre de trois mille éclatent sur les eaux.
  Kent dans les neuf suyvans aux forces d'Angleterre
Joint le soldat de tous le plus propre à la guerre
Et qui, pour son païs prodigue de son sang,
Tousjours dans les combats combat au premier rang.
Là paroist glorieux et la Parque mesprise
L'habitant des cités qui bordent la Tamise,
De Clif, de Gravesend, de Grendwick entre tous,
Mais tous dans les assauts l'un de l'autre jaloux.
Là ceux qui du Darent les rivages cultivent,
Ceux qui sur le Medwey dans l'abondance vivent,
Et ceux de qui la Sture inonde les marais
Se monstrent tous chargés de masses et de traits.
D'Otford et de Darford là vogue la jeunesse ;
Là du vieux Rochester est la vieille noblesse,
Et là se trouve enfin le bourgeois aguerri
Qu'avoit pour la croisade armé Cantorbéri.
De Sheppe et de Taney la levée insulaire
Comme eux, suyvant la croix, sillonne l'onde claire,
Et celle des cinq ports, dont l'un est si fameux,
Sillonne l'onde claire et suyt la croix comme eux.
De tant de corps divers se forme un corps immense,
Dont le vaillant Sidney gouverne la vaillance ;
Tous ont le cœur humain, mais les yeux menaçans,
Et tous ensemble unis passent huit fois cinq cens.
De Clocestre après eux vient la trouppe choisie,
Non moins qu'eux destinée à donter l'hérésie.
Ils sont deux mille au plus en quatre amples vaisseaux ;
Son enseigne est la croix, et ses armes des fleaux.
Saint-Amant la régit et régit avec elle
Les fiers hostes du bois que Deâne on appelle ;
Avec elle il régit, sous l'ordre de Winton,
Ceux que Breulais soudoye et soudoye Aventon.

Il régit ceux encor de l'isle renommée
Où finirent deux roys leur querelle animée,
Et régit ceux encor de l'antique cité
Qui deut jadis son nom à sa seule beauté.
Il régit ceux encor de la ville marchande
Qui trois fleuves embrasse, et n'en est pas plus grande,
Et ceux qui de Sabrine en son paisible cours
Bordent de çà, de là les tours et les retours.
Il régit les bergers de ces tertres superbes
Dont mille blancs trouppeaux paissent les tendres herbes ;
Bref les riches foulons, célèbres dans leur art,
Qui de l'estroit Cilcestre honnorent le rempart.
Après eux vient d'Oxford la brigade volante,
En courage élevée, en sçavoir éminente,
Et propre par le fer autant que par la voix
A combatre l'erreur et deffendre la croix.
Bablac, Burford, Einsham, lieux connus dans l'histoire
Par plus d'une sanglante et fatale victoire ;
Et les champs où Rollon, le glorieux Normand,
Laissa de sa valeur un si beau monument ;
Bamburi, signalé par un combat notable ;
Oxford, le mur d'Oxford aux siècles indontables,
Qu'ont les Muses pour temple, et par qui seulement
L'Anglois est moins barbare et vit moins fièrement ;
Tous ces lieux, tous ces murs, et la plaine comprise
Entre les deux courans de la Tame et de l'Ise,
Pour ne former ce corps que de bons combatans
Ont tous avecque soin trié leurs habitans.
En tout ils font deux mille et pour chef ont de Vère ;
Tous sur dix brigantins arborent la vipère ;
Tous ont l'arc et le trait ; tous sont vifs et mouvans,
Tous braves, et plusieurs et braves et sçavans.
 Hereforde, Betforde, à Bukingame unies,
Pour faire un autre corps ont leurs bandes fournies.
Ce corps est de trois mille, et sur douze vaisseaux
Se présente en son ordre et fend le sein des eaux.
De ces trois, la dernière a sous elle enrollée
La fleur des riches bourgs de sa large vallée,

Et les fiers laboureurs de ces tertres si hauts
Qu'avec peine à leur pied va la cime des faux.
La seconde a sous soy tout ce que l'Ouse entière
Nourrit sur ses deux bords de jeunesse guerrière,
Et tout ce que Betforde en son sein malheureux
De çà, de là le fleuve a de plus valeureux.
La première sous soy de la Fresnaye antique,
Du moderne Roiston où le bin se trafique,
Des champs où Vérulam parut si beau jadis,
A les hardis soldats et les peuples hardis.
Ils sont tous cavaliers et la fleur d'Angleterre;
Édoüard est celuy qu'ils doivent suyvre en guerre.
Argenton tient sa place, et la mer ombrageant
Dans tous ses pavillons a trois couppes d'argent.

Après ce triple corps, Midlesex sans compagne
En superbe appareil prend l'humide campagne,
Et sur huict gallions, en faveur de son roy,
Porte en France à l'envy son courage et sa foy.
Londres, qui seule égale une grande province,
Affecta d'estre seule à secourir son prince,
Et fit pour l'assister de si puissans efforts,
Que son corps l'emporta sur tous les autres corps.
Comme grands sont ses murs, la levée en est grande;
Il n'est point de quartier qui ne face sa bande;
Il n'est point de fauxbourg qui ne la face encor,
Et tous pour la bien faire espuisent leur thrésor.
Leur nombre est de cinq mille, et leurs armes dorées
De houppes, de rubans en cent lieux sont parées;
Les dards, les javelots, dont leurs poings sont remplis,
De houppes, de rubans sont partout embellis.

Telle, aux rives de l'Inde, unique et sans égale,
Sur un char triomphant marche en pompe royale
L'espouse du grand roy qu'on meine lentement
Au pagode choisi pour son couronnement;
Autour d'elle tout brille, et devant et derrière;
Mais tout paroist obscur auprès de sa lumière.
Seule elle efface tout, et son feu radieux
Sur elle toute seule attache tous les yeux.

Josselin, l'honneur mesme et la mesme prudence,
Guide la trouppe altière, en majesté s'avance,
Estalle sa richesse, et sur chaque vaisseau
Porte un ancre d'argent peint en son pannonceau.
  Puis vient la nation que de leur onde pure
Ceignent le Ley, la mer, la Tamise et la Sture,
Sous l'auguste estendard de la nouëuse croix
Qu'Hélène au mont sacré descouvrit autres fois;
Ceux qu'arme de Saltham la demeure sauvage,
Ceux dont le bas Cannay dégarnit son rivage;
De Raleg, de Rursted, de Dengi, de Rocford,
Le plus adroit pescheur, le chasseur le plus fort;
Ceux du golphe Blakwatre et ceux du fleuve double
Qui change, s'y jettant, les eaux claires en trouble;
Et les nouveaux bourgeois de l'antique Maldon
Laissent pour s'embarquer leurs toits à l'abandon.
Comme eux laissent encore ou leur toit ou leur hutte
Ceux du fameux berceau de l'invincible Aucute,
Et ceux qu'ont envoyés ou Clocestre ou le Mont
Qu'a pour tombe et pour charge un Pelore second.
Le gendre de Wostok cette brigade meine,
Sans que de sa moitié l'eust attendri la peine,
Lorsque ses cris, ses pleurs et ses embrassements
Taschoient d'en retenir les guerriers mouvemens.
Le feu d'amour en luy cède au feu de la guerre;
Pour suivre Mars sur l'onde il quite Anne et la terre.
La trouppe est de neuf bords et passe trois milliers,
Dont le tiers magnifique est de seuls cavaliers.
  Après fendent en corps la plaine de Neptune
Quatre autres-nations, dans son vaisseau chacune;
D'arcs, de piques, de traits leurs soldats sont armés,
Et d'un courage égal par Bellone animés.
  Suffolk est la première, et sa bande est petite;
Mais de ses moites champs cette bande est l'élite,
Soit de ses laboureurs, soit de ses matelots,
Du costé des guérêts ou de celuy des flots.
Ceux du vaste fossé qu'au démon on impute,
Ceux du bord maritime où la Sture a sa cheute,

Et ceux qu'en ses vieux murs Clare a pour habitans
Se font voir avant tous entre les combatans.
   Nortfolk vient la seconde, et de sa grasse terre
Enlève les plaideurs et les meine à la guerre,
Et, flatant leur esprit de l'espoir du succès,
Les engage à poursuyvre un plus noble procès.
Thetford y mesle ceux que logent ses masures,
Wavenay ceux qu'au nort abbreuvent ses eaux pures,
Guerne ceux qu'au midi ceignent ses rocs luisans,
Et le riche Nordwik ses nombreux artisans.
Avec ceux d'Yarmouth sont les vogueurs encore
Dont l'Océan rongeur les rivages dévore,
Ceux dont nage la terre, et ceux du petit lieu
Qui doit son abondance à la mère de Dieu.
   Cambridge est la troisiesme et joint aux deux premières ;
Le magnanime corps de ses muses guerrières
Y joint les doctes chœurs qui, plus tirant au nort,
Balancent en renom ceux du sçavant Oxford.
Elle y joint les bergers de ses aspres collines
Où l'affreux Gogmagog erre entre les ruïnes,
Et ceux qui sont assis sur le mesme canal
Dont le bruit rend autheur le pouvoir infernal.
Elle y joint l'habitant des bords du marescage
Qui son terrain humide en cent isles partage,
Et ceux qui dans chaque isle et sous des saules verds
Vivent de toute insulte assurés et couverts.
   Huntindon, la dernière, en cette bande meine
Les malades guéris par son eau souveraine,
Et le fort païsan sur tous autres vanté
Que le sel de la source entretient en santé.
Entre eux rogue paroist la populace vile
Du lieu qui fut forest, et maintenant est ville,
Rogues les laboureurs du lieu mal habité
Qui, maintenant bourgade, autres fois fut cité.
De seize cens au plus la trouppe est composée.
Désormais l'Angleterre a peur d'estre espuisée ;
Elle descouvre enfin l'Escossois ennemi,
Et l'effort qu'elle fait n'est plus fait qu'à demi.

Humfroy, qui pour l'Anglois ces frontières commande,
Ne permet pas qu'à plus le nombre s'en estende.
Motemer, qui la guide en tous ses estendards,
Porte des lis d'azur sur un champ d'or épars.
Cette bande passée, une autre vient ensuitte,
Par le brave Belcamp à la guerre conduitte ;
Elle souffre en valeur peu de comparaison,
Et pour n'estre pas forte a la même raison.
Trois provinces l'ont faitte, et de moins de deux mille
En vingt capables heus elle va file à file,
Suit l'ours droit et rampant dont est peint son drappeau,
Et n'a pour le combat que la masse et le fleau.

   Nortamton la première à l'armement apporte
De la ville aux trois tours la bourgeoisie accorte,
Les nourrissons du Nen, ceux du royal Wedon
Et ceux dont s'est privé le vieux Nortafandon.
Ceux-cy vont glorieux de leur rang honorable ;
Après suit le voysin de l'abysme effroyable
Où dans un grand marais de glayeux tout couvert
La Wellande s'engouffre et la Nève se perd.
La seconde est Warwick qui, non moins fière, meine
Le soldat de son bois et celuy de la plaine ;
Mais le nombre de l'un de l'autre est différent :
Le moindre est de la plaine, et du bois le plus grand.
On y remarque joints ceux de deçà l'Avone,
Ceux qu'ont levés Manchestre, Astèle et Sekintone,
Ceux qu'a donnés Mastok, et les forts armuriers
Dont Bremickan sans peine a fait de bons guerriers.
Aux trouppes de ces lieux est encore meslée
Celle qu'a dans ses murs Conventrie enrollée,
Avec celles qu'aux leurs Colfrède et Kenelwort
Ont faittes à l'envy de celles du vieux fort.

   Vigorne, la troisiesme, a ceux de la colline
Qui mouille son beau pied dans la belle Sabrine,
Et ceux dont les fourneaux ont les bois dépeuplés
Pour cuire la liqueur de leurs trois puits salés.
Elle a ceux que Worcestre enrichit et sustente,
Ceux des fertiles champs où Sabrine serpente,

Et ceux des longs rideaux l'un à l'autre opposés
Qui par son droit canal demeurent divisés.
  Huict provinces enfin de grandeurs inégales,
Qui toutes en un corps forment celle de Galles,
En douze galions de leurs forces remplis
Viennent porter la guerre au royaume des lys.
La milice d'Arford se trouve là suyvie
Des pescheurs du Menou, du Lug et de la Wie,
Des faucheurs du Valdor et des pastres du mont
Qui transplanta sa masse et releva son front.
Du rustique Radnor, dont les toits sont de paille,
Là se voit la jeunesse ardente à la bataille,
Là celle de Prestaine, et là celle du Saut
Que la Wie en son cours fait d'un tertre si haut.
Là se voit de Brenok l'élite genéreuse,
Trouppe vrayment d'élite, entre toutes nombreuse,
Là ceux du lac qui tonne et que perce un torrent,
Sans qu'aux ondes du lac se mesle son courant.
Là, de trois fleuves ceinte et d'un fleuve lavée,
La plaine de Monmouth laisse voir sa levée.
Là sont ceux des costaux qui, disposés en rond,
Entourent un désert affreux, noir et profond.
  De Kerleon et d'Usk, moins populeux qu'antiques,
Sont en mesme vaisseau les robustes reliques,
Le mineur du rocher qui d'or est éclatant
Et du gué de Merlin le crédule habitant.
De sa mer deffenduë et de ses monts fermée
La brave Glamorgan a là sa trouppe armée,
Armée à Caerfile, à Landaf, à Loghor,
Mais plus aux environs des murailles d'Ogmor.
Là brillent les soldats de cette Kaermarde
Qu'avec crainte et respect l'Angleterre regarde,
Du berceau de Merlin, Merlin si renommé,
Et non moins qu'un prophète aux vieux temps estimé.
Là du double Kidwel et du double Cantrède,
Amoureux à leur prince et courus à son ayde,
Paroissent les frondeurs dont le corps est suyvi
De tout ce qu'en passant arrose le Tovi.

Cardigan, pour les joindre, a tiré sa milice
Depuis où le Tovi tombe en droit précipice
Jusques où dans son sein l'occidentale mer
Engloutit son doux flot et le change en amer.
Là du double Pembrok la bande valeureuse
Plus que toutes se monstre en ses armes pompeuse,
Et voit parmi les siens tout ce qu'a de plus fort
La roche de Temby, le havre de Milford.
Harford a là les siens, les siens le Promontoire
Sous qui le flot obscur couvre une forest noire.
Là Nieuport a les siens ; là les siens a Fiscart,
Tous braves par nature, et tous adroits par art.
Ce corps du camp flotant est l'escadre dernière.
Il pouvoit estre accru des corps de la frontière ;
Mais d'un seul bataillon le gouverneur Milord
N'a voulu dégarnir les provinces du nort.
L'Escosse, d'intérest avec la France unie,
L'oblige à conserver sa frontière munie,
Et sans en tirer rien la laisser en estat
De repousser à l'aise un subit attentat.
Par le mesme motif, à la guerrière Irlande
Pour assister son roy Talbot rien ne demande ;
Elle a l'Escosse proche, et peut à tout moment
Souffrir de sa fureur un prompt débordement.
Galles du grand secours achève la levée,
Et voit par ses huict corps la reveuë achevée ;
A quatre mille ou plus montent ses combatans,
Et tous vont au combat résolus et contens.
Lyonnel les conduit, et pour commune enseigne
Déploye un cœur navré dont la blessure saigne.
Tout dédaigné qu'il est, il peut encore au jour
Faire en son désespoir reluire son amour.
Plus que toutes sa bande en armes est diverse :
L'un exerce l'espieu ; l'autre le trait exerce ;
L'autre exerce un baston ferré par les deux bouts,
L'autre le javelot et quelqu'un mesme tous.
Lyonnel à leur teste en sa Ramberge altière,
Seconde pour Talbot, pour les autres première,

Passe, et non moins que tous le pavillon baissant,
Du canon comme tous le saluë en passant.
 Talbot reçoit l'honneur que tous viennent luy rendre,
Puis leur fait à son tour ses tonnerres entendre,
Mais, leur rendant ainsi le salut général,
Veut que pour faire voile il serve de signal.
Et l'ancre à ce signal déjà partout se lève
Lorsque vers le couchant, et proche de la grève,
Sur la tranquille azur du vaste sein des eaux
On apperçoit venir trente larges radeaux.
De chesnes ébranchés, et mal nets de racines,
Sont façonnés les corps de ces plattes machines,
A qui de çà, de là, seize pins grands et ronds
Pour les faire voguer tiennent lieu d'avirons.
Mille soldats hideux, d'une grandeur énorme,
D'aspect entre l'humaine et la brutale forme,
Nuds ou demi-vestus d'escorces et de peaux,
En sont les mariniers, les pilotes nouveaux.
En piles, au milieu de ces barques grossières,
Sont de longs brins d'estocs, de longues fourches fières,
De longs pieux par le bout dans la braise endurcis,
Des troncs longs et noüeux en masses raccourcis.
Par les puissans efforts dont les rames sont meuës,
On voit plier leur bois sous les ondes chenuës,
Et pour mieux avancer, en barbares clameurs
On entend à l'envy s'exciter les rameurs.
A ces terribles sons, à cette veuë estrange,
Du commun des guerriers le visage se change;
Les chefs d'estonnement se témoignent comblés,
Et Talbot et son fils en sont mesme troublés.
 Tels, ou moins fiers encore, les monstres que la terre
Arma contre le dieu qui lance le tonnerre,
Sous la figure d'hommes et le nom de géants,
Parurent autres fois aux vallons Phlegreans.
A leur difforme taille, à leurs aspects difformes,
A leurs énormes arcs, à leurs flesches énormes,
La terre dont le sein produisit cette horreur
Elle-mesme d'abord en eut de la terreur.

A l'approche des trains sous qui la mer se cache,
Le plus vaste de tous des autres se détache,
Tire vers l'admiral, et le gros cependant
Demeure sans mouvoir du costé d'occident.
Un colosse animé, d'excessive stature,
Qui d'un sanglier pour casque a l'effroyable hure,
Un arbre sur l'espaule, en main deux javelots,
Se monstre au bord du train, l'un des pieds dans les flots.
Il appelle le chef d'une voix rugissante ;
Talbot droit sur la prouë à ses yeux se présente,
Pour chef se fait connoistre et l'invite à parler.
Il luy parle, et parlant fait les hunes trembler :
 Du creux de la forest si profonde et si grande
Qui couvre les rochers de l'ombrageuse Irlande,
Des bords de ces grands lacs, de ces immenses eaux
Où jamais sans effroy n'ont couru les vaisseaux,
Au bruit que pour Henri tu faisois voile en France,
Nous venons de nos bras renforcer ta puissance,
Et plus qu'aucuns des tiens nous prétendons sous toy
Acquérir de l'honneur en servant nostre roy.
Nous venons pour sa cause et, sans qu'on nous convie,
Répandre nostre sang et donner nostre vie.
Nous voulons au combat tenir les premiers rangs
Et couvrir de tes corps et le front et les flancs.
Reçoy parmi les tiens ces foudroyans courages,
Sauvages, mais vainqueurs de cent monstres sauvages,
Ces foudres dont la flamme exercée en leur bois
Conte pour rien le feu des plus braves François.
 Il se taist, et les siens confirment ce langage,
Font retentir de cris et l'onde et le rivage ;
Talbot, par ce propos de son doute éclairci,
Luy tesmoigne sa joye et luy repart ainsi :
 Nous recevons la bande à qui l'amour du prince
A fait abandonner sa natale province,
A qui tant de travaux, à qui tant de dangers
Pour l'affermir au throsne ont tous paru légers.
De ces nouveaux soldats nous recevons le zèle,

Recevons de leur chef la vaillance fidelle,
Et, certain que par eux Charles sera batu,
Leur promettons un rang digne de leur vertu.
 Il finit et les charme avec cette promesse;
L'Anglois par ce renfort se remplit d'allégresse,
Et chacun suyvant l'ordre, à la faveur du vent,
Single vers le midi, mais biaise au levant.
Le zéphire emplumé, redoublant son haleine,
Les pousse vers la coste où s'embouche la Seine.
Thétis sous eux gémit, et pour tant de vaisseaux
La Manche est trop étroitte et semble pauvre d'eaux.
Aux navires sans nombre occupés par les trouppes
Sont joints infinis heus, innombrables chalouppes,
Allége nécessaire et commode instrument
Pour les menus besoins du naval armèment.
Tous, sillonnant le dos de Neptune tranquille,
Représentent à l'œil une forest mobile
Dont les arbres espais sur leurs tiges nageant
Sont suyvis de bouïllons et d'escumes d'argent.
L'invisible démon qui leur tient lieu de guide
Applanit devant eux la campagne liquide,
Et, reprenant les vents en leurs cachots divers,
N'en souffre qu'un d'aval dans l'empire des airs.
 Durant ce temps, Betford, troublé de la victoire
Qui du jeune Henri vient de ternir la gloire,
Et de son salut propre incertain désormais,
Dans son cœur agité ne trouve plus de paix.
Pour rendre le repos à sa raison émeuë,
Sur cent et cent moyens il promeine sa veuë;
Mais il a beau sur tous songer et resonger,
Aucun n'offre à sa peur que mort ou que danger.
Enfin la noire Fraude accouruë à son ayde
Suggère à sa frayeur un horrible remède,
Et le fait concevoir à son sens égaré
Comme le seul utile et le seul asseuré.
Dans le fond de son sein il entend à toute heure
Que, s'il ne veut mourir, il faut que Charles meure,

Qu'à cet expédient il luy faut recourir
Ou se déterminer à laschement périr.
Betford se sent de glace à l'atroce pensée ;
Sa chevelure blanche en devient hérissée ;
Son visage en paslit, et d'une telle mort
L'abominable objet le fait frémir d'abord.
L'onction du Seigneur sur ce front vénérable
D'abord le rend contraire au projet détestable,
Et de son embarras deust-il ne point sortir,
A l'attentat énorme il ne peut consentir.

 Ainsi l'on voit souvent, au milieu de sa peine,
Le malade que ronge une fièvre inhumaine
Rejetter le remède et mieux aimer mourir
Que par son amertume essayer de guérir.

 La Fraude, qui le sent foible pour ce grand crime,
Par un motif plus fort à le faire l'anime,
L'anime par la peur de la mort d'Édoüard ;
Il cède à ce motif, bien qu'il y cède tard.
Cette crainte l'offusque et dispose son âme
A croire en ce forfait moins d'horreur et de blasme.
Pour garantir son fils d'un si dangereux pas,
Il peut enfin du roi conclure le trespas.
Pour le choix du moyen toutes fois il hésite ;
Sur le plus seur de tous longuement il médite ;
Il balance incertain quel il devra choisir ;
Enfin il le résout, et non pas sans plaisir.
Son choix rit à son âme et la remplit de joye ;
Soudain il trace l'ordre ; il le trace et l'envoye,
De chiffres inconnus en voile le secret,
Et du coupable escrit charge son sourd-muët.
Le muët prend le temps que l'air est le plus sombre
Et court vers Édoüard à la faveur de l'ombre.
Sur tout son court chemin la Fraude, qui le suit,
Les ténèbres ramasse et redouble la nuit.

 Pour veiller l'homme aveugle, et dans sa voye obscure
Luy servir de lumière et de conduite sûre,
Pour destourner de luy tout mal et tout péché,
Les cieux ont à chacun un bon ange attaché.

Celuy qui du démon devoit Charles deffendre,
Luy voyant par la Fraude un nouveau piége tendre,
D'une inquiète ardeur attentif au besoin,
Contre le nouveau piége apporte un nouveau soin.

LA PUCELLE

ou

LA FRANCE DÉLIVRÉE

LIVRE DIX-NEUVIESME.

Du costé que la Marne à la Seine meslée
En rend de moitié l'onde en son lit plus enflée,
Et d'un plus viste cours, entre des bords fleuris,
La contraint de marcher vers l'immense Paris,
Aux yeux s'offre un chasteau, des chasteaux le plus vaste,
Qui des nobles cités représente le faste,
Et qui, pour dignement loger son souverain,
Dérobe un grand espace à l'aréneux terrain.
La hauteur des beaux murs qui forment son enceinte
Le met hors d'escalade et l'affranchit de crainte,
Et de tous leurs créneaux ces murs impérieux
Poussent de hautes tours vers la voûte des cieux;
Mais l'une, hors de rang, de toutes la maistresse,
Aux cieux plus que nulle autre et se pousse et se dresse,
Et de son comble altier semble avecque mespris
De l'altière cité regarder le pourpris.

Cette tour, que donjon le vieux langage appelle,
Est de ce seur enclos la forte citadelle
Où, pour se dégager d'une importune cour,
Les princes vont parfois establir leur séjour.
Toutes de toutes parts descouvrent d'une veuë
De cent charmes divers la campagne pourveuë.
La campagne à son tour luy voit de toutes parts
Porter au firmament ses orgueilleux remparts.
Sous eux, vers le midi, s'estend un long boscage
Où s'entretient le frais et s'espaissit l'ombrage.
La route en est obscure, et son feuillage noir
D'une touffe de pins borne son promenoir,
Autour d'un large pré d'éternelle verdure
Voit les daims à milliers y chercher leur pasture,
Et parmi son taillis, comme parmi ses champs,
Là cherchent à milliers les biches et les fans.
Le chasteau, la prairie, et le bois et la plaine
Sont tous quatre compris sous le nom de Visaine,
Et l'air avec tant d'heur y nourrit la santé,
Que de là seulement ce nom est emprunté.
Dans une si superbe et si commode place,
Charles victorieux sans résistance passe.
La Terreur l'y précède, et les soldats anglois,
Mesme à peine sommés, en resçoivent les loix.
Par un motif horrible, Édoüard, lasche et traistre,
Approuve plus que tous qu'il s'en rende le maistre;
Il médite sa mort, et pour ce grand forfait
Ce lieu sur tous le flatte et luy vient à souhait.

  Agnès, du jeune roy conseillère seconde,
Pour l'y déterminer en paroles abonde,
Et ce lieu luy semble estre un palais enchanté,
Seul digne de sa gloire et de sa majesté.
L'armée alors en deux se trouve partagée :
L'une est le long des flots sur les hauteurs logée;
L'autre occupe Visaine, et sur les champs unis
Avance ses quartiers jusques à Saint-Denis.
Charles de çà, de là, bloque la grande ville,
Luy rend de tous costés le dehors inutile,

Et dans le ferme espoir d'en demeurer vainqueur
Insulte à sa foiblesse et jouït de sa peur.
Libre de tout soucy, dans un torrent de joye
Son esprit satisfait et se baigne et se noye.
A l'amour il retourne et veut plus que jamais
Se tesmoigner sensible aux pointes de ses traits.
Plus que jamais il aime, il révère, il adore
Le terrestre soleil dont le feu le dévore,
L'astre aux regards bénins dont l'éclat radieux
Illumine son âme en luysant à ses yeux.
 A l'un des coins du parc une masse quarrée
S'élève impérieuse à la voûte azurée,
Édifice semblable au donjon du chasteau,
Fors qu'il est plus logeable, aussi bien que plus beau.
Pour servir de demeure à la beauté divine
Le monarque amoureux la belle tour destine,
Et, jusques en ce point servant sa vanité,
Luy donne le beau nom de la tour de Beauté.
En pompe dans ce lieu Charles conduit sa reyne,
La fait par tout son camp traitter en souveraine,
Luy résigne sa garde, et d'un si riche bien
Veut encore luy-mesme estre le gardien.
D'un moment ni d'un pas jamais il ne la quitte,
Et luy sacrifiant sa gloire et son mérite
Par ce que de plus bas a la sujétion
Il prouve à quel degré monte sa passion.
De tout ce que son cœur juge propre à luy plaire
Il ne néglige rien, ne laisse rien à faire ;
Il observe son goust et n'a de vray plaisir
Que quand il la rencontre et remplit son désir.
 De son roy triomphant, la belle triomphante
Se trouve désormais d'elle-mesme contente,
Et, voyant ses grandeurs surpasser ses souhaits,
Désormais ne craint rien, ne veut rien désormais.
Rien ne la tente plus, rien plus ne l'importune ;
Elle possède en paix son heureuse fortune,
Et son orgueil, bouffi de la faveur du sort,
Croit pouvoir desfier et le temps et la mort.

Tel, régi d'une main aussi forte que sage,
Et chargé des trésors du persique rivage,
Avec le vent en pouppe, au gré des matelots,
Vole un puissant navire et sillonne les flots.
Son heur est sans pareil ; sa joye est sans seconde ;
Il a l'air favorable, et favorable l'onde ;
Il embouche le port et, content de son bien,
Ne souhaitte rien plus et n'a plus peur de rien.
Édoüard, qui voit tout et que tout remplit d'aise,
Pour accroistre ce feu vient souffler dans sa braise,
Et par d'humbles respects et de flatteurs accens
A l'idole du prince offre le mesme encens.
Il va par toute voye à sa fin criminelle ;
A l'envy du monarque il veut plaire à la belle,
Et sinon comme amant, au moins comme sujet,
A l'envy rend hommage à cet indigne objet.
Le soldat, estonné, ce désordre contemple,
Puis se laisse corrompre à leur indigne exemple ;
Il énerve sa force ; il amortit ses feux
Et ne respire plus que festes et que jeux.
Le sage Tanneguy, seul magnanime et sage,
Vainement au devoir rappelle leur courage.
Ils suyvent malgré luy leur caprice indonté,
Et l'effroy de l'Anglois cause leur seureté.
Les fiffres, les tambours et les masles trompettes
En ce desbordement ont fait place aux musettes
Les concerts belliqueux sont partout veus cesser,
Et si l'on sonne encor, ce n'est que pour danser.
Des trouppes, à leur honte en délices fonduës,
Aux branches des ormeaux les armes sont penduës ;
La lance, le bouclier, le casque et le harnois
Ne leur sont maintenant qu'un inutile poids ;
De leurs javelots seuls, de leurs seules espées
Ils ont les flancs chargés et les mains occupées,
Et leurs flancs et leurs mains les portent mollement,
Pour contenance seule et pour seul ornement.
Plus d'un serpent de fleurs rampe autour de ces armes,
Et couvre leur rudesse et d'appas et de charmes.

Le fer impitoyable est de fleurs couronné,
Et Mars mesme en ce camp paroist efféminé.

 Ceux qui de leurs loisirs font un plus noble usage
Dressent une carrière au long du verd boscage,
Et sur de pronts coursiers, comme foudres ardens,
Accoustument la bague à voir de beaux dedans.
D'autres, plus à l'escart, sur l'uni de la plaine
Au costé d'une lice arment une quintaine,
Et d'un bras non moins juste, et d'un cours non moins pront
Rompent leur bois fragile au milieu de son front.

 Aux dés en mille endroits les cartes assemblées,
Passe-temps ruïneux des âmes desréglées,
Amusent leur débauche avec joye et douleur,
Selon qu'ils sont suyvis ou d'heur ou de malheur.
Les uns, à coups bruyans, par le chemin des nuës
Se poussent tour à tour des pelottes menuës,
Et tous à demi-nuds, süans et degoutans,
A ce chaud exercice appliquent tout leur temps.

 Sur le sable affermi dans une longue route,
Que de rameaux espais voile une fraische voûte,
D'autres devant leurs pas, avec de longs maillets,
Chassent, à vistes bonds, de lourds et gros boulets.
Quelques-uns en plein air, en des lieux solitaires,
Font voler à plein bras, vers deux bornes contraires,
Des cailloux plats et ronds qui, partant de la main,
Au lieu qu'a marqué l'œil vont piquer le terrain.

 D'autres aux buts fischés dans une voye estroitte
Font successivement rouler la boule adroitte,
Et par cent plis de corps, cent risibles discours
En pensent ou haster ou retenir le cours.
D'autres, mais ces derniers en beaucoup plus grand nombre,
Par le bois espandus et couchés sous son ombre,
Passent et jours et nuits, sans prendre de repos,
A remplir et vuider les tasses et les pots.
De ceux-cy par le vin la raison est bannie ;
Le transport qu'il leur cause imite la manie,
Et par ses noirs bouïllons leur esprit émouvant
En véritable rage il se tourne souvent.

Pour rien, pour moins que rien, ils montent en furie,
Et c'est alors qu'entre eux on ne voit que turie :
Ils s'entament la teste; ils se percent le flanc;
Le sang coule, et le vin coule avecque le sang.
Mais tout le sang versé dans la commune yvresse
Ne diminuë en rien la commune allégresse,
Et du prince et d'Agnès les cœurs d'aise comblés
N'en sont pas moins contents, n'en sont pas plus troublés.
Parmi les jeux royaux dont leur flamme ils nourrissent,
Mesme des plus bas jeux leurs yeux se divertissent,
Et sans desdaigner rien, et l'amante et l'amant
Se font objet de tout et trouvent tout charmant.

Édoüard, qui sur eux a sans cesse la veuë,
Croit de la mort du prince enfin l'heure venuë,
Et tout à l'attentat luy semblant disposé,
Le veut enfin commettre et l'imagine aisé.
Comme pour célébrer la royale victoire,
Et d'un plaisir royal en couronner la gloire,
Il propose de faire un superbe festin
Et va sous ce prétexte à sa damnable fin.
A l'amante, à l'amant le traistre le propose;
Le monarque l'agrée et sur luy s'en repose;
Agnès mesme l'en louë et le presse instamment
D'adjouter cette joye à leur contentement.
Par ses soins, pour la feste, aussitost tout abonde :
Sans fin, de toutes parts, ce qui nage dans l'onde,
Ce qui court sur la terre et ce qui vole en l'air
A l'honneur du repas vient sa vie immoler.
Les plus généreux vins des plus fameux vignobles,
Les fruits les plus vantés des vergers les plus nobles
Et les plus rares fleurs des jardins les plus beaux
S'y trouvent à milliers, à piles, à monceaux.
Le traistre en peu de temps peut mettre tout ensemble.
De divers officiers un grand nombre il assemble,
Leur livre les appresís, et, pour flatter le goust,
Veut que rien ne leur manque et mesprise le coust.
L'espérance du gain, le désir de luy plaire
L'un de l'autre à l'envy les excite à bien faire;

Leur travail est ardent, et chacun d'eux à part
Y cherche à rafiner les secrets de son art.
De leurs arts différens la diverse matière
Dans leurs adroittes mains perd sa figure entière;
Elle perd sa nature ou la relève au moins,
Et porte en sa saveur la marque de leurs soins.
Avec un soin pareil, dans un projet semblable,
S'il faut de quelque monstre honorer une table,
Et par le riche fonds des maritimes lieux
Enfler un grand festin d'un mets ambitieux,
Le pescheur accroupi sur le bord d'une roche
Au trompeur hameçon le friand ver accroche,
Sous luy cache sa pointe, et par ce doux appas
A l'innocent poisson appreste le trépas.
D'une haute tenture, en longueur sans égale,
Cependant à loisir on tapisse la salle,
Et le mur, revestu de ce riche ornement,
Aux curieux regards s'offre pompeusement.
Vingt bras d'or ciselé, sur l'or de la tenture
Font autour du salon une ardente ceinture,
Et vingt chandeliers d'or de sa voûte pendans
Y sont garnis chacun de dix flambeaux ardens.
   Sur vingt tréteaux ensuite on alonge une table,
De cinquante couverts de çà, de là capable,
Que d'une toile ouvrée on voile jusqu'en bas,
Et qu'on borde à l'entour de cent siéges sans bras.
   D'un orage de fleurs à l'haleine odorante
On jonche les quarreaux et la nappe traisnante;
On jonche le buffet, dont cent vases dorés
Parent l'ample théâtre et les larges degrés.
   La nuit qui vient alors voit toute chose preste
Pour l'accomplissement de la royale feste.
Édoüard revoit tout, et de tout satisfait
Veut qu'on serve à l'instant, et son vouloir est fait.
Un long rang de bassins la longue table couvre,
Et du vaste salon la vaste porte s'ouvre.
Les nobles conviés entrent d'aise ravis,
Et du prince et d'Agnès les derniers sont suyvis.

On lave, et vers le haut, pour prendre sa séance,
Le prince sous le dais à sa place s'avance.
Plus bas et loin de luy chacun se vient placer ;
Agnès seule en est proche et s'y laisse forcer.
Il la souhaite proche, et son amour extresme
Veut qu'elle soit assise au-dessus de luy-mesme.
Elle y résiste un peu ; mais Charles l'en pressant,
Comme pour luy complaire enfin elle y consent.
La table n'offre rien qui l'appétit ne tente ;
Tout mets contente l'œil et le palais contente,
Et les vins délicats que l'on boit à longs traits
Contentent à leur tour et l'œil et le palais.
Ce qu'on sert au monarque, il le sert à la belle ;
Mesme en ces petits soins il luy monstre son zèle,
Se plaist à le monstrer devant ces grands tesmoins,
Et d'obligeans discours entremesle ses soins.
Jusque dans le manger et jusque dans le boire,
Glorieuse elle sent et savoure sa gloire ;
Sur Charles elle règne à la face de tous
Et peut rendre Édoüard de son règne jaloux.
Ce service levé, suyvent d'autres services,
Nouveaux en abondance et nouveaux en délices.
Les premiers sont exquis, mais cèdent aux derniers,
Et tousjours croist l'effort des sçavans cuisiniers.
Tousjours le mets suyvant le précédent surmonte ;
L'un à l'autre succède, et plus on ne les conte.
Trois heures désormais a duré le festin,
Et le char de la nuit fuit devant le matin.
Alors, pour achever, dans de plates corbeilles
Différentes en forme, en richesse pareilles,
Viennent amoncelés cent et cent fruits divers,
Tous attachés encore à leurs branchages verds.
Une pomme incarnate, entre cent la plus belle,
Qu'en langage fruitier calleville on appelle,
De sa grosseur énorme emplit seule un grand plat
Et jette de sa pourpre un attrayant éclat.
Ainsi qu'une merveille, unique en sa province,
Le perfide Édoüard la fait servir au prince,

Et par plus d'un éloge en propos affecté
D'excellence la prise autant que de beauté.
Charles, qui la voit belle et la voit si vantée,
Pour Agnès seulement en a l'âme tentée ;
A deux mains il la lève, et la luy présentant
Veut malgré ses refus qu'elle y gouste à l'instant.
    A la belle, dit-il, la belle soit donnée.
Pour la jeune Vénus le ciel l'a destinée,
Et quand l'autre Vénus vous la disputeroit,
Contre vostre beauté sa beauté la perdroit.
    A cet ordre si doux, vaincuë elle se range,
Prend le fruit monstrueux, et l'entame, et le mange.
Sur chacun des morceaux Charles le bras suspend,
Et de sucre en poussière un nuage y respand.
    Un concert de vingt voix où la harpe est meslée
Entretient cependant la royale assemblée.
Nul plaisir ne luy manque, et par ces doux accens
Elle sent accomplir les vœux de tous les sens.
    Ainsi quand d'Egéon la fureur insensée
Par cent foudres bruyans demeura terracée,
Et que de plus d'un mont Encelade accablé
Assura la victoire au palais estoillé,
Le vainqueur Jupiter à son immense table
Convia de ses dieux la valeur indontable,
Et Junon, en ce temps maistresse de son cœur,
Entre tous fut placée au-dessus du vainqueur.
Le nectar y troubla plus d'une fantaisie,
Et le moindre immortel s'y remplit d'ambroisie.
Rien n'y manqua de rare et de délicieux,
Non pas mesme les chants des sirènes des cieux.
    Le festin cesse alors, et ses amples reliques
Passent ensuite aux mains des drappeaux faméliques ;
Elles sont sans mesure, et la faim des soldats,
Pour grande qu'elle soit, ne les consume pas.
    Mais tandis qu'en chacun la joye est sans pareille,
L'appartement voysin pour le bal s'appareille,
Et par un double chœur d'instrumens concertés
Les conviés brillans sont au bal invités.

Agnès, par le monarque à s'y rendre invitée,
Desjà s'estoit là mesme en reyne présentée,
Et desjà toute pleine et d'orgueil et d'appas,
Pour commencer la danse elle esbranloit ses pas,
    Quand, ainsi qu'une fleur que la gresle a frappée
Tresbuche sur le champ par la tige couppée,
La belle de son haut tombe sur le plancher,
Sans que la main du roy peust sa cheute empescher.
Agité d'un transport qui tient de la furie,
Hautement à sa cheute il souspire et s'escrie,
Et pour la relever sur elle s'abaissant,
Il la sent immobile et de glace la sent.
Des deux bras toutes fois puissamment il la serre,
Et secouru des siens la souléve de terre.
Plus que tous il s'en charge et va d'un cours léger
Sur le plus proche lit son doux faix descharger.
Elle est blesme, elle est froide, et sa cuisante peine
Le fait presque manquer et de pouls et d'haleine.
Le médecin arrive, en juge mal d'abord,
Et son avis muët la condamne à la mort.
    Charles, que d'un tel coup le poids insupportable,
Malgré toute sa force, ainsi qu'un foudre accable,
Le presse sur la cause et sur l'événement;
Mais luy, qui doute encor, respond douteusement.
    La monstrueuse pomme au monarque servie
Fut le trait que Betford lança contre sa vie.
Dans un suc venimeux trois fois il la plongea,
Et pour le parricide Édoüard en chargea.
Pour rendre son pouvoir d'autant plus efficace,
D'un sucre blanc et dur il fait broyer la masse,
Et par luy de poisons conjointement pilés
Y furent les extraits respandus et meslés.
Édoüard servit tout, et la Fraude présente
Luy raffermit la main dans son crime tremblante,
Luy rasseura la voix et luy fit hardiment
Louer de l'attentat le trompeur instrument.
Mais l'ange à qui du roy la deffense est commise,
Traversant du démon l'exécrable entreprise,

Par un glaive ondoyant, quoyqu'invisible aux yeux,
Sur le point du succès l'escarta de ces lieux.
Charles, le sein pressé d'amoureuse tendresse,
Offrit la belle pomme à sa belle maistresse,
La luy fit accepter et, déceu par le sort,
Dans un si beau présent luy fit trouver la mort.
Tous remèdes sont vains pour alléger sa peine ;
La douleur sur son lit l'agite et la promeine,
Change sa douce voix en lamentables cris,
Et jette le désordre en ses foibles esprits.
Le violent poison dans ses veines ardentes
Roule victorieux à vagues bouïllonnantes,
Se rend sourd à sa plainte, et pour elle endurci
Consume la malade et le remède aussi.
Toutes fois, malgré tout, et la nature et l'âge
Résistent quelque temps à l'effort de sa rage,
Et pendant ce combat, la belle en son beau corps
Endure sans mourir mille cruëlles morts.
 Du sommet de la tour qui de Beauté nommée
De la mourante Agnès fut la demeure aymée
Se fit entendre au loin, peu devant son trespas,
Le son aigre et confus de cent tristes hélas.
A la faveur du calme et de la nuit sereine,
Cent spectres infernaux, sous une forme humaine,
D'un tel événement à l'envy désolés,
Parurent aux créneaux, hâves, eschevelés.
Ces fantosmes hideux furent les mesmes fées
Qui d'Agnès par leurs dons accrurent les trophées
Et qui, voyant son heur devenu malheureux,
Poussèrent ces hélas ! d'un ton si douloureux.
 Charles, qui meurt plus qu'elle et que rien ne console,
Et bruslant, et glacé, parle et perd la parole,
Mais à coups redoublés se meurtrissant le sein,
Tesmoigne les transports dont il est tousjours plein.
Abouché sur le lit, et sans cesse près d'elle,
Sans cesse à la clarté ses yeux morts il rappelle.
A ses gémissements plus haut qu'elle il gémit ;
A ses frémissements plus fort qu'elle il frémit.

La famille, que trouble une telle furie,
Sans fruit d'y donner trève à mains jointes le prie,
D'abandonner ce lieu le conjure sans fruit.
Il y passe le jour, il y passe la nuit.
Au propre médecin qui travaille à sa cure
Il se prend quelques fois des tourmens qu'elle endure,
Quelquefois envers luy ses fureurs excusant.
Pour elle il luy demande un remède présent.
Parfois, et souvent mesme, il se tourne à la belle,
D'un pitoyable accent par son beau nom l'appelle,
La somme par sa foy de ne lé point quitter,
Et parmi ses clameurs ne fait que sangloter.
Pour appaiser d'Agnès les mortelles tempestes,
Il fait parfois aux cieux de plaintives requestes,
Puis contre eux il s'emporte, et leurs décrets blasmant
De cris injurieux perce le firmament.
Mais rien ne peut servir, ni requeste, ni plainte ;
Bientost doit son soleil voir sa lumière esteinte.
Dans la troisiesme nuit, et non loin du matin,
La malade commence à pencher vers sa fin.

 Ainsi quand sous le toit d'une vaste cassine
Une trouppe champestre allumant la résine
Au son rustique et fort des grossiers instrumens
Coule dans le plaisir les nocturnes momens,
Si, pendant que la feste est la plus eschauffée,
Du flambeau qui l'éclaire est la flamme estouffée,
Leur joye aussi s'estouffe, et la clarté qui fuit
En leur sein, comme en l'air, laisse une obscure nuit.

 Charles, dont la douleur de plus en plus augmente,
Les regards attachés sur ceux de son amante :
 Quoy, dit-il, chère Agnès, quoy, vous allés mourir,
Et mes vœux ni mes soins n'ont peu vous secourir !
Implacables destins ! quoy, vous privés le monde
De la rare beauté qui vivoit sans seconde ;
Vous l'ostés à ma veuë, et la privant du jour
M'enlevés les doux fruits de son fidelle amour.
Mais je ne perdray point cet objet de ma gloire ;
J'iray, je le suivray dans l'ombre la plus noire ;

J'iray me joindre à luy dans l'horreur du tombeau,
Et par luy cette horreur n'aura rien que de beau.
Agnès, je n'ay vescu que par ma seule flamme ;
Je ne suis animé que de vostre seule âme.
Vous mourant, je mourray ; vostre sort est mon sort ;
Vous avés fait ma vie, et vous ferés ma mort.
 Il vouloit plus longtemps ce langage poursuyvre
Et jurer qu'à sa perte il ne pourroit survyvre,
Quand les yeux de la belle, à ses yeux attachés,
D'un voile ténébreux se monstrèrent cachés.
Il la vit tout à coup devenir blesme et roide ;
Il luy vit sur le front poindre une sueur froide,
Luy vit les bras se tordre et les pieds se glacer,
Et luy vit dans le sein les sanglots abbaisser.
Au triomphant poison enfin toute renduë,
Sans haleine et sans pouls, sur sa couche estenduë,
Il la voit par trois fois doucement souspirer,
Et du dernier souspir il la voit expirer.
Oppressé de douleur, et non moins qu'elle-mesme
En ce fatal moment devenu froid et blesme,
Il demeure attéré sous un si grand effort,
Que comme on la voit morte, on le pense voir mort.
De ce lieu l'on le tire, et par plus d'un remède
On bannit de ses yeux la nuit qui les obsède ;
Mais à peine ses yeux ont recouvré le jour
Qu'il réclame à grands cris l'objet de son amour.
Il le veut voir encore, et malgré sa foiblesse
Jusqu'à son lit se traisne accablé de tristesse.
Il s'y traisne et le voit, mais combien différent
De l'estat où naguère il parut en mourant !
Il voit sur tout son corps et dans tout son visage
De la beauté céleste un indigne ravage.
Il voit le vif éclat de ce teint si vanté
De boutons bleus et noirs en cent lieux marqueté.
Il voit la beauté mesme affreuse, epouvantable,
A ses propres regards la voit mesconnoissable,
Et remarquant partout les taches du poison,
De surprise et d'horreur retombe en pamoison.

De rechef il y tombe, et d'auprès de la morte
Au cabinet prochain de rechef on le porte
Où, par un pront secours de remèdes puissans,
Après un long espace on ranime ses sens.
Cependant Tanneguy fait enlever la belle,
Ne laisse autour du prince aucun vestige d'elle,
Et si rien en pouvoit la mémoire exciter
Avecque sa main propre il a soin de l'oster.

 Ainsi pour amortir la flamme violente
Qui par un édifice espanduë et volante
Règne, sans nul obstacle, en ses appartemens,
Et commence à gagner les proches bastimens,
Le hardi magistrat, prudent et secourable,
Court où le feu vainqueur est le plus formidable,
Et retranche et destourne avec sa propre main
Ce qui peut en nourrir l'insatiable faim.

 Mais Charles, sans que rien son souvenir resveille,
Voit trop de son destin la rigueur sans pareille,
Et quoyque d'un tel foudre estourdi, confondu,
Il ne connoist que trop le bien qu'il a perdu.
Tousjours devant ses yeux erre la triste image
De l'illustre beauté qui le tient en servage ;
Tousjours de son trespas l'effroyable malheur
Vient dans sa fantaisie accroistre sa douleur.
Pour aller vers la belle en vain il s'évertuë ;
Sa force est par son mal sans ressource abbatuë.
Sur sa couche il demeure attaché malgré luy,
Et sa couche est la scène où tonne son ennuy.
Sa raison sous sa rage est alors asservie :

 Agnès, dit-il, est morte, et Charles est en vie ;
La belle est dans la tombe, et son indigne amant,
Son faux adorateur, n'est pas au monument.
J'avois pourtant juré de ne luy point survivre ;
J'avois dit qu'en tous lieux on me la verroit suyvre.
Je m'estois dans sa perte obligé de périr ;
Que devient mon serment si je tarde à mourir ?
Mesme sans mon serment, déité que j'adore,
Vous ayant veu mourir, pourrois-je vivre encore ?

N'estiés-vous pas mon âme, et passant chés les morts
Que m'avés-vous laissé qu'un inutile corps ?
Au repos du cercueil, à son ombre éternelle,
Vostre voix, je l'entens, à toute heure m'appelle.
Nos cœurs furent au monde unis estroittement ;
Ils doivent estre encore unis au monument.
Meurs donc, et suy la belle. Achevant ce langage,
Il cherche les moyens de contenter sa rage,
Les cherche vainement, la sagesse des siens
En ayant à son bras soustrait tous les moyens.
Contre eux d'un soin si juste aigrement il s'irrite,
S'emporte tousjours plus et tousjours plus s'agite,
Puis, rentrant en soy-mesme et songeant au poison :
   Quoy, dit-il, à la mort se joint la trahison !
Oh ! non, ne mourons point que l'autheur du grand crime
De nostre désespoir n'ait esté la victime,
Que nous n'ayons au sang du traistre empoisonneur
Des taches de ce teint lavé le déshonneur.
Qu'on le trouve, ce traistre, et qu'en haste on l'ameine.
Je me veux consoler dans l'excès de sa peine ;
Je veux lasser sur luy cent bourreaux inhumains,
Et dans son flanc ouvert je veux rougir mes mains.
Mais qui peut estre, ô cieux ! de ce forfait coupable ?
Quel esprit a conceu ce projet détestable ?
Quel monstre, quel démon a pu l'exécuter,
Et pour quel intérest a-t-il pu le tenter ?
Le cœur de mes François est né trop magnanime
Pour avoir pu tremper dans cet énorme crime.
Toutes fois l'assassin entre nous est meslé ;
Parmi tant de François quelque Anglois s'est coulé.
Les viandes, sans doute, avant qu'estre portées,
Furent par l'assassin de poison infectées.
Les viandes, non, non, cela ne se peut pas ;
Tous en eussent comme elle enduré le trespas.
Le traistre aura plongé dans quelque onde infernale
Cet homicide fruit, cette pomme fatale
Qu'humble et respectüeux, par mon zèle excité,
J'offris en sacrifice à ma divinité.

Ouy, le traistre l'a fait, et mon âme éclairée
Croit voir que pour moi seul il l'avoit préparée.
Ouy, dans ce seul projet, je le croy, je le voy,
Le parricide obscur n'en a voulu qu'à moy.
L'exécrable projet, estrange découverte
D'un moins noir attentat, ne visoit qu'à ma perte,
Et moy, pour m'en sauver, divertissant sa fin,
J'ai fait à ma déesse esprouver mon destin.
Ne cherchons plus l'autheur d'un acte si funeste ;
A moy-mesme, en moy-mesme il paroît manifeste.
Le traistre est innocent, je le croy, je le voy ;
J'ay trouvé le coupable, et ce coupable est moy.
C'est moy qui de sa mort suis l'unique coupable.
Prodige de nature, amant abominable !
C'est moy, dis-je, c'est moy que mon horrible sort
A rendu l'instrument de son horrible mort ;
Moy qui, tout embrasé de ma flamme fidelle,
Me suis monstré cent fois prest à mourir pour elle.
Pour luy prouver ma flamme et tesmoigner ma foy,
Je l'ay pu, malheureux ! faire mourir pour moy.
Je l'ay pu de ma main, que faut-il davantage ?
Ah ! tigre ! ah ! sur toy donc exécute ta rage ;
Du forfait inouï punis en toy l'autheur,
Tout ensemble victime et sacrificateur.
Tu sçais donner la mort, et de cette science
Ta main a sur Agnès fait trop d'expérience.
De cette mesme main tu la dois recevoir.
Meurs donc, et satisfais à ce juste devoir.

 Saisi dans ce moment d'une barbare envie,
Il veut rompre le nœud qui l'attache à la vie,
Et se voyant privé du fer et du poison,
Hors du lit il se lance et court vers un tison ;
Mais sous ce grand effort succombe sa foiblesse.
Alors de mille coups il se frappe, il se blesse,
Tant que par sa douleur et son abbatement
On luy voit perdre encore et veuë et sentiment.

 Ainsi quand il advient qu'une amoureuse mére,
Après les longs travaux d'une grossesse amére,

Depuis peu délivrée avec contentement,
Se tourne sur son fruit et l'estouffe en dormant,
A son triste resveil la gorge elle s'outrage,
S'arrache les cheveux, s'offense le visage,
Et n'étoit qu'elle pasme à force de souffrir,
On la verroit d'un fer la poitrine s'ouvrir.

  On recouche le prince, et dix mains empressées
Taschent à soulager ses forces oppressées ;
Mais tel est de son mal le pouvoir inhumain
Que, quoy qu'on puisse faire, on le fait tout en vain.
De la prison des sens l'âme, comme envolée,
A luy rendre la vie est en vain rappellée ;
Attentive à sa peine, elle n'escoute rien,
Et le corps, comme mort, demeure sans soustien.
Dans une pasmoison de si longue durée
A luy s'offre d'Agnès l'ombre desfigurée,
L'assiége incessamment sans jamais le laisser,
Et par cet objet seul occupe son penser.

  L'ange qui le conduit voit le temps favorable
Pour guérir de son cœur la blessure incurable,
Pour l'enlever au vice et du chemin tortu
Le rendre au droit chemin qui meine à la vertu.
Il le voit, il le prend, et donne à cette image
L'accent propre d'Agnès et son propre langage,
Et pour calmer du roy le turbulent souci
Fait que d'un ton puissant elle luy parle ainsi :

  O toy, que ma beauté jointe à mon artifice
A porté jusqu'au bord du fatal précipice,
Ouvre les yeux enfin ; voy l'abysme d'horreur
Où t'ont presque jetté mon crime et ton erreur.
Nous avons du Très-Haut espuisé l'indulgence ;
Nos forfaits ont sur nous attiré sa vengeance ;
Pour chastier ta faute, il a le bras levé,
Et la mienne a desjà son tonnerre esprouvé.
Il menace ton chef ; mais bien qu'il le menace,
Toutes fois, en son ire, il t'a fait quelque grâce
De commencer par moy l'ordre du chastiment,
Pour donner ouverture à ton amendement.

Profite de mon mal tandis que la tempeste
Tarde à se décharger sur ta superbe teste,
Et croy que nul moyen ne la peut divertir
Qu'un sincère, qu'un pront, qu'un amer repentir.
J'ay sa rigueur soufferte et souffert sa justice,
Pour avoir en ton camp authorisé le vice,
Pour avoir du grand Dieu le pouvoir traversé
Et ton noble courage aux délices poussé.
Toy, pour avoir soustrait le saint bras à tes armes,
Pour avoir fait ton dieu de mes indignes charmes,
Pour avoir du Très-Haut mal observé la loy,
Tu cours en cet instant mesme péril que moy.
Par le vouloir du ciel de qui l'ire constante
Tousjours plus contre toy s'envenime et s'augmente,
Celuy de qui ta mort a formé le dessein,
Ce serpent dangereux couve encore en ton sein.
Il s'y tiendra caché tant que la Providence
Aux yeux de l'univers le mette en évidence,
Et que par d'inouïs et foudroyans éclats
Les vengances des cieux signalent son trespas.
Change ta folle ardeur en une ardeur dévote;
Sens ton mal, hay ton mal, gémis, pleure, sanglote,
Et fay que, gémissant, pleurant et sanglotant,
Ton soldat comme toy devienne pénitent.
Tourne aux cieux ta pensée; implore leur clémence,
Et combas leur courroux par la résipiscence;
Mais combas-le soudain; si tu ne le fais pas,
Tu mourras malheureux et d'un double trespas.

 Achevant ce discours, l'ombre vaine s'efface;
L'ange qui l'a dicté rend sa force efficace.
Charles revient alors, et son cœur soulagé
De ce qu'il fut jadis se trouve tout changé.
Sa flamme pour la belle est désormais esteinte;
Il n'est plus désormais ennemi de la sainte,
Et d'un vif repentir sensiblement touché
Dans un lac de ses pleurs veut noyer son péché.
Il l'y noye, et le camp de ses moites paupières
Pour y noyer les siens en verse des rivières.

Dans ses égaremens il a son roy suyvi ;
Dans sa conversion il le suit à l'envy.
Les anges des soldats à l'envy de son ange
Disposent leurs esprits à ce bienheureux change.
La Fraude, à ce retour si peu d'elle attendu,
S'estonne, et de son art connoist le fruit perdu.
Tous saisis et pressés d'une sainte tristesse
Bannissent de leurs cœurs la coupable allégresse,
Et par mille regrets et mille austérités
Veulent purger leur sein de leurs iniquités.

  Tel est le dissolu dont la trop libre vie
D'insupportables maux est justement suyvie,
Et qui, sans force aucune en sa couche estendu,
De la mort sur son chef voit le trait suspendu ;
Pour destourner le coup dont ce trait le menace,
Quoy que l'on luy propose, il n'est rien qu'il ne face ;
Nul breuvage à son goust ne semble trop amer,
Et désormais son corps ne craint ni feu, ni fer.

  Mais ces devoirs chrestiens sont commencés à peine,
Que Roger se fait voir du costé de la plaine,
Et l'on lit sur son front ombragé de douleur
Qu'il leur vient annoncer quelque nouveau malheur.
Dans l'âme des guerriers, desjà pleine de trouble,
Son pasle et morne aspect l'espouvante redouble ;
Tous bruslent de savoir quel sujet le conduit,
Et le voyant se taire en tumulte on le suit.
Le prince est à genoux dans l'auguste chapelle
Que le peuple dévot du nom de sainte appelle,
Et repasse les yeux sur les transgressions
Où l'avoient engagé ses folles passions.
Roger entre, et sur luy la porte reffermée
Exclut du lieu sacré la curieuse armée.
Vers Charles il s'avance, et d'un air estonné
En ces termes luy parle, et luy parle incliné :

  Monarque triomphant, qui des mains de la gloire
A veu sous ces hauts murs couronner ta victoire,
Et de qui la vertu dans le champ de l'honneur
N'a depuis si longtemps moissonné que bonheur,

Voicy que la fortune à cette fois contraire
D'un succès malheureux ses caresses tempère.
J'ay de ce changement essuyé le danger ;
J'en fus le spectateur ; j'en suis le messager.
La généreuse Agnès, souhaitant que tes armes
Vissent en plus d'un lieu les effets de ses charmes,
Au généreux René, qui luy fut tout sousmis,
Ordonna de marcher contre tes ennemis.
Plein d'un transport ardent et d'une douce joye,
Il va sans balancer où cet ordre l'envoye,
Et pour premier exploit, par sa flamme animé,
Assiége le grand fort de Vaudemont nommé.
Il s'attache avant tout à la fameuse place
Qui de son grand rival seule nourrit l'audace,
Pour s'en rendre le maistre ou le faire périr,
Si, redoutant sa prise, il la vient secourir.
A l'imprenable mur, plus fières que nombreuses,
Courent sous cent drappeaux les trouppes valeureuses,
Et cent valeureux chefs à leur teste avancés
Par leurs mains tour à tour font remplir les fossés.
Mais aucun de ces chefs de loin mesme n'approche
Ce chef avantureux, ce guerrier sans reproche,
L'illustre Barbazan dont l'éclat sans pareil
Le fait luire entre tous comme un autre soleil.
On bat l'orgueilleux roc ; mais que sert de s'estendre ?
On le bat, on l'attaque ; on est prest de le prendre,
Et bientost, malgré tout, ses altiers boulevards,
S'en alloient voir sous eux planter nos estendards,
Lorsqu'Antoine, bouïllant de colère et de rage,
Vient fondre aux champs lorrains, les pille, les ravage,
Et pour mieux de son fort la prise divertir
Il les sème de feux qu'on ne peut amortir.
Barbare, impitoyable, il les brusle et consume ;
D'embrasemens partout sous luy la terre fume,
Et les peuples émus gémissent en tous lieux
Sous les énormes coups de son bras furieux.

René, presque vainqueur, au bruit de ces ruïnes
Laisse plein de courroux les tremblantes courtines,

Et pour venger son peuple et sa terre venger
Vers le camp boute-feu pousse son camp léger.
Par cette aide éloignée, outre toute apparence
Le mur demi-conquis obtient sa délivrance,
Et des foibles remparts le foible defenseur,
Non sans estonnement, demeure possesseur.
René va vers Antoine et marche en diligence ;
Il cherche son rival ; il cherche sa vengeance,
Et les cherche enflammé d'un feu si violent
Que, bien que son camp vole, il lui paroist trop lent.
Mais l'accort Vaudemont, prévoyant la tempeste,
A la bien soustenir ses machines appreste,
Et du Bourguignon proche implore le secours ;
Le Bourguignon vers luy précipite son cours.
Accreu de ce renfort, et plein de confiance,
Contre le fier René non moins fier il s'avance,
Et les deux ennemis, de fureur embrasés,
Se rencontrent soudain l'un à l'autre opposés.

 Près de Bulleneville est une vaste plaine
De bosquets parsemée et couverte d'arène,
Qui se couppe en cent lieux par cent ruisseaux errans,
Lieu propre à décider les guerriers différens.
 Là, sur le haut du jour, à moyenne distance,
Les deux contraires camps se trouvent en présence,
Et sans se marchander l'un vers l'autre ébranlés
Sont au mesme moment l'un dans l'autre meslés.
D'abord sans se taster, d'un élan réciproque,
L'un et l'autre des camps s'affronte, s'entre-choque,
Et d'un effort égal, d'un égal mouvement,
Ils s'enfoncent l'un l'autre en un mesme moment.
Chacun voit en cent parts ses files divisées.
Ce n'est plus un combat de trouppes opposées ;
Ce sont mille combats en mille lieux donnés
D'hommes confusément l'un sur l'autre acharnés.
René, que Toulongeon dans la foule mesure,
Jugeant que de son cœur digne est cette avanture,
Le mesure luy-mesme et d'une forte main,
Le perce et l'estend mort sur l'aride terrain.

Non loin du fier René, le formidable Salmes
Sur plus d'un Bourguignon acquiert d'heureuses palmes,
Et choisit pour objet de son vaillant courroux
Ceux de qui la valeur se remarque entre tous.
L'Anglois, l'Artésien et le Picard ensemble,
Chascun à son aspect paslit, frissonne et tremble,
Et partout où le sort conduit ses nobles pas,
Tout ou plie ou succombe aux efforts de son bras.
Plus qu'aucun, Barbazan, ce belliqueux tonnerre,
D'ennemis foudroyés couvre la dure terre,
Et par cent beaux exploits fait redouter à tous
Sa foudroyante espée et ses terribles coups.
L'effroy vole à sa teste, en quelque part qu'il aille ;
Seul il pourroit suffire à toute la bataille.
Sa plus qu'humaine ardeur se fait sentir partout,
Et rien devant son bras ne demeure debout.
A luy voir en volant de corps joncher la plaine,
On l'eust pu comparer à la flamme soudaine
Qui dans les champs de Pouïlle, aux chaumes s'attachant,
Les ravage et les perd du levant au couchant.
Au renommé Vergy son bras oste la vie ;
La vie au fort Humbert par son bras est ravie.
Varembon, du Lorrain le plus fort arcboutant,
La perd par ce bras mesme, et presque au mesme instant
Le guerrier affamé de carnage et de gloire
Faisoit vers l'Angevin incliner la victoire,
Et les siens secondant son héroïque effort,
Donnoient au Bourguignon ou la chasse ou la mort.

 Mais le rusé Lorrain, qui pour l'aspre meslée
N'avoit point jusqu'alors sa brigade esbranlée,
Dans le pressant besoin d'assister les vaincus,
Alors quite son poste et ne se retient plus.
Comme un sacre qui part et vole à tire d'aile,
Il vient faire aux vainqueurs une guerre nouvelle.
La surprise les trouble, et le sort inconstant
En faveur des vaincus se tourne en un instant.
Des vainqueurs tout à coup la fortune est destruite ;
Ils prennent tout à coup l'espouvante et la fuite,

Et leurs chefs, ou monstrant ou donnant le trespas,
S'efforcent, mais en vain, d'en retenir les pas.
Tout de crainte saisi s'éloigne ou se disperse;
Sur eux le fier Lorrain ses vengeances exerce,
Et contre ce torrent leur fait voir que la peur
Est un mauvais refuge, un azile trompeur.
　　René, qui ne peut vivre après cette disgrâce,
Autour de luy, soudain, ses fideles ramasse,
Et puisqu'il faut mourir conjure leur valeur
De l'aider, en mourant, à venger son malheur.
　　Trente que nous restions de l'entière deffaitte,
N'estant pas plus que luy portés à la retraitte,
Tous d'un ferme courage estouffant nostre ennuy,
Engageons nostre foy de périr avec luy.
Nous sommes entourés, et par cent mains haussées
Nous voyons à l'envy nos testes menacées.
Nous nous voyons pressés, chargés de toutes parts
D'une forest d'espieux, d'un nuage de dards.
On somme coup sur coup la généreuse bande
Qu'au vainqueur magnanime elle cède et se rende;
Mais elle tient à honte et s'irrite en son cœur
Qu'on ose présumer d'en estre le vainqueur.
Par un beau désespoir, d'un mouvement rapide
Nous heurtons tous du sein dans le fer homicide,
Assaillons l'adversaire, et d'un masle devoir,
En recevant la mort, la faisons recevoir.
D'abord sous sa fureur huict des nostres expirent
A perdre le surplus mille lances conspirent.
René, seul contre tous, à son bras reconnu,
Contre son chef royal sent leur bras retenu.
Ils le veulent captif, mais non privé de vie;
Mais le prince, animé d'une contraire envie,
Par cent cris lés provoque, et par autant de coups
Ne peut contre sa vie exciter leur courroux.
　　Salmes combat longtemps; mais enfin il succombe.
Combattant comme luy, Boyer comme luy tombe;
Plus tard, en combattant, comme eux tombent aussi
Conflans l'impétueux et l'adroit Commercy.

Du fameux Barbazan la supresme vaillance
Fait paroistre en ce lieu sa dernière puissance,
Et, sentant désormais approcher son trespas,
Veut au moins en mourant faire honneur à son bras.
Les revers les moins grands de son grand cimeterre
Renversent d'un seul coup homme et cheval par terre,
Et contre les éclats de ce foudre animé
Nul ne sçauroit jamais estre assés bien armé.
En quelque part du cercle où son ardeur le porte,
La foule est à l'instant moins espaisse et moins forte.
Sous son tranchant acier le sang coule en ruisseaux,
Et les corps à l'entour s'élèvent en monceaux.
Mais, à force d'agir, l'invincible se lasse,
Et désormais occupe un plus petit espace ;
La vertu cède au nombre, et le nombre à la fin
L'accable sans le vaincre et borne son destin.
Il meurt et le tribut à la nature paye ;
En mille lieux atteint, il n'est plus qu'une playe.
De mille coups affreux il meurt deffiguré
Et tient, tout mort qu'il est, son noble fer serré.

 J'atteste du héros la gloire infortunée
Que j'eus droit de prétendre à mesme destinée ;
Mais de l'heureux Lorrain je me vis espargné,
Et mon chef, comme vil, fut par luy desdaigné.

 Un trespas si fatal notre ruïne achève ;
Au-dessus de luy-mesme en vain René s'eslève ;
En vain chacun de nous essaye à l'imiter :
Le Lorrain est trop fort pour ne nous pas donter.
Après cent vains assauts, cent résistances vaines,
Vifs, mais sans mouvement, nous tombons dans ses chaisnes.
D'un laurier immortel par le sort couronné,
Il triomphe de tous, et surtout de René.
Enflé de sa fortune, il ne plaint point la perte
Qu'en ce combat sanglant ses armes ont soufferte,
Et voyant en ses mains son illustre rival,
Au prix d'un si grand bien conte pour rien son mal.
Dans son fort délivré, sous une seure escorte,
Plein de ravissement, son captif il transporte.

Au prince bourguignon le reste destiné
Au mesme temps vers luy par les siens est mené.
Entre les prisonniers Philippes me rencontre,
A mon désastre seul pitoyable se monstre,
Et seulement pour moy resveillant sa douceur
Avec mille présens me renvoye à ma sœur.

  En liberté, dit-il, va vers l'injuste belle
Luy dire qu'à ses loix je suis tousjours fidelle,
Et que, content ou non que je sois en aimant,
Je la veux respecter jusques au monument.

  Il me fait à ce mot redonner la franchise ;
Je pars, triste courrier de la triste entreprise,
Et dans l'aspre combat rebuté par la mort
Je viens parmi tes rangs chercher un plus beau sort.

  Charles, au dur récit du succès lamentable,
Sent que d'un second faix la main de Dieu l'accable ;
Il sent sa pesanteur et, plein d'humilité,
Reçoit le chastiment comme trop mérité.
Il retourne à l'autel, et baigné de ses larmes :

  Juste Seigneur, dit-il, enfin je rens les armes,
Et suis prest d'endurer l'équitable rigueur
Que prépare ton hire à mon coupable cœur.
Punis-le, ce coupable, et si ses injustices
Demandent à ton bras de plus rudes supplices,
S'il reste quelque peine à luy faire souffrir,
Pour la souffrir encor je te le viens offrir.
J'ay failli bannissant la guerrière divine
Qui vint de mes Estats soutenir la ruïne,
Et n'ay pas moins failli retenant près de moy
La funeste beauté dont j'ay suyvi la loy.
Pour venger ces erreurs et d'amour et de haine,
Tu ne peux m'imposer une trop rude peine ;
Et quelque aspre tourment qu'on me voye endurer,
Je pourray bien souffrir, mais non pas murmurer.
Toutesfois, ô Seigneur, ta clémence infinie
Jamais aux pénitens la grâce ne dénie,
Et le foible David, pécheur ainsi que moy,
A trouvé son salut en recourant à toy.

Je ne t'allègue point, pour excuser mon crime,
Que Rodolfe sembloit le croire légitime,
Qu'il m'aidoit à faillir, et que par son aveu
J'ay pu m'abandonner à mon indigne feu.
Je ne t'allègue point, pour couvrir ma foiblesse,
Ce qu'en un cœur royal peut l'aveugle jeunesse;
Nulle excuse envers toy ne vaut le repentir;
Je m'accuse tout seul et me veux convertir.
J'implore le pardon; je recours à la grâce.
Rens contre ta fureur ma prière efficace,
Et laisse, par mes cris à ton throsne montés,
Tourner en ma faveur tes divines bontés!
Que si tu n'as pour moy ni pitié, ni clémence,
Veuille du moins, Seigneur, en avoir pour ta France.
Elle est presque sans faute, et c'est moy seulement
Dont l'exemple est l'autheur de cet égarement;
Pers-moy, mais ne pers pas cette France chérie
Que tes soins paternels de cent maux ont guérie,
Et qui dans ce dernier, plus que tous inhumain,
A senti le secours de ta visible main.
Tu n'es pas comme nous sujet à l'inconstance;
La reigle que tu suis n'est que ta providence;
Le bien de mes vassaux par elle est résolu.
Conforme ton vouloir à ce qu'elle a voulu.
Pour relever leur cheute et pour tarir leurs larmes,
Ne souffre pas qu'en vain la sainte ait pris les armes;
Ne souffre pas qu'en vain par ton foudre lancé
L'œuvre de leur salut ait esté commencé.
J'espère pour mon peuple en ta ferme parole;
Permets qu'en expirant cet espoir me console.
Je mourray sans regret, esprouvant ton courroux,
Si mon peuple après moy te peut esprouver doux.

Il s'arreste à ces mots, plaintif et misérable;
Dieu toutes fois pour luy demeure inexorable;
A ses tristes clameurs il se monstre endurci,
Sans que par cris ni pleurs il puisse estre adouci.
Charles d'un seul rayon de la divine flamme
Ne sent pas éclairer les ombres de son âme;

Son esprit languissant, abbatu, désolé,
N'est du plus foible espoir par les cieux consolé.
  Semblable est le fiévreux en qui la bile émeuë
A du sang eschauffé la masse corrompuë,
Et qui sans nul relasche, en sa couche agité,
En luy de plus en plus sent mourir la santé.
Tout remède se cherche et s'employe à son aide,
Mais l'efficace manque au plus puissant remède.
C'est en vain qu'on travaille à son soulagement ;
Le mal par le secours devient plus véhément.
  Par un tel abandon, mille peines amères
Du misérable roy surchargent les misères ;
Il ne voit que son mal, ne voit que son erreur,
Et voyant l'un et l'autre a de luy-mesme horreur.
Dans ce grand désespoir qui sans cesse s'augmente,
A sa morne pensée Édoüard se présente
Comme le plus malin de tous les instrumens
Qui l'ont précipité dans ses déréglemens.
Il doute s'il n'est point cette couleuvre estrange
Dont, sous l'ombre d'Agnès, luy parla son bon ange,
Et qui par des malheurs insignes, éclatans,
Devoit se découvrir dans la suite des temps.
En ses lasches conseils et ses actes indignes
Il croit en remarquer les véritables signes,
Sent son noble courroux contre luy s'esbranler,
Et veut à sa fureur cette hostie immoler ;
Mais se ressouvenant, au fort de sa colère,
Que de la sainte fille il est le vaillant frère,
Il sent parmi son feu se couler un glaçon
Et blasme comme injuste un si juste soupçon.
Contre leur haute gloire et leur pure innocence
Il croit avoir commis une mortelle offense,
S'en repent, s'en afflige, et s'accusant de tout,
Au cours de ses malheurs ne trouve point de bout.
On le voit pasle et sombre, à genoux, en prière,
Passer le jour entier, passer la nuit entière,
Et, sans prévoir de borne à ses aspres douleurs,
Remplir l'air de ses cris, la terre de ses pleurs.

Ses chefs et ses soldats, touchés de son exemple,
Pleurent, poussent des cris, visitent le saint temple,
Et, par leurs vifs remors et leur humble oraison,
De leurs maux déplorés demandent guérison.
  Mais Édoüard, surpris du succès de son crime,
Et desjà de la mort se jugeant la victime,
D'estonnement se perd, d'espouvante frémit,
Et du profond du cœur et souspire et gémit.
Il croit voir sur le front du prince inconsolable
De sa prochaine mort l'arrest irrévocable,
Croit ouïr sur son chef le tonnerre éclater,
Et ne croit qu'en fuyant le pouvoir éviter.
La frayeur au départ son lasche cœur dispose ;
Mais de son mouvement le perfide ne l'ose.
Vers son père il envoye, et son ordre attendant,
Affecte la prière et monstre un zèle ardent.
Comme s'il eust des cieux voulu désarmer l'ire,
Feintement plus qu'aucun il gémit, il souspire.
Sa crainte véritable aux fausses craintes ayde ;
Près du facile roy sa feinte luy succède,
Et le camp, par sa feinte aysément abusé,
Pour luy plus que jamais a le cœur embrasé.

LA PUCELLE

OU

LA FRANCE DÉLIVRÉE

LIVRE VINGTIESME.

Mais au funeste avis de la mort de la belle,
Betford, le cœur percé d'une atteinte mortelle,
Et non moins qu'Édoüard de ce malheur troublé,
Sans espoir de ressource en demeure accablé.
Il voit de son cher fils la fortune par terre ;
Il entend sur son chef murmurer le tonnerre,
Et rien du coup fatal ne pouvant l'exempter,
Il ne veut plus en vain ses astres consulter.
Il s'escrie : O destins à l'homme impénétrables !
Dans vos propres bienfaits malins et redoutables
Mon fils se verra donc, malgré tout mon effort,
Pour le throsne attendu n'obtenir que la mort !
Tous les soins employés à luy sauver la vie
N'auront des cieux jaloux que resveillé l'envie !
Et tout ce grand bonheur dont ils flattaient ses jours
Aura trouvé son terme au milieu de leur cours !

Le sceptre impérieux de la guerrière France,
Dont ils m'avoient pour luy donné tant d'assurance,
Promis par leurs décrets et promis sans effet,
En descouvrira donc le pouvoir imparfait!
O de mes longs travaux chimères dissipées!
O veilles si longtemps et si mal occupées
A cultiver un art stérile et décevant,
Qui pour toute moisson ne produit que du vent!
Amusement honteux de mon âme crédule!
Loin de moy, loin de moy, vanité ridicule;
Mes sens illuminés ne suyvront plus ta loy;
Je n'ay que trop, hélas! eu de créance en toy.

   A ces mots il résout qu'Édoüard se retire,
Mais il faut que Rodolfe auparavant expire;
Il faut qu'auparavant son fils l'ait égorgé
Et que de sa dépouille il revienne chargé.
Pour cette unique fin il prit soin de sa vie
Lorsqu'il tint à Roüen sa valeur asservie,
Et pour le mesme feu, dans un antre sacré,
Il le tient hors du monde et du monde ignoré.

   Des dunes à la droitte est la fameuse plaine
Qui dans l'onde au midi voit se perdre la Seine,
Champ de bataille affreux, où Haralde dompté
A Guillaume, en mourant, laissa la royauté.
Le fonds en est rougeastre, et son terrain encore
D'un émail empourpré tristement se colore
Depuis que les vaincus eurent à gros bouillons
D'une mer de leur sang inondé ses sillons.
Le conquérant pieux sur la sanglante terre,
Pour monument sacré de son heureuse guerre,
Bastit un riche temple et d'un nom signalé
Voulut que le saint lieu fust Bataille appelé.
Pour rendre ce lieu mesme en tout à tous utile,
Selon l'antique usage il en fit un asile,
Et voulut que tout crime à l'abri de ses toits
Vist cesser contre luy la puissance des loix.
Trois siècles, ou peu moins, la franchise royale
A maintenu son droit d'une vigueur égale,

Et nuls réfugiés pour troubler leur repos
N'ont veu jusqu'à ce temps violer son enclos.
  Rodolfe et son geôlier dans leur longue pinasse,
Comme deux assassins que l'on suit à la trace,
Par les flots escumeux vinrent sous d'autres noms
Habiter du lieu saint les lieux les plus profonds.
Pour s'en faciliter l'espineuse conduite,
Le geôlier à Rodolfe inspira cette fuite.
Par un céleste esprit se feignant excité,
A soustraire sa teste au supplice arresté
Le rusé conducteur, faux complice du crime,
Cacha son faux coupable au creux de cet abysme,
Et sous plus d'un prétexte, adroit, ingénieux,
Put desrober sa veuë aux regards curieux.
Là le retient tousjours ce cruël artifice,
Attendant que Betford ordonne qu'il périsse.
Maintenant il l'ordonne et veut que par sa mort
Édoüard avec gloire eschappe au mauvais sort.
  Il mande qu'on l'ameine, et pendant ce voyage
L'ambition encor retente son courage ;
Pour son malheureux fils son orgueilleux penser
Au diadesme encor ne peut bien renoncer.
  Ainsi fait un amant dont une aimable dame
A d'un œil favorable entretenu la flamme ;
Lorsque de son espoir il se trouve déceu,
Pour en avoir l'hymen légèrement conceu,
Quelque obstacle fatal qui l'ait éloigné d'elle,
Il la chérit tousjours, il la voit tousjours belle,
Et, bien qu'il ait perdu l'espoir de l'obtenir,
De son cœur toutes fois il ne peut la bannir.
  Betford, dont le désir ranime l'espérance,
Retourne par coustume à sa vaine science,
Et, visitant les cieux une dernière fois,
N'y voit pour Édoüard que de sévères loix.
Dans nul astre, pour luy, de maistre, de monarque,
Ses regards effrayés n'observent plus de marque ;
Il n'y voit plus pour luy que des signes de mort,
Qu'une prochaine fin par un tragique sort.

Troublé de cette veuë, il escume de rage ;
A ses cheveux grisons il fait plus d'un outrage,
Et, condamnant ses yeux à ne plus voir le jour,
Il va pour se jetter du sommet de sa tour.
 Quand vers luy sur ce temps la Fraude repassée
Vient repeindre Marie à sa morne pensée,
Et ce qu'en la princesse elle luy fait revoir
En son pire transport retient son désespoir.
 Tu connois, luy dit-elle, à quelle destinée
Les lieux ont réservé l'heureuse infortunée,
Et tu connois les ans si longs, si glorieux
Du guerrier qu'à sa couche ont réservé les cieux.
En ce pressant besoin, resveille ta prudence ;
Tasche à faire qu'un sort par l'autre se balance ;
Corrige l'un par l'autre, et fais, si tu le peux,
Que ton malheureux fils soit cet espoux heureux.
Ce moyen est le seul qui désormais te reste
A prendre en sa faveur contre l'ire céleste,
Et sous elle bientost va tomber Édoüard,
Si pour l'en garantir tu négliges cet art.
 La fureur de Betford par ces termes se bride ;
Il quitte le dessein d'estre son homicide,
Sent d'un nouvel espoir son esprit reflatter,
Et sur Marie encor va les cieux consulter.
Il les consulte encore, et voit dans leurs figures
Une suite sans fin d'illustres avantures
Pour elle et pour l'amant qui, des astres chéri,
Par un rare avantage en sera le mari.
Il voit d'une si belle et si haute origine
Éclore entre les lys une race divine
Dont les brillans projets et les faits éclatans
Porteront leur splendeur par delà tous les temps.
Il voit dans cette race en leur degré suprême
Les vertus qui jadis menoient au diadême,
Voit l'un et l'autre sexe y reluire à l'envy,
Et d'un constant bonheur leur mérite suyvi.
Il voit que d'âge en âge éternisant leur gloire
De faits miraculeux ils enfleront l'histoire,

Qu'ils seront des lys d'or le plus riche ornement
Et des peuples charmés l'aimable estonnement.
Par de si grands destins son désir se resveille ;
Il en veut sur son fils attirer la merveille,
En haste plein d'ardeur abandonne la tour,
Et pour son bien-aymé s'en va faire l'amour.
Il va chés la princesse, et d'une voix sousmise,
Sans vouloir d'Yolante implorer l'entremise,
Luy parle en mots choisis, et ses dédains flatant
Se prépare la voye à ce qu'il en prétend.
 Ce courage élevé, cette beauté parfaitte
Sont les biens, luy dit-il, que sur tous je souhaite,
Qu'au fatal Édoüard il me reste à donner
Et qui peuvent le mieux sa grandeur couronner.
J'en ay fait la recherche, et je l'ay faite ardente ;
J'ay brigué pour l'avoir le secours d'Yolante ;
Mais d'un autre dessein son cœur préoccupé
A tousjours mon espoir indignement trompé.
En faveur du volage eschauffant son caprice,
Elle nous a rendu plus d'un mauvais office.
Et d'un esprit sans cesse à vous nuire obstiné
A sans cesse de nous vostre esprit destourné.
Fait sage à mes despens, je viens à vous sans elle
De mon bienheureux fils vous présenter le zèle.
Je ne dis rien de moy : vous sçavés qui je suis,
Tout ce qui me regarde et tout ce que je puis.
Mais vous ne sçavés pas quel astre à sa naissance
Luy versa dans le sein sa plus douce influence,
Quelle grâce est la sienne et de quelles vertus
Sont ses dons naturels par le ciel revestus.
Mais vous ne sçavés pas qu'au royal diadême
L'a destiné des cieux l'ordonnance suprême,
Et que l'heure est voysine où ce comble d'honneur
Doit pour vous faire heureuse achever son bonheur.
Mais vous ne sçavés pas que d'une vive flamme
Il sent brusler pour vous et consumer son âme,
Et que rien ne luy plaist dans le sceptre promis
Que de le pouvoir rendre à vos ordres sousmis.

Il vous offre par moy sa future couronne.
Recevés son offrande ; aimés ce qu'il vous donne ;
Mais aimés beaucoup plus qu'un don si prétieux
Le cœur qui vous le fait et qui vaut beaucoup mieux.
Aimés ce noble cœur, ce cœur qui ne respire
Que pour vivre sujet aux loix de vostre empire,
Et qui, de vostre gloire amoureux et jaloux,
Ne croit rien de plus grand que d'estre aimé de vous.
 Il s'arreste à ce mot, la princesse envisage,
De son regard troublé tire un mauvais présage,
Le tire de son front d'un nüage ombragé
Et de tout son visage en tristesse plongé.
 Ainsi, dans le brasier allumé par la bile,
Le fiévreux, qui raconte au médecin habile
De son mal obstiné les divers accidens,
Espère d'en guérir par ses avis prudens ;
Mais s'il voit sur son front s'élever un nüage,
Son regard se fixer, hésiter son langage,
Il croit s'estre repeu d'un espoir trop léger,
Et de sa guérison commence à mal juger.
 De surprise à ces mots la princesse interdite
Quelque temps sans parler sa response médite,
Et sur son pasle teint Betford voit cependant
D'un courroux embrasé plus d'un signe évident.
Toutes fois d'une mine entre douce et sévère
De son ardent courroux la force elle tempère,
Compose son visage, et baissant le regard
En ces termes discrets à l'injuste repart :
 Seigneur, vous m'offensés, si vous croyés possible
Qu'à l'amour d'Édoüard mon cœur soit insensible,
Et si vous me croyés insensible à l'honneur
Dont me pourroit combler l'excès de ce bonheur.
Non, j'en connois le prix ; je m'en sens obligée,
Et je dirois encore en mes maux soulagée ;
Si des maux dont les cieux ont voulu me charger
Rien estoit icy-bas propre à me soulager.
Un astre si malin a fait ma destinée,
Sous de si fiers aspects je me rencontre née,

Qu'il n'est pas au pouvoir des astres bienfaisans
De changer en bonheur le malheur de mes ans.
De l'heureux Édoüard le sort incomparable
Ne peut changer en bien le grand mal qui m'accable,
Et je puis par mon sort malin, contagieux,
Corrompre tout le bien que luy gardent les cieux.
C'est l'unique raison dont mon âme poussée
De ce superbe hymen retire sa pensée,
Ne pouvant me résoudre à rendre infortuné
Celuy qui seulement pour le bonheur est né.
Yolante est sans crime, et si je l'avois creuë,
La flamme d'Édoüard m'auroit enfin émeuë;
Voulant mon avantage et secondant vos vœux,
Auprès de moy sans cesse elle a porté ses feux.
Si je fuis Édoüard, c'est de peur de luy nuire ;
C'est de peur de le voir, comme Dunois, destruire,
Dunois qu'à cent malheurs la terre a veu sujet,
Parce que de mes vœux il fut jadis l'objet.
Je vous dis qu'il le fut, car qu'il le soit encore,
Après le lasche oubli qui l'ingrat déshonnore,
Après un changement si digne du trespas,
Quand je le jurerois, vous ne le croiriés pas.
Il le fut, je l'avouë, et surprit mon enfance ;
Mais et sa perfidie et sa mesconnoissance,
Au lieu qu'il fut l'objet de mon affection,
L'ont fait estre l'objet de mon aversion.
Permettés donc, seigneur, que libre je demeure,
Affin qu'en mes travaux seule j'endure et meure,
Et préserve Édoüard du visible danger
Où mon fatal hymen le pourroit engager.

 Betford, pendant le cours de cet humble langage,
Dans un sousris amer laisse entrevoir sa rage,
Et laschant à la fin la bonde à sa fureur,
Par ce sanglant propos la remplit de terreur :
 Sous des prétextes vains et des couleurs frivoles
Rejetter mon désir, éluder mes paroles,
Cœur double, cœur altier, ah ! c'est m'avoir traitté
Avec trop d'artifice et trop d'indignité.

Peut-estre qu'Édoüard n'avoit point de naissance,
Que basse, que honteuse estoit son alliance,
Qu'il estoit sans vertu, qu'il estoit sans pouvoir,
Qu'enfin c'estoit un cœur à ne point recevoir.
C'estoit pourtant mon fils ; c'estoit dans cette guerre
La crainte du François, l'espoir de l'Angleterre,
L'invincible guerrier annoncé par les cieux
Sur qui toute l'Europe avoit tourné les yeux.
Il valoit bien Dunois, et Dunois infidelle ;
On pouvoit estimer son mérite et son zèle ;
On le pouvoit admettre, et sans trop de mespris.
On a pu refuser un amant de ce prix.
Mais l'orgueilleuse en vain sa passion mesprise ;
Le ciel l'a fait pour elle et veut qu'elle l'élise.
Elle doit cet hymen au salut de l'Estat,
Et s'en oser deffendre est un noir attentat.
Nous luy ferons passer cet injuste caprice,
Et la force contre elle aidera la justice ;
Elle a beau nostre amour desdaigner et haïr ;
Nous avons le moyen de nous faire obéir.
Ingrate à nostre amour, préparés vostre haine
A souffrir la rigueur d'une loy souveraine.
Nous vous voulons pour femme, et nostre authorité
N'aura qu'un foible obstacle en vostre dureté.

 Betford d'un ton bruyant luy parle de la sorte,
Et finissant ces mots la laisse demi-morte ;
Il luy confond les sens par son affreux courroux,
Et fait que sur la place elle tombe sans pouls.
Du mesme pas il vole où la cruelle reyne
De nombreux habitans a sa demeure pleine,
Et le visage gay leur déclare qu'enfin
Édoüard va paroistre et changer leur destin.

 Il est vray, poursuit-il, que ce bras tutélaire
Sans Marie auroit peine à vaincre l'adversaire.
Par elle il pourra tout, et s'ils ne sont pas joints,
Ses efforts les plus grands tromperont nos besoins.

 La reyne et la commune approuvant son langage,
Forment tous le décret du fatal mariage,

Et, sans voir la princesse et moins la consulter,
Ils ne pensent à rien qu'à le précipiter.

C'est ainsi que, battus d'une affreuse tempeste
Sous qui le nocher mesme au naufrage s'appreste,
Quand, malgré tout leur art, les tristes matelots
Se trouvent impuissans contre l'ire des flots,
Dans leur grand désespoir, pour ressource dernière,
Les marchands aux thrésors préférant la lumière,
De tout ce que le Gange eut de plus précieux
Comblent l'avare sein des maritimes dieux.

Tous sçavent qu'en Dunois elle a pris sa pensée,
Et que sa volonté ne peut estre forcée ;
Mais du mal de Marie espérant tout leur bien,
Leur intérêt en eux l'emporte sur le sien.
Tous, pour se délivrer du mal qui les oppresse,
Au salut général immolent la princesse,
Et tous d'un esprit mesme et d'une mesme voix
Au François l'arrachant l'engagent à l'Anglois.
Tous arrestent l'hymen, et dans la ville émeuë
On entend de l'arrest retentir chaque ruë ;
Tous, qu'elle veuille ou non aux nopces consentir,
Avec leur Édoüard la veulent assortir.
A ce funeste bruit la fidelle Yolante
Vers Marie à grands pas va saisie et tremblante,
Et sans rien desguiser l'instruit en peu de mots
Du complot ennemi fait contre son repos.
Elle qui, pour remède au mortel hyménée,
A d'un choix résolu sa mort déterminée,
Jugeant bien que la fille improuveroit ce choix,
Luy cache son projet sous ces termes adroits :

Le ciel fut inhumain de me rendre la vie
Que mon aspre tourment m'avoit presque ravie,
Puisqu'au malheureux point où m'a réduit le sort,
Si j'avois un refuge, il n'estoit qu'en la mort.
Mais repassant des yeux toutes les injustices
Que m'ont fait endurer ses cruëlles malices,
J'ay moins d'estonnement de cette cruauté,
Qui pour me rendre aux maux m'a rendu la clarté.

De Betford, de Dunois haïe ou mal aymée,
Aux peines dès longtemps je suis accoustumée,
Et mon cœur désormais, à force de souci,
S'est au choq le plus rude à la fin endurci.
Après cent vains efforts d'amour et de courage,
Qu'ay-je plus qu'à ployer sous l'effort de l'orage ?
De tous abandonnée, et mesme de la mort,
Que me reste-t-il plus que de suyvre mon sort ?
Si je ne puis mourir, que puis-je plus que vivre,
Que céder au Destin qui tant d'assauts me livre,
Que vouloir Édoüard, ou plutost que souffrir
Qu'Édoüard à mes pieds vienne ses vœux offrir ?
Le volage Dunois, par sa mesconnoissance,
M'a montré le chemin qui meine à l'inconstance ;
L'inconstant par son choix changea de volonté.
Si j'en change aujourd'huy, c'est par nécessité.
Ne contes-tu pour rien que dans ce juste change
De sa déloyauté moy-mesme je me venge ?
Il est doux, il est doux de vivre et se venger ;
Si ce n'est se guérir, c'est au moins s'alléger.
Je le fais, je l'avouë, avecque répugnance
Et sens qu'à la raison mon cœur fait résistance ;
Mais la nécessité secondant la raison
Me réduit à passer dans une autre prison.
Va-t-en donc à Betford, et luy dis que Marie
Consent qu'un saint hymen à son fils l'apparie,
Mais qu'avant tout Philippe en doit estre averti,
Si l'on veut qu'à l'hymen elle ait bien consenti.
Dunois me tyrannise et me rend misérable.
Va, tyran pour tyran, Betford m'est préférable.

 Yolante l'escoute avec estonnement,
Et ne sçait que penser d'un si pront changement.
Dans ce choix imprévu ce que la fille pense,
C'est qu'elle a craint la mort ou craint la violence,
Craint de perdre l'honneur ou de perdre le jour,
Et qu'enfin à la crainte a succombé l'amour.
Mais, sans rien luy respondre, elle s'en va sur l'heure
Au palais que Betford a pour riche demeure,

Luy fait le doux message, et par un tel propos
Le surprend, le ravit et luy rend le repos.
A l'amante princesse il retourne avec joye,
Luy permet qu'à Philippe Yolante elle envoye,
Et, pour mieux à sa fin le Bourguignon porter,
D'un de ses confidens fait la fille assister.
Il s'enfle du succès, et bouffi d'arrogance
Jusqu'aux cieux en luy-mesme exalte sa prudence,
D'avoir conduit Marie à son but désiré,
Quand tout sembloit pour lui le plus désespéré.
De la soumission de cette âme indocile
Il va remplir la cour, il va remplir la ville,
Et la cour et la ville, à ce consentement,
Font voir à quel excès va leur ravissement.
Au craintif Édoüard par son muët fidelle
Il donne au mesme instant l'agréable nouvelle,
Et parmi cent avis luy commande surtout
De conserver son poste et d'aller jusqu'au bout ;
Luy monstrant son bonheur si proche de son terme,
Dans ce périlleux poste il veut qu'il tienne ferme,
Et sans inquiétude attende l'heureux jour
Qui luy doit d'Yolante apprendre le retour.
Édoüard se remet, et son foible courage
Reprend quelque vigueur à l'important message.
S'il craint, il ne craint guère, et l'espoir en son cœur
Peut désormais tenir le dessus de la peur.
L'espoir règne à son tour, et suyvant l'espérance
En son cœur de rechef vient régner l'asseurance ;
Avec le mesme faste et la mesme splendeur,
De son rang ordinaire il soustient la grandeur.
　Telle on voit une iris des jardins la maistresse
Sous le céleste Chien languir de sécheresse,
Et changer sa dorée et céleste couleur
En celle d'une triste et jaunastre pasleur.
Mais si, lorsque de suc elle est toute espuisée,
Le ciel vient l'humecter d'une fraische rosée,
Elle reprend sa force, et la teste levant
S'offre aux yeux resjouïs belle comme devant.

Cet effet eut la juste et noble tromperie
Qu'à l'injuste Betford fit la sage Marie,
Qui, voulant d'elle-mesme à son gré disposer,
Jugea de voir ainsi le barbare amuser.
La mourante princesse ayant si bien peu feindre,
Ne craint plus qu'en son choix on la puisse contraindre;
Au trespas elle court, mais sent à chaque pas
Que la peur s'entremesle au désir du trespas.
Des ombres du cercueil l'espouvantable idée,
Par son timide esprit fixement regardée,
Estonne tous ses sens, les comble de terreur,
Et leur imprime d'elle une mortelle horreur.
Un frisson général dans ses veines se glisse,
Et le poil sur son front se dresse et se hérisse.
De sa chère prison l'âme a peur de sortir
Et sent son désespoir par sa peur rallentir.
La nature combat ; mais, malgré la nature,
De sa vive douleur l'inhumaine torture
Fait qu'elle persévère au projet de mourir,
Puisque, fors le tombeau, rien ne l'en peut guérir.
 Suyvons, dit-elle enfin, la raisonnable envie
De briser une fois la prison de la vie ;
Ne nous laissons plus prendre à ses trompeurs appas,
Et par un trespas seul terminons cent trespas.
Loin de nous, lasche effroy d'un mal si désirable !
Est-ce vivre aussi bien que vivre misérable,
Qu'éprouver jour et nuit dans un débile corps
Les rigueurs d'une gesne égale à mille morts ?
Tout me nuit, tout me manque, et tout me persécute.
Des maux les plus crüels le ciel m'a mise en bute.
Je meurs à chaque instant et sans jamais mourir ;
Si je respire encor, ce n'est que pour souffrir.
Que fais-je d'une vie en travaux si féconde ?
Quel charme désormais me retient plus au monde ?
Ame pusillanime, esclave du tourment,
Résous-toy d'en sortir, et sans retardement.
 Malgré la froide peur qui glace son courage,
Sa peine la résout à franchir ce passage ;

Elle empoigne le fer, et descouvrant son sein,
Pour enfoncer le coup elle hausse la main.
Elle voit, elle sent qu'à la vie elle eschappe,
Lorsqu'elle sent qu'au cœur son bon ange luy frappe
Et reproche à son bras l'exécrable dessein
Qu'il est prest d'accomplir contre son propre sein.
Un si juste penser renouvelle son trouble,
Réprime sa fureur et sa peine redouble.
La mort seule en son mal la pourroit secourir ;
Elle voudroit la mort, mais n'oseroit mourir.
Sa douleur, son malheur n'ont plus rien que d'extrême.
En ce funeste estat, pire que la mort mesme,
Par un objet nouveau son esprit ranimé
Sent sa peine adoucie et son trouble calmé.

Dans une resverie immobile et profonde,
Voyant couler de loin la Seine vagabonde,
Un mouvement luy vient de tenter par les flots
Le chemin du salut et celuy du repos.
Ce mouvement l'esveille et luy donne espérance
De pouvoir par le fleuve avoir sa délivrance ;
Mais deust-elle en ces eaux trouver son monument,
Elle l'y croit du moins trouver innocemment.
Elle prend ce parti, puis soudain le rejette :
Il luy faut du secours pour ce qu'elle projette ;
Il luy faut une barque, et de la rechercher
C'est vouloir descouvrir ce qu'elle veut cacher.

Ainsi, lorsqu'un navire accueilli de l'orage
N'en attend désormais qu'un tragique naufrage,
Et que pour l'éviter son pilote sçavant
Tasche à gaigner la terre et ménage le vent,
Si dans son vol rapide une syrte escumeuse
En traverse la route et la rend périlleuse,
Du parti qu'il a pris le nocher se repent
Et son rapide vol sur les vagues suspend.

Par ces difficultés, la princesse, qui treuve
Pour son évasion vain le secours du fleuve,
Et nul autre à ses sens ne venant à s'offrir,
Reprenoit en fureur le dessein de mourir,

Lorsqu'en ce dernier point à son âme estonnée
Se présenta la noble et seure haquenée
Dont jadis son volage à ses vœux complaisant
Pour ses doux promenoirs luy fit un doux présent.
Près du bel animal le coton et la neige
De l'exquise blancheur perdent le privilége,
Et si vif est l'éclat dont luit son poil uni
Que l'éclat de la soye en est même terni.
Petite il a la teste; il a la crouppe large;
De sa pleine encolure il ne sent point la charge;
La taille en est légère et les flancs resserrés,
Et son pied souple et sec rend ses pas asseurés.
Ses crins en flots d'argent tomberoient jusqu'en terre;
Mais plus d'un ruban d'or les retrousse et resserre,
Et les flots de sa queüe y tomberoient encor
S'il n'estoient retenus par plus d'un ruban d'or.
Sous une estoille d'or l'argent du front se cache,
De sa robe argentée unique et belle tache
Que couvre et que découvre, au gré du moindre vent,
Un flocon argentin inquiet et mouvant.
Nul cheval n'eut jamais les allures si belles,
Ne jetta tant de feu de ses rouges prunelles,
Ni dans ses mouvemens n'eut tant d'agilité,
De douceur, de vigueur et de docilité.
Les diamans espars sur sa bride et sa selle
Lancent plus d'une flamme et plus d'une estincelle,
Et le mors qu'il remasche entre ses fermes dents
Pour sa double bossette a deux rubis ardens.
Avec ses propres doigts l'amoureuse princesse
Souvent de ses longs crins a fait plus d'une tresse,
Souvent son blanc toupet de rubans embelli,
Et souvent son doux poil de sa main repoli.
Bien qu'il ait pour tout autre esté tousjours rebelle,
Il n'a jamais esté qu'obéissant pour elle;
Elle l'a veu cent fois entre cent la choisir,
Et tesmoigner près d'elle un sensible plaisir.
Cent fois elle l'a veu, s'inclinant sur l'arène,
Luy fournir un montoir agréable et sans peine,

Hennir à son abord, et pour suyvre ses loix
Dresser l'oreille courte aux accents de sa voix.
  A son esprit douteux l'animal se présente ;
Elle fixe à le voir sa raison balançante,
Et revenant par luy de son estonnement,
En luy de son salut pense voir l'instrument.
  Je l'ai trouvé, dit-elle, ô destin favorable !
L'inespéré remède à mon sort misérable,
Celuy par qui les cieux adouciront mes maux
Et mettront quelque borne au cours de mes travaux.
Yolante pour moy s'est bien pu feindre un page ;
Aurois-je moins pour moy de force et de courage ?
Elle a bien pu pour moy le cheval supporter ;
Je ne suis pas plus foible, et je puis l'imiter.
Sur ce noble animal, en page travestie,
Je feray de ce gouffre une heureuse sortie.
J'en voy le moyen seur, et mérite mes fers
Si, pour m'en délivrer, soudain je ne m'en sers.
  Soudain pour s'en servir elle se déshabille
Et vest l'habillement qu'avoit vestu la fille ;
Il s'ajuste sur elle et d'un air si parfait,
Que pour son seul usage on croiroit qu'il fut fait.
  O Dieu, dit-elle alors, quelle chose entreprends-je ?
Qui réduit ma pudeur à ce moyen estrange ?
Le moyen est estrange, ô monarque éternel !
Mais bien qu'il soit estrange, il n'est pas criminel.
Ce que je fais, ô cieux ! n'a rien d'illégitime :
C'est l'Anglois qui m'y force et qui commet mon crime,
Cet Anglois inhumain si digne de vos coups,
Qui pour le mieux commettre ose abuser de vous.
Vous donc qui, par tant d'yeux lisant dans ma pensée,
Voyés si dans ce choix j'agis libre ou forcée,
Puisqu'à vos clairs regards mon cœur est innocent,
Accordés-luy vostre aide en ce besoin pressant.
  A la fin de ces mots, la tremblante Marie
Par l'escalier secret descend à l'escurie ;
Ce lieu tout à l'entour de festons est orné,
Et pour ce seul cheval par elle destiné.

Elle approche la beste, et d'une main timide
Elle luy met la selle, elle luy met la bride.
L'espérance et la peur, pour ces offices bas,
Fournissent et l'adresse et la force à son bras.
De tout elle l'équipe, et durant cet ouvrage
De deux sources de pleurs s'arrose le visage,
En baigne abondamment le beau cheval aussi,
Et parmi ses sanglots lui parle bas ainsi :
   De mes chers passe-temps compagnon agréable,
Cher présent d'un ingrat qui m'est tousjours aimable,
A seconder mes vœux si tu te plûs jamais,
Fay-moy voir maintenant qu'encore tu t'y plais.
Par la fidélité que tu m'as fait parestre,
Compense le défaut de ton perfide maistre,
Et songe qu'aujourd'huy je n'ay besoin de toy
Que pour demeurer sienne et luy garder ma foy.
Je fuis, et pour luy seul, l'avantage suprême
Qu'apporte aux souverains l'honneur du diadême,
Et, bien qu'il soit brillant à l'égal du soleil,
Je le fuis comme un mal qui n'a point de pareil.
Le throsne n'est pour moy qu'un supplice barbare,
Parce que du crüel sa hauteur me sépare
Du crüel qui me quite et qu'il faudroit quiter,
Si dans son changement on pouvoit l'imiter.
Si pour quiter ces murs tu sers bien mon envie,
Tu m'auras redonné la franchise et la vie,
Et quelque jour Dunois, à son devoir rangé,
Se tiendra de ma flamme à ton aide obligé.
J'ay tousjours eu pour toy d'amoureuses tendresses;
Tu n'eus jamais de moy que soins et que caresses.
Ne me sois point ingrat; rens-moy ce que tu dois,
Et fuy, pour m'assister, l'exemple de Dunois.
   Comme touché du mal dont elle a l'âme atteinte,
D'un bas hennissement il respond à sa plainte,
Et jettant de gros pleurs de ses gros yeux ardents,
Fait voir l'émotion qui l'agite au dedans.
On jugeroit, à voir ces marques de tristesse,
Qu'il est vrayment sensible au tourment qui la presse,

Qu'il entend sa prière et dit qu'en son ennuy
Elle n'a pas à tort mis son espoir en luy.
La princesse le croit, et d'asseurance pleine
Le monte, et pas à pas hors du palais le meine,
Disant, mais sans parler : Amant lasche et sans foy,
Regarde à quoy Marie est reduitte pour toy.
Si de ma passion quelque doute te reste,
Tu la vas maintenant voir toute manifeste ;
Avec tout l'univers tu vas estre éclairci
Que, seul et sans rival, tu fais tout mon souci.
J'ai perdu le repos par le feu qui me donte ;
Par ce feu triomphant je vay perdre la honte ;
Que peux-tu vouloir plus de ma fidélité ?
A qui jamais amour a-t-elle plus cousté ?
Pour toy, léger amant, je m'en vais par le monde,
A la merci du sort errante et vagabonde,
Entre mille périls, sans aide, sans pouvoir,
Pour tenir ma parole et suyvre mon devoir.
Justes cieux, dans les maux dont je suis poursuyvie,
Je ne vous presse point de me sauver la vie ;
Je tiendray seulement à souverain bonheur
Qu'il plaise à vos bontés de me sauver l'honneur.

 De ce penser remplie, elle arrive à la porte,
Et contre son attente y voit la garde forte ;
Par cet objet surprise elle arreste ses pas,
Et craint de s'exposer à ce dangereux pas.
Elle craint et frissonne, et son âme éperduë
Sans prendre de parti se treuve suspenduë ;
Enfin de plus en plus son effroy redoublant,
Elle cède à sa glace et retourne en tremblant.

 De mesme, à petits bonds, du pied d'une montagne
Roule à travers le sein d'une verte campagne
Le ruisseau langoureux dont les flots de crystal
Sortent en murmurant de leur antre natal ;
Mais si dans son chemin une roche estenduë
Fait obstacle à sa course et la tient suspenduë,
Il s'arreste, il s'élève, et comme plein d'ennuy
Escume en s'eslevant et retombe sur luy.

Timide, sur ses pas elle retourne et pleure ;
Elle a peur de la porte ; elle craint sa demeure,
Ignore où pour son bien elle doit plus aller,
Et voit desjà la nuit ses voiles estaller.
L'humide et fraische nuit de ses plus sombres voiles
Vient dans le firmament offusquer les estoilles ;
Elle répand son ombre, et ses pavots semant
Des coups oste ou l'aspect ou le discernement.
Elle qui ne voit rien, et qui de rien n'est veuë,
D'espouvante pressée erre de ruë en ruë,
Rencontre une autre porte, et voulant la tenter,
Par sa mesme frayeur sent ses pas arrester.
Au bruit de son cheval, la garde vigilante
S'émeut, s'avance, parle, et parle en voix tonnante.
L'effroy s'accroist en elle à ce nouveau danger ;
Elle le fuit encore et d'un pas plus léger.
Rien ne s'offre à ses sens dont elle n'ait ombrage ;
Elle croit tout armé pour rompre son passage ;
Tout luy paroist contraire, et la moindre luëur
Luy fait mouiller le front d'une froide suëur.
Du chappeau retroussé qui lui couvre la tresse,
De sa main sur ses yeux les grands bords elle abbaisse,
Et quoyque sans besoin voulant mieux se cacher,
En fait sur le devant les plumes espancher.
Le peuple l'entrevoit dans l'espaisseur de l'ombre,
Et pour se la monstrer desjà s'amasse en nombre.
Elle en entend les voix ; les pas elle en entend,
Et se juge entourée et prise à chaque instant.
Elle pousse la beste, à la fuite l'exhorte,
Et fait qu'en un moment au loin elle l'emporte.
C'est voler désormais, et ce n'est plus courir ;
Si son cœur pense à rien, ce n'est plus qu'à mourir.
Comme sans retenuë elle fuit sans conduite ;
Elle fuit sans sçavoir le terme de sa fuite.
Le cheval la régit, et le décret fatal
Est le guide asseuré qui régit le cheval.
Après cent et cent tours, vers où, proche du Louvre,
Pour aller au grand fleuve une grande arche s'ouvre,

Le léger animal suivant l'ordre divin,
D'un pas plus viste encor tourne sa course enfin.
Il s'y jette, et d'un sault dans le fleuve s'élance.
Marie alors s'esveille et reprend asseurance ;
La beste en six élans gaigne le fil de l'eau ;
Son dos, pour la sauver, luy tient lieu de bateau.
 O toy qui désormais règles ma destinée,
Dit-elle, en estraignant l'aimable haquenée,
Renouvelle ta force, et ne te lasse pas ;
De toy seule dépend ma vie et mon trespas.
Tu peux me conserver la franchise et la vie,
Si le sort à mon bien ne porte point d'envie ;
Mais eust-il mon trespas sans remède arresté,
Tu me peux bien au moins rendre la liberté.
Que dis-je ? tu le fais dans ces horreurs profondes,
Commettant mon salut aux favorables ondes.
Le barbare tyran ne peut plus rien sur moy,
Ni n'est plus en estat de contraindre ma foy.
Aux françois logemens fay que par toy j'arrive ;
N'importe à mon souhait que ce soit morte ou vive.
Je te quitte de tout après un si grand bien ;
J'ay tout ce que je veux, et je ne veux plus rien.
 L'animal attendri l'oreille encore dresse,
Et ronflant et bouffant se ranime et se presse.
Il prend nouveau courage à ces tristes accens,
Et fait pour la servir des efforts plus puissans.
Le flot précipité l'entraisne de luy-mesme ;
Mais il y joint sa force, et sa force est extresme.
Sur les flots il se darde ainsi qu'un trait ailé,
Qui par les libres airs s'est de l'arc envolé.
Il s'y darde, et tousjours augmentant sa vistesse,
Presque toute sur l'eau tient l'amante princesse.
On diroit qu'en nageant il songe à l'espargner
Et luy laisse à regret la chaussure baigner.
 D'espais anneaux de bronze une chaisne massive
Du fleuve impérieux joint l'une et l'autre rive,
Obstacle insurmontable aux plus petits vaisseaux
Qui voudroient par surprise en sillonner les eaux.

Vers l'un et l'autre bout avec effort tenduë,
Sa pesanteur demeure à fleur d'eau suspenduë ;
Mais quoyque pour soustien elle ait mille tonneaux,
Au milieu, toutefois, se plongent ses anneaux.
 Le cheval, secondant la vague qui l'emmeine,
Frise d'un cours heureux le milieu de la chaisne,
Et dans son heureux cours le cours de l'eau suyvant,
Passe sans la toucher des deux pieds de devant.
Sans toucher du devant il franchit la carrière,
Mais ne la franchit pas sans toucher du derrière.
Les deux pieds de derrière en arrière jettant,
Il en atteint la chaisne, et l'atteinte s'entend.
La princesse frémit et se croit arrestée ;
Sa fuite toutesfois n'en est pas moins hastée.
Loin d'en estre plus lente, elle en sent adjousté
Un surcroist de vistesse à sa légèreté.
Un si pront mouvement, si pront et si facile,
Le dégage bientost de l'odieuse ville,
Et sur ce moite champ un si rapide cours
Des remparts abhorrés la recule tousjours.
Mais pour loin qu'elle en soit, et pour viste qu'elle aille,
Elle ne se croit point hors l'injuste muraille.
L'abord seul fait sa crainte, et de crainte mourant
Tousjours d'un train égal elle suit le courant.
Le chien régnoit au ciel, et la bouillante Seine
Estant presque en tous lieux et moins haute et moins pleine,
Le sable de son lit, par endroits rehaussé,
Se trouvoit en plusieurs de peu d'ondes pressé.
Par l'un de ces endroits la forte haquenée
Sent après un long cours sa descente bornée.
Elle ne nage plus, et sur ce ferme dos
Sans mouvement s'arreste à demi hors des flots.
 Ainsi quand le ressort anime bien la monstre
Et que sur ses essieux tout roule sans rencontre,
L'aiguille tourne égale, et dans son juste cours
Marque aux yeux satisfaits les heures et les jours ;
Mais si parmi les dents du mobile roüage
En son progrès aisé quelque paille s'engage,

Tout à coup elle arreste, et fait en arrestant
Que la mouvante aiguille arreste au mesme instant.
  L'immobile cheval sur l'immobile arène
Du mufle et des naseaux souffle et reprend haleine;
La princesse s'effraye, et son trouble est si fort,
Qu'elle se tient reprise et livrée à Betford.
Son tyran a son âme à tel point alarmée,
Qu'elle se croit tousjours dans ses murs enfermée,
N'attendant désormais de ses barbares mains
Qu'insolentes rigueurs, que tourmens inhumains.
En un si triste estat, de son sort incertaine,
Sur la selle attachée elle respire à peine,
Pour ne se trahir pas se maintient sans bransler,
Escoute seulement et s'abstient de parler.
Elle escoute attentive, et dans la nuit obscure
N'oit que le vent qui siffle et que l'eau qui murmure,
Calme ses sens troublés et commence à juger
Qu'en ce lieu solitaire elle est hors de danger.
Cependant le cheval s'avance vers la terre.
La peur reprend Marie et le cœur luy resserre.
Sur le bord du rivage elle croit voir Betford,
Et plus que le trespas appréhende le bord.
Au rivage pourtant pas à pas arrivée,
Des tyranniques murs elle se voit sauvée.
Le ciel alors moins sombre éclaire un peu la nuit;
A ce peu de clarté les remparts elle fuit.
Pourveu qu'elle se sente eschappée à la ville,
Tout autre lieu du monde est pour elle un azile.
Elle craint Paris seul, et de ses seules tours
Elle songe en courant à destourner son cours.
Elle les apperçoit au travers de l'ombrage,
Et se porte soudain vers la contraire plage.
Au cheval du surplus elle laisse le choix
Ou d'errer par les champs, ou d'errer par les bois.
A son choix pour le reste il gouverne sa route.
Mais elle, à chaque pas, rentre en son premier doute;
La peur luy peint Betford ardent et furieux,
Qui d'instant en instant vient s'offrir à ses yeux.

Comme un spectre infernal qui s'eslance à ses resnes,
Qui tente coup sur coup de la couvrir de chaisnes,
Qui luy saisit le bras, la tient en son pouvoir,
Betford, le fier Betford à ses yeux se fait voir.
De ce fantosme vain en tous lieux poursuyvie,
Elle s'estime encore à son joug asservie,
Et ce nouveau tumulte ému dans sa raison
Luy fait en sa franchise esprouver la prison.
Ainsi, de çà, de là, sur la suspecte plaine
Son vigoureux cheval à son gré la promeine,
Et l'ombre qui dans l'air redouble à tout moment
Redouble et ses erreurs et son estonnement.

Dans ce trouble, à grands cris : Bizarre sort, dit-elle,
Dont mesme la faveur ne m'est pas moins crüelle,
Qui, dans la liberté comme dans les liens,
D'une égale rigueur mes peines entretiens,
Si dans ma seule mort tu te peux satisfaire,
Qui fait que ta rigueur si longtemps la diffère?
Est-ce que, le trespas estant mon seul désir,
A me le retarder tu trouves du plaisir?
Vueille borner enfin le bonheur qui m'outrage,
Sans me laisser douter ni languir davantage;
Achève de me perdre, et qu'on voye une fois
Jusqu'où je dois souffrir de tes injustes loix.

En parlant elle marche; en marchant elle tremble.
La peur au désespoir en son âme s'assemble;
Elle veut voir son sort une fois résolu,
Et presque au mesme temps craint ce qu'elle a voulu.
Une lointaine voix affreusement poussée
Rend la princesse alors de peur toute glacée.
A ce son elle arreste, et l'oreille prestant,
Croit qu'il est de Betford, et sa perte en attend.
Loin du lieu d'où la voix à son oreille arrive,
Transie elle s'enfuit d'une fuite hastive;
Mais des lieux opposés un semblable glaçon
Luy vient serrer le cœur par un semblable son.
Ces voix estoient les voix de ces oyseaux funèbres,
Ennemis du soleil, habitans des ténèbres,

Que l'effroy, dont le propre est d'abuser les sens,
Luy fait imaginer autant d'humains accens.
Elle s'arreste encore et, parmi l'ombre vaine,
Jette craintivement une œillade incertaine,
Et tandis qu'elle cherche où sa veuë attacher,
L'animal bat des pieds et demande à marcher.
Impatient, fougueux, sous la timide amante
Sans cesse il se débat, s'agite et se tourmente,
Mais avec tant d'effort que désormais en vain
Elle veut le contraindre et luy serrer le frein.
Maistre de sa maistresse, il vague par la plaine,
Et sur les longs guérets la meine et la remeine.
Enfin, après cent tours d'un et d'autre costé,
Il luy fait descouvrir une vive clarté.
A voir cette luëur tousjours en mesme place,
Tout ce qu'elle a de sang en ses veines se glace ;
Elle la croit venir du terrible rempart,
Et veut prendre son cours vers la contraire part.
Elle veut l'éviter et destourne la bride ;
Mais le cheval bouïllant au feu tousjours la guide.
Il l'emporte à ce feu du destin emporté ;
Elle cède en pleurant à la nécessité.

 Ainsi vers les escueils de la roche aymantée
Que sous les sept Trions la nature a plantée,
Malgré luy va le bord d'un mouvement pressé,
Si de fer tout autour son corps est renforcé.
Le nocher, que surprend cette fatale course
Et qui voit du vaisseau la perte sans resource,
Tourne le gouvernail, mais a beau le tourner ;
Il ne s'en voit pas moins vers la roche entraisner.

 Vers ce feu va Marie, à la mort résoluë,
A la mort que ses vœux ont de longtemps éluë ;
La tombe est son souhait, et sa sombre raison
La croit pour elle un mal plus doux que la prison.

 Ses femmes, cependant, qu'attriste sa tristesse,
Cherchant à soulager la douleur qui l'oppresse,
Après un long respect à sa porte rendu,
Y frappent, mais d'un bras discret et suspendu.

Ayant frappé sans fruit, du poin elles redoublent,
Et de ce calme estrange en leur âme se troublent,
Heurtent d'un bras plus ferme et ne se feignent plus.
Leurs grands coups toutesfois sont des coups superflus.
Le respect leur revient, et ce profond silence
Remet plus que jamais leur esprit en balance;
Elles jugent son corps accablé de sommeil,
Et sans refrapper plus attendent son resveil.
Enfin, de sa lenteur pleines d'inquiétude,
Elles veulent sortir de cette incertitude :
A cette sourde porte elles revont alors
Et la chargent de coups plus fréquens et plus forts.
Mais pour bruit que heurtant des pieds mesme elles facent,
Sans fruit jusques au jour à heurter elles passent,
Tant que la juste peur d'un sinistre accident
A mettre bas la porte induit leur zèle ardent.
Toutes y font effort, et la rumeur est telle
Qu'elle esveille en sursaut l'inhumaine Isabelle.
Elle demande aux siens le sujet de ce bruit;
La garde s'en informe, et soudain l'en instruit.
D'un avis si funeste effrayée et surprise :
 Allons, dit-elle, allons, qu'on enfonce, qu'on brise.
Sachons si la rebelle a nos désirs trompés,
Et si tousjours Dunois tient ses sens occupés.

Hors du lit, à ces mots, en haste elle se jette,
Le bras nu, l'œil farouche, enflammée, inquiète,
De Marie à grands pas gaigne l'appartement,
De la porte à grands cris presse l'enfoncement.
Par dix robustes mains que sa voix encourage
Elle en fait à sa veuë entreprendre l'ouvrage.
La porte cède au choq et monstre à leurs regards
Le riche cabinet vuide de toutes parts;
Elle le monstre vuide, et de la triste amante
N'y laisse voir en tout que la lugubre mante,
De son aymable corps douloureux ornement,
A son présent estat conforme vestement.
La barbare Isabelle, en forme de furie,
Verse un torrent de fiel sur l'absente Marie,

Et croyant descouvrir cent mystéres couverts
Emprisonne les siens et les charge de fers.
Betford en a l'advis, et vient à l'heure mesme,
Vient la veuë esgarée et le visage blesme,
Et passant plein de trouble au vuide cabinet,
Demeure quelque temps interdit et muët.
Voyant de la princesse et la fuite et la perte,
Sous ses coupables pieds il voit la terre ouverte,
Et de son mauvais sort le cœur espouvanté
Du comble de l'espoir tombe précipité.
La reine le regarde, et : Doncques, lui dit-elle,
Nous pourrons perdre ainsi l'obtinée infidelle ?
Ainsi d'auprès de nous nous la verrons partir,
Et souffrirons ce tort sans nous en ressentir ?
Ainsi les bras en croix nous verrons le dommage
Que nous va procurer son perfide courage ?
Nous verrons la traistresse employer tous moyens
Pour nous rendre ennemis des douteux citoyens ?
Consulte ta prudence en remèdes fertile,
Ou tu vas contre nous voir en armes la ville.

 Comme d'un profond somme, à ces masles accens
Le tyran assoupi sent resveiller ses sens.
Il sçait que la cité pour la sage princesse
Est pleine de respect et pleine de tendresse,
Et sçait que l'habitant, au seul nom de son roy,
Se peut ressouvenir de son antique foy.
L'une et l'autre raison, mais beaucoup plus encore
Le salut d'Édoüard dont le soin le dévore,
L'excitent puissamment à chercher et trouver
Celle qui peut tout perdre et qui peut tout sauver.

 Pour rompre ses desseins, respond-il à la reine,
N'oublions, n'espargnons diligence ni peine,
Et par force ou par art descouvrons ce serpent
Qui dans ces murs caché son venin y respand.

 Isabelle l'approuve, et de l'illustre fille
S'offre à faire gesner la nombreuse famille,
Et par mille tourmens de sa bouche tirer
Le criminel endroit qui l'a peu retirer.

Pour sçavoir en quel autre elle s'est renfermée,
Sous les armes soudain Betford met son armée.
Il va de nouveaux corps les portes renforcer,
Et dans les carrefours en va d'autres placer.

Ainsi, lorsque, brisant la closture ferrée
Où par l'ordre du prince on la tient resserrée,
L'ourse eschappe, et cherchant son antique séjour
Remplit d'un juste effroy tous les lieux d'alentour,
Le roy pour la reprendre en ordonne la chasse,
Veut avec tous ses chiens en éventer la trace,
Et des cors enroués à l'effroyable son
La fait suyvre et quester de buisson en buisson.

De là le fier Betford, courant de place en place,
Par cent cris inhumains, de cent gesnes menace
Quiconque de l'ingrate estant préoccupé
Au dessein de sa fuite aura participé.
Mais aucun ne respond à ce décret horrible;
Leur silence l'embrase et le rend plus terrible.
Contre luy pour Marie il croit tout conjuré,
Et dans son propre fort se tient mal asseuré.
L'habitant, qui pour luy n'eut jamais que du zèle,
Luy paroist maintenant devenu son rebelle;
Il le juge François, et de ce soin rongé
Parmi ses ennemis se figure engagé.
Alors en tous les toits, plein de rage, il se jette,
Et les plus noirs caveaux par ses bandes furète;
Par ses plus confidens il les furète aussi,
Et bientost de son doute espère estre esclairci.
Mais il ne trouve rien, quelque effort qu'il y face,
Et ses soins et les leurs sont tous sans efficace.
Il les redouble encore; il les fait redoubler,
Et de ses cris tonnans fait la ville trembler.
Pressé de sa douleur qui se tourne en furie,
Partout à voix bruyante il appelle Marie;
Il la cherche partout d'un regard curieux
Et voit, plein de transport, qu'elle manque en tous lieux.
Enfin, s'abandonnant à de profanes plaintes,
Il porte sa fureur jusqu'aux demeures saintes

Et, sans pardonner mesmes aux espouses de Dieu,
Trouble dans son repos plus d'un auguste lieu.
Le ciel avec courroux voit ses mains sacriléges
Des autels adorés rompre les priviléges,
Des cloistres les plus purs violer les enclos,
Et des prestres forcés mespriser les sanglots.
Par d'aspres chastimens et de fameux exemples
Il s'appreste à venger l'injure de ses temples,
Et sur le criminel murmurant et grondant.
Le propose pour but à son tonnerre ardent.
Le peuple désolé n'a recours qu'à ses larmes ;
Le barbare en tous lieux l'assiége par ses armes,
D'armes tient occupés les ponts, les carrefours,
Les places, les remparts, les portes et les tours.
Paris en cet estat est la vivante image
D'une cité conquise et donnée au pillage,
Et dans un général et tragique débris,
On ne voit que des pleurs, on n'entend que des cris.

 Le froid saisissement et la pasle espouvante
Règnent dans tous les cœurs de la ville tremblante,
Et l'horreur du servage, en cet affreux instant,
Se monstre plus affreuse au timide habitant.
Plusieurs des plus portés au bien de leur patrie,
Plusieurs des plus zélés pour l'amour de Marie
D'entre les bras des leurs se sentent arrachés,
Et plus ceux qu'à Philippe on sçait plus attachés.
Sans égard, sans pitié du sexe ni de l'âge,
Le tyran à chacun fait esprouver sa rage ;
Ceux qui luy sont suspects, tirés de leurs maisons,
Vont en foule peupler les obscures prisons.
Mais sur tous il exerce une rage inutile ;
Tousjours de la princesse il ignore l'azile.
Vers la reyne il retourne, impatient de voir,
Ce que par la torture elle aura pu sçavoir.

 Isabelle, dit-il, j'ay tout fait sans rien faire ;
La ville bourguignonne à nos vœux est contraire.
J'ay pénétré partout, j'ay fait tout observer,
Et Marie, après tout, est encore à trouver.

Les bourgeois obstinés, partisans de l'ingrate,
Souffrent que ma rigueur sur leur famille éclate,
La souffrent constamment, la souffrent sans regret,
Et parmi cent périls luy gardent le secret.
Je suis à bout, ô reyne, et si par vostre adresse
Vous n'avés descouvert la maligne princesse,
Nostre espoir, nos desseins demeurent confondus,
Et nous sommes tous deux sans remède perdus.
 Isabelle respond, le feu sur le visage :
Pour tirer ce secret j'ay tout mis en usage :
J'ay lassé les bourreaux sous mon commandement ;
J'ay tout fait comme vous, et tout fait vainement.
A l'envy du bourgeois l'obstiné domestique
D'un généreux secret pour l'ingrate se pique ;
Avec mille tourmens j'ay beau l'avoir pressé,
Ma rigueur envers luy n'a pas plus avancé.
Betford, le ciel nous trompe, et Charles favorise ;
Il veut que dans ses fers tombe nostre franchise.
Nous allons sous son joug fléchir indignement,
Et ce peuple mutin en sera l'instrument.
Mais nous rompons le ciel, et tenons nostre armée
A couvert de son foudre en ces murs renfermée.
Peut-estre qu'Édoüard, qui nous doit secourir,
Nous viendra cependant empescher de mourir.
Ce moyen est le seul qu'au mal qui nous oppresse
Du rigoureux destin l'inimitié nous laisse.
C'est l'ancre qui nous reste en un si mauvais sort,
Et qui nous doit tousjours faire espérer le port.
 Betford, qui trouve sage une telle pensée,
Résout à ce parti son âme embarrassée,
Va pour ordonner tout de quartier en quartier,
Et dans ces tristes soins passe le jour entier.

LA PUCELLE

ou

LA FRANCE DÉLIVRÉE

LIVRE VINGT-UNIESME.

Entre le fort Calais et l'endroit où la Seine
Porte son clair tribut à l'escumeuse plaine,
S'offre un célèbre havre en croissant disposé,
Au havre de Portmouth front à front opposé.
L'abord en est douteux, et qui manque de guide
Souvent est mis en proye à l'élément liquide.
Plus d'un banc au dehors le tient comme fermé,
Et par plus d'un naufrage on l'a veu diffamé.
Dans son large bassin il conserve son onde,
Pacifique estenduë, azurée et profonde,
Et les plus hautes mers n'ont point de grands vaisseaux
Qui touchent de la quille à ses plus basses eaux.
Jamais ni nort, ni sud, artisans de l'orage,
Dans ce lieu de repos n'ont sceu trouver passage,
Et quiconque une fois y peut estre porté
Auprès de leur fureur y dort en seureté.

Tout autour de sa plage, et sur un fond d'argille,
Le commerce d'abord fit éclore une ville
Que l'on vit excellér dans la suite des temps
En nochers hazardeux et guerriers habitans.
Vers où brillent les feux du Canope et de l'Ourse,
Il n'est rade éloignée où n'atteigne leur course,
Et d'où leurs pins volans ne retournent chargés
Des biens que ces climats ont aux leurs eschangés.
Sur un tertre à la gauche un vieux chasteau s'élève,
Qui les vague domine et domine la grève,
Et qui, maistre des murs comme maistre des champs,
Sert de garde et de bride à ses riches marchands.
Ceints d'un large fossé, port, ville et citadelle
Forment un corps de trois que Dieppe on appelle,
Considérable port qui fait que les Anglois
N'ont pas toute la Manche asservie à leurs loix.
De tant d'autres fameux dont se borde la France,
C'est le seul que son roy tienne sous sa puissance,
Le seul où dans leur cours ses hardis matelots
Trouvent à se sauver de la rage des flots.
C'est là l'unique havre et l'arsenal unique
Où Charles par les siens ses navires fabrique,
Et de là seulement, comme foudres légers,
Ils fondent sur les nefs des tyrans étrangers.
De là par Montebize à l'injuste Angleterre
Il livre incessamment une mortelle guerre,
Et du moins sur les eaux par luy se satisfait
Du tort que le destin sur la terre luy fait.
Pour n'avoir pas sa flotte assés tost assemblée,
L'Anglois n'ose tenir la campagne salée,
Et n'y laisse des siens paroistre un seul esquif
Que dans le mesme instant il ne soit fait captif.
De leur armement propre autant que de leurs prises,
Les François à la mer ont deux cens voiles mises,
De diverses grandeurs et de différens ports,
Mais chacune l'effroy des britanniques bords.

Sur l'avis confirmé de l'affreuse avanture
Qui rejetta Dunois dans la prison obscure,

Le monarque des lys fit soudain le projet
D'avoir le moite empire à son throsne sujet.
Il craignit que le prince et ces fameuses testes
Dont le malheureux sort reculoit ses conquestes,
Par le lasche vainqueur de cent nœuds garottés,
Aux rivages anglois ne fussent transportés.
De vingt hauts bastimens il assiégea la Seine
Et sema du surplus l'humide et longue plaine,
Avec mesme ordre à tous de si bien l'occuper,
Que le moindre ennemi ne leur pust eschapper.
Par tous, en tous endroits, cet ordre s'exécute :
L'un, sur l'ancre affermi, contre les vagues lutte ;
L'autre en partis nombreux court sans cesse le bord,
Et toujours contre tout demeure le plus fort.

De leurs antres profonds aux campagnes torrides
L'on voit s'espandre ainsi les tigresses rapides,
Par l'espoir de la proye aiguiser leur fureur,
Et remplir les cités d'espouvante et d'horreur.
L'arène solitaire entre elles se partage ;
Leur cours est sans repos ; partout vole leur rage,
Et rien ne se descouvre en tous ces vastes champs,
Qui n'esprouve l'effort de leurs ongles tranchans.

L'Anglois, qu'estonne et trouble une force si grande,
Se retient d'embarquer la prisonnière bande,
Dans Rouën la tient close et presse le secours
Qui de son mauvais sort devoit rompre le cours.
La bénigne fortune, en cet estat des choses,
Peu devant que le ciel eust ses portes décloses,
Fait trouver engagée entre tant de vaisseaux
La flotte où Betancour fendoit les mesmes eaux.

L'illustre Betancourt, illustre d'origine,
Mais plus illustre encor par sa valeur divine,
Creut des lys autres fois l'Estat si déploré
Qu'il résolut d'en vivre à jamais séparé.
Il ne put voir l'Anglois des françoises provinces
Laschement dépouïller les légitimes princes,
Et, voulant à ses yeux oster ce triste objet,
D'un volontaire exil conceut le haut projet.

A la merci du vent, à la merci de l'onde,
Il aima mieux sortir des confins du vieux monde
Que de voir d'un tel joug les peuples opprimés,
Pour qui ses puissans bras s'estoient en vain armés.
En pompeux appareil de voyage et de guerre,
Cherchant loin de la terre une nouvelle terre,
Entre mille dangers, pleins de mille terreurs,
Il rencontra la fin de ses longues erreurs.
Dans le sein de Thétis, pour tout autre infidelle,
S'offrit à ses souhaits une terre nouvelle,
Une isle en qui le ciel mit tant de biens divers,
Qu'en elle est renfermé tout l'heur de l'univers.
En cent nobles combats, sur l'estrangère plage,
Il fit aux habitans ressentir son courage,
Et jusque dans leurs forts les poussant à grands pas,
Put voir par le triomphe achever ses combats.
Ils souffrirent ses fers, et leur monarque mesme
Luy vint entre les mains mettre son diadême,
Et, recevant de luy la croyance et la loy,
Non moins que ses sujets le reconnut pour roy.
　Ainsi fut Betancour, suivant sa destinée,
Establi souverain de l'isle Fortunée;
Ainsi fut couronné son cœur avantureux,
Heureux si dans le monde on se peut dire heureux.
　Mais parmi tant de joye et parmi tant de gloire,
Une amère douleur travailloit sa mémoire :
Le malheur des François et leur grand déshonneur
Revenoient à tous coups altérer son bonheur.
Enfin les faits brillants de la sainte guerrière
Ayant jusqu'en sa cour respandu leur lumière,
Désormais plein d'espoir aussitost il conclut
De revenir en France appuyer son salut.
Pour joindre son espée à la céleste espée,
La flotte par ses soins est soudain équipée;
Elle est de neuf bords seuls, mais de neuf si grands bords,
Qu'Amphitrite gémit sous leurs immenses corps.
D'armes et de soldats ses navires il charge,
Quite l'heureux terrain, le quite et prend le large.

Il implore ardemment la faveur des zéphirs ;
Mais ils secondent mal l'ardeur de ses désirs.
Le souffle sec et froid qui part du sein de l'Ourse
Luy tire droit' au front et s'oppose à sa course ;
Les calmes ennuieux sur les dormantes eaux
Longtemps en mesme endroit arrestent ses vaisseaux.
Après cent et cent tours, après cent et cent peines,
Roulant et balançant sur les liquides plaines,
A force de combatre et la mer et le vent,
Ils montent vers la France, et viennent en avant.
Près mesme de la France, en plus d'une rencontre
Le sort à sa vertu favorable se monstre,
Et luy fait dans les mains, à sept diverses fois,
Tomber sans résistance autant de bords anglois.
Ses pilotes alors jugent par les estoilles
Qu'à la hauteur cherchée ont avancé leurs voiles,
Et sentent le zéphir accompagné du nort
De Dieppe en volant les mener droit au port.
Ils s'y laissent mener, et leur carrière unie
De l'orageuse Manche ouvre l'onde applanie.
Ils y tracent chacun de blanchissans sillons,
Et font en les traçant murmurer leurs bouïllons.
Tant que dure la nuit, ils voguent sans obstacle,
Ayant le ciel serain pour guide et pour spectacle ;
Mais au point que le jour alloit sortir des flots,
De frégates sans nombre ils se trouvent enclos.
Au milieu d'une flotte en deux files rangée
Ils trouvent plein d'effroy leur brigade engagée.
A cet événement si peu d'eux attendu,
Betancour craint luy-mesme et s'estime perdu.
Il pense voir l'armée où, pour donter la France,
L'Angleterre batuë a mis son espérance,
Et, ne pouvant gauchir non plus que résister,
Malgré luy quelque temps sent son cœur hésiter.
Enfin, s'il doit périr, pour périr avec gloire
Il veut aux ennemis vendre cher la victoire,
Jette l'ancre partout, et, ferme sur son poids,
S'appreste à soustenir les efforts des Anglois.

Tel paroist un sanglier qu'au profond de sa fange
De trompes et d'abois resveille un son estrange,
Et qui d'ardens chasseurs et de dogues armés
Voit de son fort espais les environs semés.
De quelque part qu'il tourne, ayant la mort présente,
Par un beau désespoir sur les pieds il se plante,
Des dents et des espieux attend le double effort,
Et s'il meurt, veut qu'au moins leur coûte cher sa mort.
 Mais l'admiral françois, le prudent Montebize,
Qui sans faire combat songe à faire sa prise,
Sur la panthère avance, et d'un humain discours
Demande aux nautonniers où s'adresse leur cours.
Le prince à descouvert et se monstre et s'avance,
Et dit : Je suis François et viens servir la France ;
Je la viens assister ou, ne le pouvant pas,
Je viens chercher pour elle un glorieux trespas.
Celuy qu'en vos filets a mis la destinée
Est le roy malheureux de l'isle Fortunée.
Il mourra, mais sans honte. A ces mots, l'admiral
Luy fait lire en ses yeux un plaisir sans égal.
 Monarque, luy dit-il, de la terre inconnuë,
Héros de qui le nom s'éleva sur la nuë,
Nous sommes pour la France et François comme toy ;
Comme toy nous cherchons à servir notre roy.
Pour son droit accablé sous l'angloise injustice,
Nous portons par ces mers sa vaillante milice,
Et jusques à ce jour sur le moite élément
Nous l'avons commandée assés heureusement.
Pour venir de la France achever la conqueste,
L'Anglois usurpateur en ses havres s'appreste,
Et j'apprestois mes bords pour le bien soustenir ;
Mais par toy maintenant je puis le prévenir.
Prévenons-le, grand prince, et dans cette entreprise
Par ton noble secours nos efforts authorisé ;
Pour un si haut dessein joins ton bras à nos bras,
Et prens parmi nos rangs le rang que tu voudras.
C'est le moins que mérite un céleste courage,
Qui de nos fiers tyrans doit estouffer la rage.

Nous attendons leur choq ; ils vont se faire voir.
Tu viens sur eux à temps signaler ton pouvoir.
   Le roy d'un air courtois reçoit la courtoisie,
Et du commandement fuyant la jalousie :
   Je combattray, dit-il, mais sous tes estendards,
Et n'auray que la gauche en ce beau champ de Mars.
C'est pour mes sujets seuls que le sceptre j'arbore ;
Bien que roy, pour mon roy je suis sujet encore.
Je renonce à mon titre, et comme son soldat
Je veux sous sa bannière agir dans le combat.
   Mais, reprend l'admiral, quel heur, quelle prudence
A sceu jusques à nous conduire ta vaillance ?
Et comment as-tu pû, par ces suspectes eaux,
Sans rencontre d'Anglois rencontrer nos vaisseaux ?
   J'ay trouvé, j'ai donté, réplique le monarque,
Plus d'une fuste angloise et d'une angloise barque,
Et ces nombreux canons que tu vois sur mes bords
Sont ceux dont mes guerriers ont despouillé leurs corps.
Surpris, esmerveillé de l'affreuse machine,
Je sceus par mes vaincus sa funeste origine :
Que Betford en couvrit les terres et les mers,
Que par elle en tous lieux il mit tout dans ses fers ;
Qu'ensuite, par la sainte ayant esté conquise,
Elle luy fut utile en sa haute entreprise ;
Que Charles sur la terre en arma ses drappeaux
Et d'elle sur la mer renforça ses vaisseaux ;
Enfin que l'Angleterre en voiles convertie
Tenoit toute à son joug la Manche assujettie.
Ainsi, lorsqu'en vos mains la fortune m'a mis,
Je me suis creu tombé dans les lacs ennemis.
   Montebize à ces mots joint navire à navire
Et veut qu'en sa faveur tout le canon se tire ;
Tous ses bords à la fois tirent pour l'honorer ;
Le roy non moins civil fait tous les siens tirer.
Mais pour honorer mieux le prince magnanime
Et rendre mieux hommage à sa vertu sublime,
Le magnanime chef veut au mesme moment
Exposer à ses yeux le naval armement.

Aux trouppes, aux nochers, soudain, de bande en bande,
De l'armement naval la reveuë il commande,
Et veut qu'en ce lieu mesme, et dans le mesme instant,
En bataille à leurs yeux soit mis le camp flotant.
Chacun sçait pour la monstre et sa route et sa place ;
Le Grand-Aigle à trois masts vers eux s'avance et passe,
Et laissant à sa queuë un long et blanc sillon,
Baisse devant le roy son riche pavillon.
Il passe, et loin de là va se poster sur l'onde ;
Le Sacre, un peu moins grand, le Grand-Aigle seconde ;
Cinquante autres plus bas vont file à file après,
Et se postent sous eux de suite et près à près.

 L'escadre sur la droitte en cet ordre alongée
Forme un commencement de bataille rangée,
Et trouppes et nochers en chacun des vaisseaux
Brillent sur le tillac et sur les deux chasteaux.
Cinq mille hommes choisis, d'une valeur égale,
Font de ce premier corps la force principale ;
Le reste est un amas de vaillans matelots,
Propres tous à combatre et l'Anglois et les flots.

 Quatre hauts galions avancés sur leur trace
Vont leur gauche occuper, mais d'espace en espace,
Puis dans les entre-deux, d'un mouvement léger,
Cinquante plus petits accourent se loger.

 Ils font le second corps, et dans leurs caravelles
N'ont que nouveaux guerriers, que milices nouvelles,
Que soldats peu soldats, des autres embrassés,
A la guerre, à la mer non encore dressés.
De l'expert admiral la solide prudence
Leur assigne l'endroit le plus plein d'assurance,
Les rejette en ce lieu des braves mesprisé,
Comme au lieu qui de tous est le moins exposé.

 Devant le bord royal leurs pavillons ils baissent,
Puis en suyvant leurs cours rapidement le laissent,
Et chacun sur le sien dans son poste rangé
Aux rayons du soleil reluit d'armes chargé.

 Ces seconds coste à coste à peine ont pris leurs places,
Que tirent vers le roy deux amples galéasses,

Le Griffon, le Dragon, qui leurs voiles tournant
Assés loin des deux corps vont ancrer au ponant.
Trois fois vingt autres nefs pour la troisième bande,
D'une moindre grosseur, mais de forme assés grande,
En vont joindre la droitte, et moins loin s'arrestant
Comblent jusqu'au milieu tout l'espace restant.
   C'est icy l'aile gauche, et sa ferme ordonnance
Eust des autres en tout égalé la puissance,
Si, quoyque plus nombreuse en militaires bords,
Elle ne les eust eus moins vastes et moins forts.
   Il n'est point de navire en cette flotte entière
Qui n'ait différent nom, différente bannière,
Nécessaires moyens pour les commandemens,
Pour s'entre-reconnoistre utiles instrumens.
   Comme quand le veneur pour la chasse future
De chiens nobles et pronts fait une nourriture,
Et par leur dent aiguë et leurs bruyans abois
Se veut assujétir les plaines et les bois,
Il leur impose à tous, au point de leur naissance,
Le nom qui doit entre eux mettre la différence ;
Chacun connoist le sien et les autres encor,
Et la voix les régit beaucoup mieux que le cor.
   De toutes parts, sans nombre, à la teste des ailes
Volent confusément chalouppes et nacelles,
Et sans nombre, au milieu, de çà, de là ramant,
Pinasses, brigantins voguent confusément.
De ces petits bateaux, pour les divers services,
Les grands en leurs besoins occupent les offices,
Et ne sçauroient sans eux qu'en danger de périr
S'entre-communiquer ni s'entre-secourir.
   Ainsi du camp naval la pompe se déploye.
Le prince, qui la voit, ne la voit pas sans joye,
Et de tout spectateur avide et curieux
Ne peut d'un tel objet repaistre assés ses yeux.
Sur ce temps on descouvre une légère barque
Qui coule sur les eaux sans y laisser de marque,
Et le froid aquilon, d'un souffle violent,
La fait droit à l'armée accourir en volant.

Elle approche et tousjours augmente sa vistesse ;
Vers l'admiral enfin sa carrière elle dresse,
L'aborde, et d'un plein saut son nocher s'y lançant,
Au chef qui le reçoit tient ce discours pressant :

 Pense à toy, luy dit-il. Talbot s'en va parestre,
Et de moitié plus fort que tu ne le crois estre ;
Les croisés que Winton arma contre l'erreur,
Joints aux soldats du prince, en doublent la fureur.
J'en ay veu de Jarzay les roches costoyées ;
Ils viennent en bon ordre à voiles déployées ;
Le vent impétueux les chasse devant soy ;
Avant qu'il soit une heure, ils tomberont sur toy.
De deux que nous estions sur les angloises costes
Pour observer le cours de leurs diverses flottes,
L'un est demeuré pris, et l'autre enveloppé
Ne s'est que par merveille à leurs mains eschappé.

 Montebize, à ces mots, sans crainte ni tumulte,
Du monarque et des chefs la sagesse consulte,
Et le commun avis est que dès ce moment
On laisse le champ libre au plus fort armement.
Avant que rien risquer sur l'inconstante plaine,
Ils veulent les vaisseaux dont est close la Seine,
Ils les veulent aux leurs avant tout assembler,
Et vers eux aussitost cinglent sans rien troubler.
Ils relaschent unis vers la françoise plage,
Et pour un temps meilleur réservent leur courage.
Le souffle violent qui tire droit du nort
Les emporte à souhait vers l'opposite bord.
Mais ils ne sont pas loin que, contre leur attente,
Ils se trouvent en teste une flotte puissante ;
Entre eux et le rivage ils trouvent les Anglois,
Plus qu'eux nombreux et forts et trois et quatre fois.

 Talbot, instruit de tout par la felouque prise,
Contre eux forma soudain une belle entreprise :
De l'un des corps françois voulut l'autre couper,
Et fit par tout le sien l'entre-deux occuper.

 Sous tant de pins nageant la campagne salée
Et s'affaisse et gémit, de leur nombre voilée.

L'espouvante succède à cet objet affreux
Et se remarque mesme au front des valeureux.
Du roy, de l'admiral le cœur mesme se trouble,
Et le trouble en leur cœur s'augmente, se redouble,
Voyant, quoyque de loin, du rivage opposé
Venir sur eux encor fondre le camp croisé.
Toutes fois en leur sein dure peu cet orage :
Leur propre abbatement relève leur courage.
Ils connoissent leur mort, mais par cent hauts exploits
La veulent rendre illustre aux dépens de l'Anglois.
Dans leurs voix, dans leurs yeux monstrant de l'assurance,
Aux plus désespérés ils rendent l'espérance,
Et du double ennemy qui veut les entourer
Choisissent le plus propre, et vers luy font tirer.
 Allons, dit Montebize, à ces voiles pressées
Qui sur notre retraitte ont les mers traversées ;
Le souffle qui nous porte et nos feux dévorans
Nous feront faire voye aux travers de leurs rangs.
De la Seine par moy la brigade avertie
Dans un si noble effort sera de la partie ;
Le destin veut la palme à nos bras accorder,
Si de ces mesmes bras nous sçavons nous aider.
Sente aujourd'hui l'Anglois nostre force dernière,
Et sente ce que peut la vertu prisonnière.
 Ainsi, de çà, de là, sur sa barque volant,
Il parle, et vers l'Anglois les conduit en parlant.
Près des bords ennemis dans son bord il remonte,
Et d'un cœur résolu leur ordonnance affronte.
Betancour va contre elle, ardent, déterminé,
Et honteux qu'avant luy l'admiral ait donné.
 Tels partent deux lions qu'en la bruslante plage
L'Abyssin a surpris loin de leur bois sauvage,
Et qui, d'espieux sans nombre atteints et menacés,
Par les nègres chasseurs sont prests d'être percés.
Au formidable aspect de la mort infaillible,
Ils marchent vers leur bois d'une marche terrible,
Et fiers, et rugissans, vont chacun se lancer
Dans l'espieu dont le fer vient leur cours traverser.

Le canon de la France alors tonne et retonne ;
D'un si hardi projet Talbot mesme s'estonne ;
Au choq de l'adversaire il songe à s'opposer,
Puis juge que pour vaincre il est mieux de ruser.
Couvert des tourbillons de l'espaisse fumée,
Il prolonge aux deux mains le front de son armée,
Et fait que le milieu par le François poussé
Semble estre malgré luy du grand choq enfoncé.
 Le prince et l'admiral connoissent l'artifice
Et veulent retenir leur bouïllante milice ;
Mais sa fougue l'emporte, et son emportement
Luy rend l'oreille sourde à tout commandement.
Elle croit dès l'abord avoir eu la victoire ;
Les chefs, ne pouvant mieux, le luy font aussi croire,
Et de tout leur effort secondant ses efforts
Plus que ne veut l'Anglois font reculer ses bords.
Talbot vient au secours et cette fougue arreste.
Là du terrible Mars éclate la tempeste.
Là le feu que vomit le ventre des vaisseaux
Donne une horrible force à l'empire des eaux.
Le François rompt son ordre, et sa petite armée,
Aussitost par ses chefs en triangle est formée.
A chacun des trois coins les trois bords les plus grands
Couvrent les plus petits et terminent les rangs.
Le choq est de la pointe, et le fort adversaire
Pour le bien soustenir ne laisse rien à faire ;
Et si l'un à l'assaut se monstre violent,
L'autre à le repousser ne se monstre pas lent.
L'intrépide Ferri, qui la pointe commande,
Du haut vice-admiral fait tonner chaque bande,
Et de son front d'acier heurtant ses ennemis
Tente le dur passage à sa force commis.
Tout ce que de canons ont ses deux longues ailes
Lance vers cet endroit mille foudres mortelles,
Et sans cesse à l'envy tonnant avec horreur
De l'ardente bataille entretient la fureur.
Des çabords opposés un semblable tonnerre
Leur fait en mesme temps une semblable guerre,

Et de non moindres coups justement assénés
Sur eux d'un sort égal vengent les coups donnés.
Le François redoublant, l'Anglois aussi redouble.
Neptune à ce grand bruit se confond et se trouble,
Et le peuple escaillé, de peur, à ce grand bruit,
Sous ses rocs les plus bas en désordre s'enfuit.
A voir la mer en flamme, on diroit qu'elle brusle ;
Nul n'avance d'un pas, ni d'un pas ne recule,
Pour se joindre on fait ferme, et bientost en éclats
Volent de tous costés les pouppes et les masts.
Bientost plus d'une nef le flanc préte et s'entr'ouvre,
Et désormais au jour ses entrailles descouvre ;
Bientost plus d'un vaisseau, des ondes englouti,
D'hommes et de canons affoiblit son parti.
Dans le gouffre escumeux les trouppes submergées
Des morceaux du débris, en nageant desgagées,
Maintiennent dans la mort la valeur à leur bras,
Et tous, bien qu'aux abois, sont encore soldats.
D'un vigoureux élan Karew se darde à Lorge,
Et luy plante son fer au profond de la gorge ;
Gautray mourant sous Roë entre ses bras l'estraint,
Et l'une et l'autre vie au fond des eaux s'esteint.
Smith contre Lavezan, Gerrand contre la Serre
Luttent parmi les eaux comme ils feroient sur terre,
Et d'un baston flottant la Guerche est assommé
Par Rich, que de son fer il avoit désarmé.
 Longtemps le coin guerrier aux grands coups qu'il endure
Résiste, et sans ployer conserve sa figure ;
Enfin, de mille endroits asprement combatu,
Il sent qu'il faut céder à l'angloise vertu.
Son corps, joint jusqu'alors, enfin cède et se brise,
Et par cent lieux divers en cent parts se divise.
Il se fait des deux camps un meslange confus ;
L'ordre y périt partout et ne s'y connoist plus.
 Ainsi de l'eschiquier l'ingénieuse guerre
Veut que chaque parti marche en ordre et se serre,
Et qu'à s'entre-entamer faisant de vains efforts,
Entiers de part et d'autre ils maintiennent leurs corps.

Le choq entre eux longtemps dure sans avantage ;
Enfin l'un ouvre l'autre, et l'ouvrant se partage.
Tout se mesle et se brouïlle, et les corps différens
Dans la confusion perdent chacun leurs rangs.
   Le bord s'élance au bord, et joignant le plus proche
Par ses grappins aigus la pavesade accroche.
Désormais de pied ferme et d'un coup plus certain
Entre eux l'aspre combat se fait de main à main.
   Le canon cesse alors, et de carnage avide
D'un et d'autre costé vient le fer homicide ;
Il attaque, il défend d'un et d'autre costé,
Et cherche dans le meurtre à ternir sa clarté.
Chacun au poin le sabre également aspire
A passer glorieux au contraire navire,
Et tous à descouvert, d'un égal mouvement,
Au navire entrepris se dardent fièrement.
L'impétueux Hopton, sous des armes brillantes,
Au grand vice-admiral porte ses mains vaillantes,
Et contre vingt espieux qui rompent son assaut
S'y porte et se promet de l'emporter d'un saut.
Mais atteint de trois coups dont le dernier le perce,
Sur son propre tillac il tombe à la renverse ;
Il tombe entre les siens ; il tombe avec roideur,
Et tombant attiédit leur belliqueuse ardeur.
Grey, d'un autre navire en ce navire mesme
Essaye à se jetter d'une valeur extresme,
D'une extresme valeur s'y jette malgré tous,
Mais s'y jette sans vie et percé de huict coups.
A trente autres Anglois semblable sort arrive :
Le François dans ses bords de la clarté les prive.
Dans les leurs, en revanche, il pourroit se lancer ;
Mais pour tout avantage il ne veut que passer.
Il le veut, il le tente, et quelques fois l'espère,
Bien qu'il voye à l'espoir l'effet tousjours contraire.
Il trouve en tous les lieux, d'un rang triple et pressé,
Impénétrablement son chemin traversé.
   Montebize, derrière, en la forte meslée,
Ne voit par aucun choq sa carraque esbranlée,

Bien que de cent canons autour d'elle grondans
Luy pleuvent dans le sein mille boulets ardens.
De ce mobile fort la machine pesante
Pour résister à tout est seule suffisante ;
Elle y résiste seule, et ses flancs affermis
Émoussent tous les traits des voiliers ennemis.
Son ventre gros d'orage, avec plus d'une foudre
Ou les tient éloignés, ou les réduit en poudre,
Et, soit bruslés de feu, soit de coups fracassés,
Les voit de çà, de là, dans l'abysme enfoncés.
Il va par la confuse et sanglante bataille ;
Devant luy rien ne tient, en quelque lieu qu'il aille ;
Qu'on soit plein d'assurance ou qu'on manque de cœur,
Tout cède à son pouvoir, d'impuissance ou de peur.
Les siens, en l'imitant, à son ombre subsistent,
Et sans peur ni foiblesse aux attaques résistent.
Talbot, le fier Talbot, pour luy trouve honteux
Qu'un combat inégal soit si longtemps douteux.
Un nombre de vaisseaux par son ordre s'attrouppe,
Tombe sur l'admiral et des autres le couppe.
D'une brigade entière il se voit entouré,
Et ne tesmoigne pas d'estre moins asseuré.
Tous le battent en foule, en foule tous l'approchent ;
Mais les deux les plus grands des deux costés l'accrochent.
Talbot est le premier, le second Lyonnel,
Et le fils suit en tout l'exemple paternel.
Aux foudroyans canons les testes eschappées
Éprouvent désormais la vigueur des espées ;
Le choq de plus en plus est aspre et véhément,
Et devient plus cruël de moment en moment.
Chambord de sa zagaye Edgecombe terrace ;
De la sienne à Jermin Faure ouvre la cuirasse ;
Lamon, chargeant Irby, d'un flamboyant revers
Luy partage le front et le couche à l'envers.
Le superbe Craffen et le vain La Biscorne,
Soustenus d'un pied seul sur une estroitte borne,
Se collètent l'un l'autre, et dans le fond des eaux
Précipitent froissés entre les deux vaisseaux.

Des corps de toutes parts le sang distille et coule;
Sur tous la parque règne et de meurtres se saoulle,
Et près d'une heure passe en ce commun effort,
Sans que pour aucun d'eux se déclare le sort.
 Tel à Rome autres fois, sur la sanglante arène,
Un farouche éléphant détaché de sa chaisne,
Par sa trompe fatale et ses fatales dents
Soustenoit, repoussoit cent molosses ardens.
Cruël estoit l'assaut, la deffense cruëlle;
Mais, bien qu'ils eussent tous quelque atteinte mortelle,
Aucun devant ses crocs ne reculoit d'un pas,
Et tous pour l'attérer mesprisoient le trespas.
 La guerre mit au rang de ses hautes merveilles
Que d'un navire seul les forces non pareilles,
Contre tant d'autres nefs et de tels combatans,
Se pussent sans céder maintenir si longtemps.
Plein de joye à la fin parmi la résistance,
L'Anglois sent du François amollir la puissance,
Et le bord valeureux jusqu'alors indonté
Enfin à vive force est partout emporté.
La défense est enfin inégale à l'attaque;
L'admiral voit l'Anglois inonder sa carraque.
Il l'en voit inonder; mais bouïllant de courroux,
Pour résister encor se range à l'un des bouts.
Ce qui reste des siens autour de luy se range.
Gourmandé de son sort, de son sort il se vange.
Par sa propre ruïne il relève son cœur,
Et vaincu se fait voir plus grand que le vainqueur.
Le large et long tillac est la tragique scène
Où brille des partis la valeur inhumaine.
Vers le mast le plus haut est le fort du combat,
Et là tonne le fer avec le plus d'éclat.
Tantost jusqu'à la prouë un des deux l'autre chasse,
Et sur luy de ce champ gagne un notable espace;
Tantost jusqu'à la pouppe à grands coups recoigné
Il en reperd autant qu'il en avoit gagné.
Tantost, d'une pareille ou fureur ou vaillance,
Le réciproque choq leur fortune balance;

Le pied choque le pied ; le front choque le front,
Et le sein, en choquant, contre le sein se rompt.
Montebize entre tous d'autant plus se remarque
Qu'il est plus près du terme assigné par la parque,
Et qu'après tant d'efforts, dans ce dernier effort
Son grand cœur cherche à faire une plus belle mort.
Son bras choisit les chefs et les soldats néglige ;
Sous luy tresbuche Ingram, Strangwayes, Hesebrige ;
Palmer sous luy tresbuche, et non moins que Palmer
Sous luy tresbuche encor l'illustre Mortemer.
Mais dans cette meslée ardente et continuë
Le nombre des François à tout coup diminuë,
Sans secours diminuë, au lieu que des Anglois,
Pour un qu'on voit mourir, il en reparoist trois.
Trois soldats d'un soldat viennent prendre la place
Et monstrent dans l'assaut plus de vaillante audace.
De Montebize enfin tombe le noble corps ;
Il tombe et tombe mort sous des piles de morts.

    Cependant Betancour par la plaine salée
A d'un vol triomphant sa vertu signalée,
Et, sans trouver d'obstacle égal à sa vertu,
Sur sa route a partout l'adversaire batu.
Il coule l'un à fond ; l'autre en pièces il brise ;
Sur d'autres par les siens il fait plus d'une prise,
Et d'un cours formidable il escarte et poursuit
Plus d'un puissant vaisseau qui l'évite et le fuit.
Suyvi du gros entier qui vogue sous sa charge,
Aux Anglois en tous lieux il fait prendre le large.
Peu des plus résolus osent luy résister,
Et pour brave qu'il soit, nul ne l'ose afronter.
Du fort vice-admiral la carraque assiégée
Des grappins ennemis est par luy dégagée,
Et par luy, de vingt bords à le perdre engagés,
Seize sont mis en fuite et quatre submergés.
Dans son cours triomphant il n'est rien qui l'arreste ;
Tout fait joug sous le feu de sa rouge tempeste ;
La fortune luy rit, et son esprit guerrier
Ne croit plus voir d'obstacle à cueillir le laurier.

Mais du costé du nord, avec le vent en pouppe,
Winton alors sur luy laschant sa fière trouppe,
Comme un soudain éclair que suit un grand éclat,
Fait changer tout à coup la face du combat.
 Ainsi quand le Zaïr des abissines plaines
Par son desbordement inonde les arènes,
Et que, tout blanc d'escume, en replis tortueux
Il couvre l'Océan de flots impétueux,
Si le flux s'esbranlant du haut des mers profondes
Vient repousser le fleuve avec toutes ses ondes,
Des déserts estendus les sablons ravagés
Sur le fleuve outrageux sont par le flux vengés.
 Le fier démon des eaux, ami de l'Angleterre
Se mesle en sa faveur dans cette horrible guerre,
S'y mesle en tourbillons, et de son souffle ardent
Et reschauffe et retient l'Anglois partout cédant.
De ses vaisseaux espars et remplis d'espouvante
L'ange noir raffermit la valeur chancelante ;
En corps il les ramasse, et contre leur vainqueur,
Pour le vaincre à leur tour, leur redonne du cœur.
 Lyonnel et Talbot, sur la Panthère prise,
A peine ont vu tomber le brave Montebize,
Qu'avec le chef croisé tous deux vont partager
Ce qui reste en ce champ de gloire et de danger.
Sur le roy, sur Ferri, pour les réduire en poudre,
Ils fondent de concert comme une triple foudre,
Ils fondent tout en flamme, et leur choq furieux
Fait retourner l'effroy sur les victorieux.
Le redoutable assaut des soldats de la France
Est désormais changé en la simple deffense,
Et la deffense mesme, au sein des généreux,
Languit, et dans leurs mains n'a rien de vigoureux.
Ferri seul d'un costé, plein d'ardeur martiale,
Soustient des ennemis la tempeste fatale ;
De l'autre Betancour seul la peut soustenir,
Et seul peut sur les flots son honneur maintenir.
Le sort offre à Winton la royale carraque ;
Aidé de six des siens, il l'enceint et l'attaque,

De cent canons l'attaque, et de près la battant,
Croit la couler à fond dès le premier instant.
Mais le prince guerrier, contre un si grand orage
Portant au dernier point la grandeur, le courage,
Par son bras foudroyant leur fait sentir à tous
Combien foibles pour luy sont leurs plus puissans coups.
Seul il les combat tous, et d'une ardeur extresme,
Sans qu'aucun l'ose joindre, et non pas Winton mesme,
Par le fer, par le feu, les tient tous éloignés
Et laisse de leur sang tous leurs tillacs baignés.
Au milieu d'eux il passe, et va porter remède
Où le mal des François a besoin de son aide,
Et partout où son cours fait sa voile arriver
On luy voit des François le bonheur relever.
Il n'est si ferme bord qui son choq veuille attendre
Il n'est si ferme cœur qui s'en puisse deffendre.
Il vole, et de sa route écartant les vaisseaux,
Demeure libre enfin sur l'empire des eaux.

 Non loin de ce combat, Lyonnel et son père
Avec plus de succès combatent l'adversaire,
Et du vice-admiral entreprenant le bord,
Pour se l'assujettir font un commun effort.
L'effort est du canon, dont les coups innombrables
Tonnent incessamment contre les dures tables,
Et sans en espargner le timon ni les masts,
En font parmi les airs voltiger les éclats.
Ayant et père et fils de l'attaque passée
Chacun veu sa brigade affoiblie et lassée,
Pour ne les risquer plus et vaincre seurement,
Ils pressent l'ennemi du canon seulement.
Mais à l'assaut changé, d'une égale vaillance
L'invincible Ferri change aussi la deffense,
Et, plus fier que jamais en effroyables tons,
Aux canons ennemis respond par ses canons.
On le voit, au milieu de cette aspre tempeste,
A la gresle des dards offrir sa noble teste,
Au mespris de la mort ses guerriers confirmer,
Et contre les Anglois leurs forces ranimer.

On le voit sur la pouppe, en main le cimeterre,
Faire à ses boute-feux décharger son tonnerre,
Leur marquer les endroits, leur marquer les momens
Et mesler de la grâce à ses commandemens.
　Ainsi, quand pour la fin d'une feste royale
Où le plus en son lit l'ample Seine s'estale,
Un feu bruslant par art sous des nocturnes cieux
Amuse les esprits et divertit les yeux,
Le fleuve entre ses bords, sur son onde immobile,
A veu plus d'une fois l'ingénieur habile,
Sans trouble, avec les siens, par les flammes errant,
En régir l'artifice et le jeu différent.
　Mais par la foudre angloise, à tous coups homicide,
De tous soldats enfin le pont est rendu vuide,
Et leur chef valeureux, privé de tout pouvoir,
Luy-mesme sur le pont ne se laisse plus voir.
Le violent Talbot, qui voit le fort navire
En estat désormais de subir son empire,
A l'investir de force excitoit son nocher,
Et prenoit vent arrière afin de l'accrocher,
Lorsque, non sans effroy, hors du sein de Neptune
Il voit sauter le bord aussi haut que sa hune;
En lambeaux monstrueux il le voit dissipé,
Et voit de ces lambeaux tout le ciel occupé.
Ancres, pompes, tillac, pouppe, vergues et prouë,
Ronflant et bruïssant, par les airs font la rouë,
En morceaux allumés retombent à l'entour,
Et d'un poisseux nüage obscurcissent le jour.
La mer dessous bouillonne, et ses ondes bruslantes
Embrasent le goudron des quilles gémissantes,
Et sous l'ardent débris plus d'un petit vaisseau
Avec ses nautonniers s'abysme au fond de l'eau.
Peu mesme des moyens en évitent l'atteinte,
Les grands ont moins de mal, mais non pas moins de crainte.
Talbot et Lyonnel, espargnés entre tous,
Ont les leurs moins froissés de ses énormes coups.
　On creut partout alors, bien que sans asseurance,
Que le vaillant Ferri, par excès de vaillance,

Préférant le trespas à la captivité,
Avoit le feu luy-mesme en ses poudres jetté.
 Enfin, lorsque l'espaisse et noirastre fumée
Avec sa propre flamme eust été consumée,
De cet immense corps le fantosme restant
Fut un vaste charbon sur les vagues flotant.
Après un tel succès, et le fils et le père
Veulent voir si pour vaincre ils n'ont plus rien à faire,
Et pleins d'estonnement trouvent presque en tous lieux
Le François sur les flots rendu victorieux.
Mais l'un et l'autre à peine arrive en cette place,
Qu'autour d'eux le vaincu se range et se ramasse,
Et fond sur le vainqueur par leur commandement.
Le sort tourne sa rouë et change en un moment :
Ceux qui loin devant eux chassoient l'Anglois naguère
Sont maintenant chassés par le mesme adversaire,
Et fuyant à leur tour, mais moins heureusement,
Sont presque tous plongés dans l'humide élément.
Alors, pour dernier mal, de la sauvage Irlande
Vient se mesler entre eux la formidable bande,
Qui sur l'ordre donné s'esbranlant à la fois,
Va coler ses radeaux aux navires françois.
D'entre eux les moins géans de leurs pesantes masses
Frappent des grands vaisseaux les planches les plus basses,
Par leurs énormes coups en font le sein trembler
Et peuvent des nochers la manœuvre troubler.
D'autres, abandonnant le secours de leurs souches,
Se jettent en fureur sur les tonnantes bouches,
Contre elles font paroistre un courage brutal
Et luttent corps à corps le foudroyant métal.
Le colosse vivant qui combat à leur teste
D'une prouë élevée ayant saisi le faiste,
S'y guinde, et d'un plein saut au navire passé,
Par la seule terreur se le trouve laissé.
Plusieurs, demi-grimpés sous des traits innombrables,
Sont contraints de lascher les timons et les câbles,
Et repoussés en bas, malgré tous leurs efforts,
Du bras des défenseurs souffrent nombre de morts.

Mais bien que des hauts bords la tourbe rejettée
Retombe ou sur les trains ou dans l'onde agitée,
La pluspart toutesfois, mesmes les plus blessés,
Se remonstrent soudain nageans ou redressés.
 On les prend, à les voir, pour ces monstres avides
Qu'au séjour orageux des molles Néréides
Les timides poissons, à l'avanture errans,
Esprouvent, de leur vie implacables tyrans.
 Le François à ce coup voit son mal sans remède;
A ce coup à l'Anglois par toute l'onde il cède.
Il est batu partout, il succombe, il est pris,
Et l'air aux environs retentit de ses cris.
Des vaisseaux enfoncés les misérables restes
Respondent à ses cris par mille cris funestes.
Le bruit que fait le vent et que les vagues font
A ces cris douloureux tristement se confond.
 Le roy, pendant ce temps, par sa valeur supresme,
Dégagé de Winton et maistre de luy-mesme,
A pleines voiles single et tire vers le corps
Qui du terroir normand garde les moites bords.
Mais tournant ses regards vers la liquide plaine,
Il se voit seul de tous eschappé de la chaisne,
Voit partout les François des Anglois entourés,
Et sans un pront secours de leur perte asseurés.
Une noble pudeur en ce moment l'arreste :
Il doute s'il peut faire une retraite honneste,
Et pressé d'un remords sensible et généreux,
Se tient amèrement ce propos vigoureux :
 Que fais-tu, Betancour? Où s'engage ton âme?
Ne viens-tu de si loin que pour te rendre infâme?
Lorsque tous sont aux mains, seul doncques fuiras-tu?
Est-ce donc là l'honneur que te fait ta vertu?
Pour cueillir sur l'Anglois une fameuse palme,
Tu peux de ton royaume abandonner le calme;
Et voilà qu'arrivé dans le champ du combat
A l'aspect de l'Anglois ta fermeté s'abat.
Tu fuis à son aspect, et ta gloire destruitte
Pour ta confusion te voit seul en ta fuite;

Fors toy, dans le devoir chacun est demeuré ;
C'est toy qui du triomphe as seul désespéré.
Au monarque françois va conter la nouvelle
Des grands efforts des siens, de ta crainte mortelle ;
Avec ton tremblement va le faire trembler,
Et va par tes frissons sa constance esbranler.
Va monstrer à sa cour ta valeur endormie ;
Va jusqu'en tes Estats porter ton infamie ;
Va dire à tes sujets et mols et désarmés
Qu'eux seuls pouvoient tomber sous tes bras diffamés.
Mais que dis-je ? Ah ! plutost imite le courage
De ceux que de l'Anglois ne trouble point la rage,
Et qui, dans le désordre où le sort les a mis,
Font du moins tousjours teste aux efforts ennemis.
Il n'est point de danger qu'un bon cœur ne surmonte ;
Leurs bras, sans toy vainquant, te couvriront de honte.
Par leurs bras tu peux vaincre, et te comblant d'honneur
Leur peux faire à ton bras imputer leur bonheur.
Pour éviter la honte, et d'une gloire entière
Couronner aujourd'huy ta puissance guerrière,
Retourne à la meslée, et, soit ou vif ou mort,
Fais-toy voir par tes faits digne d'un heureux sort.

En ces termes ardens au retour il s'excite,
Et, suivant le transport qui l'entraisne et l'agite,
Il tourne, et tout ensemble humain et belliqueux,
Va pour sauver les siens ou périr avec eux.

Ainsi quand aux sablons de la plage libyque,
Avec ses lionceaux, le lion marmorique,
D'un gros de Nasamons enclos de toutes parts,
Sent fondre sur sa trouppe un orage de dards,
Si par leurs rangs espais son cœur se fait passage,
Sans que du grand péril nul des siens se dégage,
Il raccourt à leur aide, et plus fier, et plus fort,
Va leur sauver la vie ou recevoir la mort.

Le vent tire de l'Ourse, aux vœux du roy contraire ;
Mais par ce mesme vent il rejoint l'adversaire.
Son bord tranchant les flots panche sur un costé,
Et d'un contraire souffle à son but est porté.

Au milieu des Anglois le Magnanime donne,
Les entamme d'abord, les trouble, les estonne,
Et si l'heur des François n'eust été déploré,
Par un si puissant choq il se fust reparé.
Tout fuit de toutes parts sa fureur enflammée ;
Son vaisseau, bien que seul, leur paroist une armée,
Et le sort, qui se plaist dans sa légèreté,
Semble vouloir encor passer de son costé.
A l'éclat imprévu d'une telle merveille,
Dans le sein du François la force se resveille ;
En corps il se rassemble autour du grand vaisseau,
Et non sans quelque espoir, tente un combat nouveau.

 Talbot en est surpris, et son âme dépite
De cet événement s'inquiète et s'irrite ;
Flatté de sa victoire, il ne peut supporter
Qu'on le vienne remettre en estat d'en douter.
Il parle plein de fougue aux trouppes d'Angleterre,
Et sa bruyante voix a le son du tonnerre.

 Quoy ! les restes espars d'une flotte sans cœur
Feront, mesme vaincus, résistance au vainqueur !
Non, il faut malgré tout que votre bras les donte,
Ou vous serés flestris d'une éternelle honte.
Ce délay leur acquiert des lauriers éternels
Et rend vos longs efforts peu moins que criminels.
N'abusés plus du temps que le destin vous donne ;
Que de toutes vos nefs les leurs on environne ;
Qu'il n'en eschappe rien, et que tout, mort ou pris,
De sa témérité trouve le juste prix.

 Il l'ordonne, et soudain son propre ordre exécute.
De ce foudre bruyant le François craint la cheute ;
Devant son vol il s'ouvre et perd à son abord
Le renaissant espoir de la faveur du sort.
Tout luy cède, et le feu que son âme possède
Ne se descharge point contre ce qui luy cède.
Lyonnel et Winton, moins que luy généreux,
Suivent les fugitifs et s'acharnent sur eux.
Talbot pour objet seul prend le bord plein de gloire
Qui prétend à ses mains arracher la victoire,

Le bord impérieux dont le vol redouté
N'a pu de tout le jour par rien estre arresté.
Le prince, qui vers luy voit Talbot qui s'avance,
Sans attendre son choq vers luy-mesme s'élance.
De leur choq mutuël les deux puissans vaisseaux
Tremblent et font sous eux trembler le sein des eaux.
Furieux, à l'envy l'un l'autre ils se rapprochent ;
A l'envy furieux l'un l'autre s'entr'accrochent,
Et montés à l'envy sur leurs rebords sanglans
Font pour s'entr'emporter d'inutiles élans.
   Talbot n'a jusqu'icy trouvé nulle barrière
Qui réprimast si fort sa puissance guerrière ;
Betancour jusqu'ici n'a rien sceu rencontrer
Qui fust à sa valeur si dur à pénétrer.
L'un et l'autre bruslant d'une chaleur égale
Par de semblables coups son courage signale,
Et le sang que chacun voit ses veines jetter,
Loin de les attiédir, ne les fait qu'irriter.
Chacun dans le combat son adversaire admire ;
Chacun également la dépouille en désire ;
Mais de son adversaire esprouvant le pouvoir,
S'il en a grand désir, il en a peu d'espoir.
Le courage en ce lieu balance le courage,
Sans que nul des guerriers sur l'autre ait avantage,
Quand, pour joindre Talbot, Lyonnel accourant,
Décide en sa faveur le cruël différent.
L'on apperçoit ainsi dans la balance égale
En l'un des bassinets la noix orientale,
En l'autre le poids juste, à l'envy contestans,
D'un mouvement égal s'entr'esbranler longtemps.
Mais si, pour terminer leur muëtte querelle,
On vient aux vieilles noix joindre une noix nouvelle,
La balance à l'instant perd son égalité ;
La noix tombe, et le poids dans l'air est emporté.
   Lyonnel au besoin vient assister son père,
Et joint le galion du terrible adversaire :
Le roy, que désormais rien ne peut secourir,
Ne songe plus alors qu'à noblement périr.

Pressé de ces deux chefs, et voyant le troisiesme
Qui par pouppe le prend d'une vigueur extresme,
Il conseille à son cœur d'aller chercher la mort
Entre ses ennemis et dans leur propre bord.
Pour mourir en vainqueur recueillant sa puissance,
Au bord de Lyonnel d'un plein sault il se lance,
Et, le terrible fer sur les Anglois haussé,
Y passe malgré tout en trente lieux blessé.
Il y passe, et forçant tout ce qui luy résiste,
Invite ses soldats à marcher sur sa piste,
Mais les invite en vain, et luy seul désormais
Attire tous les dards et reçoit tous les traits.
Au milieu de ce bord, son vaillant cimeterre
Tombe sur les Anglois en forme de tonnerre,
Son bras en rond le meine, et ce qu'il en atteint
Ou meurt, ou le tillac de son sang laisse teint.
L'espaule d'un coup seul à Falcombrige il tranche ;
A Venable d'un autre il entame la hanche ;
A Greuville d'un autre il transperce le sein,
Et d'un autre à Sandis il emporte la main.
Pressé de toutes parts et d'espieux et de piques,
Il se dérobe encore à ses destins iniques,
Et Lyonnel à peine eut son bras soustenu,
Si le bras de Talbot ne fust point survenu.
Sous cette double foudre éclatante et mortelle,
Il sent troubler sa veuë, il s'esbranle, il chancelle ;
Il succombe, mais fier, et de ses yeux mourans
Semble encore attaquer les trop heureux tyrans.

 Tandis que sous ces coups cette grande âme expire,
Winton sous son pouvoir en remet le navire,
Et captivant celuy qui les autres dontoit
Asseure ses exploits par ce dernier exploit.
Tout est pris ou noyé, sans que rien s'en exempte ;
L'Angleterre est icy de tout point triomphante.
Nul combat de tant d'heur ne fut jamais rempli,
Et jamais bon succès ne fut plus accompli.

 Mais Talbot, non content d'une si pleine gloire,
Et voulant entasser victoire sur victoire,

Propose d'aller fondre en ce mesme moment
Sur l'autre moindre corps du françois armement.
Lyonnel et Winton, approuvant sa pensée,
Leur route vers la Seine estoit desjà dressée,
Lorsqu'un pirate insigne et blanchi sur les eaux
Vint à ce bruit en haste aborder leurs vaisseaux.

   Éternel habitant des mers basses et hautes,
Il en avoit razé les plus lointaines costes,
Et dans tous les climats, sur l'humide élément,
Avoit tout fait trembler à son nom seulement.
Sur la longue Thétis qui flotte entre les terres,
Rien ne put eschapper à ses avares serres,
Et l'Océan bruslant et l'Océan gelé
Virent tousjours son bord de ses prises comblé.

   Braves chefs, leur dit-il, dont l'ardeur enflammée
Veut d'un laurier nouveau couronner cette armée,
Et qui de tant d'honneur non encore assouvis
Du généreux Talbot secondés les avis,
Un projet où reluit l'espoir de tant de gloire,
Et qui semble manquer à la pleine victoire,
Pourroit faire souffrir à vostre trop grand cœur,
Au milieu du triomphe, un facile vainqueur.
Songés, vaillans guerriers, que vos nombreuses bandes
Ne sont plus désormais si fortes ni si grandes,
Que ceux de vos vaisseaux qui sont les mieux traittés
Des coups qu'ils ont receus font eau de tous costés ;
Songés que l'ennemi, frais et non sans puissance,
Poussé de sa valeur, pressé de sa vengeance,
Contre des gens lassés, bien que victorieux,
Peut espérer du sort un retour glorieux.
Croyés un vieux soldat de qui l'expérience
Entre mille périls a formé la science.
Où peut servir la ruse, évités le combat ;
Pourveu que vous vainquiés, mocqués-vous de l'éclat.
La ruse est dans la guerre et légitime et belle ;
Qui mieux en sçait user sur tous autres excelle,
Et nul de ce bel art n'a remporté le prix
Qui pour elle au besoin ait monstré du mespris.

Au lieu de plus risquer votre vertu suprême,
Pour donter les François usés d'un stratagème,
Et ce moyen subtil, comme je l'ai conceu,
Ne peut d'aucun de vous estre que bien receu.
Un des corps de leur flotte estant pris par la nostre,
Sans qu'un si grand succès puisse estre sceu de l'autre,
Sur leurs vaisseaux gaignés arborés leurs drappeaux,
Et par eux, comme pris, remorqués vos vaisseaux.
Les François, prévenus de la fausse apparence,
Estimeront la palme adjugée à la France,
Et parmi tous leurs bords les vostres admettant,
A l'aise entre vos mains tomberont à l'instant.
 *Loin du camp, par les airs, la fraude vagabonde
Venoit d'apprendre alors du noir tyran de l'onde
La sanglante bataille et les heureux exploits
Par qui s'estoit changé le destin des Anglois.
Vers eux pronte elle vole, entend ce qu'on projette
Pour rendre l'autre escadre à leurs armes sujette,
Et pour la leur donner sans perte et sans hazard,
D'un pront et seur moyen sollicite son art,
Et son art lui fournit la ruse délicate
Qu'aussitôt sa malice inspire au vieux pirate ;
Le pirate inspiré vient en mots spécieux
Proposer l'entreprise au camp victorieux.
 .Mais le vaillant Talbot, que choque cette ruse,
L'escoute avec desdain, la blasme et la refuse ;
Le vaillant Lyonnel la rejette soudain,
Et la rejette encore avec plus de desdain.
Le seul Winton la louë et la maintient licite ;
Il veut qu'en plein conseil la matière s'agite,
Et de toutes les voix sur eux seuls l'emportant,
Au fatal stratagème on s'appreste à l'instant.
Des navires françois ceux-là sont à la teste
Qui se sont moins sentis de l'angloise tempeste,
Et les vaisseaux anglois des François malmenés
En sont comme captifs vers la Seine traisnés.
Ils suyvent comme pris la françoise bannière ;
Des Anglois plus entiers vient la foule derrière,

Et pour décevoir mieux, à tous les masts anglois
On fait voir arboré le pavillon françois.
   Ainsi, pour attirer dans l'embusche mortelle
Des animaux beslans le conducteur fidelle,
Et pouvoir sans effort luy deschirer le flanc
Et luy boire à longs traits tout ce qu'il a de sang,
Proche du clos bercail la famélique hiène
Se fait entendre à luy sous une voix humaine,
Flateusement l'appelle, et par ce doux appas
Le surprend et luy donne un facile trespas.
   En cet ordre Winton prend son cours vers la Seine;
Le vent pour l'y mener renforce son haleine;
La Fraude le précède et publie à grands cris
Que du combat naval le François a le prix.
Elle en respand le bruit dans ce reste de flotte
Qui sert de bride au fleuve et qui veille la coste;
Et de ce bruit flateur les ténébreux destins
Le lui souffrent semer pour leurs secrettes fins.
   L'Anglois, durant ce temps, tousjours single et s'avance.
Il descouvre de loin les vaisseaux de la France,
Et des mesmes vaisseaux se croyant veu de loin,
Pour mieux cacher sa ruse apporte tout son soin.
Il feint qu'en remorquant les feintes nefs captives
Ce n'est pas sans travail qu'il les conduit aux rives,
Lentement s'achemine, et s'approchant tousjours
Voit les François trompés vers luy prendre leur cours.
Au devant de ses bords, pleins de resjoüissance,
Sans ordre et sans soupçon viennent ceux de la France.
Ils font pour l'honorer la moitié du chemin,
Et comme à leur bonheur ils courent à leur fin.
Plus la calme Thétis leurs communs vœux seconde,
Plus s'élèvent leurs nefs et paroissent sur l'onde,
Plus l'un et l'autre corps superbement paroist,
Et plus l'onde entre deux s'estrécit et décroit.
Avecque ses canons, d'une juste distance,
Par le corps du François la salve se commence;
Avecque tous les siens l'Anglois adroit et pront
A la salve françoise en salve aussi respond.

Des deux costés ensuite un concert de trompettes
Remplit des airs voysins les campagnes muëttes,
Et, jusqu'au fond des eaux faisant bruire ses tons,
En sursaut dans leur lit rompt le somme aux Tritons.
Parmi ces chants guerriers les salves se redoublent ;
A leur terrible éclat les élémens se troublent,
Et l'espaisse vapeur qui ces tonnerres suit
Couvre l'air à l'entour d'une profonde nuit.
Winton, à la faveur de l'obscure fumée
Contre le corps françois pousse l'angloise armée,
La courbe sur ses flancs, et luy gagnant le dos
Luy ravit tout moyen d'évader par les flots.
A l'instant, au signal qu'il élève et qu'il donne,
Le canon de l'Anglois sur eux tonne et résonne.
De l'insulte imprévue le François est surpris
Et ne peut de longtemps recueillir ses esprits.
Il les réveille enfin et connoist l'artifice ;
Tous se sentent poussés au dernier précipice.
Ils s'en veulent sauver, mais le veulent en vain ;
Leur jugement s'égare en un mal si soudain.
Sur les tillacs gaignés, de la prouë à la pouppe,
Par le vainqueur anglois ils sont chargés en trouppe,
Et quiconque d'abord ne met les armes bas
Impitoyablement est conduit au trespas.
Pour peu qu'à faire joug la vertu délibère,
Sous le fer elle tombe, et tombe en l'onde amère.
Thétis l'insatiable, en ses flots agités,
Engloutit les François des nefs précipités.
Estourdis, confondus par la ruse inhumaine,
A l'ordre de se rendre ils se rendent sans peine,
Et quelques-uns, saisis d'un pire estonnement,
Se viennent rendre seuls sans nul commandement.
Peu, des moins engagés et de plus de vaillance,
Font, bien que sans espoir, à l'Anglois résistance,
Et d'un hardi regard envisageant leur sort,
Généreux et constans s'exposent à la mort.
Winton à l'entour d'eux toute sa flotte assemble,
Fait bruire sur leurs bords tous ses foudres ensemble,

Et de flesches, de traits, de piques et d'espieux
De toutes parts leur livre un assaut furieux.
Mais s'ils sont attaqués avecque violence,
Ils ne font pas paroistre une molle deffense,
Et de flesches, de traits, de piques et d'espieux
L'Anglois voit repoussé son asaut furieux.
Le François, qu'à mourir le désespoir anime,
Luy fait teste partout, et partout le réprime.
Le nombre en est petit ; mais à force d'exploits,
Il est réputé grand par l'innombrable Anglois.
Sans monstrer de foiblesse il en soustient la foule ;
De chacun des partis le sang ruisselle et coule ;
Seulement l'assailli, comme le plus vaillant,
En verse beaucoup moins que ne fait l'assaillant.
La flamme n'en devient que plus impétueuse.

   Telle aux yeux se fait voir la matière onctueuse
Où le feu tout à coup, avidement espris,
Sème de tous costés ses dévorans esprits.
D'un déluge de flots on a beau le poursuivre ;
Ce qui devroit l'esteindre est ce qui le fait vivre ;
De son oppression il tire sa splendeur,
Et par la froideur propre augmente son ardeur.

   Winton, que ce succès fait monter en furie,
Contre sa lasche trouppe et s'emporte et s'escrie,
Et l'angloise tiédeur de son feu renflammant,
La fait aux ennemis aller plus ardemment.
Cet assaut toutesfois aux autres est semblable ;
Le François, quoyque foible, est tousjours indontable ;
L'Anglois tousjours de sang voit ses bords arrosés,
Et de forces enfin ses membres espuisés.
Winton avec horreur contemplant sa disgrâce,
S'embrase de courroux et ses bandes menace,
Puis au corsaire adroit, du stratagème autheur,
S'adresse, et l'embrassant luy dit d'un ton flateur :

   Terreur de l'Océan, qui sur toute son onde
A veu toute valeur à la tienne seconde,
Par de si longs travaux mon soldat abbatu
Peut relever son cœur par ta seule vertu.

Tu vois un digne objet de ton brave courage ;
Il s'agit maintenant d'accomplir ton ouvrage.
Cet exploit te regarde, et sans te faire tort
Nul ne peut t'envier un si superbe sort.
Joins ce nouvel esclat à ta brillante gloire ;
Sur ces désespérés accomplis ma victoire.
Pour moy leur résistance est un sensible affront ;
Il faut que par ton bras j'en descharge mon front.
L'honneur pour tes pareils est la plus douce amorce.
Ne trompe pas l'espoir que j'ay mis en ta force,
Et fais que la vigueur que conserve ton bras
Reproche leur mollesse à mes jeunes soldats.

 Le pirate, animé par ce ferme langage,
Oublie en ce moment la grandeur de son âge,
Et, du choix de son bras fièrement resjouï,
Demande à sa valeur un exploit inouï.
Sans respondre à Winton que par l'action mesme,
Il montre pour l'attaque une chaleur extresme,
Et, le sabre à la main, d'un brusque mouvement,
Dans l'un des bords françois se jette aveuglément.
Le fer sur luy s'appuye et contre luy se darde ;
Nul obstacle pourtant sa course ne retarde.
Poussé de son grand cœur, malgré son foible corps,
Il se veut faire jour au travers de cent morts.
Il heurte dans le fer, et des traits qui le touchent
Les uns sont espointés, les autres se rebouchent,
Et d'autres dont les coups sont les plus violens
Entament sa cuirasse et luy percent les flancs.
Mais quelque maltraitté que le brave se voye,
Dans le contraire gros il se peut faire voye ;
Il s'y fait ample voye, et suyvi des Anglois
A cette fois l'emporte et le met sous leurs loix.
Il est vrai qu'un tel acte admiré de l'envie
L'abat enfin luy-mesme et luy couste la vie ;
Avec grand bruit il tombe entre ses ennemis,
Et les voit en tombant à ses armes sousmis.

 Ainsi Rome, autresfois sous un coup de tonnerre,
Du plus haut lieu d'un temple a veu tomber en terre

Un simulachre antique, à qui sur les autels
Avoient bruslé l'encens les crédules mortels;
Il tomba comme un foudre, et de trente statuës
Se virent par son faix les masses abbatuës.
Mais le mal fut commun au colosse pesant,
Qui ne les put livrer, sinon en se brisant.
 Un vieillard, dont la vie est plus qu'à demi-morte,
Sur l'âge florissant l'avantage remporte,
Et fait par la beauté de ses derniers exploits
Rougir également le François et l'Anglois.
 Winton par luy vainqueur, sans plus de résistance,
Achève d'asservir la flotte de la France,
Et de forts prisonniers remplissant les bas lieux,
Il alloit dans le port surgir victorieux,
Quand d'un voile tissu d'obscurité profonde
La nuit aux yeux du ciel cache la terre et l'onde,
Et par l'espaisse horreur de ses ombrages vains
Couvrit l'onde et la terre aux regards des humains.
 Alors de la volante et glorieuse armée
Non loin des bords françois la course est réprimée;
Partout se jette l'ancre, et par l'ancre jetté
Au poste où l'on se trouve on demeure arresté.
On craint l'abord nocturne en des costes mal seures;
On craint d'y voir périr l'heur de ses avantures.
Rien ne rend désormais ce voyage pressé,
Et d'aucun accident l'Anglois n'est menacé.
A l'air, sur ses vaisseaux, sans clorre la paupière,
Il attend le retour de l'absente lumière,
Et de ses grands labeurs recueillant le doux fruit,
En plaisirs, en festins passe la courte nuit.

LA PUCELLE

OU

LA FRANCE DÉLIVRÉE

LIVRE VINGT-DEUXIESME.

CHARLES, durant ce temps, éclairé par la flamme
Qu'un dévot repentir allumoit dans son âme,
Désormais en Dieu seul avoit mis son recours,
Et passoit en prière et les nuits et les jours.
Son aveugle transport, son ardeur insensée
S'offroient incessamment à sa triste pensée,
Et d'un trait acéré de mortelle rigueur
Venoient incessamment luy traverser le cœur.
Deux cailloux à son sein faisoient sans cesse outrage;
Deux fontaines de pleurs arrosoient son visage,
Et la cendre et le sac qui luy couvroient le corps
De ses égaremens tesmoignoient le remords.
A l'exemple du chef, les bandes affligées
Erroient par tout le camp dans leurs larmes plongées,
Et jusques au lambris du séjour bienheureux
Poussoient leurs cris aigus, amers et douloureux,

Tous pressoient à l'envy la divine clémence
De vouloir par sa grâce effacer leur offense,
Et s'entamant le dos de cent pointes de clous,
Du Seigneur irrité combatoient le courroux.
   Tel est l'intempérant qui du suc de la vigne
N'a que trop ressenti l'impression maligne,
Et dont le foye usé, ne faisant plus de sang,
Luy fait d'eau d'heure en heure enfler le maigre flanc ;
Au médecin alors dans sa peine il s'adresse,
Les excès de son goust par ordre luy confesse,
De sa foiblesse a honte, et, s'il peut relever,
Veut de ce doux venin pour jamais se priver.
   D'Artus, de Tanneguy la guerrière prudence
Du camp désordonné veille la nonchalance,
Tandis que ce grand corps oppressé de douleur
Gémit sous le grand poids de son juste malheur.
Tous recherchent leur vie, et tous aux pieds du prestre
Vont craintifs et tremblans leurs fautes reconnestre ;
Tous parmi les sanglots et parmi les regrets
Accusent leurs péchés et publics et secrets.
Après neuf jours enfin, quand leurs âmes contrites
Eurent bien détesté leurs ingrats démérites,
Et qu'au fond de leurs cœurs d'amertume abbreuvés
Les saints commandemens furent bien regravés,
Pour impétrer du ciel la faveur désirée,
Charles résout de prendre une route assurée
Et se tourne entre tous vers un intercesseur
Que Dieu tousjours escoute, et jamais sans douceur.
   Dans le cercle estendu qui les trouppes embrasse
Est compris un vieux temple où la mère de grâce,
Sous le titre nouveau de Dame des Vertus,
Tend la main aux mortels par le vice abbatus.
Rien ne paroist orné dans cette masse antique :
Rustique en est le mur ; le comble en est rustique,
Rustique le dedans ; mais la rusticité
N'oste rien aux grandeurs qui font sa majesté.
Tout en ce sacré lieu parle de pénitence ;
Tout y monstre aux pervers jusqu'où va leur offense,

Et de leurs sens troublés leur reprochant l'erreur,
En inspire à leur âme une pieuse horreur.
Un pur esprit y règne, et rempli d'efficace
Des esprits les moins purs les souillures efface,
A leur déréglement fait suivre la pudeur
Et leur remplit le sein d'une divine ardeur.
Sur le front de l'autel s'offre, haute en stature,
De la Reyne des saints la parlante figure,
Qui sur le vif éclat que jettent ses beautés
Tient de ses supplians les regards arrestés.
Comme si de pitié l'image estoit emeuë,
A la vouste des cieux elle attache la veuë,
Et les bras estendus, et couverte de pleurs,
Les semble importuner d'estre humains aux pécheurs.
Au-dessous, près et loin, brillent mille lumières,
Fument mille encensoirs, volent mille prières,
Et tout en ce lieu saint, du toit aux fondemens,
Retentit de sanglots et de gémissemens.

 C'est en ce seur asile, espoir des misérables,
Qu'aux maux désespérés de ses bandes coupables
Le prince, comme aux siens, employant l'oraison,
Veut et chercher remède et trouver guérison ;
Il veut que de son camp les trouppes criminelles
Y viennent confesser leurs actes infidelles,
Et pour aide envers Dieu la Vierge réclamant,
De rigoureux qu'il est, de le rendre clément ;
Il le veut, et le camp le veut et s'y prépare.
Mais Artus pour trois jours en trois corps les sépare,
Et sans hazarder rien, de chacun des quartiers
Pour ce pieux devoir prend chaque jour un tiers.
Des prestres, dont le chœur sanctifiait l'armée,
Le vénérable chef, d'une voix enflammée
Au séjour vénérable ordonne qu'en chantant
Le soldat criminel aille humble et pénitent.
Chacun voudroit soudain à l'ordre satisfaire ;
Chacun attend que l'ombre ait quitté l'hémisphère,
Et dès l'aube chacun, par son zèle animé,
Près de Charles se range, à la légère armé.

De pique ni de trait leur main n'est occupée ;
Ils portent seulement la cuirasse et l'espée,
Vont tous la teste nuë, et leur brillant armet
Pend accroché derrière, au bas du corselet ;
Leur repentance vraye en leurs yeux est emprainte.
   Sur ce temps part Renaud de la chapelle sainte
Où, proche de l'autel, loin du profane bruit,
En fervente prière il a passé la nuit.
Il part, mais le dernier de la trouppe sacrée,
Sous la croix salutaire au-devant arborée,
Sous l'estendard qui meine aux plaisirs éternels
Quiconque a du dégoust pour les plaisirs charnels.
Le corps le premier marche, et marche à double file,
Et marchant, et chantant laisse à gauche la ville ;
Aux feux des Sept-Trions il s'avance d'abord,
Puis au couchant se ploye et quitte un peu le nord.
Il est suyvi du prince, et le prince des bandes.
De leurs cœurs au Très-Haut ils font tous des offrandes ;
Le prince, mieux que tous, et de tous à l'envy,
Fait la sienne et paroist en extase ravi.
Les guerriers, dix de front, composés en leur geste,
Le regard abbaissé, la démarche modeste,
Sur les traces du roy foulent ces vastes champs,
Et des chantres sacrés accompagnent les chants.
Par tout ce long chemin, et prestres et laïques
Entonnent à deux chœurs les sept tristes cantiques
Par qui le roy berger, accusant son erreur,
Jadis de l'Éternel appaisa la fureur.
A la Triade auguste ils s'adressent ensuite
Pour obtenir pardon de leur folle conduite ;
Puis, invoquant la Vierge, et d'un air langoureux,
Demandent qu'il luy plaise intercéder pour eux.
A tout l'ordre angélique après elle ils descendent,
Et près du Saint des saints leurs suffrages demandent,
Les demandent surtout aux bruslants séraphins,
Aux patriarches vieux, aux prophètes divins.
Ils implorent l'apostre à qui de son Église
Le Monarque céleste a la garde commise,

Et les onze pescheurs éleus avecque luy
Pour la former en terre et luy servir d'appuy.
Ils implorent les saints dont le vaillant martyre
A, par leur sainte mort, estendu son empire.
Ils implorent les saints dont la plume et la voix
Ont défendu sa gloire et publié ses loix.
Ils implorent les saints qui, dans la solitude,
Ont fait au monde inique une guerre si rude,
Les saints qui, rejetant sa pompe et ses attraits,
N'ont jamais avec luy fait ni tresve ni paix.
Ils implorent de Dieu les fidelles espouses
Qui, de la sainte grâce amantes et jalouses,
Après l'avoir pour maistre establi dans leur cœur,
N'ont pu souffrir le joug d'aucun autre vainqueur.
Ils les implorent tous, tous par noms les appellent,
Renouvellent leurs cris, leurs larmes renouvellent,
Et de vive douleur ayant l'esprit atteint,
En ce saint exercice arrivent au lieu saint.
Le chœur religieux dévotement y passe,
Et chacun vers le haut monté prendre sa place.
Charles, avec les grands et les chefs des soldats,
Après le chœur y passe et remplit tout le bas.
Les trouppes, sur l'uni des plaines descouvertes,
Demeurent à genoux, hors des portes ouvertes,
Et parmi les clameurs, les larmes, les sanglots,
Ne pouvant davantage, en revèrent l'enclos.
  Ainsi, sous les ardeurs de la zone bruslante,
La terre, faute d'eau, malade et languissante,
Comme pour respirer fend son aride sein
Et de ses chauds soupirs enflamme l'air serein.
De son immense corps la masse desséchée
Représente Cibelle, abbatuë et couchée,
Qui conjure les cieux, sourds et pleins de rigueur,
De vouloir par la pluye alléger sa langueur.
  Le mystère commence, et le saint sacrifice
Est offert par Renaud à l'autel de justice,
Et le peuple immortel, non moins que le mortel,
Tient fixes ses regards sur le brillant autel.

Pour laver des François et la honte et le crime,
Il offre au Dieu vivant Dieu mesme pour victime,
Et s'appreste à payer tant d'actes vicieux
Par le prix infini d'un sang si précieux.
Il l'offre au Dieu vivant, et d'un sacré murmure
Par toutes ses bontés ardemment le conjure
De souffrir, comme un Dieu de douceur et de paix,
Par cette pure hostie expier leurs forfaits.
Le prince, qui se juge indigne de clémence
Et frémit à l'aspect de la divine essence,
Vers la Vierge se tourne et la prie à genoux
De fléchir du Seigneur l'inflexible courroux.

    Vierge sainte, dit-il, estoille salutaire,
Dont la vive splendeur aux deux mondes éclaire,
Refuge des humains, dont l'infidelle erreur
A contre eux provoqué la céleste fureur,
Avant que sur mon chef la tempeste en éclate,
Daignés près de mon juge être mon advocate.
Je vois sur moi levé le bras du Tout-Puissant ;
Soyés-moy favorable en ce besoin pressant.
J'ay mes sens corrompus et mon âme soüillée ;
J'ay perdu la pudeur, la vertu despoüillée,
Un brasier impudique en mon cœur attisé,
Et des présens du ciel laschement abusé.
J'ay de mon camp vainqueur, avec ignominie,
La vaillante Pucelle ingratement bannie,
Ce bras, ce puissant bras qui, par ses hauts exploits,
Avoit à ma couronne assujetti l'Anglois.
Bien plus que par erreur j'ai péché par malice ;
L'enfer n'a point pour moy d'assés rude supplice,
Et quelque rigoureux qu'il me soit appresté,
Je suis digne de tout, et j'ay tout mérité.
Aussi, dans la misère où m'a plongé le vice,
Si je veux rien des cieux, ah ! ce n'est pas justice.
Mon crime s'offre à moy si noir et si hideux,
Que, fors grâce et pardon, je ne prétens rien d'eux.
J'ay besoin de pitié, j'ay besoin de clémence
Pour faire au Dieu vengeur oublier mon offense,

Er tremblant et confus je luy viens demander
Qu'il luy plaise à mes vœux, à mes cris l'accorder.
Mais pour le requérir de pardon et de grâce,
Mon esprit criminel n'a pas assés d'audace ;
Je frissonne en pensant à sa sévérité
Et paslis aux esclairs de son œil irrité.
J'ay beau sentir mon cœur touché de repentance,
Beau voir renaistre en luy sa première innocence,
Beau n'y remarquer plus rien qui me soit suspect,
Je crains du Dieu vivant le formidable aspect.
Au déplorable estat où vous voyés mon âme,
Souffrés qu'à mon secours vos bontés je réclame,
Et, facile et bénigne en ce mortel effroy,
Envers le Dieu terrible employés-vous pour moy.
Comparoissés pour moy devant le throsne auguste
Où, contre les pécheurs, flamboye une ire juste,
Et compensés l'excès de mes transgressions
Par l'admirable excès de vos perfections.
 Il finit sa requeste, et de chaque paupière
A grands flots dans le sein luy tombe une rivière ;
De la reyne des cieux chacun l'aide implorant,
De larmes en son sein verse un double torrent.
Les larmes, toutes fois, du prince et de l'armée
N'appaisent point de Dieu la colère enflammée,
Et le ciel endurci ne leur permet de voir
Dans l'aspect de la Vierge un seul rayon d'espoir.
Ils reprennent leur route après le sacrifice,
Priant tousjours le ciel de leur estre propice.
L'autre jour, au mesme ordre et des mesmes quartiers,
L'armée au mesme lieu va pour le second tiers.
Semblables oraisons et voyage semblable
Avec son roy contrit fait le camp misérable,
Et le ciel toujours dur ne leur permet de voir
Dans l'aspect de la Vierge aucun rayon d'espoir.
Le dernier jour enfin, aux ardentes prières
Des prestres, du monarque et des trouppes dernières,
La Vierge, désormais ne pouvant résister,
Vient aux pieds du Très-Haut tristement se jeter.

O grand Dieu ! lui dit-elle, ô supresme puissance !
Charles n'a pas commis une légère offense,
Et quelque violent que soit votre courroux,
Si l'on le pèse bien, on peut le juger doux.
Il est vray, cependant, que vostre loy nouvelle
N'a rien de rigoureux pour l'âme criminelle,
Que de grâce, au contraire, on la nomme la loy,
Et qu'elle n'est qu'amour, qu'espérance et que foy.
Aux pécheurs que du vice a submergés l'orage
Vos bontés ont offert la table du naufrage ;
Et jamais aucun d'eux ne retourna vers vous
Sans amollir vostre ire et suspendre vos coups.
David put autres fois, dans une loy sévère,
Par un vray repentir calmer vostre colère,
Et Charles maintenant, par un vray repentir,
Dans une douce loy ne pourra l'amortir ?
Il le pourra sans doute, et vostre sainte grâce
N'aura point pour lui seul perdu son efficace.
Cette errante brebis, par son amendement,
Sans doute amollira vostre ressentiment.
Sa ruïne, Seigneur, n'est pas en luy bornée ;
Elle tire après soy la France infortunée,
Et si vostre décret le condamne à mourir,
On verra ses Estats avecque luy périr.
On verra par l'Anglois envahir cet empire,
Et, ce qui des grands maux est l'extrême et le pire,
On verra ce royaume, unique en piété,
Du poison hérétique en tous lieux infecté.
Grand Dieu ! c'est vostre cause aussi bien que la sienne ;
Il y va du saint culte et de la foy chrestienne.
Vous feriés contre vous de ne pas accorder
La grâce que pour luy je vous viens demander.
   Tabernacle sacré de l'auguste Monarque,
Qui pour humbles sujets a le sort et la Parque,
De la félicité séjour délicieux,
Pour qui n'ont les mortels ni d'oreilles ni d'yeux,
Pardonne à mon esprit si, d'un œil téméraire,
Il ose se porter jusqu'à ton sanctuaire,

S'il en fait à ma main le saint voile tirer
Et d'un crayon obscur la splendeur figurer.
  De ce vague infini qui, comme un point, enserre
Les globes inégaux du ciel et de la terre,
Et sans estre moins vuide en son sein spacieux
Peut recevoir encor cent terres et cent cieux,
Longtemps avant les temps, sans moule et sans exemple,
L'Architecte du monde a fabriqué son temple
Où, dans un saint brasier, soit aimé, soit aimant,
De soy-mesme en soy-mesme il jouït saintement.
Ce temple incorporel, dont la structure est ronde,
Sans autre fondement sur son milieu se fonde,
Et dans un lieu si vaste, un palais si divin,
Règne un heur, une joye, une gloire sans fin.
Là, l'Estre qui fit l'Estre au penser se présente
Sous l'aspect d'une sphère immobile et mouvante,
Qui, pleine de pouvoir, de sagesse et d'amour,
A le tout pour son centre et le rien pour son tour.
Il s'offre encore à luy sous l'éclatante image
D'un soleil sans défaut, sans tache et sans nuage,
D'un si brillant soleil, que devant ses beaux feux
Celuy de l'univers est sombre et ténébreux.
Ce mystique soleil en cet espace immense
Luit, non par ses rayons, mais par sa sainte essence,
Environné d'esprits revestus de clarté
Qu'il absorbe luy-mesme en son immensité.
L'inespuisable fonds de sa lumière ardente
La communique à tous, à chacun abondante,
Et tous de son éclat animés et vivans
Sont autour de son globe autant d'astres mouvans.
Par le bruslant foyer qui, pénétrant leur âme,
L'eschauffe d'une douce et véhémente flamme,
Leur saint brasier s'allume, et dans l'acte d'aimer
Les brusle sans s'esteindre et sans se consumer.
Tous rendus possesseurs des beautés ineffables
En font de leurs regards les objets adorables,
Et, plongés dans la mer des innocents plaisirs,
N'y trouvent rien qui manque à leurs sages désirs.

Sa grâce, dont par luy tous ont la plénitude,
Les fait participer à sa béatitude,
Couronne leurs combats, et durable à jamais
Establit en leur sein sa triomphante paix.
Ce n'est pas que chacun de sa main libérale
Reçoive le bonheur d'une mesure égale ;
Mais c'est qu'en estant pleins, quoyque diversement,
Tous sont de leur estat satisfaits pleinement.
  Ainsi, quand des vaisseaux d'inégale mesure
Reçoivent d'un parfum l'essence la plus pure,
Les petits, s'ils sont pleins de ces sucs odorans,
N'en sont pas estimés moins remplis que les grands.
  Un mutuël amour et ses saints exercices
Seroient du saint séjour les plus chères délices,
Si l'amour du Très-Haut, qui les occupe tous,
De leurs contentemens n'estoit pas le plus doux.
Ce bien originaire, et des biens le supresme,
Est l'objet principal de leur ardeur extresme ;
Tous ont l'œil à l'envy sur sa face colé,
Comme tous ont le cœur de sa flamme bruslé.
Tous en luy seul unis et comblés de la joye
Où de sa vision la merveille les noye,
D'un chant harmonieux en qui leur zèle est peint
Le nomment sans relâche et saint, et saint, et saint.
Chacun de saints regards sa sainteté dévore ;
Chacun d'éloges saints son saint pouvoir honore,
Et tous incessamment luy offrent tour à tour
Un sacrifice pur de louange et d'amour.
  Ce trait n'est qu'un soupçon de la parfaite gloire,
Qui ne peut se comprendre et ne peut que se croire,
Et qui, sous mille objets non moins mystérieux,
Se monstre saintement aux saints hostes des cieux.
  Tantost elle apparoist sous l'estonnante forme
D'un mont d'énorme baze et de hauteur énorme
Qui, du sommet au pied, d'émeraudes couvert,
Vient récréer les yeux de l'éclat de son vert.
Les arbres de sa cime où le bonheur se cueïlle
D'agathe ont tous le fruit, d'opalle ont tous la feuïlle,

Tous ont d'or les rameaux, tous ont la tige d'or,
Et tous d'or, sous la terre, ont la racine encor.
Parmi les bois touffus qui revestent sa pente,
En mille clairs ruisseaux l'eau murmure et serpente,
Et l'on y voit partout, sautelant et nageant,
Le poisson de rubis dans le mobile argent.
Cent grottes, que tapisse une ployable mousse,
Douce comme pressée et fraische comme douce,
Ont des lits naturels de nacre et de coral;
Sous des voustes d'azur et des dais de cristal,
L'air s'y conserve calme, et jamais la tempeste
N'en vient battre les flancs ni foudroyer la teste;
Une vive lumière incessamment y luit,
Sans que jamais son jour fasse place à la nuict.
Au pied de ce saint mont une intestine guerre
Avec l'air et le feu mesle l'onde et la terre,
Et fait trouver en eux, ainsi qu'en un chaos,
Le lumineux ombrage et l'inquiet repos.
 Tantost elle apparoist sous l'aimable figure
D'un précieux verger où tout naist sans culture,
D'un jardin gracieux où tout plaist, où tout rit,
Où tout flatte les sens et chatouille l'esprit.
Là les fruits savoureux sur les arbres de vie
Des justes habitans sollicitent l'envie,
Et, s'offrant à la main, bassement suspendus,
A leurs justes souhaits ne sont point deffendus.
Là d'immortelles fleurs les touffes infinies
Ne deviennent jamais ni seiches ni fanies,
Et jamais de leur sein, qui n'est tout que splendeur,
Ne cessent d'exhaler une agréable odeur.
Là cent vastes bassins et cent conques humides,
Cent jets de diamans et de perles liquides,
De liquides zaphirs cent cheutes, cent boüillons
Baignent en gazoüillant l'or des jaunes sablons.
Là sont aussi semés, et sans ordre et sans nombre,
Des antres où du jour se sauve et cache l'ombre,
Des boscages espais par cent routes couppés,
Et de surgeons d'eau vive en mille lieux trempés.

Là les prés verdoyans sont de telle estendüe,
Qu'en tous sens à les voir ils fatiguent la veüe,
Et que de leurs beautés la voulant resjouïr,
A force de lumière ils peuvent l'esblouïr.
Quatre fleuves bruyans, tous sortis d'une source,
Prennent vers quatre endroits leur ondoyante course,
Rongent leurs bords herbus, cavent leurs riches fonds,
Et de marbre et de jaspe ont chacun mille ponts.
Les forests, les berceaux, les plants et les parterres
Sont les champs amoureux des innocentes guerres
Que pour la mélodie, à sons réitérés,
Se font, de çà, de là, les chantres bigarrés.
L'air, comme d'un printemps ou comme d'un automne,
Par sa propre douceur tant de grâces couronne,
Et tousjours tempéré, tousjours sain, tousjours pur,
Descouvre un horizon peint de céleste azur.
 Tantost elle apparoist sous la noble peinture
D'une auguste cité de royale structure,
Qui, sur un haut rocher, en rond de toutes parts,
Assied ses toits pompeux et ses fermes remparts ;
D'un or estincelant ses riches basiliques
Ont leurs pilliers massifs et leurs larges portiques,
Et ses palais altiers leur richesse égalant,
Ont leur comble et leur tour d'un or estincelant.
Les fondemens profonds de ses fortes murailles,
Bien que du roc solide ils pressent les entrailles,
Bien qu'ils soient condamnés à ne voir point le jour,
Sont, comme elles, d'onyx, massonnés à l'entour.
Le quarreau que les pas foulent en chaque ruë
Est d'un argent qui flatte et qui blesse la veüe,
Et celuy des palais jette un si vif esclat,
Qu'à l'argent des plafonds l'avantage il débat.
On voit entrer les saints dans cette ville sainte
Par douze grands portaux qui parent son enceinte,
Et tous, soit confesseur, soit vierge, soit martyr,
On les y voit entrer sans les en voir sortir.
Mais en tout son enclos, des enclos le plus ample,
Nul temple ne paroist, n'estant toute qu'un temple

Où, par des chants sacrés, le saint nom du Seigneur
Reçoit de son saint peuple un éternel honneur.
De l'air tousjours serain l'invisible matière
A la lune, au soleil ne doit point sa lumière ;
Il trouve son soleil dans le front du Très-Haut,
Et sa lune en celuy de l'Agneau sans défaut.
   Ce fut là que la Vierge, en faveur du coupable,
Fit au Dieu couronné sa plainte lamentable,
Qu'elle creut l'adoucir ; mais le divin courroux
Ne put, par sa prière, estre rendu plus doux.
Charles, ce grand roy saint, qu'on nomme grand encore,
Louis, l'autre saint roy, dont la France s'honore,
Et l'archange guerrier, protecteur des François,
Se prosternent alors au pied du Roy des roys.
Tous trois, d'un mesme esprit, avec de saintes larmes,
Conjurent sa fureur de mettre bas les armes
Et de daigner en grâce à la fin recevoir
Un dévoyé qui rentre au chemin du devoir.
A leurs cris, à leurs pleurs toutes fois inflexible,
Il ne leur laisse voir qu'une face terrible,
Et pour les voir et plaindre, et gémir, et pleurer,
Ne leur offre en ses yeux nul sujet d'espérer.
   Tel se monstre un escueil qui, dans le sein des ondes,
A fermement jetté ses racines profondes,
Et n'a pas vers le ciel le faiste moins haussé
Que le pied spacieux vers le centre abaissé.
En vain, pour l'émouvoir, et la pluye et la gresle
Longtemps sur son dos nu descendent pesle-mesle ;
En vain le vent l'attaque et l'attaquent ses flots ;
Contre tout leur tumulte il maintient son repos.
   D'un air triste, mais grave, en ce moment l'aborde
La vertu que le ciel nomme Miséricorde,
Cette sainte vertu par qui l'homme pervers
S'est veu, malgré sa coulpe, affranchi des enfers.
A ses yeux flamboyans humble elle se présente ;
Un manteau la revest de blancheur éclatante ;
Douce elle a la parole et doux les sentimens,
Et la douceur reluit en tous ses mouvemens.

O, dit-elle, grand Dieu qui, dans les plages basses,
N'y parois point mieux grand qu'en y semant les grâces,
Et qui, par le motif de ta seule bonté,
As de ton sein fécond l'univers enfanté,
Toy qui par elle as veu de ton throsne supresme
Descendre de ton gré ton Fils unique mesme,
De l'homme criminel prendre le vestement,
Et pour luy sur la croix mourir honteusement,
Dans le crime fatal de la meurtrière pomme
Auras-tu bien voulu pardonner à cet homme,
Et ne voudras-tu pas pardonner à ce roy
L'excès où son erreur l'a porté contre toy ?
Adam, né sans péché, ton œuvre souveraine,
Que ta bouche anima du vent de son haleine,
Touchant contre ton ordre à l'arbre deffendu,
Perdit bien l'innocence et ne fut pas perdu.
Charles, conceu pécheur, que le roy de l'abysme
A forcé par sa ruse à tomber dans le crime,
Ayant offensé moins et moins démérité,
Avec plus de rigueur se verra-t-il traité ?
Seul esprouvera-t-il ta rigueur embrasée ?
Ta grace pour luy seul seroit-elle espuisée,
Et des foibles humains le recours et l'appuy
Aura-t-il vainement intercédé pour luy ?
Renoncerois-tu donc à ta clémence auguste ?
Ne serois-tu donc plus que sévère et que juste,
Et désormais en vain les fragiles mortels
Viendroient-ils s'accuser au pied de tes autels ?
Bon Dieu, pour son salut, et mesme pour ta gloire,
Veuille icy sur ton ire obtenir la victoire.
Bien qu'il sied au Très-Haut de sçavoir condamner,
Songe qu'il lui sied mieux de sçavoir pardonner.
 Là finit son discours, et le feu de son zèle
Sur son tranquille front doucement estincelle ;
Dans ses tranquilles yeux il luit paisible et doux,
Et combat sans parler le feu du saint courroux.
Mais contre elle aussitost se leve la Justice,
Des droits du Tout-Puissant jalouse protectrice.

De pourpre elle est couverte ; elle a l'œil enflammé,
Et pour venger ses droits porte le bras armé.
 Non, dit-elle, ô Seigneur, cette molle indulgence
Par qui veut ma compagne abolir ta sentence,
A l'examiner bien, en flattant ta bonté,
Non moins que ta grandeur blesse ton équité.
Si de tes jugemens la force rallentie
Incessamment pardonne et jamais ne châtie,
N'est-ce pas estouffer dans l'esprit des mortels
Le respect qui peut seul maintenir tes autels ?
Si le ciel est ouvert aux yeux de ces coupables,
De quels amendemens seront-ils plus capables ?
Et qui par la vertu voudra bien le gagner,
Si le seul repentir l'y peut faire régner ?
Pour les faire abstenir de profaner ton temple,
Sur un illustre chef fais un illustre exemple,
Et par l'affreux éclat de ta juste rigueur
A despouïller le vice excite leur langueur.
Icy mesme autres fois, pour une faute unique,
Ta dextre décima la nature angélique ;
Pour une faute seule, aux tourmens éternels
Tu livras sans pitié ces nobles criminels ;
La fleur des esprits saints, l'angélique nature
Pour un simple forfait cent supplices endure,
Et cet homme, ce rien, noirci de cent forfaits,
De ton foudre vengeur évitera les traits !
A l'ingrat qui tousjours crime sur crime entasse
Fais grace de l'enfer, s'il luy faut faire grâce ;
C'est trop, mais j'y consens, pourveu que par sa mort
De ta gloire blessée il répare le tort.
Si pour luy ta sagesse écoutoit ta clémence,
Que deviendroit l'honneur de ta juste sentence ?
Que diroit l'univers si, dans ta volonté,
Il voyoit comme ailleurs manquer la fermeté ?
Il s'agit de l'effet de ta sainte parole ;
Sur le grand malfaiteur tonne de tout le pôle,
Et crains, en espargnant ce chef audacieux,
De mettre en compromis la puissance des cieux.

Elle achève à ce mot, la face plus ardente,
Et d'un plus rouge feu la veuë estincelante,
Parle des yeux encore, et de l'événement
Laisse les bienheureux juger douteusement.
　La Vierge, du succès non moins qu'eux incertaine,
Pour le roy criminel sent redoubler sa peine,
Et du Maistre des roys embrassant les genoux,
Fait ce dernier effort pour vaincre son courroux :
　Je ne dis point, Seigneur, que ton bras formidable
Privant Charles du jour fist rien que d'équitable ;
Je sçay combien sa faute a pour toy de laideur ;
J'en sçay la conséquence et j'en sçay la grandeur.
Je sçay qu'ayant choqué ton essence infinie,
Son offense doit estre infiniment punie ;
Que mille aspres tourmens, mille sanglans trespas,
Pour la bien expier ne luy suffiroient pas.
Je sçay que tes décrets doivent avoir leur suite,
Qu'ils forcent tout obstacle, atteignent toute fuite,
Et que jamais aucun ne sçauroit obtenir
Que tu changes d'un point ce qui doit advenir.
Aussi n'entens-je pas destourner par justice
Du monarque pécheur le trop juste supplice ;
J'en voudrois destourner le juste chastiment
Seulement par faveur, par bonté seulement.
Je ne demande point que ton ordre immuable
A soy-mesme, en nul temps, cesse d'estre semblable ;
Je te vénère trop et vois trop l'intérest
Qui veut qu'en sa vigueur subsiste ton arrest.
Moy-mesme je poursuis la vengeance du crime ;
Je veux que le péché fournisse sa victime,
Qu'elle te satisface, et par son sang versé
Contente pleinement ton honneur offensé.
Cette victime est preste, et douce, et volontaire,
Se présente à tes yeux en estat de te plaire,
Et tend la gorge nuë au tranchant acéré
Qui fut, par ta justice, à Charles préparé.
Grand Dieu ! cette victime est la sainte Pucelle,
Qu'un saint amour devouë et qu'enflamme un saint zèle,

Qui s'impute le crime et qui, pour le purger,
De son juste supplice offre de se charger.
Elle veut saintement imiter son saint Maistre,
Ton fils, ce sacré Fils, qui de moy daigna naistre.
Si pour le vieil Adam il voulut bien mourir,
Pour ce nouvel Adam elle veut bien périr.
Ta sévère justice, ainsi qu'elle souhaite,
Verra par une mort sa rigueur satisfaite,
Et la miséricorde, en préservant ce roy,
Obtiendra son désir sans violer ta loy.
L'enfer, qui sur sa perte a fondé l'espérance
D'establir l'hérésie au throsne de la France,
Verra par son salut destruire cet espoir
Et ravir cet empire à son empire noir.
Agrée un tel eschange, et veuille te résoudre
D'espargner à ce roy les éclats de ta foudre;
Fay que, moins rigoureux, ton conseil éternel
Accepte l'innocente au lieu du criminel.
A nos vœux, à ses pleurs accorde cette grâce;
Permets qu'un juste sang son injustice efface;
J'en conjure ton ire et ta sévérité
Par ce flanc virginal qui ton Fils a porté;
Par ce fils mesme encor, Seigneur, je t'en conjure,
Par luy qui, revestu de l'humaine nature,
Pour ce coupable roy de mesme que pour tous
Sur la croix par sa mort désarma ton courroux.

    A ces termes pressans, le Très-Haut, moins terrible,
Sent fléchir sa fureur jusqu'alors inflexible;
Pour ne se pas résoudre au pardon désiré,
Il est trop puissamment par la Vierge adjuré.
Sans changement il change, et sans céder il cède;
Il souffre à ces grands maux donner ce grand remède,
Et du saint tribunal environné de feux
Parle en son de tonnerre au peuple bienheureux :

    Célestes habitans, chers élus de ma gloire,
Vous sçavés des François l'abominable histoire
Et par combien d'horreurs leur rage a mérité
D'estre exposée aux coups de mon bras irrité.

Aucun de vous n'ignore avec quelle indulgence
J'ay de leurs grands forfaits différé la vengeance,
Avec quelle lenteur et mesme quel regret
J'ay de leur chastiment prononcé le décret.
Je les ay regardés comme la gent fidelle
Qui devoit contre tous embrasser ma querelle,
Et j'ay mesme, au plus fort de mon ressentiment,
Cherché, non leur trespas, mais leur amendement.
De leurs mœurs à la fin la honteuse licence,
Tousjours de plus en plus forçant ma patience,
Au barbare pouvoir de leurs fiers ennemis
De l'un à l'autre bout j'ay leurs Estats soumis.
Ils ont veu de l'Anglois la vaillance fatale
Mettre un joug tyrannique à leur cité royale ;
Ils ont veu d'Orléans la valeur aux abois
Et sa muraille preste à fléchir sous l'Anglois.
Mais lorsqu'en ce péril leur prince misérable
Vint pour eux implorer ma dextre secourable,
Touché de sa clameur, de leurs peines touché,
Je voulus par ma grâce effacer leur péché ;
Je les quittay de tout ; je me disposay mesme
A relever l'honneur du françois diadème,
Et leur mal despourveu de tout remède humain
Eut besoin pour guérir de ma puissante main.
Je suscitay pour eux la guerrière Pucelle ;
Pour eux contre l'Anglois je combatis pour elle,
Et par l'insigne effect de mon divin secours
J'escartay leur orage et rallumay leurs jours.
Le miracle y fut clair ; mon aide y fut visible,
Et Charles fut d'abord à ma faveur sensible,
Mais le méconnoissant, garanti de la mort,
Paya d'un dur exil son triomphant support.
Pour tant de cruauté, pour tant d'ingratitude,
Quelle punition pouvoit estre assés rude ?
Son crime demandoit un rigoureux trespas,
Et pour le luy donner je desployay le bras.
Je desployay le bras pour le réduire en poudre ;
Je lançay vers son chef ma vengeresse foudre ;

Mais la propre guerrière à sa mort résista,
Et mon trait enflammé dans sa cheute arresta.
Sans éviter mon ire, il évita ma flamme.
A son sens réprouvé j'abandonnay son âme;
J'en retiray ma grâce, et mon courroux souffrit
Que l'enfer par la Fraude obsédast son esprit.
Je souffris que par elle aux corps de l'Angleterre
Se joignissent les corps assemblés pour ma guerre,
Et que dans le combat l'ange ami des François
Fist pour eux sur les flots d'inutiles exploits.
L'ingrat, conduit par elle au bord du précipice,
S'en alloit éprouver le fer de ma justice,
Et dans le noir séjour des tourmens éternels
Expier par le feu ses actes criminels,
Quand voilà qu'une Vierge, une Vierge sacrée,
Dans mon empire saint de mes saints révérée,
Mère de mon saint Fils, reyne du firmament,
Vient soustraire l'injuste au juste chastiment.
Il mérite cent morts; mais quelle offense horrible,
L'ayant pour advocate, est-elle irrémissible?
Quelle force tiendroit contre ses forts accens,
Fust-ce pour des pécheurs beaucoup moins innocens?
Faisons-luy grâce, ô Vierge, et faisons davantage;
Laissons-luy reprétendre à ce saint héritage.
Bien qu'il en soit décheu, remettons-le en ses droits,
Et pour comble dernier sousmettons-luy l'Anglois.
Les crimes de l'Anglois ont comblé la mesure;
Il les doit à son tour payer avec usure;
Plus que le François mesme il se montre insolent,
Et pour luy mon courroux n'est pas moins violent.
C'est un usurpateur, un tyran plein de rage,
Du tyran des enfers la naturelle image,
L'image de l'impie et scélérat Anglois
Qui doit de ses Estats bannir mes saintes loix.
Suffise que par luy des crimes de la France
Ma justice ait tiré l'équitable vengeance;
Les verges de mon ire ont accompli son vœu;
Il ne faut plus enfin que les jeter au feu.

Périsse donc l'Anglois, et que, par son naufrage,
Le François périssant descouvre le rivage ;
Que des rebelles flots il maistrise l'orgueil,
Et que de l'hérésie il gauchisse l'écueil.
Pour le coupable roy j'accepte la guerrière ;
J'incline à son désir, j'exauce sa prière.
Sa charité me plaist, et son zèle embrazé
A l'agréer pour luy me trouve disposé.
Ouy, que sa juste vie à l'injuste elle preste ;
Que par sa dure mort l'ingrat elle rachète ;
Qu'elle imite mon Fils et monte dans les cieux
Par un trespas ensemble infâme et glorieux.
Tel est mon saint vouloir ; mais que cette entreprise
Soit, ô ma Providence, à toy seule commise.
Fay qu'elle s'exécute en son ordre, en son temps,
Par des moyens cachés et des faits éclatans.
Rends d'un projet si haut si sombre la conduite
Que n'en puissent les cieux imaginer la suite,
Et que par son propre art l'enfer mesme déceu
Contribuë au succès de ton sage tissu.

Pleine d'un saint respect, la sage Providence
Reçoit du souverain l'immuable sentence,
Et pour l'exécuter, en son bienheureux sein
Du salut des François trace le grand dessein.
Du monde corporel la visible machine
N'ouït pas sans frémir la parole divine,
Et l'insensible monde, à ces augustes mots,
Se sentit esmouvoir en son ferme repos.

Edoüard, le roy saint, par qui son Angleterre
Aux vieux temps fut l'Estat le plus saint de la terre,
Pour son pupille roy de cet arrest troublé,
Tombe aux pieds du Très-Haut de tristesse accablé.

Roy des roys, luy dit-il, dont la voix adorable
En faisant le destin le fait irrévocable,
Et qui, tout l'univers en ta main renfermant,
Y fais ce que tu veux et le fais justement,
Je crains de mes Anglois la ruïne prochaine ;
Je voy de leurs erreurs l'inévitable peine ;

Je voy leur infortune et la voy à regret;
Mais c'est sans murmurer contre ton saint décret.
Je ne fais point pour eux d'inutile requête;
Tonne, puisqu'il le faut, sur leur superbe teste,
Qu'ils perdent et la vie, et l'honneur, et le bien;
Ma plainte en leur faveur ne te demande rien.
Tout ce qu'à tes bontés en grâce je demande
Est une grâce juste, et plus juste que grande,
Un privilége, un don, que sans nuire à ta loy
Ma modeste douleur peut espérer de toy.
Charles, bien qu'endurci, bien que rempli d'audace,
Devant ta rigueur mesme a bien pu trouver grâce;
Il n'est pas de la mort seulement garanti;
Il voit son déshonneur en gloire converti.
Pour Henri, dont le cœur n'a pas la mesme audace,
Je pourrois bien de toy prétendre mesme grâce;
Je le pourrois, Seigneur, mais je ne le fais pas :
C'est assés qu'il soit franc des fers et du trespas.
 Thomas, l'évesque saint, à qui la sainte vie
Pour l'honneur des autels sur l'autel fut ravie,
Se joint pour cette grâce au prince confesseur,
Envers le Tout-Puissant second intercesseur.
Il prie, et sa prière est et longue et fervente;
Dieu, qui du jeune roy connoist l'âme innocente,
D'un baissement de teste et d'un regard clément
Respond à son désir et calme leur tourment.
 Tandis que sur les cieux ce mystère se passe,
Satan, du creux abysme en la part la plus basse,
Apprend le sort d'Agnès, et de sa fin surpris
Au milieu de son feu sent glacer ses esprits.
Il frissonne de peur que ce grand coup de foudre
N'abatte sa machine et ne la mette en poudre,
Voyant qu'il met le prince en estat de quitter
Le désordre où la belle avoit sceu le porter.
Il se plaint de la Fraude et veut tirer vengeance
Ou de sa trahison ou de sa négligence;
Il rugit de fureur, et ses rugissemens
Esbranlent les enfers jusques aux fondemens.

La ruse jusqu'alors heureusement conduite
Luy semble maintenant plus qu'à demy-détruite.
D'Édoüard, par ce coup, il pense voir la mort;
Il pense, par ce coup, voir celle de Betford.
Au fort de ces terreurs arrive la nouvelle
Que Charles veut à Dieu redevenir fidelle,
Et que d'un vif regret sensiblement touché
L'infidelle en ses pleurs va noyer son péché.
A ce dernier avis, emporté de furie,
Il passe du transport à la forcennerie;
Il bat des dents de rage, et de rage escumant
Vomit son fiel baveux contre le firmament.
Il craint que du Très-Haut la bonté coustumière
Au prince repenti ne rende la guerrière,
Et que l'Anglois, par elle en bataille deffait,
Des promesses du sort ne perde enfin l'effet.
D'abord contre le ciel dans sa rage il blasphème,
Puis, sur soy la tournant, il s'accuse luy-mesme
D'avoir fait avorter le fruit de ses desseins
Pour s'en estre remis à de moins fortes mains.
Aussitôt il résout d'abandonner le centre;
Farouche, impétueux, il s'arrache à son antre,
Et d'un cuisant dépit vivement agité
Pour y chercher remède il sort à la clarté.
Il sort à la clarté bruyant comme un tonnerre
Et cause, à sa sortie, un tremblement de terre;
L'air serein le reçoit, et d'un ombrage obscur
Sent ternir tout à coup son lumineux azur.
Monts, plaines et vallons, tout frémit à sa veüe;
L'air a le sein troublé, l'onde a la face émeüe,
Et le feu mesme, accreu de force et de chaleur,
Le teint d'une visible et sanglante couleur.
    Tel se lève du sein de la mer élevée
Dont un esprit soufreux a la bosse crevée
L'imaginé dragon qui, volant sur les flots,
Transit d'effroy le cœur des plus vieux matelots.
L'air d'un nüage espais se couvre à la mesme heure;
Sur le marbre flottant rien en paix ne demeure;

Du spectre naturel la maligne vapeur
N'y laisse aucun vaisseau sans naufrage ou sans peur.
L'ennemi des humains, l'horreur de la nature,
D'une œillade funeste, estincelante, impure,
Remarque alors le prince et remarque le camp
De larmes à l'envy baigner l'aride champ.
Il entend du monarque, il entend de l'armée
La Pucelle à grands cris sans cesse réclamée,
Et craint ce qu'il a craint en quittant les enfers,
Que le ciel appaisé ne la tire des fers.
Poussé d'un désespoir qui son âme possède,
Partout à ce malheur il cherche du remède;
Mais, quelque part qu'il aille, il ne voit que danger,
Et du succès futur ne peut que mal juger.
Oppressé de douleur, transporté de colère,
Du bas monde il se guinde à la plus haute sphère,
Et pour jamais exclus de la céleste cour
A la porte il s'arreste et s'agite à l'entour.
Il assiége la porte et, curieux, escoute
Si rien de son esprit n'éclaircira le doute;
Mais il y tient en vain tous ses sens attachés,
Les secrets du Très-Haut luy demeurent cachés.
Dans cette obscurité sa peine véhémente
Tousjours de plus en plus s'envenime et s'augmente.
Par un ferme vouloir, un décret absolu,
A délivrer la sainte il croit Dieu résolu.
Toutesfois, dans les feux des estoilles voysines,
Essayant à mieux voir les volontés divines,
Il voit, d'aise ravi, dans leur clair diamant
Le trespas de la sainte écrit visiblement.
Cette veuë en son cœur resveillant l'espérance,
Il croit pouvoir encor se conserver la France,
Et croit mesme pouvoir, sans perdre son effort,
De la sainte odieuse entreprendre la mort.
Il fond du firmament comme fond le tonnerre
Quand son trait allumé vient désoler la terre,
Et que le champ des airs par son trait sillonné
D'une flamme soufreuse est tout illuminé.

Sur ce temps, du combat où le champ de Neptune
Avoit veu du François eschoüer la fortune,
La Fraude retournant voit, et non sans effroy,
Précipiter des cieux son formidable roy.
Tremblante, elle l'aborde et luy rend son hommage ;
Le démon la reçoit d'un dédaigneux visage
Et luy dit : Esprit double, en quel point as-tu mis
Le projet par ton prince à ta charge commis ?
Qu'est devenue Agnès ? à quoy sous ta conduite
De Betford, d'Édoüard, s'est la grandeur réduite ?
Pourquoy dans les plaisirs Charles si bien plongé
S'est-il en pénitent à ta face changé ?
 Au fort de mon espoir, le Destin, respond-elle,
A lancé sur ma trame une foudre mortelle,
A sur moy puissamment renversé mon dessein
Et rendu pour ce roy mon artifice vain.
Mais après ce malheur, de son camp retirée,
J'ay sur sa flotte au moins ma honte réparée ;
J'ay par ma ruse au moins et par l'effort anglois
De ses corps séparés vu le grand aux abois.
A l'autre qui veilloit sur la normande rive,
Ensuite ayant monstré notre flotte captive,
Je l'ay fait sans soupçon dans le piége tomber
Et presque sans combat sous l'Anglois succomber.
 Le démon, adouci par ce succès prospère,
Et profitant du mal que la Fraude a sceu faire :
Vole à Roüen, dit-il, et d'une triste voix
Plains-y comme abbatu le parti de l'Anglois ;
L'habitant, effrayé de cette perte feinte,
Craindra plus que jamais la valeur de la sainte,
Craindra sa délivrance, et pour s'en asseurer
Pourra souffrir sa mort, pourra la désirer.
Va, fais-luy de l'Anglois croire bien la déroute.
 La Fraude avec plaisir cette ordonnance escoute
Et va dans ce rempart, d'un accent douloureux,
Semer le feint avis du succès malheureux.
 A ce bruit respandu chacun d'effroy se glace ;
Chacun croit le vainqueur prest à forcer la place,

Et le prélat cruël du feint événement
N'est pas moins que chacun saïsi d'étonnement.
 En cet instant fatal la sage Providence,
Qui voit qu'à cette feinte il adjoute créance,
Sur le plan merveilleux qu'elle vient de tracer
Veut par luy des François le salut commencer.
Luy voyant redouter que dans la ville prise
Les captifs valeureux ne trouvent leur franchise,
Comme en voulant la perte aux Anglois espargner,
Elle le détermine à les en esloigner.
Puis au sein du démon lisant la noire envie
De priver la guerrière et d'honneur et de vie,
Elle en vient la fureur saintement seconder,
Et pour faire du bien du mal mesme s'aider.
Satan, quoyque ennemi des cieux et de la France,
Pour elle icy s'accorde avec la Providence,
Et destinant la sainte au buscher criminel,
Contre ses fins travaille aux fins de l'Éternel.
Sans faire violence aux causes naturelles,
La Sagesse à son but s'achemine par elles,
Et par le doux effort de ses impressions
Fait servir leurs effets à ses intentions.
 De mesme, si l'on ose à la divine essence
Comparer la vertu de l'humaine impuissance,
L'habile médecin par le propre poison
Aux maux les plus mortels peut donner guérison.
Par un art admirable, en liqueur salutaire
Il change le venin de la propre vipère,
Et fait qu'au moribond que sa dent a mordu
Le jour par elle osté par elle soit rendu.
 Satan, qui du grand bruit de la flotte perduë
Voit du peuple normand la raison confonduë
Et du soldat anglois le cœur espouvanté,
Pousse sa rage ardente à toute extrémité.
Du prélat sanguinaire il renforce la crainte ;
Il renforce l'aigreur qu'il avait pour la sainte,
Et d'un fiel plus amer renforce le transport
Qui depuis si longtemps luy fait presser sa mort.

L'inhumain, dont le feu s'irrite par sa glace,
Vole de ruë en ruë, erre de place en place,
Et dans ces mots affreux faisant tonner sa voix
Parle tantost au peuple et tantost à l'Anglois.
　Amis, il faut mourir; le mal est sans remède;
La justice à ce coup à l'injustice cède.
Lyonnel et Talbot, sous les heureux François,
Ont par un beau trespas achevé leurs exploits.
Ils viennent d'expirer, victimes de la guerre;
Au profond de son sein l'Océan les enserre;
Du plus juste parti les deux puissants secours
Viennent d'y voir ensemble esteindre enfin leurs jours.
La flotte dont la mer fut naguère assiégée
A desconfit la nostre en bataille rangée;
Nous sommes sans ressource, et le victorieux
Nous va faire esprouver son courroux furieux.
Nous allons tous périr par la vertu cruelle
De ce monstre connu sous le nom de Pucelle,
Qui, pour estre en nos mains et chargé de nos fers,
N'est pas moins contre nous obéi des enfers.
Le détestable sort dont la magicienne
A fait perdre à l'Anglois sa fortune ancienne
Dure malgré sa prise, à sa vie attaché,
Et par la seule mort en peut estre arraché.
Vous le sçavés, amis, et votre léthargie
Mesme dans les liens laisse agir sa magie,
Encore à vos despens la laisse triompher,
La laisse encore vivre et tarde à l'estouffer !
La souffrir vivre encore et l'avoir prisonnière,
C'est avoir aux François prolongé la lumière,
C'est avoir de l'Anglois prolongé le malheur
Et rendu vain en luy l'héroïque valeur.
Pour n'avoir pas au feu livré cette furie,
Il faut que de l'Anglois la gloire soit flestrie;
Il faut que le François aux chaisnes destiné
Soit celuy qui triomphe en son lieu couronné !
Que dis-je ? dans le trouble où m'a jeté ma peine,
La crainte qui m'occupe est une crainte vaine;

Malgré notre infortune, il est encore en nous
De nous rendre les cieux plus bénins et plus doux.
Pour retirer nos pas du dernier précipice,
Il faut à la sorcière ordonner le supplice ;
Son charme, qui tout seul fait notre mauvais sort,
Sera deffait au moins par l'arrest de sa mort.
Rompons, amis, rompons cet exécrable charme ;
Que par ce juste coup le François se désarme,
Et que l'Anglois mourant, et mourant en langueur,
Revive par ce coup et reprenne vigueur.
Il le faut ou périr ; c'est l'unique remède.
Le François veut ce monstre ; il accourt à son aide.
Attendrés-vous icy qu'il vienne le sauver,
Qu'il vienne, en le sauvant, vos remparts captiver ?
Sauvés-vous par sa mort de ces dangers extresmes.

Ce mot rend la couleur à leurs visages blesmes,
Ranime leurs yeux morts, calme leurs sens troublés,
Et fait que de douleur ils sont moins accablés.

C'est ainsi que renaist le vert de l'herbe aride
Qu'a fait mourir le chaud dans la plage torride,
Après qu'un doux orage en son sein espanché
A relevé son chef languissant et couché.

Ce discours les rassure et jette en leur courage
Contre la sainte fille une brutale rage.
Le démon la fomente ; il la porte à l'excès,
Et de son entreprise attend un bon succès.
Par le secret effort de sa maligne haleine,
Tous contre sa vertu sentent croistre leur haine,
Et leur fiel, irrité par l'infernal esprit,
De plus en plus contre elle et s'enflamme et s'aigrit.
Contre elle indignement s'enflamme le rebelle ;
Il demande sa mort d'une fureur mortelle,
Et d'un transport égal, à l'envy de l'Anglois,
Le peuple la demande en effroyable voix.
L'espouse de Betford, qui veille pour la sainte
Et voit en son trespas tant de sujets de crainte,
Leur demande sa vie, et ses tristes accens
Pour la lui conserver sont masles et pressans.

Mais rien, pour fort qu'il soit, leur dureté ne touche ;
Le démon, plus puissant, les oreilles leur bouche,
Leur endurcit les cœurs et fait que pour ses cris
Dans leur aveuglement ils n'ont que du mespris.
Il les fait estouffer par les voix esclatantes
Dont le peuple remplit les murailles tremblantes,
Ou s'ils sont entendus, par un second forfait
Dans son âme barbare il en rend vain l'effet.
Animé du démon, en furie il arreste
D'immoler à sa rage une si noble teste,
Et sans que désormais rien l'en puisse empêcher,
Veut la donner en proye aux flammes d'un buscher.
Violent il le veut, insolent il l'ordonne ;
L'amas de tant de voix dans chaque place tonne,
Et partout de son bruit effrayant la cité
Tonne dans le palais des juges habité.
 En son antre profond, la Pucelle cachée,
Libre des soins mortels, l'âme aux cieux attachée,
Sent son corps tressaillir à ce terrible son
Et conçoit de sa mort un aimable soupçon.
Elle, qui de sa fin l'impatience presse,
Sent qu'alors en son cœur tout à coup elle cesse ;
Elle croit voir le but où tendoit son désir
Et se sent chatouïller d'un tranquille plaisir.
Un ange en ce moment, du séjour de la gloire
Descendu tout en feu dans cette grotte noire,
Luy vient du Tout-Puissant annoncer le vouloir,
Et par ce saint propos confirmer son espoir :
 O sainte, ô bras du ciel, tu vas quitter la terre ;
Voicy le terme heureux qui bornera ta guerre.
De ton combat final le temps est arrivé,
Et par luy le François enfin sera sauvé.
Tu mourras, mais ta mort, plus forte que ta vie,
D'une pleine victoire enfin sera suyvie,
Et les destins sacrés, du mal tirant le bien,
Feront qu'en ton cercueil l'Anglois aura le sien.
Cette mort par tes vœux tant de fois demandée
A tes bruslans souhaits enfin est accordée.

Meurs, et te signalant dans ce dernier devoir,
Mérite les grandeurs que tu vas recevoir.
　　La fille, par ces mots consolée et charmée,
Redouble pour mourir son ardeur enflammée ;
Elle en voit l'heure proche, et desployant sa voix,
Parle ainsi transportée au Monarque des roys :
　　Grand Dieu, qui ne sçais point oublier tes fidelles,
D'un amoureux transport je cours où tu m'appelles,
Et j'accepte et reçois avec humilité
Le présent de la mort que me fait ta bonté.
Je sçay trop, ô Seigneur, qu'à cette insigne grâce
Je ne puis aspirer sans une insigne audace.
Estant trop au-dessous d'un si noble trespas,
Je le souhaitois bien, mais ne l'attendois pas.
Tu souffres, toutesfois, qu'aujourd'hui je l'attende ;
Tu souffres que mon chef passe pour digne offrande ;
Tu souffres par ma mort, agréable à tes yeux,
Expier des François les crimes odieux.
Et je veux cette mort et j'apprens avec joye
Qu'après tant de délais ta pitié me l'envoye ;
Je ne respire qu'elle et te prie ardemment
Qu'il t'en plaise avancer le bienheureux moment.
Fay-moy combattre encore, et voy si ta guerrière
Soustiendra vaillamment cette espreuve dernière,
Et si du dernier choq, vainquant tes ennemis,
Elle aura mérité le triomphe promis.
　　Elle ne parle plus ; mais le feu de son zèle
Dans le fond de son sein parle encore pour elle.
Le Souverain, en tout à ses vœux s'accordant,
D'un plaisir sans égal comble son cœur ardent.
　　Telle se resjouït la malade abbatuë
Sous le poids du grand mal qui l'oppresse et la tuë,
Quand l'expert médecin à ses yeux vient offrir
Le breuvage puissant qui la doit secourir.
Pour amer que d'abord son goust se l'imagine,
Elle monstre son aise en sa riante mine,
Se dresse pour le prendre, et de ravissement
Avant que de le prendre a du soulagement.

Le tribunal anglois, à la sainte contraire,
Du genre de sa mort cependant délibère,
Et les enfers meslés en tous ses mouvemens
Accroissent de moitié ses malins sentimens.
Le peuple en son esprit l'a desjà condamnée,
Et comme enchanteresse aux flammes destinée.
Sur un faux préjugé de magie et de sort,
Tous la disent coupable et demandent sa mort.
Seulement, pour garder quelque ombre de justice
Et du saint nom des loix appuyer leur malice,
Ils la traisnent en foule au sanglant tribunal.
Là des juges paroist le complot infernal,
Mais sans que son grand cœur s'oppose à leur envie
Ni témoigne d'amour pour la mortelle vie.
Pour la vérité seule et la seule équité
Elle respond à tout avecque majesté.
En tout elle respond en de si graves termes,
Elle soustient ses droits par des raisons si fermes,
Des mystères sacrés discourt si hautement,
Qu'elle oste tout prétexte à leur faux jugement.
Mais en eux le démon l'espouvante redouble ;
Par cent vaines terreurs il augmente leur trouble,
Leur offusque le sens et leur deffend de voir
Le bon droit de la sainte et leur propre devoir.
L'espouse de Betford sans fruit combat pour elle ;
Contre elle esclate enfin la sentence cruëlle,
Et sans retardement, dans cette mesme nuit,
Ils veulent que son corps soit en cendres réduit,
Elle reçoit l'arrest, quoyqu'indigne et qu'injuste,
D'un visage serain et d'un aspect auguste,
A la mort se compose, et loin de reculer,
Voudroit avancer l'heure où l'on doit l'immoler.

LA PUCELLE

ou

LA FRANCE DELIVRÉE

LIVRE VINGT-TROISIESME.

La nuit se précipite, et ses voiles funèbres
Par les airs lumineux estalent les ténèbres ;
Le jour s'ensevelit en son moite cercueil,
Et la nature semble en avoir pris le deuil.
Du sombre firmament, sur le terrain aride
L'ombre tombe partout plus fraische et plus humide,
Et de noires vapeurs le brouillard espaissi
S'y lève plus grossier et plus obscur aussi.
Par mille fortes mains d'une fureur barbare
Aussitôt à grand bruit le buscher se prépare,
Cet infâme buscher où la fille des cieux
Doit souffrir pour la France un trespas glorieux.
Le peuple forcené dans la place meurtrière
Et charrie et descharge une forest entière
D'un bois qui, sec et long, est propre à s'embraser,
Et pour l'embrasement facile à disposer.

De longs pins ébranchés il dresse en haste et forme
Un quarré dont le tour est de grandeur énorme,
Par ordre le remplit de troncs du mesme bois
Et les enduit partout de bitume et de poix.
Il met sur cette couche une seconde couche,
Et la souche d'en haut croise la basse souche ;
Mais pour donner au feu plus de force et plus d'air,
Le bois en chaque couche est semé large et clair.
A la couche seconde une troisième est jointe
Qui, plus courte, la croise et commence la pointe ;
Plusieurs de suite en suite à ces trois s'adjoustant
Tousjours de plus en plus vont en pointe montant.
L'un de l'autre à l'envy, soldat et populace
S'empressent d'élever la sourcilleuse masse
Qui, sur son vaste pied, dans son exhaussement,
Plus bas qu'elle doit voir le plus haut bastiment.
Chacun pour accomplir l'entreprise fatale
Réveille son pouvoir, son adresse signale,
L'encourage au travail, et sans se relascher
Voit se hausser à l'œil l'homicide buscher.
    Pareil est des fourmis le diligent ouvrage,
Lorsque, pour prévenir la disette et l'orage,
Par un instinct prudent, dès la chaude saison
Elles cavent leurs toits dans le sein d'un gazon.
Le labeur se partage, et la trouppe inquiète
Sur le gazon choisi de çà, de là se jette ;
D'allans et de venans pour caver leurs celliers,
Le gazon, les chemins sont couverts à milliers.
    Cinq planches d'un sapin qui n'est rien que résine
Servent de cime estroite à l'altière machine,
De l'inhumain prélat unique humanité
Pour faire à l'aise au moins souffrir sa cruauté.
D'amertume et de fiel la noire langue teinte,
Tous par d'infasmes traits déshonnorent la sainte,
Et par les grands esclats d'un effroyable bruit
Dérobent le repos à la tranquille nuit.
Les juges criminels, les magistrats eux-mesmes
A leurs cris sont présens, présens à leurs blasphêmes ;

Ils y meslent les leurs, et leurs tonnantes voix
Redoublent la furie aux furieux Anglois.
Satan, sur eux couché, de sa gorge infernale
Souffle en leurs cœurs brutaux une ardeur plus brutale,
Et si contre la fille ils estoient animés,
Contre elle maintenant ils sont envenimés.
Enfin, tout estant prest, la populace fière
Court au profond cachot où languit la guerrière,
Demande qu'on l'en tire, et renforçant ses cris
De plus en plus contre elle irrite ses esprits.
Sur elle le geôlier tient dix portes fermées ;
Il les ouvre et la livre aux cohortes armées ;
Elle-mesme s'y livre, et soustenant ses fers
Sans peine et de son gré s'offre aux tourmens offerts.
Au milieu de la tourbe insolente, enragée,
Elle va vers la mort de ses chaisnes chargée.
Leur poids est excessif; mais loin d'y succomber,
Elle en porte le faix sans mesme se courber.
De ses propres tyrans dans sa marche admirée,
Elle va le corps droit et la mine asseurée,
Les mains jointes ensemble et les modestes yeux
Fixement attachés à la vouste des cieux.
Elle va d'un pas grave, et du Maistre des anges
Révère les décrets, entonne les loüanges,
Et, parmi les clameurs du peuple et de l'Anglois,
Peut conserver la force aux accens de sa voix.
En un si saint estat, une allégresse sainte
Sur son auguste front est visiblement peinte;
Comme à son bien supresme elle aspire au trespas,
Et le feu qui l'attend pour elle a des appas.
Pas à pas, au travers d'une foule pressée,
Jusqu'au buscher fatal non sans peine avancée,
Se voyant à la fin où tendoit son désir,
Elle sent en son cœur accroistre son plaisir.
Ses deux vaillantes mains, de chaisnes surchargées,
En ce lieu tout à coup s'en trouvent dégagées :
Œuvre du Tout-Puissant qui, par ce juste effort,
Veut la faire du moins aller libre à la mort.

Alors, de son saint feu suyvant la violence,
Contre mont le buscher légère elle s'élance,
En monte les degrés, et d'un cours glorieux
Va, comme si dès lors elle montoit aux cieux.
S'élevant seule et franche à la cime couppée,
De ses cruels bourreaux elle semble eschappée ;
Ils monstrent de le craindre, et tristes et surpris,
Tesmoignent leur frayeur par leurs timides cris.
Elle gaigne le faiste et, bien que tousjours grave,
D'un beau torrent de pleurs son beau visage lave.
Sans tristesse elle pleure, et son œil humecté
Conserve de la joye et de la majesté.
Mesme avecque les pleurs dont sa face elle noye
Elle peut exprimer la grandeur de sa joye,
Et dans ce dernier flot où vont périr ses jours
Conserve la fierté qu'elle eut en tout leur cours.
D'un saint orgueil alors la sainte âme comblée,
Elle abbaisse les yeux sur l'aveugle assemblée,
En cercle les promeine, et sans émotion
En voit la véhémente et lasche passion.
Elle en voit la fureur et n'en est point émuë,
Puis, desdaignant la terre, au ciel lève la veuë,
Quelque temps l'y tient fixe, et par de longs souspirs
Fait voir qu'il est l'objet de ses bruslans désirs.

 Tel quand l'unique oyseau sent par la destinée
Du cours de ses longs ans la fin déterminée,
Et que, lassé de vivre, au précieux buscher
Par les airs estendus il s'est venu coucher.
Il cole ses regards au char de la lumière,
Sans ni mouvoir le corps ni siller la paupière,
Et cherchant son bonheur dans son embrasement
Sollicite sa mort par son gémissement.

 Enfin, à deux genoux et droitement tournée
Vers la plage où l'on voit éclore la journée,
La fille se compose et, rejoignant les mains,
Addresse ce langage au Père des humains :

 Monarque tout-puissant, dont la juste colère
Destine au roy pécheur un chastiment sévère,

Et qui, tonnant des cieux sur son iniquité,
En veux faire un exemple à la postérité,
Pour soustraire son chef à ta juste vengeance
Je ne veux point icy parler en sa deffense;
Je veux que ton honneur blessé par son forfait
Par une dure mort demeure satisfait.
J'espouse ta querelle et veux que son grand crime
S'expie avec le sang d'une grande victime;
Je veux que, sans espoir d'un traitement plus doux,
Un douloureux supplice appaise ton courroux.
Je ne suis rien, Seigneur; mais pour tenir sa place
Ce rien pourra suffire, assisté de ta grâce;
Quoy qu'ait du criminel mérité le transport,
Je le puis, s'il te plaist, réparer par ma mort.
J'aspire à ce haut rang; approuve mon envie;
Pour sa vie aujourd'hui veuïlle accepter ma vie,
Et sur moy de ta foudre occupant les éclats
Prens tourment pour tourment et trespas pour trespas.
Le premier des mortels, ce mortel infidelle,
Dont l'erreur infecta la nature mortelle,
De ton consentement, dans son malheureux sort,
Par la mort de ton Fils racheta bien sa mort.
Rens-moy digne, grand Dieu, de cette ressemblance;
Porte ma petitesse à cette gloire immense.
A ton Fils pour Adam tu permis de mourir;
Pour cet Adam nouveau permets-moy de périr.
Ton ire en sa faveur peut bien estre adoucie,
Seigneur; il n'a pas l'âme en sa faute endurcie;
Il se repent du mal qu'il a fait contre toy
Et désormais en tout se conforme à ta loy.
Comme objet de ton ire, il l'est de ta clémence;
Tu peux lui pardonner sans perdre ta vengeance
Et trouver en mon sang, au lieu du sien versé,
De quoy mettre à couvert ton honneur offensé.
Ta loy veut que la peine au crime satisface,
Mais par le repentir tout crime aussi s'efface.
Accomplis la loy douce et ta sévère loy;
Espargne le coupable et te venge sur moy.

Là s'arreste la sainte et, gardant le silence,
Attend du Roy des roys la sacrée ordonnance,
Et voilà qu'au milieu de tant d'horribles voix
A son cœur en ces mots parle le Roy des roys :
　Pour le chef de l'ingrat ma fatale tempeste
Prendra, selon tes vœux, ton innocente teste ;
Ta mort le fera vivre et régner en ces lieux ;
Ta mort te fera vivre et régner dans les cieux.
　Par ce divin propos son âme consolée
Vers la céleste cour méditoit sa volée ;
Mais elle tient encore aux liens de son corps
Et fait pour s'en tirer d'inutiles efforts.
　C'est ainsi qu'au sommet de la funèbre pile
Qu'à la mort des Césars dressoit la reyne ville
Le prince des oyseaux par la main arresté
Souspiroit ardemment après sa liberté.
Ainsi, voyant lever la torche flamboyante
Qui venoit mettre en feu la forest odorante,
Il vouloit d'un plein vol à ses nœuds s'arracher,
Mais en vain, car ses nœuds l'arrestoient au buscher.
　La sainte se relève, et de Dieu toute pleine
D'un son plus que mortel animant son haleine,
Parle, s'addresse au peuple et s'addresse à l'Anglois ;
Le tumulte est contraint de céder à sa voix :
　Anglois usurpateur, peuple insensé, dit-elle,
Qui vous croyés sauvés en perdant la Pucelle,
De vos malheurs futurs escoutés le décret ;
Dieu m'en a, par son ange, appris le grand secret.
Cruëls, dont la fureur ne peut être assouvie
Que par le feu mortel qui va borner ma vie,
Les maux qu'indignement j'ay par vous endurés
Vont estre par vos maux dignement réparés.
Betford va bientost voir sous le bras de la France
Tomber avecque luy son unique espérance,
Et vous verrés bientost Charles sur mon cercueil
A ma gloire immoler le britannique orgueil.
Vous allés voir bientost la perte de vos princes,
Celle de vos soldats, celle de vos provinces ;

Vous allés bientost voir mourir vostre bonheur
Et sous votre ruïne enterrer votre honneur.
Votre cheute à ce coup n'aura point de ressource;
Sur vous de tous les maux va s'espuiser la source;
Par les cieux contre vous justement indignés
A la honte, au trespas vous estes condamnés;
Vos crimes, vos forfaits ont comblé la mesure;
Vous les allés payer, et mesme avec usure.
Croyés-en la Pucelle; elle s'en va finir,
Et sa fin à ses yeux descouvre l'avenir.

Ce langage à la tourbe est un coup de tonnerre
Dont le bruit, dont la force et l'ébranle et l'atterre.
Le sein glacé d'effroy, la menace elle entend
Et contre son parti les effets en attend.

L'invisible démon, qui les voit dans ce trouble,
Pour calmer leur esprit sa malice redouble,
Redouble ses efforts pour reschauffer leur cœur
Et d'un souffle bruslant combat leur froide peur.
Ce souffle les rassure et, dissipant leur crainte,
Fait pousser à leur rage un cri contre la sainte,
Un cri de tant de cris que la terre en gémit,
Que l'onde en est émeuë et que l'air en frémit.
La terrible clameur, terrible et continuë,
De son éclat perçant va pénétrer la nuë;
Satan à leur clameur sa clameur adjoustant
En rend l'affreux éclat encor plus éclatant.
Alors et tout à coup, dans l'espaisseur de l'ombre
S'offrent de tous costés des lumières sans nombre
Que d'innombrables mains s'apprestent à lascher
Contre le dos poisseux du funeste buscher.
A le faire avant tous chacun son bras convie,
Et cet infasme honneur l'un à l'autre s'envie;
Dans un mesme moment tous lancent leurs flambeaux
Et partagent l'office avecque les bourreaux.
Ils suyvent les bourreaux et les devancent mesme;
Aucun brandon pour eux n'est dardé sans blasphesme,
Et d'opprobres sanglans l'air résonne en tous lieux
Contre le juste chef de la fille des cieux.

Mais le brandon jeté touche le bois à peine
Que le bois le rejette et rend la torche vaine,
Et s'il éclaire encor, c'est en se consumant,
Sans se pouvoir nourrir de son propre aliment.
  Tel paroist au coursier dont la fougue indontée
Naguére au champ de Mars fut la plus redoutée,
Quand d'un mal douloureux le subit accident
Amortit tout à coup son appétit ardent.
A l'aspect de l'herbage en sa faim la plus forte
Il y porte les dents, mais en vain les y porte ;
Auprès de son soustien il perd toute vigueur
Et parmi l'abondance est réduit en langueur.
  L'Anglois, qui voit la sainte en fervente prière
Préparer son grand cœur à sa lutte derniére,
Comme à l'effet d'un sort attribuë à sa voix
Que la force du feu languisse auprés du bois.
De courroux il s'embrase, et d'une aigreur mortelle
Tousjours de plus en plus s'envenime contre elle ;
Il darde ses brandons pour la seconde fois,
Mais tous meurent encor sans mordre sur la poix.
L'insensible nature à ce forfait horrible
Semble avoir résolu de se montrer sensible,
Et vouloir destourner par son aversion
De la propre vertu l'indigne oppression.
Satan, qui dans les cœurs de la tourbe estonnée
Voit la mort de la sainte à demi-condamnée,
Pour ne voir pas manquer ce damnable dessein,
Au secours de ce feu joint le feu de son sein.
Du brasier infernal qui brusle dans son âme
Il vomit sur le bois une plus vive flamme,
De celle dont la sourde et puissante action
Mesme sur les esprits sçait faire impression.
A ce dernier effort la nature est vaincuë ;
Le bois sous la chaleur par tous ses pores suë ;
Ce feu sent sur la poix sa vigueur desployer,
Et le buscher commence à luire et flamboyer.
Voyant au bois rebelle enfin la flamme esprise,
Ils pensent que le ciel leur fureur authorise,

Et chacun, plein de joye et de ravissement,
De ses vœux criminels voit l'accomplissement.
Le feu serpente alors et va de branche en branche;
Désormais à l'entour il se glisse et s'espanche;
Le quarré de la baze en est partout semé;
Il rampe, et jusqu'au faiste est soudain allumé.
Un amas pétillant de flammesches menuës,
S'élevant dans les airs et surpassant les nuës,
Forme autour de la sainte un voile transparent
Qui, loin de la cacher, plus visible la rend.
On la voit à genoux, à travers la lumière,
Maintenir de son corps la grâce coustumière
Et, comme dans un bain frais et délicieux,
Garder serains encore et le front et les yeux.
On la voit à genoux, adorante et priante,
Le visage tranquille et la bouche riante,
Les regards vers le ciel immobiles tendus,
Et comme pour voler les deux bras estendus.
Mais on ne la voit guère en si sainte posture;
La lumière du feu bientost devient obscure;
Le bitume et la poix soudain à gros bouillons
Se meslent à la flamme en espais tourbillons.
De l'immense buscher la machine allumée
Est ceinte aux environs d'une sombre fumée
Dont le corps ténébreux tout à coup vient cacher
La sainte glorieuse et l'infasme buscher.
De tout l'on ne voit plus qu'une colonne affreuse
Qui vers le firmament s'eslance impétueuse,
Et qui, pour s'y guinder, d'un plus puissant effort
En cercles ondoyans se reploye et retord.
On l'entrevoit monter aux voustes éternelles
A la foible luëur des rouges estincelles
Qui, par ses flancs crevés à tous coups s'exhalant,
De l'ardente fumée eschappent en volant.
Aux violens esclats de ces flammes roulantes
Respondent des bourreaux les clameurs violentes;
Aux clameurs des bourreaux répliquent hautement
Les violens esclats du vaste embrasement.

L'ange ennemi de Dieu, satisfait de sa rage,
Se complaist dans l'aspect de son tragique ouvrage;
Sans obstacle il fait tout; car à ses anges saints
Dieu par son saint décret avoit lié les mains.
Enfin sur les quarreaux, après un long espace,
Du buscher élevé tombe en cendres la masse.
La tourbe se rescrie et voit d'un œil content
La fumée et le feu cesser en mesme instant.
Tous cherchent à l'envy dans la chaude poussière
Quelques restes des os de l'illustre guerrière;
Tous les cherchent en vain, et tous craignent d'abord
Qu'elle n'ait mesme osté sa despoüille à la mort.
Mais au lieu d'ossemens à leurs yeux se présente
De son cœur enflammé la relique brillante,
De ce céleste cœur qui, bruslant d'un feu saint,
D'un ordinaire feu ne pouvoit estre esteint.
Telle entre les charbons, qu'un puissant souffle allume,
Brusle sans se brusler la pierre de bitume,
De qui le sein fécond est gros de filamens
Qui résistent comme elle à tous embrasemens.
   Causson, bien que surpris d'un si grand privilége,
Ne le pouvant nier, l'impute à sortilége,
Et de la sainte encor peut dans tous les esprits
Confirmer par cet art l'horreur et le mespris.
   Mais de son front vermeil l'aurore avoit à peine
D'une nuit si profonde écarté l'ombre vaine,
Que par dix seurs avis dans le rempart normand
Du combat maritime on sceut l'événement.
On sceut que du François la flotte vagabonde,
Qui régnoit sans rivale aux campagnes de l'onde,
Sous les coups de l'Anglois, plus nombreux en vaisseaux,
S'estoit veuë abysmée au sein des mesmes eaux.
Tous d'une extresme joye à la grande nouvelle,
Sentent flatter leur haine implacable et mortelle;
Tous se sentent charmés de voir à quel excès
Le favorable sort porte leur bon succès.
Par la Pucelle esteinte et la flotte desfaite,
La frayeur dissipée et l'âme satisfaite,

Chacun en sa faveur croit le sort converti
Et conte pour perdu le contraire parti.
En menaces de mort chacun tourne sa crainte,
Se moque insolemment de celle de la sainte,
S'accuse de foiblesse et fait honte à son cœur
D'en avoir un moment tesmoigné de la peur.

Mais l'œil de l'Éternel, la sage Providence,
Qui veille par son ordre au salut de la France,
Cependant met en œuvre, avec son art divin,
Tout ce que le hazard lui fournit pour sa fin.
Elle voit la terreur dont Marie est frappée ;
Elle la voit des murs par le fleuve eschappée ;
Elle voit son cheval qui, sans but assuré,
A travers les sillons va d'un pas égaré.
Au cheval qui, fougueux, n'escoute plus la bride,
Elle monstre une flamme et vers elle le guide ;
Il y court en ronflant, et près d'elle venu
Par de secrets liens s'y trouve retenu.
La princesse, arrestée auprès de cette flamme,
Du trouble de ses sens développe son âme,
Et voit avec plaisir que ce feu radieux
N'est rien que le harnois de la fille des cieux.

Ainsi le fugitif qui d'un rude servage
Se sauve à pas confus au travers d'un boscage
Tremble si dans son cours, parmi l'obscurité,
Vient s'offrir à ses yeux une vive clarté.
Il pense voir son maistre en voyant la lumière,
D'effroy suspend son cours, tourne mesme en arrière,
Puis calme ses esprits, de près reconnoissant
Que ce feu qu'il craignoit n'est qu'un ver innocent.

Un formidable bruit s'espancha par la France
Dès lors que la guerrière eut quitté sa défense,
Qu'on verroit abysmer le François ou l'Anglois
Qui porteroit les mains sur ce fameux harnois.
Ce bruit semé partout, de tous creu véritable,
Servoit de garde seure au harnois vénérable,
Sans que pour le ravir, ni mesme le toucher,
Nul François, nul Anglois en osast approcher.

Comme un sacré dépost le François le regarde,
Et d'y porter les mains aucun ne se hazarde ;
Comme un magique sort l'Anglois, de son costé,
Plein d'horreur le regarde et s'en tient escarté.
　Mais, dans la froide peur dont Marie est pressée,
La Providence auguste inspire à sa pensée
D'en despouïller le tronc et de s'en revestir.
Pour craindre moins les fers et mieux s'en garantir,
Elle luy fait penser qu'au mal qui la possède
Ce harnois glorieux est l'unique remède,
Et que devant l'éclat de son feu redouté
Luy cèdera partout l'Anglois espouvanté.
Elle lui fait penser que des trouppes de France
Elle ne recevra qu'honneur et qu'assistance,
Et qu'entre les partis, sans nul empeschement,
Elle se conduira dans le terroir flamand.
Ce penser la rassure et ses craintes efface ;
La sagesse le dicte et le rend efficace ;
La princesse le gouste et, sans délibérer,
Suit ce qu'à sa raison le ciel vient suggérer.
D'un saut quittant la selle, et prosternée en terre :
　O toy, dit-elle alors, qui lances le tonnerre,
Qui des princes cruels sais accourcir les jours
Et qui des affligés est l'unique secours,
Au pitoyable estat où le sort m'a réduitte
Veuïlle par ta bonté favoriser ma fuite,
Et pardonne à ma peur si pour ma seureté
Je porte le harnois que la sainte a porté.
Je cherche à me couvrir de l'angloise insolence ;
De Betford, d'Édoüard je fuy la violence,
Et me veux garder pure au prince infortuné
Que m'ont tes saints décrets pour espoux destiné.
Tu vois si mon malheur sur tout autre est insigne
Et si de ta pitié mon innocence est digne ;
Protége-la, Seigneur, et bénis le dessein
Qu'une foy légitime a fait naistre en mon sein.
　A peine eut achevé la généreuse amante
Que du céleste azur une estoille brillante

Fond devant elle, à plomb sur le luysant armet,
Et de rayons plus vifs couronne son sommet.
De ce signe parlant et surprise et ravie,
Elle contente alors sa courageuse envie :
A l'éclatant armet elle avance la main,
Et l'armet, sans effort, quitte l'arbre soudain.
De l'arbre, sans effort, le reste elle détache
Et sous le saint harnois tout entière se cache ;
Son corps si délicat, dans l'armure engagé,
Quelque foible qu'il soit, n'en est pas plus chargé.
Du surprenant bonheur de la merveille estrange
A la bonté divine elle donne loüange,
Reconnoist du Très-Haut la visible faveur
Et conçoit pour sa gloire une sainte ferveur.
Aidée en ce moment d'une aide plus qu'humaine,
En selle elle remonte, et remonte sans peine ;
Dans cette grâce encore elle reconnoist Dieu,
Encore l'en bénit et laisse enfin ce lieu.
Vers Arras elle vole et renonce à la France,
Des vistes aquilons passe la diligence,
Se rapproche du fleuve et, costoyant ses flots,
Dans sa fuite pressée évite les lieux clos.
Elle vole sur terre, et sa propre lumière,
Malgré l'ombre nocturne, esclaire sa carrière.
Sous elle, comme ailé, son vigoureux cheval
Raze les champs unis d'un vol tousjours égal.
Ce beau feu qui voltige et roule sur la plaine,
Sans jamais s'esloigner des rives de la Seine,
Attire avec surprise et suspend les regards
Au soldat qui partout veille sur les remparts.

 D'un mouvement pareil frise les longues plaines,
Parmi le noir ombrage et les ténèbres vaines,
Le solitaire feu de luy-mesme allumé
Qui par la voix du peuple ardent est surnommé,
D'un bourbeux marescage ayant pris sa naissance ;
Soudain, à fleur de terre, en avant il s'élance,
Pousse de çà, de là, son flambeau radieux,
Et meine qui le suit vers les humides lieux.

Marie est, dans sa fuite, à ce beau feu semblable,
Et mesme on l'imagine un ardent véritable ;
Son esprit amoureux, au plus fort de son cours,
Songe à la sainte fille et luy tient ce discours :
    Glorieuse Pucelle, à mon repos fatale,
En tes chaisnes encor ma puissante rivale,
Charme du cœur léger que la céleste loy
A de mon tendre cœur voulu rendre le roy,
Je ne t'accuse point des pleurs dont ce volage
M'a pour luy si souvent fait noyer le visage,
Ni des maux infinis qu'au milieu de mes fers
J'ay par son inconstance indignement soufferts.
De ta haute vertu désormais mieux instruite,
Je juge mieux enfin de ta sage conduite ;
Je sçay que malgré toy tu possèdes mon bien,
Et mon amour trahi ne t'en impute rien.
Si je veux rien de toy, c'est que, sans te déplaire,
Par ton aide à Betford je puisse me soustraire ;
Je puisse m'en garder couverte du harnois
Sous qui ton chaste sein s'est gardé de l'Anglois.
Souffre qu'en empruntant ces armes fortunées
J'évite le malheur qui suit mes destinées,
Que ce harnois m'en sauve, et que par son bonheur
Je conserve à mes jours la franchise et l'honneur.
Celle qui pour la France à l'injuste Angleterre
A fait avec tant d'heur une si juste guerre
Sans doute approuvera que son heureux harnois
Desrobe une Françoise aux chaisnes de l'Anglois.
    Elle voit à ce mot une brillante masse
Qui, semblable au soleil, les estoilles efface,
Et d'un rapide cours, par l'ombre cheminant,
Luy présente un spectacle aussi beau qu'estonnant :
Non loin d'elle elle voit s'élever de la terre,
Vers la plage sublime où gronde le tonnerre,
Un grand char embrasé suspendu dans les airs
D'où sortent coup sur coup d'esblouïssans esclairs.
Elle voit ses chevaux, des narines ouvertes,
En fumeux tourbillons souffler cent flammes vertes,

Et du profond gozier, parmi cent rouges feux,
Elle leur voit vomir cent tourbillons fumeux.
Elle voit au grand char une grande guerrière
Jetant de tout son corps une ardente lumière,
De ses yeux allumés mille rayons jetant,
Et portant à sa droitte un brandon éclatant.
Vers elle d'un œil doux elle la voit sousrire
Et l'entend d'un doux air ces paroles luy dire;
La douceur du sousris et celle des accens
Resjouissent son âme et chatouïllent ses sens :
    Princesse, luy dit-elle, après tant de misères
Les astres sont pour vous devenus moins sévères.
Votre allégeance est preste, et dans peu de momens
Les plaisirs vont pour vous succéder aux tourmens.
Le bras du Souverain vos dures chaisnes brise;
Vous allés recouvrer votre antique franchise;
Vos superbes tyrans vont désormais périr
Et vous vont, par leur mort, empescher de mourir.
Partout, sous ce harnois, marchés en asseurance;
Usés de son secours pour votre délivrance,
Et des fameux guerriers égalant les exploits
Faites qu'il serve encore à celle des François.
La Pucelle y consent et mesme les souhaite;
De ses ans malheureux la triste course est faite :
Elle est morte et, mourant, elle vous a laissé
La gloire d'accomplir ce qu'elle a commencé.
C'est moy que vous voyés qui, de bonheur remplie,
Au palais éternel vay sur le char d'Élie;
C'est moy qui vous résigne, en quittant ces bas lieux,
Le belliqueux esprit qu'autresfois j'eus des cieux.
Je m'en vay prendre place en la cour immortelle
Où d'un heur infini Dieu veut payer mon zèle,
Et luy vay demander qu'entre ses deffenseurs
La France m'ait tousjours contre ses oppresseurs.
Qu'en vous doncques la crainte à l'asseurance cède.
Pour aide m'eut la France, et vous m'aurez pour aide;
Je guideray partout vos projets et vos pas,
Et contre les Anglois animeray vos bras.

Soustenés seulement d'un généreux courage
Ce beau surcroist d'honneur qui vous vient en partage ;
Puis dans l'Estat françois, par vos efforts sauvé,
Possédés le héros qui vous est réservé.

  A ce mot elle achève et, s'inclinant sur elle,
Luy souffle la valeur qui donta le rebelle,
Luy transporte sa force et la rend désormais
Capable d'imiter et d'égaler ses faits.
Elle part, et partant vers la céleste vouste
En triomphante marche elle dresse sa route.
Le char va contre mont, éclairant, foudroyant,
Et laisse loin derrière un sillon flamboyant.
La princesse de l'œil en suit la claire trace ;
Enfin elle la perd dans cet immense espace.
Le prodige l'occupe, et son ravissement
En ce lieu la retient sans pouls ni mouvement.
Mais bientost resveillée, elle sent en son âme
Élever les bouillons d'une guerrière flamme,
Et repartant soudain d'un mouvement plus pront,
De l'ouvert l'Isle-Adam gaigne et franchit le pont.
La garde, intimidée au surprenant spectacle,
Luy fait place en fuyant, loin de luy faire obstacle.
Elle passe, elle vole et s'esloigne tousjours,
Lorsqu'un objet nouveau vient retarder son cours.
Sur son plan ténébreux la sage Providence,
Avançant pas à pas le salut de la France,
Avoit mené Marie au chemin destourné
Par où devoit Rodolphe estre au camp ramené.

  Pour sauver Édoüard de l'horrible tempeste
Qui, dès la mort d'Agnès, luy pendoit sur la teste,
Betford avoit mandé qu'à l'ombre de la nuit
Rodolphe aux murs bloqués en haste fust conduit.
Il vouloit supposer un combat solitaire,
Où son fils eust donté ce puissant adversaire
Et redonné la joye au rempart affligé,
De sa despouïlle enfin l'y faisant voir chargé.
Mais du mesme instrument par qui son artifice
Avoit creu d'Édoüard couronner la malice,

La Providence éleut de faire l'instrument
Par qui deust le trompeur descendre au monument.
   La guerrière princesse, au travers de l'ombrage,
Voit vingt soldats anglois qui couppent son passage
Et qui serrent entre eux, de chaisnes accablé,
Un guerrier dont le front n'en est pas plus troublé.
En ce temps, en ce lieu, leur rencontre l'estonne;
Dans leur gros, toutesfois, résoluë elle donne,
Et, ne pouvant gauchir ce terrible danger,
Croit le courage seul propre à l'en dégager.
L'Anglois, comme forcé par de magiques charmes,
A sa veuë, à ses coups met soudain bas les armes.
L'un meurt, et de sa mort le reste espouvanté
Au captif en fuyant laisse la liberté.
   C'est ainsi qu'au plus chaud de la terre africaine
La fière, impétueuse et double Amphisibène,
Voyant le Nasamon qui lui montre la mort,
Vers luy-mesme se lance et prévient son effort.
Au choq inopiné de la beste sifflante,
Le barbare surpris se glace d'épouvante,
Et fuyant le venin qui coule de ses dents
Abandonne arc et traits sur les sablons ardens.
   Du prisonnier alors s'approche la princesse,
Se sent le noble cœur pour luy plein de tendresse,
Et, rompant ses liens, sans beaucoup s'efforcer,
Luy fait de l'Anglois mort les armes endosser;
Libre, il tient ce langage à sa libératrice :
   Sainte fille des cieux, bras à mes yeux propice,
Chère sœur, si pourtant je puis d'un nom si bas
Appeler des hauts cieux et la fille et le bras,
D'où viens-tu ? Qu'as-tu fait depuis l'heure cruëlle
Qui nous assujettit au trop heureux rebelle ?
Après tant de tourmens et tant d'affronts soufferts,
Quel ange ou quel héros t'a soustraitte à ses fers ?
Dans mes maux les plus grands, croy-moy, je te le jure,
Les tiens ont tousjours fait ma peine la plus dure,
Et mesme, en cet instant que j'attendois la mort,
Je ne me plaignois pas, mais je plaignois ton sort.

Béni soit l'Éternel dont la dextre implorée
Des mains de tes bourreaux t'a puissamment tirée,
Et dont le saint vouloir, au point de mon trespas,
A, pour m'en affranchir, dressé vers moy tes pas.
   D'une douleur plus tendre à ce propos atteinte,
Elle le reconnoist pour frère de la sainte,
Et ne peut concevoir quel terrible revers
Dans son plus heureux sort l'a fait charger de fers.
Elle ne peut juger quelle avanture estrange
Du comble des grandeurs l'a jetté dans la fange,
Quel bizarre destin à ce pas malheureux
A conduit tout à coup un bras si valeureux.
Elle sent son esprit se perdre et se confondre,
Demeure un temps muëtte et craint de luy respondre;
Enfin sa belle bouche à ces termes ouvrant,
Elle ne le met pas dans un trouble moins grand :
   Non, celle que tu vois n'est pas, luy repart-elle,
Ton adorable sœur, l'invincible Pucelle ;
Elle a quitté la terre, et de mes propres yeux
Je l'ay veuë en triomphe élever dans les cieux.
S'esloignant des mortels, la divine guerrière
De son harnois fameux m'a laissée héritière,
M'en a laissé l'usage, et sous luy m'a permis
De me mettre à couvert des piéges ennemis.
Mais toy, son frère illustre et son illustre image,
Quel astre assés malin t'a fait sentir sa rage ?
Du throsne des François où l'on t'a veu monté,
Qui t'a dans un moment ainsi précipité ?
De ta haute valeur, de ta rare prudence,
Charles, tousjours ingrat, a-t-il eu deffiance ?
Pour quelque autre Amaury, creu tombé sous tes coups,
T'a-t-il fait esprouver son injuste courroux ?
A-t-il creu que d'Agnès tu fusses l'homicide ?
A-t-il voulu quitter la muraille perfide,
Et mieux aimé trahir l'honneur de ses desseins
Que devoir sa conqueste à tes puissantes mains ?
Guerrier, puisque le ciel t'a rendu la franchise,
Fuy qui si laschement son support tyrannise,

Et si Charles te traitte aussi mal que Betford,
De Philippe avec moy viens faire le support.
 Du trespas de sa sœur la nouvelle terrible
A son âme oppressée est d'abord si sensible,
Qu'il ne peut soustenir la grandeur de ce poids,
Et qu'en sa froide gorge il sent glacer sa voix.
Puis, tournant ses pensers sur le monstre exécrable
Qui domine l'armée, à Rodolphe semblable,
D'un sortilége il doute, et craint qu'outre le fer
Charles ne souffre encor les prestiges d'enfer;
Il le craint, il le croit, et dans cette créance,
Plus à ce faux Rodolphe attentif il repense,
Moins son sens obscurci pénètre le sujet
Qui de cette imposture a causé le projet.
Il reconnoist enfin que par un artifice,
Où reluit une accorte et profonde malice,
Un guerrier en son lieu par l'Anglois supposé
A, près du roy déceu, de son nom abusé.
Il le reconnoist bien ; mais pour effort qu'il face,
Du surplus ténébreux il cherche en vain la trace.
De la noire imposture il découvre l'autheur,
Mais ne peut descouvrir quel est cet imposteur.
Quel pourtant qu'il puisse estre, il en veut la vengeance,
Et dans cette pensée ainsi rompt le silence :
 O toy, qui que tu sois, par qui seule je vis,
Et qui joins à ta grâce un salutaire avis,
Pardonné au saint devoir dont la force m'appelle
A secourir la France et venger la Pucelle,
S'il me contraint de prendre, au sortir des liens,
Une route contraire à celle que tu tiens.
Celuy qui t'a paru le frère de la sainte
Ne peut l'avoir paru que par ruse et par feinte;
C'est la peste du camp, dont il le faut purger,
Et de ce juste soin je dois seul me charger.
Consens que son trespas ma gloire satisface
Et de mon nom souïllé l'ignominie effacé.
 Marie, en son esprit plein de confusion,
Reçoit tout ce discours comme une illusion ;

Elle y veut repartir ; mais Rodolphe la quitte ;
Il la quitte, et son cours vers le camp précipite.
L'Oise croit l'arrester, mais inutilement ;
Il la traverse à nage et va rapidement.
Cependant le soleil, qui la nuit a banni,
Fait voir au fort guerrier, dans la campagne unie,
Courir mille guerriers et plaindre à hautes voix
Le sacrilége vol du lumineux harnois.

 Ainsi, quand vers le haut des orgueilleuses plantes
Un serpent a surpris les corneilles naissantes,
Et de leurs tendres corps ayant saoulé sa faim
De duvet seulement a laissé le nid plein,
La mère, à son retour, parmi le sang qui fume,
Des petits dévorés ne trouvant que la plume,
Par cent croassements qu'anime un tel malheur
Autour du nid désert exerce sa douleur.

 Entre eux passe Rodolphe, et d'une mesme haleine
Va terminer son cours dans les murs de Visaine,
Où, sur le bruit affreux de cet enlèvement,
Il voit tout dans le trouble et dans l'estonnement.
Il aborde le prince et luy dit : Grand monarque,
Fais-moy de ta bonté voir une illustre marque,
Et du tort qu'on t'a fait et qu'on m'a fait aussi
Veuille bien par mon bras estre enfin éclairci.
Monstre-moy l'affronteur que Rodolphe on appelle,
Le frère supposé de la forte Pucelle,
Et permets qu'avec luy, ma querelle vuidant,
J'affranchisse ton chef d'un mortel accident.

 A ces mots, Édoüard tremble et frémit de crainte ;
Une pasleur de mort sur son visage est peinte,
Et son coupable cœur sent le terme venu
Où son desguisement alloit estre connu.
Chacun voit sa pasleur, et nul ne sçait encore
Quel est le vray sujet qui son teint décolore ;
Seulement on présume, on soupçonne d'abord
Qu'il prend cet ennemi pour le fils de Betford.
C'est le soupçon commun, mais si plein d'apparence,
Qu'en leurs propres esprits il se tourne en créance,

Et chacun sur tous deux attachant son regard
Croit Édoüard Rodolphe et Rodolphe Édoüard.
Rodolphe, mal connu, poursuivant sa requête :
  De ce trompeur, dit-il, je demande la teste.
Je suis le vray Rodolphe, et s'il me le débat,
Je te viens contre luy demander le combat.
Souffre que de ma main le faux Rodolphe meure;
Souffre que par sa mort mon vray nom me demeure,
Et que le lasche Anglois perde en luy, par mon bras,
Le bras qu'avoit sa ruse armé pour ton trespas.
  Par ce dernier propos, la guerrière assemblée
Est plus qu'auparavant de merveille comblée,
Voit le faux Édoüard en Rodolphe changer,
Et du vray désormais ne sçauroit que juger.
Chacun, sans voir encor le fond de ce mystère,
Voit bien que de la sainte il n'est pas le vray frère,
Et le nouveau Rodolphe, observé de plus près,
Est connu son vray frère à ses yeux, à ses traits.
  Édoüard, au besoin s'armant le front d'audace,
Maintient qu'il est Rodolphe, et Rodolphe menace,
D'affronteur il le traitte, et cachant son effroy
Plus que luy du combat importune le roy.
Charles, pressé des deux, pressé de son armée,
Pressé de la colère en son âme allumée,
Accorde à leurs désirs le combat demandé ;
L'un et l'autre s'appreste au combat accordé.
  Auprès de l'imposteur la Fraude retournée,
Voyant que l'art enfin cède à la destinée,
A son sort l'abandonne, et de ce grand revers
S'en va cacher la honte en la nuit des enfers.
  Luy, qui sent qu'à ce coup la fortune le laisse,
Que la mort est voysine et que son dard le presse,
S'abandonne à son sort, et dans son désespoir
Oblige sa foiblesse à monstrer du pouvoir.
Il force sa frayeur, et quoyque tout de glace
Se jette le premier au milieu de la place ;
Rodolphe en est confus, et bien que le second,
Dans la place se jette, ardent, léger et pront.

Le sage Tanneguy la rend libre d'obstacle ;
Charles de sa présence honore le spectacle ;
Les chefs et les soldats, muëts et curieux,
Y forment à l'entour un cercle spacieux.
   Édoüard, despourvu de toute autre deffense,
Seulement en son fer loge son espérance,
Sollicite son bras d'agir comme vaillant
Et vers son ennemy se porte en assaillant.
Vers Rodolphe il se darde et, mirant à la teste,
Du casque, aux pieds du roy, luy fait voler la creste.
Rodolphe en mesme temps, d'une puissante main,
Luy porte un coup affreux et tire droit au sein ;
L'estoc s'ouvre la voye à travers la cuirasse,
Et par le dos percé sort encore une brasse.
D'abord et d'un coup seul le combat est fini,
Et de son crime enfin l'affronteur est puni.
Il tombe à la renverse, et tombant il s'escrie :
   O des astres malins cruëlle tromperie !
O père, ô père aveugle ! ô désolé Betford !
Qui, pour sauver ma vie, as avancé ma mort !
Que la couronne enfin, pour ton fils prétenduë,
Coustera de douleurs à ton âme éperduë !
   Du sang qui le suffoque il meurt en ce moment ;
Charles entend sa plainte avec estonnement ;
Il se sent éclairci de la traistresse feinte
Qui changea, pour le perdre, en frère de la sainte
Édoüard des Anglois si longtemps souhaité,
Édoüard des François si longtemps redouté.
Il se voit garanti de la fatale peste
Qu'il devoit à sa vie esprouver si funeste,
De ce serpent caché sous un visage humain
Que, sans le reconnoistre, il couvoit dans son sein.
Du ciel, en ce succès, il adore la grâce,
Puis vient au vray Rodolphe et le loüe, et l'embrasse,
Bénissant du Seigneur le juste jugement
Qui du salut public l'a rendu l'instrument.
Dans l'armée aussitost se respand la merveille ;
La crainte s'y dissipe, et l'espoir s'y resveille ;

L'assurance y renaist au fond de tous les cœurs,
Et desjà de Betford tous s'estiment vainqueurs.

Pendant ces mouvemens, la vague renommée
Aux remparts ennemis la nouvelle a semée
Que par un inconnu Rodolphe surmonté
En sa plus haute gloire a perdu la clarté.
Le peuple, qui l'apprend, jusqu'aux astres envoye
Par cent cris redoublés cent tesmoins de sa joye ;
Du fatal Édoüard l'espoir entretenu
Luy fait pour Édoüard prendre cet inconnu.
De ce bruit qui s'espand et va de place en place,
La créance au palais, au prince mesme passe,
Et sa facile foy croissant par son désir,
De transport il éclate et pasme de plaisir.
L'on voit le jeune roy, l'on voit l'antique reyne
Tenir le faux rapport pour vérité certaine,
Et d'un proche bonheur tous deux persuadés
Rassurent des soldats les corps intimidés.
Dans leurs yeux à l'envy portant leur allégresse
Vont soudain vers Betford le prince et la princesse,
Mais luy trouvent l'esprit en tristesse plongé,
Et d'un nuage espais le visage ombragé.

Peu devant par sa femme ayant eu la nouvelle
Qu'enfin alloit mourir l'innocente Pucelle
Et que, quelque secours qu'elle ait pû luy donner,
Cet horrible malheur ne s'est pû destourner,
Il recourut encore à ses chères estoilles,
Et dans leurs traits ardents leut cette fois sans voiles,
A ne pouvoir gauchir ni reculer d'un pas,
De son fils bien-aymé l'infaillible trespas.
La reyne, sur ce temps, l'aborde et luy vient dire :

Betford, heureux Betford, soustien de notre empire,
Tu ne luy dois plus rien ; tu l'as trop satisfait.
Enfin de ta parole il a senti l'effet :
Rodolphe, de l'Anglois et l'horreur et la crainte,
Enfin dans son sang propre a veu sa vie esteinte ;
Le promis Édoüard est enfin arrivé,
Et par ce coup illustre a nostre honneur sauvé.

Ta foy par ce succès est enfin degagée,
Le François abbatu, l'Angleterre vengée.
Nous fusmes malheureux ; nous ne le sommes plus,
Et nos pleurs maintenant sont des pleurs superflus.
A ce nouveau retour des destins favorables,
Oublions que nos ans ont esté misérables ;
Bannissons, effaçons cet amer souvenir,
Et pensons seulement à nos biens à venir.
   Le poil, durant ces mots, sur la teste luy dresse ;
Sa poitrine gémit sous le faix qui l'oppresse.
Il a le front süant, il a l'œil éblouï ;
Il frissonne, il chancelle et tombe évanouï.
L'accident les estonne, et d'une forte crainte
Au milieu de leur joye on leur voit l'âme atteinte ;
Puis, d'une autre pensée amusant leur raison,
Ils jugent que la joye a fait sa pasmoison.
Pour resveiller ses sens ils font plus d'un remède,
Mais, pour puissant qu'il soit, aucun ne leur succède ;
Au secours l'un de l'autre a vainement recours,
La douleur, plus puissante, est rebelle au secours.
A force toutefois de tourmens et de gesnes,
On rallume la vie en ses mourantes veines ;
Il revient lentement, il revient endormi,
Et malgré tous leurs soins ne revient qu'à demi.
Sans connoistre le roy, sans connoistre la reyne,
Il pousse un long souspir d'une sifflante haleine,
Et parmi de grands cris, de redoublés sanglots,
D'une plaintive voix fait entendre ces mots :
   O trespas, trop préveu pour ma seule misère !
O déplorable fils, ô déplorable père !
O père de ton fils exécrable assassin !
O fils en vain par moy couvert à son destin !
Édoüard, Édoüard !... A ce mot il retombe,
Et sans plus revenir sous sa peine succombe.
Pour sa vie à ce coup on travaille sans fruit ;
Ses jours sont offusqués d'une éternelle nuit.
   Ainsi, quand d'un flambeau la vivante lumière
Jusqu'au bas du talon dévore sa matière,

Et pour s'entretenir n'ayant plus d'aliment
Affoiblit son éclat de moment en moment,
Le feu, qui reconnoist sa ruïne prochaine,
Comme amoureux du jour et le quittant à peine,
Fait un dernier effort pour se le conserver,
Et par ce propre effort voit sa vie achever.
   Isabelle et Henry plus que devant s'estonnent,
A sa voix, à sa mort, leur désastre soupçonnent;
Ils sentent désormais leurs yeux se désiller;
Ils sentent désormais leurs sens se resveiller.
Sans qu'ils sçachent comment, d'une manière obscure
Ils sçavent de son fils la terrible avanture,
Et par le seul soupçon estourdis, confondus,
Pour peu qu'il se confirme, ils se tiennent perdus.
Alors du faux Rodolphe arrive un bruit contraire,
Que de la sainte fille il n'estoit point le frère,
Mais le fils de Betford, dont la haute valeur
Devoit du sceptre anglois réparer le malheur.
Cet effroyable bruit, en forme de tonnerre,
Sans ressource à ce coup met leur force par terre;
L'abysme semble à tous s'entr'ouvrir sous leurs pas,
Et leur fait remplir l'air de lugubres éclats.
Ils pensent desjà voir Charles dans leurs murailles,
Mettre en flammes leurs toits, deschirer leurs entrailles,
Et la cruëlle reyne, oubliant sa vigueur,
En croit plus que tout autre esprouver la rigueur.
Le roy, bien qu'oppressé d'une douleur extresme,
Se souvient de l'honneur du françois diadême,
Et sur le front au moins à tous monstrant du cœur,
Travaille en ce désordre à rassurer leur peur.
Mais il travaille en vain; l'espouvante est trop forte,
Et sur sa fermeté leur foiblesse l'emporte.
La reyne plus qu'aucun a l'esprit effrayé;
Tout remède pour elle est en vain essayé.
Sans plus de retenuë, errante, forcenée,
Elle augmente l'effroy de la ville estonnée,
Et son cri lamentable aux autres cris meslé
Achève d'accabler le peuple désolé.

D'une infernale horreur sa prudence obsédée
Pour aucune raison ne peut plus estre aidée ;
Sa fureur croist sans cesse, et l'excès de son mal
La meine en précipice à son terme fatal.
C'est en vain que Henri l'exhorte à la constance ;
Charles à son courage en oste la puissance ;
Elle le voit tousjours à la perdre animé,
Et tousjours d'un fer nu le poin contre elle armé.
Le jour passe mauvais, et la nuit survient pire ;
Enfin, dans ses terreurs, elle baisse, elle expire,
Et laisse de son crime et de son chastiment
Aux monarques futurs un affreux monument.

    Mais tandis que le camp toutes ses craintes noye
Dans l'aveugle transport d'une insolente joye,
Au roy vient un avis, mais, hélas ! trop certain,
Que la sainte a souffert un trespas inhumain.
Presque dans l'instant mesme un autre encore arrive
Que sa navale armée est deffaite et captive ;
Que Talbot et Winton, leurs forces unissant,
Contre elles ont trouvé son effort impuissant ;
Qu'ils viennent l'un et l'autre, enflés de leur victoire,
Relever de leur roy la périssante gloire,
Et qu'avant dix soleils, jusque sous ces remparts
Le camp verra sur luy fondre mille estendarts.
A ces bruits non douteux, la françoise jeunesse
Sent avec son espoir mourir son allégresse ;
Il n'est vieux soldat mesme à qui ce dur retour
Ne face appréhender d'estre à son dernier jour.
Talbot victorieux, la Pucelle sans vie,
Leur figure la France à l'Anglois asservie ;
Et, s'ils avoient naguère en Rodolphe espéré,
Tout pour eux maintenant leur paroist déploré.
Dunois, Termes, Coras, Rieux et tant d'autres braves,
Tousjours du lasche Anglois infortunés esclaves,
Et Philippes tousjours ennemi des François,
A leur accablement joignent un nouveau poids.
Bien qu'ils se jugent tous à deux doigts du naufrage,
De Charles toutesfois rien n'abbat le courage ;

De ce grand coup de mer comme eux il croit périr,
Mais du moins en monarque il s'appreste à mourir.
Il parle à son armée, et rempli d'assurance,
Sans qu'il espère rien, veut qu'elle ait espérance.
Rodolphe et Tanneguy, sa vertu secondant,
Accompagnent sa voix de leur propos ardent.

De mesme aux champs déserts de l'Affrique bruslante,
Où le venin mortel vole, court et serpente,
Sans qu'hommes et chameaux y puissent faire un pas
Qui n'expose leur vie à cent cruëls trespas,
Le More hazardeux qu'un utile commerce
Par ces lieux embrasés incessamment exerce,
Au milieu du péril qu'il connoist et qu'il craint,
Pour rasseurer ses gens de l'asseurance feint.

Par les routes de l'air l'une et l'autre disgrâce
Se respand aussitost, et dans la ville passe ;
L'habitant, le soldat en ces murs resserrés
Du cercueil à ce bruit se pensent retirés.
L'un et l'autre le croit, l'un et l'autre l'admire ;
De leur saisissement l'un et l'autre respire,
Et croit que de la mort désormais garanti
Il peut la donner mesme au contraire parti.
Henri, que plus que tous cette nouvelle charme,
Par un excès de joye en verse quelque larme,
Et, flatté de l'ardeur du peuple et du soldat,
Se repromet de vaincre et s'appreste au combat.

Le variable sort des deux partis se jouë
Et les met tour à tour au sommet de sa rouë,
Tour à tour les renverse et, seul maistre et vainqueur,
Leur rend par son caprice ou leur oste le cœur.

Sous le harnois heureux cependant la princesse,
La force du Très-Haut soustenant sa foiblesse,
Sur la route qui meine aux murailles d'Arras,
Loin de ses fiers tyrans précipite ses pas.
Par l'œil de l'Éternel en sa route conduite,
Elle fuit ses tyrans d'une légère fuite,
Voit le flambeau du jour reparoistre à ses yeux
Et dans l'air à l'envy lance un feu radieux.

En haste elle s'avance et toujours plus pressée ;
D'une si longue traitte à la fin harassée,
Lentement elle marche, et marche toutefois
Tant que sur son chemin elle rencontre un bois.
Par le frais invitée et par sa lassitude,
Elle veut prendre haleine en cette solitude,
Perce son espaisseur, et la selle quittant
Sur un doux lit de mousse et se jette et s'estend.
L'ombre, qui dans ce fort tient contre la lumière,
A l'éclat impréveu de la cotte guerrière,
Croit le soleil luy-mesme entré dans son réduit,
Et devant ses rayons se dissipe et s'enfuit.
Le silence et le frais de ce lieu solitaire
Inspirent à ses sens un somme involontaire,
Et par un insensible et gracieux effort
Se coule dans ses yeux le frère de la mort.
Elle dort, et le ciel, qui désormais s'appreste
A calmer de son sein la trop longue tempeste,
Veut durant son sommeil, par un songe divin,
Luy donner l'avant-goust de son bonheur voysin.
Elle voit dans un char, ceint d'une ardente flamme,
Seoir armée et bruslante une divine femme,
La mesme qu'au milieu d'un clair embrasement
Naguère elle avoit veu monter au firmament.
Elle la voit par l'air redescendre vers elle
Et l'entend qui luy dit : Escoute la Pucelle,
Et sois, chère Marie, attentive à ces mots,
Avant-coureurs pour toy de joye et de repos.
Dunois, le seul désir, le seul bien de ton âme,
Va bientost par son feu satisfaire ta flamme.
Sans plus de trouble enfin tu le vas posséder ;
Dieu n'a pris soin de lui que pour te l'accorder.
Il va vivre en tes fers, à ses devoirs fidelle ;
Vos esprits vont brusler d'une ardeur mutuëlle,
Et de vous va sortir un tronc si glorieux
Que ses luysans rameaux atteindront jusqu'aux cieux.
La terre ne voit rien dans ses vastes provinces
Dont la gloire s'égale à la gloire des princes

Qui, de vous descendus, jusques aux derniers temps
Orneront l'univers de leurs noms esclatans.
Le royaume des lys, par leur masle courage,
Sera plus d'une fois préservé du naufrage,
Et dans plus d'une guerre accreu par leurs hauts faits
Au monde avec honneur pourra donner la paix.
Ce bonheur est le prix de ta persévérance ;
Ainsi l'a résolu la sainte Providence,
Et pour rendre ton sort heureux à cette fois,
Voilà que dans tes mains elle conduit Dunois.

   Tandis que ce discours la princesse émerveille,
Par un hennissement son cheval la resveille,
Et luy fait assés proche et vers le fond du bois
Entendre un bruit confus et d'armes et de voix.
De sa fortune en doute elle reprend la selle,
Croit que l'Anglois la suit et n'est là que pour elle,
Et, se jugeant tombée au pouvoir de Betford,
Se résout ou d'attendre ou de chercher la mort.

   Telle, au creux d'un vallon, sous la verte feuillée,
Est la craintive biche en sursaut esveillée,
Quand tout aux environs, les trompes et les voix,
D'un son aigre et bruyant font retentir le bois.
Des chiens et des chasseurs la musique terrible
Luy fait juger sa mort évidente, infaillible,
Voit qu'il faut s'y résoudre, et ne fait que douter
Quel vaut mieux de l'attendre ou de s'y présenter.

   Pensant devoir mourir, ou lasche ou courageuse,
La douteuse princesse est peu de temps douteuse,
Et son propre cheval ardent et vigoureux
La fait déterminer au parti généreux.
Par un instinct caché dont la puissance est forte,
Hors du taillis espais de luy-mesme il l'emporte.
Sa main veut en ce lieu par force l'arrester ;
Mais elle sent par luy son effort surmonter.
Malgré sa résistance, il l'emporte et la guide
Où le bois ombrageux forme un spacieux vuide,
Et luy monstre en ce champ, d'arbres ceint et borné,
D'Anglois et de François un combat obstiné.

Le François pour le nombre a grand désavantage;
Mais s'il est moins nombreux, il a plus de courage,
Et par ses grands exploits son deffaut compensant,
Fait craindre au plus nombreux d'estre le moins puissant.
Elle apperçoit là, proche, ô douleur ! ô surprise !
Dunois par cent liens privé de la franchise,
A qui le chef anglois, haussant le ferme bras,
Alloit donner sans elle un indigne trespas.
A ce dessein atroce, à cette veuë horrible,
Se croyant pour Dunois toute chose possible,
Loin de serrer la bride, elle la lasche alors
Et dans son fer tiré fait luire mille morts.
L'animal sent son maistre et vers luy prend sa course;
Les Anglois, la voyant, s'estiment sans ressource;
Ils pensent voir la sainte, et remplis de terreur
N'en osent un moment attendre la fureur.
Tous, et mesme le chef, prennent soudain la fuite;
Le François les poursuit d'une ardente poursuite.
Presque tous sur le champ demeurent estendus,
Et peu dans le taillis s'enfoncent esperdus.
Du prince, sans tarder, s'approche la princesse;
A son brillant abord devant elle il s'abbaisse
Et dit d'un humble ton : Guerrière dont le bras
Pour la seconde fois nous sauve du trespas,
La lumière à nos yeux alloit estre enlevée;
Pour nous la conserver le ciel t'a conservée.
C'est par toy seulement qu'encore nous vivons;
Mais de quoy payrons-nous ce que nous te devons?
Ce sera de nos cœurs dont tu seras maistresse.

   A ce mot l'interrompt l'amoureuse princesse;
Elle voit son erreur et craint, en l'y laissant,
De luy trouver l'esprit encor moins innocent:

   Dunois, dit-elle alors, la vaillante Pucelle
A qui ton sein bruslant veut tesmoigner son zèle,
Victime de l'Anglois, ne vit plus en ces lieux;
Je le sçay d'elle-mesme et l'ay veu de mes yeux.
Pour desrober ma vie à leur mortelle rage,
Sous son brillant armet j'ay caché mon visage;

Elle me l'a permis, et, comme je le croy,
C'est elle dont la main m'a conduite vers toy.
Je suis, regarde bien ; et durant ce langage
Elle s'oste l'armet et monstre son visage :
Je suis l'infortunée à qui pour ton amour
Le violent Betford a presque osté le jour.
De Betford pour toy seul je hay la bienveillance ;
Pour toy seul d'Édoüard j'abhorre l'alliance.
Je pers tout pour toi seul, sans m'en plaindre pourtant ;
Je pers tout sans regret pour mon cher inconstant.
Tu sçais ce que tu dois au volontaire zèle
Qui seul m'a pu garder à tes mespris fidelle,
Et, s'il m'est bien séant de ne le taire pas,
Tu sçais ce que tu dois au secours de mon bras.
Une fois, il est vrai, la céleste guerrière
T'a pu sous Orléans conserver la lumière ;
Mais il n'est pas moins vray qu'à Paris, dans ce bois,
Je te l'ay conservée une fois et deux fois.
Pour disputer ton cœur et l'avoir en partage,
Voy, voy combien sur elle est grand mon avantage ;
Voy qu'à cet avantage un autre encore est joint,
Et cet autre est que j'ayme et qu'elle n'aymoit point.

   Dunois, pendant ces mots qu'attentif il écoute,
Doute de ce qu'il voit, met ce qu'il voit en doute,
Puis il se sent convaincre, à force de clarté,
De son ingratitude et de sa cruauté.
La sainte que la Parque oste à son espérance,
Marie armant son droit de sa noble présence,
Et le ciel qui conspire à son contentement,
De l'erreur de Dunois desfait l'enchantement.

   De mesme, après la morne et longue resverie
Que d'une bile ardente excite la furie,
S'il arrive qu'un simple en vertu sans égal
Chasse et purge l'humeur qui nourrissoit le mal,
Le fiévreux, dégagé des ténébreux nüages
Qui dans son foible sens émouvoient tant d'orages,
Respire désormais comme hors de prison
Et resousmet son âme aux loix de la raison.

Le prince est libre enfin de cette flamme ardente
Qui le rendoit injuste envers sa juste amante,
Et presque sans effort, par un heureux retour,
Se trouve rengagé dans son premier amour.
   J'ay failli, reprit-il d'une voix douce et basse ;
Je suis un criminel qui te demande grâce,
Et qui te la demande au nom de cette foy
Qu'on a veuë en moy morte et qui ne vit qu'en toy.
Que l'aveu de mon crime en ma faveur te touche ;
La honte me saisit et me ferme la bouche.
Je ne te dis plus rien ; supplée à ma pudeur,
Et de mon repentir reconnois la grandeur.
Princesse, du passé veuille oublier l'injure ;
Je la répareray ; devant Dieu je le jure,
Et si je viens jamais à fausser mon serment,
J'abandonne ma vie à ton ressentiment.
   Soudain, sans plus tarder, ses chaisnes elle brise,
En captivant son cœur met son corps en franchise ;
Desveloppé des fers, il estraint ses genoux
Et désarme aisément son amoureux courroux.
   Le François, las de vaincre et plus las de poursuivre,
Retourne sur ce temps et les autres délivre ;
De la Pucelle ensuite ayant appris le sort,
Ils donnent tous des pleurs à son indigne mort.
Tous apprenant le sort de l'amante princesse
Monstrent de son bonheur une extresme allégresse,
Avec ravissement contemplent son aspect
Et pour elle à l'envy redoublent leur respect.
   Tous admirent des cieux les ressorts ineffables
Par qui dans ce besoin tant de bras secourables,
Ne songeant qu'à punir le vol du saint harnois,
Ont tiré les captifs des liens de l'Anglois.
Tous, contens du succès de leur course enflammée,
Reprennent à grands pas la route de l'armée.
Marie avec Dunois va contente à grands pas
Et perd le souvenir de Philippe et d'Arras.

LA PUCELLE

OU

LA FRANCE DÉLIVRÉE

LIVRE VINGT-QUATRIESME.

Tanneguy cependant, à l'horrible nouvelle
  Que Charles n'avait plus ni flotte ni Pucelle,
Sent son brillant esprit couvert d'obscurité,
Et sent de maux si grands son cœur espouvanté.
Sur ces maux toutesfois consulté par le prince :
  Ton salut, luy dit-il, dépend de ta province ;
Bourges du coup fatal te peut seul garantir,
Et si tu t'y veux rendre, il est temps de partir.
Pour peu que ton courage encore icy t'arreste,
L'inévitable foudre écrasera ta teste,
Et sur tes foibles bras tomberont à la fois
Le Bourguignon cruël et le barbare Anglois.
Un moment de demeure à leurs chaisnes te livre ;
  Mais Charles indigné l'empesche de poursuivre :
Ah ! Tanneguy, dit-il, que me conseilles-tu ?
L'excès de ta sagesse offense ma vertu ;

C'est assés qu'une fois, par toy-mesme contrainte,
Elle ait à ces remparts tesmoigné de la crainte ;
C'est assés qu'une fois, des miens abandonné,
L'on m'ait veu de Paris à Bourges retourné.
Quand je quittay les murs où ta peur me souhaite,
Ce fut pour le combat et non pour la retraitte ;
Pour reprendre Paris, non pour m'en escarter ;
Pour réparer ma honte, et non pour l'augmenter.
Des fers ni du trespas je ne fais point de conte,
S'ils exemptent mes jours d'une nouvelle honte.
Nous avons trop monstré que nous estions prudens ;
Monstrons-nous au-dessus des pires accidens.
Dieu n'a pas estouffé, par sa grâce céleste,
Du trompeur Édoüard l'artifice funeste
Pour me laisser périr sous le bras estranger ;
Son bras m'affranchira de ce nouveau danger.

 Tanneguy, par ces mots, se sent fermer la bouche ;
Ce refus magnanime et l'estonne et le touche ;
Il déplore sa perte, et pour le secourir
Voit qu'à d'autres moyens il luy faut recourir.
Il y songe et resonge, et son âme oppressée
Sur le Bourguignon seul attache sa pensée,
Et croit Philippes seul propre à ce grand effet,
Si son ressentiment peut estre satisfait.
Vers Charles il retourne, et dans ce mal extresme :

 Personne, luy dit-il, n'y perd plus que toy-mesme ;
Si tu veux te sousmettre à cette dure loy,
Nous sçavons ou mourir ou vaincre avecque toy.
Mais avant qu'au malheur notre constance cède,
Le sort nous laisse encore un possible remède :
Du puissant Bourguignon irrité contre nous
Il nous reste à tenter de fléchir le courroux.
Peut-estre à nos désirs voudra-t-il condescendre ;
Peut-estre à nos raisons voudra-t-il bien se rendre ;
Peut-estre à nos besoins laissant toucher son cœur
Viendra-t-il nous aider contre notre vainqueur.
Offrons-luy d'expier le trespas de son père
Par tout ce qui sçauroit l'amollir et luy plaire ;

Faisons-en les légats arbitres souverains,
Et remettons nos droits en leurs discrettes mains.
Artus, ce prince et sage et rempli d'éloquence,
Pourra de tant de flots calmer la violence,
Pourra, par son adresse et son authorité,
Avec le dur Philippe engager un traité.
Ainsi, quand au palais du langoureux malade
Le dégoust survenu rend tout amer et fade,
Et que son estomach rebute également
Et l'absynthe odieuse et le doux aliment,
Le prudent médecin, appelé pour sa cure,
En mesnage l'humeur aspre, chagrine et dure,
Et plein d'expédiens, l'un estant rejetté,
Par un autre aussitost luy promet la santé.

   Charles, par cet avis, au milieu de sa peine
Sent faire un doux effort sur son humeur hautaine,
Et trouve moins de honte à s'y laisser porter
Qu'à perdre l'entreprise et le siége quiter.
Artus reçoit son ordre et part à l'heure mesme;
Il court aux murs d'Arras d'une vitesse extresme
Et, non loin de Beaumont, trouve le grand Dunois
Par les mains de Marie affranchi de l'Anglois.
Surpris et satisfait de cette délivrance,
Il en louë et bénit la divine clémence,
S'en fait, en mots succincts, l'aventure conter,
Puis, reprenant son cours, va sans plus s'arrester.
D'Arras, le jour suivant, il arrive à la porte,
Chez les sacrés vieillards avant tout se transporte,
Leur dit ce qui l'ameine et les prie instamment
D'appuyer ses moyens pour l'accommodement.
Remplis à ce discours d'une sensible joye,
Chacun pour le traitté son ministère octroye,
Et l'un et l'autre au duc vont ensemble exposer
Ce qu'au nom du François Artus veut proposer.
Au fameux nom d'Artus, Philippes se resveille
Et se croit obligé de luy prester l'oreille;
Ce qui le fait venir peut bien estre escouté,
Mais son rang y redouble et poids et majesté.

Sans prendre de conseil ni chercher d'interprète,
Il résout de l'entendre en la chambre secrette,
Et n'y veut pour tesmoins et pour médiateurs
Que du noble envoyé les saints introducteurs.
Ils s'y renferment tous, et tous ayant pris place :
   Grand prince, dit Artus, grand honneur de ta race,
Je ne viens point ici débattre avecque toy
Si la mort de ton père est le crime du roy.
Eust-elle à ta tendresse esté cent fois plus dure,
Jamais nul mieux que toy n'a vengé son injure ;
Charles est succombé sous ton ressentiment
Et voit par toy ses jours au bord du monument.
Sa cheute pourroit seule amollir ta colère ;
Mais s'il faut plus encor pour la bien satisfaire,
Parle et demande-luy tout ce qu'il te plaira ;
S'il faut qu'il se condamne, il se condamnera.
Quelque loy que tu veuïlle au malheureux prescrire,
Pour ton contentement il est prest d'y souscrire,
Et de ses propres droits veut plutost relascher
Que ne pas à son tronc ta branche rattacher.
Tu ne peux de son cœur souhaitter davantage,
Fust-il vray que son bras t'eust fait ce grand outrage,
Et tu peux agréer, te le voyant sousmis,
Qu'il reprétende place entre tes vrays amis.
C'est ce que mon exemple aujourd'huy te conseille :
Ma douleur à la tienne estoit presque pareille ;
Au fort de mon service, au fort de mon amour,
Je fus indignement éloigné de sa cour,
Bien que ses courtisans en moy vissent un prince
Qui devoit quelque jour régner dans sa province ;
Ces lasches courtisans m'en firent maltraitter,
Sans pourtant contre luy mon courroux exciter.
Je ne crus pas pouvoir, sans me souïller d'un crime,
Venger mon desplaisir sur mon roy légitime ;
Je ne crus pas pouvoir au fort de ses travaux
Abandonner son sceptre aux mains de ses rivaux.
J'armay pour sa deffense et vins, malgré luy-mesme,
Affermir sur son chef le françois diadême ;

Je recherchay sa grâce, et me tins obligé
Qu'il souffrist dans son camp mon courage outragé.
Je fis plus qu'aujourd'huy je ne t'invite à faire ;
C'est luy qui te recherche et qui veut te complaire ;
Avec tout ton honneur tu le peux recevoir,
Et c'est dont seulement je presse ton devoir.
Il faut que ta raison ta colère surmonte,
Heureux d'estre en estat de le faire sans honte,
Car ce Charles enfin qui se soumet à toy,
Tout sousmis qu'il puisse estre, est ton maistre et ton roy.
C'est ton róy, c'est ton sang, et ta race royale
Voit et révère en luy sa gloire principale ;
Le droit de la couronne et de la parenté
Lève pour cet accord toute difficulté.
Mais quand ce double droit auroit moins d'efficace,
Pour forcer ta douleur à luy rendre ta grâce,
Le péril que tu cours du bonheur de l'Anglois
Ne te permettroit pas de faire un autre choix.
Le vainqueur insolent garde encor la mémoire
Du trait qui d'Orléans luy ravit la victoire,
Et du juste traitté que par son fier dépit
Entre Charles et toy seule Agnès rompit.
Dans le besoin qu'ensuite il eut de ta vaillance
Pour soustenir le choq des guerriers de la France,
Ton délay, qu'il a pris pour un délaissement,
Demeure dans son sein gravé profondément.
Pour espérer de luy qu'il espargnast la terre,
Il ne nous falloit pas espargner dans la guerre,
Et te rejoindre à luy nous voyant abbaissés
Seroit flatter en vain ses esprits offensés.
Il ne peut, l'orgueilleux, qu'estre gros de vengeance
Contre qui dans ses maux luy manque d'assistance,
Et sous un mesme chef le monde a tousjours mis
Les ennemis ardens et les tièdes amis.
Il couvera son feu jusqu'au temps favorable
De laisser éclater sa flamme impitoyable,
Et tout ce que ton sort en sentira de doux,
C'est que tu ne mourras que le dernier de tous.

Le tyran qui pour but a d'engloutir la France
Te sçait François de cœur, non moins que de naissance,
Intéressé sur tous à maintenir ses droits,
Puisque ton noble sang est le sang de ses roys.
Il sçait que plus que luy te regarde le throsne,
Qu'en despouïllant ton prince il t'oste sa couronne,
Et que s'il ne te donte après l'avoir donté,
Il seroit vainement sur le throsne monté.
Après avoir du prince humilié la teste,
Il voudra par ta mort achever sa conqueste ;
Ne voyant rien en toy qui ne luy soit suspect,
Il te despouïllera sans pudeur, sans respect.
Ne pouvant de ton bras que vivre en deffiance,
Il te despouïllera pour vivre en asseurance,
Et tant que sa fureur t'ait conduit au trespas,
Tu gémiras tousjours sous le poids de son bras.
Joins donc ou ne joins pas tes armes à ses armes ;
Mesme destin t'attend, t'attendent mesmes larmes,
Et désormais pour toy, contre son fier courroux,
Il n'est de seureté qu'en te joignant à nous.
Contre notre prochaine et commune infortune
Unissons nos drappeaux à deffense commune,
Et par cette union nous entre-secourant
Mettons-nous en estat d'arrester ce torrent.
Charles, bien qu'affoibli de ses forces navales,
A pour ressource encor ses forces principales,
Et de son camp nombreux, Paris de toutes parts
Voit et ceints et pressés ses superbes remparts.
Le bon sort, qui la palme à sa cause prépare,
A des braves captifs brisé le joug barbare ;
Et ces braves captifs aux chaisnes enlevés,
Par le secours du ciel au camp sont arrivés.
Je les ay veus naguère, outre toute espérance,
Aller joindre et grossir la françoise puissance ;
Comme eux j'ay veu Marie eschappée à l'Anglois,
Contre l'Anglois, comme eux, endosser le harnois.
Que te diroy-je enfin ? L'espoir de l'Angleterre,
Édoüard, dont le bras devoit finir la guerre,

Par le bras de Rodolphe à nos pieds abbatu,
A de notre soldat redoublé la vertu.
La victoire est à nous, pourveu que ta vaillance
Concoure avec la nostre au salut de la France.
Veuille-le, tu le dois. Là finit son propos,
Et l'un des saints prélats le poursuit en ces mots :
  Béni soit le grand Dieu qui par de telles marques
Veut bien se déclarer entre les deux monarques,
Et du prince françois ou du prince estranger
Monstrer auquel enfin nous devons nous ranger.
Du trop heureux Anglois l'arrogance indocile,
Jointe au brutal mespris de l'auguste concile,
Prouve qu'aveugle et sourd dans sa prétention
Il fonde tout son droit sur son ambition.
Il ne voit, il n'entend ni raison, ni justice,
Et l'impie à tel point a porté sa malice
Qu'il a fait servir mesme à sa noire fureur
Le soldat destiné pour combattre l'erreur ;
Le fidelle destruit avec le soldat mesme,
Qui devoit extirper l'infidelle bohême,
Du sang qu'il a versé sous l'estendard pieux
Demande aux cieux vengeance et l'obtiendra des cieux.
Les cieux le vengeront, et les coupables testes
Vont sur elles bientost attirer leurs tempestes.
L'innocent, au contraire, attirera leur soin,
Et de ce grand succès le terme n'est pas loin.
Philippe, crains des cieux la vengeresse foudre ;
C'est trop délibérer ; il est temps de résoudre.
N'entre pas aujourd'huy dans le parti françois ;
Tu périras demain dans le naufrage anglois.
Aux saints décrets des cieux preste ton ministère,
Rends ton bras l'instrument de leur juste colère,
Et par tant de motifs te laissant émouvoir,
Fais que dans ton pouvoir reluise leur pouvoir.
Adjouste à ton renom cette louange unique
Que de toy dépendoit la fortune publique,
Et fais voir aux humains, en reservant ton roy,
Que s'il eut la victoire, il ne l'eut que par toy.

Ton devoir t'y convie, et ton bien le souhaitte ;
Ta justice au surplus se verra satisfaite ;
Ta douleur, ton honneur ne le seront pas moins
Si tu te peux de tout rapporter à nos soins.
Nous t'asseurons de tout ; veuille bien nous en croire
Et remettre en nos mains l'intérest de ta gloire,
Dans le certain espoir que notre jugement
Aura surtout esgard à ton contentement.
  Le second des prélats confirme ce langage
Par de muëttes voix du corps et du visage.
Artus, à chaque mot comme inspiré des cieux,
Témoigne qu'il approuve et du geste et des yeux.
  Mais pendant leurs discours, la sage Providence,
Qui voit ce seul obstacle au bonheur de la France,
Pour lever cet obstacle et la sauver enfin,
Dans l'esprit de Philippe allume un feu divin.
Ce feu brillant et chaud embrase sa poitrine,
De son entendement les ombres illumine,
Adoucit de son cœur l'implacable fierté
Et dissipe l'orage en son âme excité.
La lumière céleste et la céleste flamme
En faveur des François agissent sur son âme ;
Sans ombre, sans nüage, il voit à cette fois
En quel gouffre profond l'avoit jeté l'Anglois.
Du tyran estranger il conçoit l'artifice ;
De ses prétentions il connoit l'injustice ;
De sa félonne guerre il descouvre le but,
Et par elle en péril voit son propre salut.
Il sent qu'un juste bras à l'injuste l'arrache ;
Édoüard l'attachoit ; son trespas le détache.
Agnès pour son rival luy donnoit de l'horreur,
Et le trespas d'Agnès calme cette fureur.
  Ainsi le diamant dont par nulle industrie
La claire dureté ne put estre attendrie,
Et dont par nul effort la ferme dureté
Ne perdit jamais rien de sa solidité,
Vainqueur et triomphant du fer et de la flamme,
Par le sang du taureau s'amollit et s'entame,

Et son corps, invincible aux plus énormes coups,
Sans effort par ce sang voit ses membres dissous.

Rien ne tient plus Philippe, et rien plus ne l'élogne
De rendre au corps françois le bras de la Bourgogne;
D'Artus et des prélats il gouste les propos,
Est un temps sans parler, puis leur parle en ces mots :

Je donne au Tout-Puissant, je donne à ma patrie
L'équitable douleur de ma race meurtrie;
Charles va m'esprouver favorable parent,
Et mortel ennemi l'inhumain conquérant.
Je remettray la France au comble de sa gloire;
Aux mains de son vainqueur j'osteray la victoire,
Et ceux qui de ses fers souffrent la cruauté
Bientost à ma valeur devront leur liberté.
Je pars, et pour partir mes forces je commande.
Vous, contentés mon père en ce qu'il vous demande;
Je remets à vos soins, vénérables prélats,
Ce qui peut de mon père expier le trespas.

L'un et l'autre l'entend, et le loüe, et l'estime
D'avoir pris un parti si beau, si légitime,
Et pour le contenter dans un esprit chrestien,
Entre mille moyens ils prennent ce moyen.
Près le funeste pont où la fameuse vie
Fut jadis au vieux duc fatalement ravie,
Charles, par leur sentence, innocent criminel,
Doit rendre à sa mémoire un devoir solennel.
Pour réparer l'injure, ils veulent qu'il bastisse
Un saint, majestueux et durable édifice
Où des chants éternels impètrent à ses os
Une paix éternelle, un éternel repos.
Ils condamnent le prince à cette sainte amende;
Le Bourguignon l'accepte et rien plus ne demande.
Artus, humble et sousmis, l'accepte pour son roy
Et jure entre leurs mains qu'il suyvra cette loy.
Toute aigreur cesse alors, toute offense s'oublie;
Le traité résolu sur le champ se publie.
On fait un double escrit de l'accord important;
Artus en reçoit l'un et part au mesme instant.

Il part, et l'aquilon a le vol moins rapide
Lorsqu'élançant son vol sur la plaine liquide,
Par sa glaçante haleine à l'Euxin agité
Il vient rendre la paix et la tranquillité.
 Il part, il court, il vole et regaigne l'armée
Que par le grand Dunois il trouve ranimée,
Par le brave Dunois dont le retour heureux
Resveille en tous ses corps un esprit valeureux.
Il la voit résoluë et toute dans l'envie
De bien vendre aux tyrans leur franchise et leur vie ;
Il la voit occupée à retrancher un camp
Pour soustenir son choq sans luy quiter le champ ;
Il luy voit avancer ce militaire ouvrage,
Sinon avec espoir, du moins, avec courage,
Et pendant son travail il l'entend à grands cris
Pour l'Anglois, pour la mort tesmoigner du mespris.
Mais lorsque tout à coup, et contre leur attente,
Éclata du traité la nouvelle charmante,
En elle elle sentit revivre le pouvoir,
Revivre l'asseurance et revivre l'espoir.
Après tant de malheurs, Dunois sur tous espère
D'avoir à l'avenir la fortune prospère,
Brusle pour la bataille et, la voulant donner,
Fait du camp par les siens l'ouvrage abandonner.
Par un motif de gloire, et de gloire supresme,
Il résout qu'on le quite et qu'on le raye mesme ;
Le roy, par son aveu cet ordre confirmant,
Le fait exécuter avec empressement.
Désormais qu'aux lys d'or la toison est unie,
Il veut que de son camp toute peur soit bannie,
Veut qu'alors, si jamais il tesmoigne du cœur,
Et dans les seuls tirans peut souffrir de la peur.
Il va de rang en rang, et sur son front desploye
Tout ce que dans son sein il renferme de joye,
Et, parlant aux soldats, leur dit qu'en cet accord
Le rebelle estranger rencontrera sa mort.
Il leur dit qu'à ce coup une juste espérance
Doit contre sa fureur exciter leur vaillance,

Et que le Bourguignon les venant secourir
Il faut penser à vaincre et non pas à mourir.
D'une ardeur belliqueuse il poursuit et s'escrie :
　　Il s'agit d'affranchir votre chère patrie,
Et vous l'affranchirés de ses fers inhumains,
Si vos cœurs affoiblis n'affoiblissent vos mains.
　　Pour en briser les fers, pour en sécher les larmes
Il leur ordonne à tous de refourbir leurs armes,
D'exercer leur addresse, et contre les Anglois
Méditer, préparer d'héroïques exploits.
Puis, assisté d'Artus, de Poton, de La Hire,
Il va le champ mortel pour la bataille élire,
Pour en faire un bon choix prend l'avis des guerriers,
Et desjà de l'esprit y cueille des lauriers.
La flamme qui si vive en ses yeux estincelle,
Philippes à son roy redevenu fidelle,
Les illustres captifs recous et ramenés,
Rendent la confiance aux drappeaux estonnés.
Ils leur rendent la force avec la confiance
Et leur font à ce coup juger bien de la France.
Tous l'estiment sauvée, et s'estiment heureux
Que le ciel se dispose à la sauver par eux.
Dans leur sein, sur leur front, où régnoit la tristesse,
Ressuscite la joye et brille l'allégresse,
Et chacun à l'envy, capitaine et soldat,
Invoque la victoire et presse le combat.
　　Ainsi tombe flestri le lustre d'un parterre
Quand le lion des cieux luy déclare la guerre,
Et que ses fiers rayons, par leurs aspres chaleurs,
Font incliner la teste aux plus superbes fleurs.
Mair si l'air s'espaissit sur la planche odorante
Et luy baigne le sein d'une pluye abondante,
Chaque fleur vers le ciel sa teste redressant,
Tient bon contre les feux de l'astre rugissant.
　　Henry de toute chose est informé sur l'heure;
D'horreur il en paslit, de colère il en pleure.
Il en pleure de rage, et dans un tel malheur
Ne peut cacher d'abord sa sensible douleur.

Il voit précipiter l'espérance hautaine
De posséder en paix les rives de la Seine,
Et ce qui plus l'afflige est de voir l'instrument
Qu'a fait servir le sort à ce grand changement ;
C'est de se voir ravir par son propre adversaire
Le bras par qui luy-mesme avoit creu le desfaire ;
C'est de voir tout à coup se tourner contre luy
Le bras qu'en sa querelle il avoit pour appuy.
Mais de l'abbatement où l'a mis cet orage
Se relève bientost son sublime courage ;
De ses pleurs il a honte, et sa noble chaleur
En rougeur à l'instant fait changer sa pasleur.
Pour fort que désormais la picarde puissance
Ait rendu contre luy le parti de la France,
Il ose présumer de voir sous son parti
Le parti de la France encore assujetti.
De Talbot, de Winton l'immense multitude
Flatte son désespoir et son inquiétude,
Et sa propre valeur représente à ses sens
En sa comparaison les François impuissans.
Avec joye il y songe et croit que la fortune
Les unit seulement pour leur perte commune ;
Il se les juge offerts en un corps assemblés,
Pour estre d'un seul coup par sa foudre accablés.
Confirmé pleinement dans ces vaines pensées,
Il sent toutes frayeurs de son âme chassées,
Et s'il se plut naguère à les voir désunis,
Il se plaist maintenant à les voir réunis.
C'est ainsi qu'il en parle au peuple, à son armée ;
L'ardeur dont il leur parle est vive, est enflammée.
Ses propos font sur eux de différens effets :
Le peuple en est choqué, les soldats satisfaits.
Le camp par son discours à combattre s'anime ;
Le peuple en combattant croiroit commettre un crime.
L'amour du Bourguignon, qui règle son amour,
De leurs cœurs vers leur roy cause aussi le retour.
Les mutins habitans pour l'injuste Angleterre
Reprennent un esprit et de haine et de guerre,

De secouër son joug forment tous le dessein,
Mais le tiennent caché dans le fond de leur sein.
Quatre jours aux apprests du grand jour de bataille
L'un et l'autre parti sans relasche travaille ;
Leur œil pendant ce temps s'apprivoise au danger
Et peut avec mespris la mort envisager.
Mais le cinquiesme enfin, de çà, de là la Seine
D'Anglois et de François se vient couvrir la plaine ;
D'un et d'autre costé, de drappeaux, d'estendards
L'amas est si nombreux, qu'il lasse les regards.
Talbot avec les siens inonde la campagne
Que Meudon voit au pied de son aspre montagne,
L'inonde avec les corps braves et glorieux
Que la Manche naguère a veus victorieux.
Depuis les monts voysins jusqu'à l'immense ville,
Ces corps dans ce champ vaste avancent file à file
Et semblent, par leurs hauts et larges pavillons,
Former une autre ville en ses maigres sillons.
Henry, plein de transport, voit des trouppes si grandes
Se joindre en ce besoin à ses guerrières bandes ;
Il embrasse les chefs, il flatte les soldats,
Et dit qu'il n'a d'espoir qu'en l'effort de leurs bras.
Pour Talbot, entre tous prodigue de caresses,
Il le comble d'honneur, le comble de promesses,
A l'égal de Talbot en comble Lyonnel
Et leur jure à tous deux un amour éternel.

   D'autre costé, Philippe à travers la vallée
Qu'ont de Monmorency les vieux temps appelée
Conduit son camp superbe en ces guérests unis
Qu'ont nommés les vieux temps du nom de Saint-Denis.
Le Bourguignon se loge au long du marescage
Que le fleuve costoye et que le tremble ombrage,
Et du son des tambours, des fifres, des clairons,
Ordonnant ses quartiers, remplit les environs.
Charles, le sceptre en main, au front le diadême
Et portant dans les yeux la majesté supresme,
Voit à peine vers luy le bon duc se mouvoir,
Qu'à pas lents il s'esbranle et va le recevoir.

Là s'estoient à l'envi les trouppes ramassées,
Pour le siége en vingt lieux peu devant dispersées,
Et Paris suspendu voyoit de ses remparts
Gémir sous tant de fer ce noble champ de Mars.
 Tandis qu'au logement le Bourguignon s'arreste,
Philippes avancé, de ses grands à la teste,
N'aperçoit pas vers luy le monarque avançant,
Que soudain par respect de cheval il descend.
Touché de ce devoir, plein d'une joye extresme,
Après six autres pas Charles descend luy-mesme,
Et le voyant venir d'un air sousmis et bas,
D'un air humain et doux il luy tend les deux bras.
 Près des murs lyonnois on voit ainsi le Rhosne
Mesler ses troubles flots aux clairs flots de la Saône,
Et, tous deux en un lit assemblés désormais,
Vers les flots écumeux couler unis en paix.
 Philippes devant luy jusqu'en terre se baisse;
Charles pront le relève et des deux mains le presse,
Laisse échapper des pleurs, eschapper des sanglots,
Et quelque temps muët, enfin parle en ces mots :
 Bon prince, comme toy je pleure et je souspire
Pour la mort de ce prince, âme de mon empire,
De ce malheureux prince à qui tu dois le jour
Et qui doit sa vengeance à ton vaillant amour.
Sa perte fut, hélas ! notre commune perte;
Nous l'avons l'un et l'autre également soufferte,
Et ce ne fut pas moy, ce fut l'injuste sort
Dont la malignité précipita sa mort.
Les miens ont sur son chef leur fureur assouvie,
Croyant qu'il eût dessein d'attenter à ma vie,
Et les siens furent prests de me percer le sein,
Croyant que contre luy j'eusse un pareil dessein.
Mais d'un projet si noir, d'un coup si détestable
Jamais ni moy ni luy n'eusmes l'esprit capable;
La malice du sort l'a seul exécuté;
Cette mort n'a d'autheur que la fatalité.
Comme toy je l'ay plainte et comme toy sentie,
De quelle sorte, hélas ! et dans quelle partie ?

Comme au fond de mon cœur, au fond de mes Estats,
Par mille embrasements et par mille dégâts.
Croy-moy, dans les malheurs de notre ardente guerre
J'ay pleuré ce trespas beaucoup plus que ma terre ;
J'ay loué dans mes maux ton courroux véhément,
Et conclu contre moy pour ton ressentiment.
Bon prince, je l'ay fait, et je le fais encore ;
Je m'immole au courroux qui ton âme dévore.
Mon cœur, bien qu'innocent, veut estre criminel ;
Il en veut laisser mesme un vestige éternel.
A mes propres despens je te veux satisfaire ;
Je suyvrai des prélats l'ordonnance sévère ;
J'en subiray la peine, et dans tout l'avenir
J'en feray saintement passer le souvenir.
Quand j'auray par ta main chastié mon rebelle,
Plus loin que notre accord je porteray mon zèle :
Dans ces murs que ton bras me fera regaigner
D'égal avecque moy je te feray régner.
Travaillons seulement d'une force commune
A garantir nos jours de l'injuste fortune,
A vaincre nos tyrans, et de leurs attentats
Deffendre nos sujets et couvrir nos Estats.
 Philippes, attendri par ces nobles paroles,
Repart : De mes douleurs, grand roy, tu me consoles ;
Je n'en sens plus la pointe, et je me donne à toy,
Content de ta justice et certain de ta foy.
Mon devoir et ma gloire à ta foy je confie ;
A tes grands intérêts les miens je sacrifie.
Ce camp n'est plus mon camp ; c'est le tien désormais,
Et désormais toy seul jouïras de ses faits.
Réunis pour tousjours la Bourgogne à la France,
Et fay que leur nom seul face leur différence.
 Charles encore un coup le serre entre ses bras
Et l'engage à s'aimer au-delà du trespas.
A l'exemple des chefs s'embrassent les armées,
Non plus comme devant de haine envenimées ;
La joye en est égale, et le reste du jour
Passe dans les effets d'un réciproque amour.

Il passe dans les soins qu'exige la journée
Par les deux grands rivaux au combat destinée,
Et dans chacun des camps, parmi l'ombre et le bruit,
Passe toute en ces soins la fraische et courte nuit.
 Esprits saints, dont le souffle aux chantres favorable
A mes airs jusqu'icy s'est monstré secourable,
Et de qui la vertu, réparant mes défauts,
M'a conservé l'haleine en de si longs travaux,
Veuillés faire aujourd'huy que ma voix, qui se lasse,
Sente de votre feu l'ordinaire efficace,
Et que mon chant, par luy ses efforts ranimant,
Égale au moins sa fin à son commencement.
 Le radieux soleil, plus pront que de coustume,
Se resveille, se pare et sa flamme rallume,
Puis, sortant sur son char de sa molle prison,
Resème la clarté sur l'immense horizon.
Sous la vouste céleste un seul petit nüage
N'esmousse les rayons que darde son visage;
Ils boivent la rosée et, séchant le terrain,
Purgent l'air de toute ombre et le rendent serain.
S'élevant contre mont et s'ouvrant la carrière,
Il entend mille voix saluër sa lumière.
Alors les camps amis, sur les ordres donnés,
Se vont poster aux lieux à chacun assignés :
Philippes prend la droitte, et de la vaste plaine
Cache l'espace entier qui s'estend vers la Seine;
Charles, pour luy mieux plaire et pour mieux l'asseurer,
Veut au fort Bourguignon cet honneur déférer.
L'invincible Dunois de la gauche se charge,
Et jusques aux Vertus en estend le front large;
Le bourg marécageux et le bosquet pressé
Empeschent que son flanc ne puisse estre enfoncé.
Charles entre les deux va former sa bataille;
De Saint-Denis au dos il se met la muraille,
Joint à l'une et l'autre aile onze gros escadrons,
Et devant ses trois corps fait rouler cent canons.
Il retient près de luy ceux de toute l'armée
Dont le plus hautement parle la renommée,

Ceux par qui les Anglois sont le mieux combattus,
Alençon, Tanneguy, Poton, La Hire, Artus.
Dunois a du surplus la conduite en partage,
Trouppe où luit à l'envy l'addresse et le courage,
Tous officiers experts, tous fameux chevaliers,
Et sur tous Archambaud, La Palisse, d'Illiers.

   Philippes a les siens qu'entre ses corps il range,
Tous avides d'honneur, tous dignes de loüange,
Du renom des François tous noblement jaloux,
Tous pleins d'un feu guerrier, et Ligni plus que tous.
Il n'est point de soldat, point de chef qui ne sente
Bouïllonner en son sein une valeur ardente
Et qui, par son discours et par son mouvement,
Ne monstre du combat un désir véhément.

   Henry, plus que jamais flatté de l'espérance
De demeurer enfin seul maistre de la France,
Avoit fait pendant l'ombre, à travers la cité,
Passer son camp vainqueur de ce mesme costé.
Vers Charles il s'avance, et loin de la muraille
Au lever du soleil ordonne sa bataille ;
Mais ce camp fait de trois est si nombreux, si grand,
Que la plaine estenduë à peine le comprend.
A la droitte, un des corps par son ordre se jette
Sur les prés descouverts de la longue Villette,
Et ses drappeaux rangés ont un cours si lointain,
Qu'il ne finit qu'au pied des costeaux de Pantain.
Lyonnel le commande et voit sous sa bannière
Ce qu'a de plus vaillant l'Angleterre guerrière,
Ceux dont plus hautement se chantent les exploits,
Dure tasche aux drappeaux commandés par Dunois.
Un autre de ces corps à la gauche a ses bandes,
Moins fortes de beaucoup et de beaucoup moins grandes,
Qui, jusques vers Clichy, sous dix gros bataillons,
Couvrent de ses longs champs les aréneux sillons.
Talbot, resplendissant de sa gloire nouvelle,
Par son jeune monarque est chargé de cette aile,
Sousmise avec prudence au plus fort des Anglois
Comme le corps jugé le plus foible des trois.

Sur toutes remarquable est la trouppe fournie
Par les sauvages bois de l'affreuse Ibernie,
Ces colosses vivans de qui le cuir espais
Est à l'espreuve mesme et des dards et des traits.
    Henri dans le milieu, sous le mont qui domine
La voysine cité, la campagne voysine,
Tient sans confusion, unis et disposés,
Et son armement propre et celuy des croisés.
Winton luy joint le corps et luy preste le zèle
Qui les avoit armés pour donter l'infidelle,
Pour donter les François luy preste leur pouvoir;
Le prince en leur secours fonde tout son espoir.
Sur mille pronts coursiers autour de luy s'empresse
Le brillant escadron de sa haute noblesse,
Vaillans imitateurs de ces avanturiers
Qui, sous le nom d'errans, cueillirent cent lauriers.
    Ainsi, lorsque le roy dont les trouppes ailées
S'arment pour le combat de pointes affilées,
Par les routes de l'air, aux premières chaleurs,
Vient bannir son rival de l'empire des fleurs,
En luy voyant quitter sa demeure royale,
Tous la quittent en foule, et d'une ardeur égale
Tous roidissent leurs dards, et de fougue ronflans
Voltigent à sa teste et luy couvrent les flancs.
    A chacun des costés est la cavallerie,
Plus petite en puissance et plus mal aguerrie,
Et de ce camp nombreux le front presqu'infini
D'innombrables canons est près à près muni.
L'un et l'autre des roys voit l'armée ennemie
Dans ses postes chacune en bon ordre affermie;
Chacun s'addresse aux siens, et sans art ni couleur
Par ces mots au combat excite leur valeur:
    Chers soldats, dit l'Anglois, chéris de la victoire,
Qui depuis si longtemps travaillés pour ma gloire,
Par ce dernier travail consolés vos travaux;
A vos pieds sans ressource il mettra vos rivaux.
Le ciel ouvre aujourd'hui la fatale journée
Qui verra par vos mains ma guerre terminée,

Qui de tous mes Estats me rendra possesseur
Et de la paix enfin leur rendra la douceur.
L'Éternel aujourd'huy, pour ma bonne fortune,
Joint de mes grands jaloux les deux forces en une;
Et, grâce au juste ciel qui les veut voir punis,
Bien mesme qu'ils soient joints, ils ne sont pas unis.
Leurs cœurs ont l'un pour l'autre une haine mortelle;
Entre eux dure tousjours leur antique querelle;
Au fort de la meslée ils s'entr'empescheront,
Et contre eux à l'envy vos efforts aideront.
Pour moy, je suis seul chef et d'une seule armée,
Toute d'un seul esprit, pour moi seul animée;
De mes uniques bras mon cœur est secondé,
Et de secours suspects je ne suis point aidé.
En trouppes, en canons le François je surpasse;
La victoire vous cherche et vous suit à la trace;
Vous me la donnerés encore à cette fois,
Si l'Anglois maintenant n'est devenu François.

 Guerriers, dit l'autre aux siens, que pour sauver la France
A sous ces murs captifs rejoints la Providence,
François, qui par vous seuls pouviés estre desfaits
Et contre qui le sort ne peut rien désormais,
Bénissés le Seigneur dont la grâce infinie
A l'angloise puissance en un lieu seul unie
Pour faire en un lieu seul tomber entre vos mains
Le butin qu'en cent lieux ont fait ces inhumains.
Leur multitude immense à votre haut courage
Ne paroistra pour eux qu'un léger avantage;
C'est une masse informe, et de nouveaux soldats
Qui n'ont veu presque tous ni canons, ni combats.
Ces aveugles, enflés des faveurs de Neptune,
Viennent icy payer l'erreur de la fortune,
Et leur orgueil peu sage en ce lieu les conduit
Pour y voir d'un coup seul tout leur pouvoir destruit.
De leurs témérités ils vont porter la peine;
Le ciel va de leur sang inonder cette plaine,
Sans que leur serve à rien le bon peuple croisé
Qu'à les faire punir d'en avoir abusé.

Sur eux avecque moy deschargés la tempeste ;
Vous estes mes deux bras, moy votre seule teste.
Nous ne sommes plus qu'un, Bourguignons et François ;
Aujourd'huy mesme fin regarde nos exploits.
De nos affronts communs nous voulons la vengeance ;
Nous voulons de nos maux la commune allégeance,
La commune raison de nos biens envahis,
La franchise et la paix de nos communs païs.
Nos faits seront communs, commune nostre gloire ;
Le ciel, le propre ciel nous promet la victoire,
Et de ses ordres saints les prudens messagers
Sont pour les naturels contre les estrangers.
L'audace de l'Anglois a leur âme indignée ;
Nostre soumission a leur vertu gaignée.
Nostre cause leur plaist ; ils se sont joints à nous,
Et menacent Henri du céleste courroux.
Paris, las de ses fers, nostre règne désire ;
Allons dans ses hauts murs restablir nostre empire,
Et pour le délivrer du joug de ses tyrans
Passons victorieux au travers de leurs rangs :
Allons briser ce joug. Ces paroles dernières
Se perdent dans le bruit des machines guerrières ;
Henri par elles tonne, et le camp de Henri
D'un son non moins tonnant pousse un horrible cri.

    Par ses bruyans canons Charles leur fait respondre ;
La terre avec les cieux semble alors se confondre ;
L'air s'agite et se voile, et le jour éclatant
En ombrageuse nuit se change au mesme instant.
Des deux camps opposés mille foudres sifflantes
Volent par le dessus des brigades tremblantes,
Razent les bataillons de leurs rouges quarreaux,
Et de leur vent parfois consument les drappeaux.
Les coups en sont fréquents, mais l'atteinte en est rare ;
L'ombre fait que du but souvent le trait s'égare,
Et, plus que le défaut de l'air mal éclairé,
L'art de s'en bien servir jusqu'alors ignoré.

    C'est ainsi que souvent le céleste tonnerre
Semble faire aux vaisseaux une mortelle guerre,

Et promenant ses feux par les airs obscurcis
Donne une vaine peur aux matelots transis.
Son trait, qui dans leurs masts s'entrelace et se jouë,
N'atteint presque jamais leur pouppe ni leur prouë,
Et, content de l'effroy qu'il jetté au sein de tous,
Dans l'onde ou sur les rocs laisse perdre ses coups.

   La peur fait plus de mal que ne fait le mal mesme,
Et des moins résolus rend le visage blesme
Des soldats entre tous qui, fraischement armés,
A de semblables bruits sont mâl accoustumés.
L'un et l'autre des roys les timides rasseure
Et fait marcher les corps dans la fumée obscure;
Chaque corps à grands pas s'avançant vif et pront
Trouve un contraire corps qui s'avance de front.
Rien dans ces champs unis leur courage n'arreste;
Ils se cherchent l'un l'autre et vont teste pour teste;
Le long bois, près à près, de çà, de là baissé,
Se voit de mesme force en mesme temps poussé.

   Mais qui, dans ce grand jour, sur la scène guerrière,
Des actes valeureux eut la gloire première
Et fit, par un effet puissant et glorieux,
Juger quel des partis seroit victorieux?

   Au signal, avant tous, d'une ardeur plus qu'humaine,
Dunois couche sa lance et vole sur la plaine;
Il mesure de l'œil un guerrier tout d'acier,
Et met bas de son choq et l'homme et le coursier.
Il met bas Arondel, second chef de la bande,
Que Lyonnel le brave à la droitte commande,
En tire à bon augure et promet aux François
Qu'ils verront de lauriers couronner leurs exploits.
Avec luy va sa trouppe, et comme luy bouillante
Sur l'opposite corps se tesmoigne vaillante;
Elle l'ouvre à grands coups, et sans frapper en vain
D'une sanglante pluyè arrose le terrain.
Rodolphe, après Dunois, du parti de la France
Est celuy qui le plus signale sa puissance,
Et contre l'estranger si grands sont ses exploits
Qu'il croit, en le voyant, voir un second Dunois.

Lyonnel, qui plus bas fait une attaque heureuse,
Apprenant de Dunois l'attaque vigoureuse,
Quitte son avantage et s'en vient appuyer
Le corps que le François a desjà fait plier.
Le vaillant Capdoret, seul au front de sa bande,
Peu devant soustenoit une valeur si grande,
Luy servoit de barrière et, par sa fermeté,
En avoit le grand choq quelque temps arresté.
Mais bientost rechargé d'une ardeur plus pressante,
Et le flanc gauche atteint de sa main foudroyante,
Il alloit luy céder quand le tonnant Dunois
Vers luy de Lyonnel attira les exploits.
Il y court, et des siens y court aussi l'élite;
A seconder son bras tous leurs bras il excite.
Il fond sur le François d'un cours précipité;
Un torrent est par l'autre en sa course arresté.
Dunois voit Lyonnel, et l'ardeur de son âme
A cet aspect s'irrite et redouble sa flamme;
Il exhorte les siens à le bien assister,
N'attend pas qu'il le heurte et s'en va le heurter.
L'un et l'autre, serrant sa foudroyante espée,
Du sang de l'adversaire également trempée,
S'entretastent l'un l'autre et la gorge et le flanc,
Dans l'espoir de la teindre en un plus noble sang.
Là se livre un combat horrible, espouvantable,
Entre deux grands guerriers l'un et l'autre indontable,
Entre deux forts partis de fureur animés,
Et de proye et d'honneur l'un et l'autre affamés.
Embrassés, colletés, Hasting et La Fresnaye
De leurs poignards aigus se font plus d'une playe,
Et sans se détacher, sous les pieds des chevaux,
Finissent, en tombant, leurs belliqueux travaux.
En deux parts le féroce et robuste Sacwille
Fend la prudente teste au vieillard Gondreville,
Et le jeune Aramon d'un foudroyant revers
En prend sur luy vengeance et le couche à l'envers.
Karew perce Genlis; Rouze Naumburge perce;
Pile, sous Mortemer, le sang et l'âme verse;

Charmois fait à Surton le terrain mesurer,
Et Russel de sa main voit Landais expirer.
Radliffe par devant et Monbray par derrière,
Laschement concertés, fondent sur Tabarière,
Qui, pendant que son fer terrace le premier,
Demeure terracé par le fer du dernier.
Courtenay, des François fléau le plus funeste,
Des Anglois Archambaud la plus mortelle peste,
S'entrechargent l'un l'autre, et d'un semblable effort,
Par un semblable coup, s'entredonnent la mort.

   Ainsi longtemps égaux de force et de courage,
Ils s'entrebalançoient sans aucun avantage,
Et malgré tous leurs morts, malgré tous leurs blessés,
Ils suyvoient leur attaque et n'estoient point lassés.
Enfin pourtant, Dunois, parmi la résistance,
Sent du ferme adversaire amollir la puissance,
Et voit lieu d'espérer qu'obstinant ses exploits,
Bientost à sa valeur il sousmettra l'Anglois.
Son cœur alors s'élève au-dessus de luy-mesme;
Extresme est sa chaleur, et sa force est extresme.
Lyonnel a beau faire, il a beau contester;
Force est qu'à cette foudre il se laisse emporter.
La sensible douleur que luy cause sa honte
Dans un tel accident sa constance surmonte;
Puisqu'il ne sçauroit vaincre, il cherche le trespas;
Ardemment il le cherche et ne le trouve pas.
Sa trouppe l'environne et l'entraîne avec elle;
On l'emmeine, et son sort fait le sort de son aile.
Bataillons, escadrons, tout perd soudain le cœur,
Et leur effroy commun rend le François vainqueur.
Le courageux François de leur crainte profite;
Devant luy chacun d'eux sa course précipite,
Et ceux qui sur le champ demeurent les derniers
Ou sont privés du jour, ou sont faits prisonniers.
Henri, de son costé, n'attend point qu'on l'assaille;
Vers Charles en bon ordre il pousse sa bataille.
Charles pousse vers luy la sienne en mesme temps;
L'une et l'autre s'appreste à des faits éclatans.

Les roys sont de leurs corps l'un et l'autre à la teste,
Remarquables tous deux par leur royale creste ;
D'assés loin en ces mots l'Anglois parle au François,
Et pour s'en faire ouïr hausse l'ardente voix :
   Du désordre passé, Charles, je me console,
Puisqu'enfin aujourd'huy je te tiens ma parole,
Puisqu'au moins, pour vuider notre antique débat,
Je me rends au lieu mesme et t'offre le combat.
   Ouy, dit Charles, vuidons-le, et sans plus de remise ;
Tu n'as que trop remis la bataille promise.
   Il se taist, et soudain les escadrons espais
D'un et d'autre costé sont ombragés de traits ;
De traits sur chacun d'eux tombe une rude gresle ;
Le bois de çà, de là, l'un dans l'autre se mesle.
Chaque corps à l'envy, par de masles efforts,
Tasche à se faire jour dans le contraire corps.
Du fer large et pointu d'une ondoyante pique
Par le bras de Mildmay tombe mort Saint-Affrique,
Qui sent vaine du sien la puissante vigueur
Pour avoir eu son bois d'une moindre longueur.
Sur son corps esbranlé l'impitoyable Sanne,
Le voulant raffermir, tempestoit de la canne,
Lorsque de deux grands dards il reçoit deux grands coups,
Et les coups pour autheurs ont Kirle et Deveroux.
Sous ceux de Montagu, de Fialding et de Vère
Tresbuschent Consolans, Salins et La Lizère,
De trois forts escadrons les estendards portant,
Et terracés tous trois presqu'en un mesme instant.
Sur l'escu de Bernard le trait de La Palisse,
Au lieu de l'entamer, gauchit, biaise et glisse,
Et va, rapide encor, se cacher tout entier
Dans le flanc descouvert du malheureux Gautier.
Palmer l'impatient, le fougueux Vinceguerre
Animoient leurs drappeaux d'une voix de tonnerre ;
Mais au fort de leurs cris deux matras à la fois
Leur tranchent le gozier et leur couppent la voix.
Fine, Herbert et Kandal par trois flesches rapides
Humectent de leur sang les jachères arides,

L'un atteint au poignet, l'autre au genouïl blessé,
Et l'autre par le sein d'outre en outre percé.
Contre Edmond et Sidney, Poton joint à la Hire
S'avance la main haute et leur perte conspire,
Mais trouve un dur obstacle en leurs robustes bras,
Et ne peut de long temps leur donner le trespas.
Sous mille traits lancés bien que mille hommes meurent,
Les bataillons pourtant immobiles demeurent ;
Au lieu des abbatus, d'autres soudain entrés
Empeschent que du fer ils ne soient pénétrés.
Souvent, par une ferme et semblable secousse,
Un parti pousse l'autre, et l'autre le repousse,
D'un ordre qu'on diroit que l'un et l'autre camp
De concert tour à tour s'entrecède le champ.
Leur réciproque assaut dans un petit espace
Se fait, non par endroits, mais de toute leur masse,
Et chacun à son tour poursuyvi, poursuyvant,
Ou recule en arrière, ou se porte en avant.

   Tels, en ce long destroit qu'en cherchant d'autres mondes
Magellan descouvrit entre deux mers profondes,
Viennent de çà, de là, comme en un champ fameux,
Combattre des deux flots les bouillons escumeux.
Le choq en est terrible, et les vagues chenuës
En humides éclats s'élèvent jusqu'aux nuës,
Puis d'une égale force ayant bien contesté
S'emportent tour à tour d'un et d'autre costé.

   Le monarque infernal, qui sur cette journée
Voit de son cher Anglois tourner la destinée,
En voulant jusqu'au bout l'intérest protéger,
Près du jeune Henri vient alors se ranger.
Il vient, rempli de rage, au milieu d'une bande
Des enfers la plus fière, ainsi que la plus grande,
Se mesle en tous ses corps, les membres en régit,
Et fait qu'heureusement dans l'attaque il agit.
Ce fut par son pouvoir que l'angloise puissance
Du François courageux força la résistance,
Et fit que le premier il vit avec douleur
Par son brave adversaire enfoncer sa valeur.

Michel, qui l'aperçoit, suyvi de plus d'un ange,
En terre fond des cieux, près de Charles se range ;
Et meslé dans ses corps, d'un invincible fer
Rechasse en sa faveur les guerriers de l'enfer.
Charles sent par son aide une force inconnuë
Qui de l'assaut anglois la force diminuë.
Satan, qui par Michel voit son cours arresté,
Reschauffe le venin de son fiel irrité.
Sur le prince il refond, et mesme il le rechasse ;
Michel contre Satan sa puissance ramasse,
Redouble ses efforts, rechasse les Anglois,
Et leur fait perdre terre encore à cette fois.
Chargeant et rechargeant quatre fois de la sorte,
L'un et l'autre parti s'emporte et se remporte,
Et laisse à chaque fois, par ses coups renforcés,
D'une moisson de corps les gazons tapissés.
 Philippes cependant sur le rivage moite
Vers Talbot d'un pas vite avoit poussé sa droitte,
Et Talbot contre luy, d'un pas non moins pressé,
De sa gauche au temps mesme avoit le front poussé.
Leur choq parut celuy de deux foudres ailées,
Quand l'une contre l'autre elles sont esbranlées.
Telle fut la roideur dont leurs drappeaux volans
Vinrent l'un contre l'autre animés et bruslans.
D'un lac de sang d'abord la terre fut couverte,
Et des partis divers pareille fut la perte ;
Le grand choq arresta l'un et l'autre parti,
Sans qu'on vît toutesfois le combat diverti.
Tu péris dans ce choq, amoureux Ellasmere,
Et ta mort te sembla plus qu'à tout autre amère,
Te sentant par ce trait ravir avec le jour
Tout ce que de plus doux a jamais eu l'amour.
Près du plaintif amant vous péristes encore,
Mais sans rien regretter, Hangest et Palemore,
N'ayant cherché la guerre en votre mauvais sort
Que pour y rencontrer une honorable mort.
Tous, du combat lassés, quelques momens respirent,
Puis de pareille ardeur l'un contre l'autre tirent,

Et viennent, fiers et frais, à de nouveaux efforts
Au travers de leur sang et par dessus leurs morts.
 Philippe aux siens se tourne, et par leur propre gloire
Les exhorte à gaigner l'honneur de la victoire;
Talbot se tourne aux siens et demande à leurs cœurs
De se bien conserver le titre de vainqueurs.
La force de ces mots passe au fond de leur âme;
Le feu qui les embrase en augmente la flamme;
Ils respondent chacun par de généreux cris,
Et toujours du danger monstrent plus de mespris.
Chacun dans le massacre également s'exerce,
Le bras souvent percé du bras mesme qu'il perce,
Assaillant, assailli, combattant, combattu,
Tousjours d'adresse égale et d'égale vertu.
En cet opiniastre et funeste meslange
L'Anglois, le Bourguignon de ses pertes se vange;
Le fer sans cesse tombe, et chacun désormais
Trouve son corps plus foible et ses rangs moins espais.
Sans avantage aucun dans cette violence,
Le choq une heure ou plus se maintient en balance;
Talbot enfin, honteux de tant d'égalité,
Vient au remède extresme en cette extrémité.
Il s'ouvre, et fait alors donner l'affreuse bande,
Ces vastes nourrissons de la sauvage Irlande,
Ces modernes Titans, ces objets de terreur,
Armés de leurs leviers, mais plus de leur fureur.
A ce nouveau secours, à ces aspects horribles,
Les vaillans Bourguignons ne sont plus invincibles;
Le trouble les saisit, et leur superbe cœur,
Malgré son asseurance, est capable de peur.
Voyant fondre sur eux cette brigade énorme,
Leur œil n'en put souffrir la monstrueuse forme;
Peu des moins effrayés en attendent l'effort,
Mais nul en l'attendant n'y gaigne que la mort.
La rondache au poing gauche, au droit le cimeterre,
S'oppose à ces géans le courageux Tonnerre,
Et pensant de l'un deux l'audace terrasser
Se sent le noble front de sa masse froisser.

Par un semblable bras et par un bois semblable
Est le fort Saint-Amour estendu sur le sable,
Plus heureux que Tonnerre, ayant pu de son bras
Venger sur son meurtrier son malheureux trespas.
Le puissant Rabutin sur un puissant sauvage,
Seul de tous, corps à corps, remporte l'avantage ;
Mais son fer l'eut à peine aux ombres immolé
Que des pieds ennemis il fut soudain foulé.

A ces monstres cruëls d'autres monstres succèdent,
A qui mesme en fureur les premiers monstres cèdent,
Ces dogues enrollés, dont les terribles dents
Passent dans leurs effets pour des foudres ardens.
Découplés et laschés sur ces foibles reliques,
Ils y remplissent tout d'avantures tragiques,
Et font tout succomber à leur cours véhément,
Ou par manque de force, ou par estonnement.
Armés du souple acier de leur cotte annelée,
Les soldats animaux entrent dans la meslée,
Y redoublent la peur par leurs tonnans abois,
Y redoublent le mal par leurs brutaux exploits.
Celuy dont, entre tous, la taille est la plus haute
Se darde vers Jumont, à la gorge luy saute,
De ses ongles le serre et, l'en ayant percé,
Le laisse de son long sur le dos renversé.
Un autre, plus féroce, à Barlemont se jette,
Des deux pieds de devant l'embrasse et le collette,
Et luy brisant l'armet, le test luy fracassant,
De son tendre cerveau se paist en rugissant.
D'un insulte pareil et Boufflers et Ferrière
Sentent à leurs regards desrober la lumière ;
Et Sissonne et Migneux d'un insulte pareil
Sentent de leurs poumons sourdre un ruisseau vermeil.
Ponches, Auberticourt, Gistelles et la Prune,
En divers lieux atteints, souffrent mesme infortune,
Inconsolables tous d'avoir veu leurs destins
Honteusement finis sous les crocs des mastins.
Repoussés du François et chargés de blessures,
On les sent de douleur redoubler leurs morsures ;

Leur fureur devient rage, et leur fiel irrité
Joint en eux la vengeance à la férocité.
 Un seul aux Bourguignons fit, dans sa barbarie,
Remarquer une juste et loüable furie,
Et mérita de voir rendre à la cruauté
L'honneur qui n'estoit deu qu'à la fidélité.
Origny, d'un revers ayant mis bas la teste
Du soldat nourricier de la vaillante beste,
Le sensible animal, en son amoureux sein,
Forma pour le venger un terrible dessein.
Dans l'estoc que luy tend le poignet homicide
Il se lance d'un saut, vigoureux et rapide,
Et par toute sa lame arrivant au guerrier,
Du meurtrier de son maistre il devient le meurtrier.
De sa jacque serrée il divise les mailles,
Luy deschire la peau, luy fouille les entrailles,
Et d'un si digne sang à longs traits abbreuvé
Va mourir dans les bras qui l'avoient élevé.
Rien ne tient plus alors ; alors tout prend la fuite.
Philippes par l'effroy voit son aile destruite ;
Il parle et fait effort pour retenir leurs pas ;
Mais sa parole est vaine : ils ne l'escoutent pas.
Il a beau leur parler ; aucun d'eux ne l'escoute ;
Emportés, renversés, tous sont mis en déroute,
Et tous, sans retenue, errans et dispersés,
Sur Charles par l'Anglois presque tous sont versés.
 Ainsi contre le choq de la vague ennemie
Sur ses ancres aigus une flotte affermie
A la douteuse rade en ordre se maintient,
Et malgré cent assauts la tempeste soustient ;
Mais après cent assauts s'il advient que de l'onde
Un mont impérieux sur les navires fonde,
Les câbles sous son poids rompent de grand effort,
Et les vaisseaux sans frein sont poussés vers le bord.
 Charles s'en alloit vaincre, et pour ceindre sa teste
Du laurier contesté la couronne estoit preste ;
Et Satan et Henri par l'ange et le François
Venoient d'estre forcés pour la dernière fois.

Philippes, par sa cheute, est leur seule ressource.
Charles retient pour luy sa glorieuse course ;
Il suspend son triomphe et reçoit dans ses rangs
Le débris effrayé des Bourguignons errans.
Il marche vers Talbot plein d'un feu magnanime,
Et marchant, et chargeant, la tempeste en réprime ;
Il l'arreste, il le heurte, et d'un bruyant esclat
Avec luy recommence un plus rude combat.
Talbot victorieux, à cette résistance
S'arreste, et de foiblesse accuse sa vaillance.
Il redouble sa force, il renforce ses coups,
Et par cent nobles faits signale son courroux.
Charles marque le sien par cent faits héroïques.
Philippe autour de luy ramasse ses reliques,
Au combat les rameine et, cherchant le danger,
De leur inique sort leur monstre à se venger.
A six chefs renommés sa lance oste la vie,
Sans que d'illustre sang sa faim soit assouvie ;
Son fer l'oste après elle à cinq autres plus grands,
Et tous meurent sous luy de trespas différens.
Monrevel entre tous, suyvant sa noble trace,
S'ouvre un ample chemin en joüant de la masse,
Et de trois pesans coups à ses pieds couche morts
Riche, Peter et Fame, un comte et deux milords.
Plus loin, de deux costés, Desdigoine et Tianges
Chassent devant leurs pas les angloises phalanges,
Et de leurs traits aigus percent le sein ardent
Du valeureux Hophton et du brave Mordant.

   Mais Charles et Philippe ont Talbot pour obstacle ;
Son bras de sa vertu fait un rare spectacle,
Et bien que ces deux chefs le pressent à l'envy,
Son bras tousjours contre eux est de gloire suyvi.
S'ils font de ses soldats une affreuse turie,
Les leurs plus sanglamment esprouvent sa furie ;
Leur massacre est tout autre, et d'un tout autre bras
Ils se sentent blesser ou donner le trespas.

   Henri, qui cependant a, par sa diligence,
De ses drappeaux forcés restabli l'ordonnance,

Revenoit à la charge et vouloit assister
Le héros qui pour luy devoit Charles donter.
Mais sur ce mesme temps, par la françoise espée
Voyant son aile droite en cent parts dissipée,
Et par la fuite seule à Dunois desrobé
Tout ce qui n'estoit point sous sa foudre tombé,
Voyant Dunois couvert d'une palme si belle
En venir sur ses rangs cueillir une nouvelle,
Il change de dessein, va pour le recevoir,
Et contre un tel orage arme tout son pouvoir.
Là chacun, d'une ardeur plus brillante et plus fière,
Tesmoigne son addresse et sa force guerrière,
Et leurs faits précédens comparés à ces faits
Ne sont de leur valeur que de petits effets.
L'Anglois prévaut en nombre et n'est pas sans courage;
La pudeur, la douleur le font passer en rage.
Le François, moins nombreux, mais au double vaillant,
Sans attendre l'assaut est luy-mesme assaillant.
A peine, dans son cours, des pieds touchant la terre,
Où le plus des Anglois l'ordonnance se serre
Il va rapidement choquer leurs bataillons ;
Le sang de toutes parts ruisselle à gros bouïllons.
On voit là s'attacher, d'une fougue inhumaine,
Capitaine à soldat, soldat à capitaine,
Et tantost enfonçant, et tantost enfoncé,
Tenir longtemps le sort entre deux balancé.
Roger, le beau Roger, dont la mort de la belle
Pressoit le tendre cœur d'une douleur mortelle,
De la vie ennuyé, ne la pouvant souffrir,
Dans le fort du combat ne cherche qu'à mourir.
Mais il a beau longtemps, par cent exploits de marque,
Signaler sa douleur et provoquer la Parque,
Le fer, contre son sein par trente bras poussé,
Sembloit en le touchant de tendresse émoussé.
Enfin l'amant Dington, qu'une pareille envie
Rendoit de désespoir ennemi de la vie,
Terminant à souhait leur réciproque ennuy,
Luy donna le trespas et le reçut de luy.

Des yeux des moins humains, parmi l'horreur des armes,
Leur déplorable sort tira d'amères larmes,
Et nul, tant fût-il dur, ne put voir sans pitié
Périr ces deux héros d'amour et d'amitié.
Dunois, tousjours des siens le premier à combattre,
Fond sur les ennemis, en met par terre quatre,
Et, transporté du feu qui fait tonner son bras,
En met bientost après quatorze autres à bas.
Ses forts imitateurs, Chantemesle et la Sale,
Fondent sur les Anglois d'une fureur égale;
L'un en terrasse cinq de cinq coups vigoureux;
L'autre en terrasse huit et fait huit malheureux.
Henry sur les François, non moins brave, se lance,
Et fait à leur dommage éclater sa puissance;
Rien devant luy ne tient, et les plus fermes corps,
Quelque fermes qu'ils soient, tombent sous ses efforts.
Les siens avec succès agissent sous son ombre;
Des abbatus par luy qui peut dire le nombre?
Partout où l'on le voit, on pense voir un Mars;
La victoire et l'honneur suyvent ses estendards.
Il fait de son costé tout ce qui peut se faire
Pour dérober le jour à son grand adversaire,
Et le brave Dunois fait tout de son costé
Pour ravir au monarque au moins la liberté.
Il le fait, mais sans fruit, car Satan y résiste
Et de tous ses enfers le jeune prince assiste;
Sous soy de la bataille il soustient tout le faix
Et du parti contraire émousse tous les traits.

 Dunois avec courroux voit cette résistance,
Des siens avec courroux voit bransler la constance,
Leur voit avec courroux le pied mesme lascher,
Et par aucun exploit ne sçauroit l'empescher.

 L'archange saint alors auprès de luy se range,
S'oppose en sa faveur à l'infernal archange,
Et de ses ennemis occupant le plus fier
Rend l'effet ordinaire à son fatal acier.
Le ciel contre l'enfer luy servant de barrière,
Il fait reprendre aux siens leur vertu coustumière.

Il renforce la sienne, et son feu resveillant
Marche, et contre Henri retourne plus bouïllant.
Son héroïque feu plus que jamais l'emporte;
Il sent contre Henri sa vaillance plus forte;
Henri sent contre luy sa vaillance manquer
Et redoute son choq, loin de l'aller choquer.
Pelham, qui, dans la peine où se voit son monarque,
Veut de son grand amour luy donner une marque,
S'avance, et le couvrant avec son propre sein
S'attire de Dunois la foudroyante main.
Extresme est son amour, comme sa force extresme;
A son prince il agrée et plaist à Dunois mesme.
Le héros le regarde avec estonnement
Et voudroit espargner un si beau mouvement;
Mais le guerrier le presse, et de sa javeline
Par deux coups redoublés au tombeau le destine.
Dunois, bien qu'à regret, par un sifflant revers
Le fait aux pieds du roy tresbucher à l'envers.

De l'Anglois valeureux la brigade affoiblie
Enfin visiblement sous la françoise plie,
Et ce corps par Dunois s'alloit voir emporter
Si Lyonnel plus tard fust venu l'assister.
Lyonnel dégagé vient en haste à son aide,
Raffermit par ses cris l'ordonnance qui cède,
Aux efforts de Dunois oppose ses efforts,
Comme luy se signale et luy rend morts pour morts.
Henri, qu'ont ranimé des merveilles si grandes,
En use utilement pour ranimer ses bandes;
Chacun fait teste encor, reprend un nouveau cœur
Et ne perd pas l'espoir de demeurer vainqueur.

De mesme, dans un mal dont la cause ignorée
Fait croire au médecin sa cure déplorée,
Et pour qui la nature, à la honte de l'art,
Sent venir désormais le remède trop tard,
Le malade souvent de l'eschole chimique
Emprunte ce faux vin qu'elle nomme hémétique,
Et du moins pour un temps aux fibres de son cœur
Rend par cette vertu leur antique vigueur.

Mais le fils de Talbot, malgré tout son courage,
Voit enfin sur Henri Dunois prendre avantage ;
Voit le François enfin le prendre sur l'Anglois,
Et voit enfin sa gloire et sa vie aux abois.
Dans le sort général il voit sa mort certaine ;
Il la voit cependant sans foiblesse et sans peine ;
Sans foiblesse il la voit, sans peine il s'y résout,
Et puisqu'il faut mourir, il veut mourir debout.
Dunois victorieux devant ses pas le chasse ;
Mais, tout chassé qu'il est, il monstre de l'audace ;
Forcé mesme, il résiste et, perdant le terrain,
Fait à qui le poursuit craindre encore sa main.
Resté seul de sa bande, ou morte, ou dissipée,
Il appelle du sort à sa tranchante espée,
Et, pressé du François, ne recule d'un pas
Que ce pas aux François ne couste dix trespas.
A l'ardent Restincler, qui sur tous le talonne,
La mort, d'un coup de pointe, en se tournant luy donne,
Et d'un semblable coup, mais beaucoup plus léger,
La donne à Razilly, venu pour le venger.
D'un fendant à l'Escut il fait mordre la terre,
De deux il couche à bas Marin et Sauveterre,
Et de trois, tout de suite, il jette sur le champ
Trois Gennois alliés, Grille, Fiesque et Delcamp.
De ce fer qu'il estraint et dont il fait la rouë
Il taille le front large au prudent Bouterouë ;
Il abbat le bras gauche à l'adroit Serignan
Et fait sauter la teste au robuste Artagnan.
Dunois, qui va partout, qui tout perce et disperse,
Retrouve Lyonnel, le heurte et le renverse ;
Et deux fois en ce jour ayant battu l'Anglois
S'en promet le triomphe à la troisiesme fois.
Pour remporter sur luy la victoire dernière,
Il pousse vers Talbot son heureuse bannière,
Et voit qu'il est vainqueur pour la seconde fois,
Vainqueur du Bourguignon et vainqueur du François.
Il le voit qui respire, il le voit qui dégoute
Du sang des bataillons qu'il vient de mettre en route ;

Il le voit qui s'excite et demande à son bras
L'effort qui doit enfin mettre Charles à bas.
Voyant ce fier objet, sa grande âme s'irrite ;
A de plus hauts exploits non moins fier il s'excite,
Rassemble ses drappeaux, en ordre les remet,
Et l'infaillible palme à ce coup leur promet.
   Des fuyards cependant les trouppes dispersées,
Sous l'enseigne à l'envy par leurs chefs ramassées,
Pour ne plus reculer, ne plus tourner le dos,
D'un et d'autre costé regrossissent leurs gros.
Deux corps seuls désormais occupent la campagne ;
La Gloire aux ailes d'or tous deux les accompagne ;
La Fortune les suit et les flatte tous deux,
Et la Victoire en l'air vole sur chacun d'eux.
   Des trompettes alors les chansons animées
Poussent au choq mortel les contraires armées ;
Elles vont l'une à l'autre et, se précipitant,
Consument du milieu l'espace en un instant.
L'une et l'autre au laurier plus que jamais aspire ;
Icy plus que jamais se dispute l'empire,
Et c'est par ce dernier et terrible débat
Que doit l'arrest du sort décider de l'Estat.
Sur ce théâtre affreux d'événements tragiques,
Les exploits du matin furent bien héroïques ;
Mais ces merveilleux faits n'eurent rien de pareil
A ceux que du midi regarda le soleil.
La valeur, la vigueur, l'addresse et la prudence
Font dans le moindre chef esclater leur puissance ;
L'honneur, qui n'est l'amour que des nobles esprits,
Rend les moindres soldats de ses beautés espris.
Pour vaincre ou pour mourir, d'une ardeur vive et pronte
L'un et l'autre parti d'un fier air s'entr'affronte,
Et le courroux ardent de l'homicide Mars
N'a jamais fait voler tant de traits ni de dards.
Bruslans, impétueux, en forme de tempeste
Se heurtent les guerriers du corps et de la teste,
S'embrassent en furie, et par le seul trespas
Souffrent leur adversaire eschapper à leurs bras.

L'inévitable mort, sous cent tristes visages,
Remplit ce champ cruël d'effroyables carnages,
Et fait, selon que tourne ou l'heur ou le malheur,
Jetter cent cris de joye ou cent cris de douleur.
Par leur haine excités plus que par leur courage,
Le François sur l'Anglois se lance avecque rage,
L'Anglois sur le François avecque rage fond,
Tousjours l'un plus que l'autre et violent et pront.
De trop de sang versé ces grands corps s'affoiblissent,
Perdent leur ordonnance et leurs rangs éclaircissent;
Chacun s'entrepénètre, et s'ils combatent plus,
Ce n'est qu'esparpillés, que seuls et que confus.

 Ainsi quand de deux rocs, au bas d'une vallée,
Roule de deux torrens la vague amoncelée,
Et que dans le milieu leurs flots, s'entreheurtant,
Font retentir les airs d'un tumulte éclatant,
Ce qui tomboit uni de l'une et l'autre crouppe
Par leur choq mutuël se pénètre et se couppe,
Et le flot escumeux, l'un à l'autre opposé,
Ne s'entr'attaque plus qu'en cent parts divisé.

 Sur tous brille Henri. Charles, qui le descouvre,
A grands coups pour le joindre un grand passage s'ouvre;
Henri, qui de son sort désire estre éclairci,
Pour le joindre à grands coups s'en ouvre un grand aussi.
Ils ne se parlent plus; mais tous deux d'un temps mesme,
D'une extresme valeur et d'une force extresme,
Et se chargent l'un l'autre, et du contraire flanc
Ne retirent le fer qu'accompagné de sang.
De leurs masles efforts telle est la violence
Que leur forte cuirasse y fait mal résistance,
Et le jeune Henri s'en alloit voir sa fin,
Si le ciel à Thomas n'eust remis son destin.
Thomas, le saint anglois, qui, par ses saintes larmes,
Obtint de le pouvoir mettre à couvert des armes,
Voyant ses nobles jours sur le point de finir,
Pour luy quitte les cieux et le vient soustenir.
Il vient, et sous l'aspect du brave et sage Wite
Compose de ses chefs une trouppe d'élite

Qui, dans ce grand besoin devenant son appuy,
Rend Charles désormais impuissant contre luy.
C'est désormais en vain que sa force il déploye
Pour faire de Henri sa victime et sa proye ;
Les défenseurs éleus pour rompre son dessein
Contre ses durs assauts font rempart de leur sein.
Contre leur ferme sein sa foudroyante espée
De leur consentement est tousjours occupée ;
Ils reçoivent les dards à Henri destinés
Et, s'immolant pour luy, s'estiment fortunés.
L'ardent Montgomery se sent à la lumière
Par quatre coups divers ravir l'âme guerrière ;
Sourton, blessé de cinq et n'y succombant pas,
Peut encore sous luy faire tomber Corras.
Statford, chargé de traits et pressé de Canède,
Toutesfois d'un pas seul le terrain ne luy cède,
Et du poids accablant de son terrible fer,
La Hire essaye en vain d'abbattre Mortemer.
Litleton dans son poste à Graville fait teste,
Et d'un cœur résolu la valeur en arreste,
Josselin mesme attaque et, dontant et donté,
A Rieux oste la vie et perd la liberté.
Longtemps en cet estat dure l'aspre meslée,
Sans que la forte bande en paroisse esbranlée,
Et de ses coups mortels les terribles esclats
En peuvent quelque temps éloigner le trespas.

    Tandis que là des roys le sort douteux se monstre,
Ailleurs le grand Talbot le grand Dunois rencontre,
Et de sang ennemi tous deux mouillés et teints
Viennent l'un contre l'autre enflammés et hautains.
En ce lieu le hazard, pour terminer la guerre,
Fait trouver les deux cœurs les plus fiers de la terre,
Et d'un si long, si triste et si sanglant procès
Veut que de leur combat dépende le succès.
La nature n'a rien qui puisse estre l'image
Du brasier qu'en ces cœurs allume le courage :
Les tigres, les lyons auprès d'eux sont glacés ;
La foudre est tiède au prix et ne dit pas assés.

Marchant, courant, volant, d'une illustre furie
L'un s'élance sur l'autre, et s'élançant s'escrie,
Menace en s'escriant, et sous leurs bras nerveux
Leur harnois retentit et jette feux sur feux.
Ils les frappent sans cesse, et leurs tonnantes lames
En tirent à l'envy d'estincelantes flammes,
En destachent souvent des mailles et des clous,
Et quelquefois encor s'empourprent de leurs coups.
Jamais le champ de Mars n'a rien veu de si rude.
Le cheval de Talbot tombe de lassitude ;
Dunois en mesme temps sent le sien chanceler :
Le sort jusqu'en ce point cherche à les égaler.
Ils sont à pied tous deux, et leur fureur cruëlle,
Plus s'affoiblit leur corps, plus leur fiel renouvelle ;
Et leurs forts escadrons les voulant assister,
On les entend chacun toute aide rejeter.
Par eux seuls l'un et l'autre espérant la victoire,
Hait qu'on vienne avec eux en partager la gloire ;
Ils refusent chacun les secours empruntés ;
Leurs ordres sont des leurs suyvis et respectés.
D'un marteller si dru leurs cuirasses ouvertes
Laissent leurs tendres chairs à leur fer descouvertes ;
Sa pointe, son tranchant n'assènent plus en vain,
Ni n'atteignent leurs corps sans rougir le terrain.
La force enfin les quitte, et de toutes leurs veines
Le sang à gros bouïllons sourd et coule en fontaine.
A son aise l'acier le leur fait rendre tout,
Et leur courage seul les tient toujours debout.
Mais Dunois, mais Talbot, malgré tant de foiblesse,
Sur le point de céder au destin qui les presse,
Pressant leur ennemi par un dernier effort,
Veulent tenter de vaincre au moins avant la mort.
Chacun l'estoc fatal d'un mesme temps allonge,
Mire au contraire sein, et l'y cache et l'y plonge :
Talbot en a le cœur d'outre en outre percé ;
Dunois dans le poumon se le sent enfoncé.
Mais Talbot sous Dunois tresbuche et perd la vie ;
La France par sa mort à l'Anglois est ravie.

Dunois voit son triomphe et rend grâces aux cieux,
Et la nymphe aux cent voix le publie en tous lieux.
Talbot passe dans l'ombre éternellement noire,
Privé de la clarté, mais non pas de la gloire,
Et ce fameux colosse, aux champs précipité,
Tout renversé qu'il est, garde sa majesté.
 Ainsi, quand une tour de qui le front sublime
Des chesnes les plus hauts passe la verte cime,
Par un feu qu'a conceu le terrestre élément,
Sur l'arène à grand bruit trébuche affreusement,
Bien que son noble orgueil ne jette plus d'ombrage
Et rampe désormais sur la déserte plage,
Dans les restes pompeux de son vaste débris
Elle fait voir encor sa grandeur et son prix.
 Dunois de ses poumons tire l'angloise espée,
Et presque en la tirant sent sa trame couppée;
Le coup, bien que terrible, est heureux toutesfois
Et luy laisse la vie au milieu des abois.
 Là proche, Lyonnel, en main le cimeterre,
Contre les Bourguignons renouveloit la guerre,
Et le puissant Ligni sous son fer abbatu
En faisoit aux moins forts redouter la vertu.
Philippe, atteint par luy de deux grandes blessures,
Alloit mesme au cercueil finir ses avantures,
Quand Marie au besoin à son aide arriva
Et d'un clin de ses yeux au cercueil l'enleva.
 D'une tour du saint mur, d'où l'œil sans nulle peine
Voit jusqu'au mur royal toute l'immense plaine,
L'amoureuse princesse avoit du grand combat
Voulu pour son Dunois reconnoistre l'estat.
Elle l'avoit voulu dans la juste espérance
Que des fers par son bras s'affranchiroit la France,
Et, voyant sous ses coups Lyonnel succomber,
Elle avoit pensé voir l'Angleterre tomber.
Du corps de Lyonnel la déroute sanglante
Divertit et charma la curieuse amante,
Et le corps de Dunois par ses heureux efforts
Fit qu'elle se pleut mesme en l'horreur de ces morts.

Mais voyant sur ce point que le corps de Philippe
Par celuy de Talbot se rompt et se dissipe,
Un morne estonnement vint son âme saisir
Et soudain en douleur convertit son plaisir.
Le désastre du prince à qui le parentage
L'oblige par devoir, par tendresse l'engage,
La resveille, et pour luy contre l'heureux Anglois
L'anime à rendosser le céleste harnois.
Son cœur en ce propos s'affermit par sa crainte ;
Elle se fait armer des armes de la sainte,
En haste monte en selle, et d'un rapide cours
Au Bourguignon desfait s'en va porter secours.
Toute en flamme elle part et va, précipitée,
De l'Anglois en tous lieux comme un foudre évitée ;
Partout cherche Philippe et le rencontre enfin,
Brave, mais tout en sang et près de son destin.
Elle voit Lyonnel qui, tout en sang luy-mesme,
En fait l'unique objet de sa fureur extresme,
Et qui, pour luy donner l'infaillible trespas,
Hausse l'impétueux et formidable bras.
Entre Philippe et luy se lance la princesse :
L'amoureux Lyonnel recounoist sa maistresse,
Et, d'une telle veuë interdit et surpris,
Sent arrester son bras et glacer ses esprits.
Le bruit survient alors du malheur de son père,
Et Dunois est meslé dans la nouvelle amère ;
Lyonnel, hors de luy, la princesse quittant,
Vers Talbot, vers Dunois prend sa course à l'instant ;
Il y court et fait vœu d'en tirer la vengeance.
La princesse en frissonne et craint sa violence ;
Mais voulant s'opposer à l'effet de ce vœu,
Son âme se reschauffe et n'est plus que de feu.
Elle suyt Lyonnel et le voit qui s'appreste
A venger sa douleur sur cette chère teste,
Sur le foible Dunois qui, par terre couché,
Serre encore le fer à sa playe arraché.
A cette horrible veuë, elle tremble et s'escrie :
 Ah ! barbare, ah ! retiens cette lasche furie.

Son dard avec ces mots ronfle et vole soudain;
Lyonnel retournant le reçoit dans le sein.
Le dard tranche le nœud qui l'attache à la vie;
Il tombe et dit : O ciel! ta haine est assouvie.
Je meurs par ta rigueur, mais je meurs satisfait;
Je bénis ce beau coup et la main qui l'a fait.
Je sors par ce beau coup de ma longue misère;
Je perds le déshonneur de survivre à mon père;
Je perds le desplaisir de voir périr mon roy
Et de voir mon rival plus fortuné que moy.
Adieu, belle inhumaine; enfin, cessant de vivre,
De son fascheux amour Lyonnel vous délivre;
Il ne troublera plus vostre contentement,
Et vous ne l'aurés plus pour importun amant.
Je meurs, et dans ma mort je trouve mon remède;
Que maintenant Dunois sans crainte vous possède
Et sçache qu'une mort dont l'effet m'est si doux
Est l'unique faveur que jamais j'eus de vous.
 Il sanglote, il expire achevant ce langage;
La princesse attendrie en change de visage,
Et sans sa passion, à de si grands malheurs
Elle eust au moins donné des soupirs et des pleurs.
Dunois, sa passion, estendu sur la place,
De son cœur embrasé tous autres soins efface;
La selle elle abandonne et, se penchant sur luy,
Le lève et de ses bras luy fait un doux appuy.
 Mon Dunois, luy dit-elle, au besoin arrivée,
Du fer de ton rival j'ay ta teste sauvée;
Te voyant sous ce foudre à ce terme fatal,
Je t'ay, pour l'arrester, immolé ce rival.
Reçoy ce sacrifice et chéris en Marie
L'amour qui l'a forcée à cette barbarie,
L'amour qui, pour te plaire, a sceu priver du jour
Celuy dont le seul crime estoit son trop d'amour.
 Il luy veut repartir, mais en vain il l'essaye,
Si forte est la douleur de sa dernière playe.
Dans le prochain rempart elle le fait porter,
Et d'un pas désormais ne le veut plus quitter.

D'aucun respect alors n'ayant l'âme empeschée,
La princesse demeure à sa cure attachée,
Et, fors pour ce qu'il souffre, en tout libre d'ennuy,
Tient ses ardens regards tousjours fixes sur luy.
　　Ainsi, de tous costés, l'amante calamite
Sur son pivot aigu se tourmente et s'agite,
Et parmi tous les feux dont luit le firmament
Cherche de son amour l'objet incessamment.
Mais lorsqu'en ce travail avec sa pointe agile
Elle a pu rencontrer cet endroit immobile,
Soudain elle s'arreste et, pour sans fin le voir,
Sur son pivot aigu demeure sans mouvoir.
　　Alors la sainte, juste et sage providence,
Pour mettre un terme heureux aux malheurs de la France,
Du sort si longuement suspendu dans son choix
Fait incliner la roüe en faveur du François.
Au gouffre le plus creux de l'infernale fange
Satan trébuche alors sous le trait de l'archange,
Et dans son précipice entraisne en mesme temps
Ce qu'eut l'Anglois pour luy de ténébreux Titans.
　　Alors, des cieux ouverts, Louis et Charlemagne
Viennent contre Henri fondre sur la campagne,
Aux efforts des François joignent leurs saints efforts,
Et leur font de son camp rompre les derniers corps.
Thomas, qui des Anglois voit le sort qui s'achève,
D'une poussière obscure un gros nüage élève,
Et de son espaisseur leur monarque voilant
Au vainqueur le desrobe et l'emmeine en volant.
L'impitoyable fer d'une rigueur diverse
Sur l'Anglois fugitif par le François s'exerce,
Et d'escadrons entiers, et d'entiers bataillons
Sous la faux de la mort se jonchent les sillons.
Là s'entasse à monceaux ce qui restoit de brave
Des remparts dépeuplés que la Tamise lave,
Et ce que le terroir ou gascon ou normand
Avoit joint de grands cœurs à ce grand armement.
Là, de tous la dernière, et non sans résistance,
S'abbat des Ibernois la sauvage vaillance,

Et de leurs vastes corps, de mille coups percés,
S'offrent en mille endroits les vastes champs pressés.
Le soldat au pillage, au carnage s'adonne;
A nul en son courroux l'insolent ne pardonne;
Les chefs n'obmettent rien pour en calmer l'horreur,
Mais sourde est à leurs cris son ardente fureur.
Des mourans, des blessés la plainte lamentable
Représente dans l'air un tonnerre effroyable
Dont l'aigre et triste son, l'oreille estourdissant,
Jusques au fond de l'âme et pénètre et descend.

Vous l'ouïstes, légats, devant l'autel auguste
Où vous donniés vos vœux au parti le plus juste,
Et par l'affreux esclat de ces cris élancés
Vous jugeastes vos vœux par le ciel exaucés.
Les Pères, à ce bruit, ornés de leurs tiares,
Viennent borner le cours de tant d'actes barbares,
Et la croix qu'à leur teste ils font partout marcher,
A sa veuë, en tous lieux, fait le sang estancher.

Arrestés, disent-ils, victorieuses bandes;
C'est trop de cruautés pour des vertus si grandes;
Par cet excès de maux vous souïllés tous vos biens.
Ah ! songés que ce sang est le sang des chrétiens.
Contre des cœurs sousmis et des bras sans défense
Voulés-vous abuser du bonheur de la France ?
François, lasche est celuy qui traite en ennemis
Ceux qu'il voit sans défense à ses armes sousmis.

A l'aspect des prélats, à leur sacré langage,
Le fer se rend humain, la fureur devient sage;
La mort suit le démon dans la nuit des enfers;
Ce qui reste de vif ne sent plus que les fers.
Les estendards croisés en font le plus grand nombre;
Le ciel dans le combat les couvrit de son ombre,
Et du meurtre commun les effets malheureux
Par sa protection tombèrent moins sur eux.

Charles, d'un feu divin la noble âme eschauffée,
Sçachant que doit l'erreur par eux estre estouffée,
Se conforme au dessein qui les a fait lever,
Et saintement par eux résout de l'achever.

Suivant sa sainte ardeur, son courage héroïque,
Sur l'heure aux saints vieillards son mouvement explique ;
Tous deux le nomment saint, et par sa piété
Font aux soldats de Christ rendre la liberté.
Ensuite, au mesme champ qui de sang fume encore,
Du nom de chevaliers ses braves il honnore,
Ceux que dans la meslée il a veu sur l'Anglois
Signaler leur grand cœur par de plus grands exploits.
De son mouvement propre appelés à ce grade,
Ils reçoivent soudain la royale accolade,
Et par elle chacun de gloire revestu
Voit d'un plus vif esclat resplendir sa vertu.
Rodolphe avant tout autre a du juste monarque
De sa haute valeur cette esclatante marque,
Et pour comble d'honneur a de pouvoir encor
Ennoblir son escu de l'auguste lys d'or.
 Des hauts murs cependant la volage commune,
Remarquant aux François se ranger la fortune,
Et voyant les Anglois abandonnés du sort,
Pour secouer le joug fait un puissant effort.
Le renommé Villiers, cher à la populace,
Volant de ruë en ruë, allant de place en place,
Au nom du Bourguignon, redevenu François,
L'exhorte à s'affranchir des estrangères loix.
La haine des tyrans, l'amour de la patrie,
L'horreur d'avoir sa foy si laschement flestrie,
La peur du chastiment par les mains du vainqueur,
A luy rendre Paris déterminent son cœur.
Pour luy rendre Paris elle s'arme et s'assemble ;
L'air frémit à ses cris, la terre mesme en tremble.
L'angloise garnison s'espouvante à ce bruit,
Et sans oser combattre en désordre s'enfuit.
Mais elle prend en vain l'espouvante et la fuite ;
Partout elle est chargée, partout elle est destruite,
Et partout elle voit sous les bourbeux quarreaux
Son infidelle sang former de longs ruisseaux.
Celle qu'en ses remparts la Bastille renferme,
Voyant sa destinée arrivée à son terme,

Voyant son roy desfait, se voyant sans secours,
De crainte à l'habitant livre ses fortes tours.

 Ainsi, lorsque parfois, dans un lointain voyage,
Un navire léger est surpris par l'orage,
Et qu'après que du foudre il s'est veu démasté
Il sent d'un coup de mer son timon emporté,
Contre tant de furie et tant de violence
Se voyant désormais sans guide et sans défense,
Aux flots qui par ses flancs le viennent investir
Il donne libre entrée et s'en laisse engloutir.

 Paris, désormais franc, sort tout de la muraille
Et vers son souverain court au champ de bataille ;
Villiers, qui le conduit, d'un propos grave et doux
Parle avec confiance et parle au nom de tous :

 Charles, tu vois, dit-il, le vainqueur du barbare ;
Aujourd'huy son devoir sa révolte répare ;
Son zèle, reschauffé pour tes droits apparents,
Vient de briser les fers de ses lasches tyrans.
Pour te frayer au throsne un chemin plus facile,
De ces monstres cruels il a purgé la ville,
Et, devenu fidelle aussi bien que guerrier,
Pour t'en ceindre le front a cueilli ce laurier.
Du tort que je t'ay fait te voulant satisfaire,
J'ay fait renaistre en luy le désir de te plaire ;
J'ay remüé son bras, j'ay son cœur excité,
Et t'ay rendu Paris que je t'avois osté.
Jouïs des beaux effets de nostre repentance,
Et reprens de nos mains le sceptre de la France.

 Charles à chacun d'eux fait un accueil humain
Et leur souffre baiser sa belliqueuse main.
Puis, ordonnant aux morts la sainte sépulture,
Et des vaillans blessés recommandant la cure,
Libre de tous soucis, content et glorieux,
Il marche, et dans leurs murs entre victorieux.
Il marche triomphant de la grande querelle ;
Du triomphe subit la pompe est naturelle ;
Rien ne s'y voit paré, lance, flesche ni dard,
Et la confusion en fait seule tout l'art.

Nulle enseigne ne passe en cette illustre lice
Qui ne soit en lambeaux ou de sang ne rougisse ;
Il n'est chef ni soldat, pour bien qu'il soit armé,
Qui du fer ennemi n'ait le sein entamé.
En ordre plus d'un corps le monarque précède,
Contre la trahison nécessaire remède ;
Il les suit dans un gros d'avanturiers fameux,
De poussière et de sang taché partout comme eux.
Les maris amassés, les femmes accouruës,
En tous lieux sur la voye estrécissent les ruës,
Et dans chaque fenestre on voit dix curieux,
Ravis et transportés, le dévorer des yeux.
 Alors survient la nuit ; mais l'horreur de son ombre
Fuit devant les flambeaux qu'on allume sans nombre,
Et ce torrent de feu sur sa route flottant
Rend l'esclatant triomphe encor plus esclatant.
Il ne fait pas un pas que de longs cris de joye
Le peuple au firmament l'aimable son n'envoye,
Qu'il ne mesle à ce son des vœux pour sa santé,
Et n'augure à ses jours gloire et prospérité.
Les deux sages prélats, en leur saint équipage,
Sont à ses deux costés pendant tout son passage,
Et font, par leur saint ordre et leur grave maintien,
D'un triomphe guerrier un triomphe chrestien.
La lente et longue marche à la fin se termine
Dans le sacré séjour de la Vierge divine,
Se termine sans trouble au vénérable lieu
Consacré par la France à la Mère de Dieu.
Là descend le monarque et, suyvi de sa bande,
Y va de son laurier faire aux cieux une offrande,
S'avance au fond du chœur, s'agenouïlle à l'autel
Et s'addresse en ces mots au Monarque immortel :
 Seigneur, qui m'as fait vaincre, et dans ma juste guerre
As secondé mes traits du trait de ton tonnerre,
Depuis que mon esprit, des enfers dégagé,
Sous ta céleste loy pleinement s'est rangé,
Je viens mettre à tes pieds le brillant diadême
Dont je dois l'asseurance à ta grâce supresme,

Et sur ton texte saint faire de saints sermens
D'observer à jamais tes saints commandemens.
Si je fus malheureux, ce fut par mon offense ;
Si je suis bienheureux, c'est par ton indulgence.
Je puis tout avec toy ; sans toy je ne puis rien.
De moy vient tout mon mal et de toy tout mon bien.
Mes pas, estant guidés par ta sainte lumière,
Ne peuvent maintenant errer dans leur carrière :
Dans ta voye équitable ils se tiendront tousjours,
Et ta volonté seule en réglera le cours.
J'useray saintement du fruit de ma victoire ;
Mes actions pour but n'auront plus que ta gloire,
Ni mon cœur pour objet, après ton saint honneur,
Que de rendre à ces champs leur antique bonheur.
Je feray que ce peuple, émeu par mon exemple,
Réduira tous ses soins au culte de ton temple,
Et que de tes bontés éclairci comme moy,
Il n'aura qu'en toy seul d'espérance et de foy.
Mon règne éclatera par la reconnoissance
De tout ce qui luy vient de ta munificence,
Et les règnes futurs par des airs esclatans
Reconnoistront ce bien jusqu'à la fin des temps.
Pour comble de faveur, ô monarque céleste,
Veuille avecque mes bras accomplir ce qui reste ;
Mais tu l'as desjà fait par la mort des Anglois,
Remettant ces remparts sous le joug de mes loix.
Dans ces murs recouvrés, par toy seul je recouvre
Les clefs de tous les murs sur qui règne mon Louvre,
Et d'un si salutaire et si rare bienfait
Le bonheur à venir ne sera que l'effet.

    Il finit, et soudain, par un visible signe
Que de nouveaux bienfaits les cieux le rendroient digne,
Il voit au saint autel cent cierges allumés
Redoubler leur esclat à ces mots enflammés.
Plusieurs creurent entendre un concert angélique,
Meslé parmi les voix de l'humaine musique,
Par un chant de triomphe entonné saintement
Couronner l'admirable et saint événement.

Charles, ayant ainsi de la captive France
Veu, selon ses saints vœux, l'heureuse délivrance,
De tant de grands travaux, de tant de grands exploits,
Alla se reposer sur le throsne des roys.

FIN.

TABLE

DES DOUZE DERNIERS CHANTS DE LA PUCELLE

―⁕―

LIVRE TREIZIESME.

Invocation de l'auteur aux chantres du Très-Haut pour mener à bien son poëme. Betford, qui croyait perdue la bataille livrée sous les murs de Paris, voit dans la retraite de ses adversaires un stratagème et s'empresse de ravitailler son armée. Il mande à son fils Édouard de quitter l'Angleterre pour venir régner sur la France. Dunois, à peine guéri de ses blessures par les soins empressés de la princesse Marie, est à deux doigts de sa perte en apprenant la captivité de la Pucelle. Lyonnel, dans le but de toucher le cœur de Marie, pense à faire échanger Dunois contre Talbot, prisonnier des Français. Betford rejette ironiquement les propositions de paix des légats. Ceux-ci ne sont pas plus heureux auprès de Charles et du duc de Bourgogne, et pourtant ce dernier, visité par un ange, consent, malgré ses griefs contre le roi, à rester neutre dans la querelle qui va se décider par les armes.

LIVRE QUATORZIESME.

Charles, pour rallier ses troupes, fait courir le bruit, d'après le conseil de Tanneguy, qu'il s'agit d'aller délivrer la Pucelle. Description de la guerre. Anxiété de Betford en voyant les bandes françaises se grossir à la voix de leurs chefs. Il conseille à Henri VI, roi d'Angleterre, de prétexter son sacre en France et d'y arriver avec une nombreuse armée. Édouard, sous les habits d'un messager, se présente à son père au moment où celui-ci lui mandait de différer son départ pour la France. Dans son trouble, Betford le croit en danger et l'engage à se soustraire à tous les regards. Description de la Fraude. Elle suggère à Betford l'idée d'envoyer au camp de Charles VII Édouard, qui ressemble assez à Rodolphe pour être cru le frère de la Pucelle. C'est un moyen de s'emparer du roi ou de pouvoir lui donner la mort. L'idée qu'à la vie de la Pucelle est attaché le bonheur d'Édouard fait que son père prescrit d'épargner les jours de cette héroïne. Enlèvement de Rodolphe. Agnès, dans sa retraite, voit une troupe d'anges déchus lui apparaître en songe. L'un d'eux lui annonce qu'elle va bientôt rentrer en faveur près de Charles VII. Son arrivée à Bourges. Elle offre au roi ses services et son bras. Le monarque, charmé de la revoir, lui fait le plus tendre accueil et lui rend tout son amour 30

LIVRE QUINZIESME.

Les astres, consultés par Betford, lui prédisent l'heureuse destinée de Marie; aussi forme-t-il le projet d'unir cette princesse à son fils. Délivrance de Dunois. Ses adieux à Marie. Elle se désespère en voyant l'ingrat la quitter. Talbot, devenu libre, va lever une armée en Angleterre. Il y est bientôt rejoint par Lyonnel, décidé à se faire tuer à la guerre en songeant que Marie rejette ses hommages avec dédain. Betford charge Yolante d'annoncer à Marie qu'il lui destine Édouard pour époux. Elle refuse positivement cette alliance. Édouard, se disant Rodolphe, arrive à Bourges, raconte au roi sa feinte délivrance par un ange et la mission qu'il en a

reçue de combattre, en remplacememt de sa sœur, les ennemis de la France. Le roi, au lieu de marcher sur Rouen,
d'après l'avis des chefs les plus expérimentés, se rend au
conseil d'Édouard en marchant sur Paris. L'armée se plonge
dans la mollesse, à l'exemple de Charles et d'Agnès. Édouard,
pour retremper le courage des soldats, propose un tournoi.
René allait remporter le prix quand Agnès se présente pour
se mesurer avec lui. René refuse d'entrer en lice et se déclare
vaincu par la beauté.................................... 65

LIVRE SEIZIESME.

Charles est toujours sous le charme d'Agnès. Dunois demande
qu'on marche sur Rouen. Édouard partage cet avis, obtient
le commandement des troupes et le fait savoir à Betford, qui
se dirige en toute hâte sur Rouen, quand au contraire son
fils ne presse pas sa marche. Attaque nocturne de cette ville.
La trahison l'emporte sur la valeur française. Dunois est pris.
Édouard, rendu libre par son père, coupe, en s'esquivant,
la retraite à ses compagnons d'armes. Il accourt vers Charles,
lui raconte leur défaite et sa prétendue délivrance par un
ange, puis offre de nouveau ses services au roi, qu'il décide
à marcher sur Paris. Combat sous Orléans. Betford y essuie
de grandes pertes. Il profite de la nuit pour battre en retraite
jusqu'à Toury. Charles, qui veut le poursuivre, en est dis-
suadé par Édouard sous un vain prétexte. Betford fuit vers
Étampes, où il se retranche. Après trois jours d'escarmouches,
la reine Isabeau l'informe que, dans le but de s'affranchir du
joug de Betford et d'Édouard, Marie a rassemblé les partisans du roi, en les engageant à soulever Paris contre la domination anglaise. Betford dirige son armée vers cette ville. 95

LIVRE DIX-SEPTIESME.

Causson, évêque de Beauvais, vient demander à Betford la mort
de la Pucelle. Le chef anglais refuse, averti par sa femme
que, d'après les révélations d'un ange qui lui est apparu, le
salut d'Édouard dépend de la vie de Jeanne. L'héroïne, dans
sa prison, invoque le ciel pour recevoir le martyre. Un ange

lui ordonne, de la part de Dieu, de vivre et d'espérer. Plaintes de l'armée anglaise en ne voyant point paraître Édouard. Arrivée d'Henri VI à Paris. Betford le fait sacrer roi de France à Notre-Dame. Charles, exaspéré de tant d'audace, se rend sous les murs de cette ville, qui partage son ardeur. Tout est disposé pour l'attaque, quand Henri propose à Charles de décider la querelle en se mesurant l'un contre l'autre. Le défi est accepté. Henri va succomber, lorsque ses troupes se ruent sur les Français, qui refoulent leurs ennemis jusques vers les remparts. La nuit vient. Les chefs, consultés sur ce qu'il reste à faire, conseillent au roi de prendre Paris par famine.. 125

LIVRE DIX-HUITIESME.

Henri, qui ne craint pas d'accuser les Français de trahison, fait savoir à Charles qu'il attend Talbot pour livrer bataille. Une trêve de vingt jours est accordée. Armée formidable rassemblée par Talbot. Il passe en revue tous les contingents concentrés à Plymouth. Description des différents corps dont se compose cette armée. Elle fait voile pour la France. Betford, à qui la guerre ne présage rien de bon, s'arrête à l'idée de faire périr Charles VII. Ses instructions secrètes à Édouard pour y parvenir.. 156

LIVRE DIX-NEUVIESME.

Charles et Agnès au château de Visaine sont tout à l'amour et au plaisir. Dans un banquet suscité par Édouard, le roi offre à sa maîtresse une pomme que Betford destinait à Charles. Agnès la mange et bientôt meurt empoisonnée. Désespoir de son amant; il tombe en défaillance. Un ange, sous la forme d'Agnès, lui apparaît et l'invite à s'arracher à la mollesse. Revenu à lui, Charles perd le souvenir d'Agnès et gémit sur sa conduite passée. Roger vient annoncer au roi de nouveaux revers. L'infortuné monarque se résigne, tout en demandant au ciel le salut de la France. Ses soupçons passagers sur le prétendu Rodolphe. Édouard, qui ne se croit pas en sûreté, feint de partager la douleur du roi et de l'armée.......... 185

LIVRE VINGTIESME.

Betford, en apprenant la fin tragique d'Agnès, juge prudent de rappeler son fils et de faire périr le véritable Rodolphe. La Fraude conseille au chef anglais de neutraliser la mauvaise destinée d'Édouard en l'unissant à Marie, dont l'avenir doit être des plus prospères. La princesse refuse d'abord d'accéder à ce projet; mais quand Betford la menace de l'y contraindre, elle feint de consentir. Marie, dans son désespoir, va se donner la mort, quand son bon ange l'en dissuade. Montée sur un cheval qu'elle tient de Dunois, elle s'enfuit précipitamment et descend la Seine en s'abandonnant à son coursier, qui sort de l'eau pour se diriger vers une lumière qu'on aperçoit dans la plaine. Isabeau et Betford font vainement chercher Marie. Dispositions prises par le duc pour que son armée puisse résister aux Français....................... 213

LIVRE VINGT-UNIESME.

Tentative des Anglais pour conduire prisonniers en Angleterre Dunois et ses compagnons. La flotte française, qui croise dans les parages de Rouen, fait avorter ce projet. Betancourt, avec neuf vaisseaux, vient au secours de la France et se rallie à l'amiral Montebize. Aussitôt une barque signale en mer Talbot qui approche avec sa nombreuse armée. Combat meurtrier entre les deux flottes. Montebize et Betancourt meurent glorieusement. Les Anglais sont vainqueurs. Stratagème qu'ils emploient pour écraser l'escadre qui n'a pas pris part à l'action. La ruse leur réussit 241

LIVRE VINGT-DEUXIESME.

Notre-Dame-des-Vertus, que Charles et l'armée implorent, intercède auprès du Très-Haut avec l'ange Michel, saint Louis et Miséricorde pour obtenir le pardon du roi. Justice s'y oppose, mais Dieu se laisse toucher et décide que la mort de la Pucelle rachètera les fautes du monarque. Sur la fausse nouvelle répandue à Rouen par Satan que les Anglais sont battus, le peuple se mutine et demande la mort de la Pucelle. Un ange apparaît à l'héroïne et lui annonce à quelle condition la France sera délivrée. La Pucelle se réjouit de mourir à ce prix. Amenée devant ses juges, qui l'accusent de magie, elle les confond tous, mais elle n'en est pas moins condamnée à être brûlée vive 274

LIVRE VINGT-TROISIESME.

On dresse le bûcher. La Pucelle y monte avec courage. Sa prière à l'Éternel. Dieu lui promet une place dans le ciel. Sublime à ses derniers moments, Jeanne prédit aux Anglais leurs proches revers. C'en est fait de sa vie, mais le feu qui consume son corps ne peut rien sur son cœur, qui semble flamboyer aux yeux de la multitude ébahie. Marie s'aperçoit que la lumière vers laquelle son cheval l'a dirigée est l'armure de la Pucelle. Elle s'en empare, malgré l'opinion accréditée qu'elle sera funeste à quiconque s'en revêtira. Jeanne, que Marie implore, lui annonce qu'à elle est réservée la tâche de chasser les Anglais. Délivrance de Rodolphe, qui prend Marie pour sa sœur. Elle a quitté la terre, lui dit la princesse. Rodolphe anéanti ne doute plus, en réfléchissant sur ce que Marie lui dit s'être passé à la cour de Charles VII, qu'un autre a usurpé son nom. Il se rend au camp du roi, se déclare Rodolphe et demande à combattre l'imposteur. Charles y consent. Édouard est tué. Betford meurt de douleur. Charles apprend la fin tragique de la Pucelle et la défaite de la flotte française par Talbot. Jeanne prédit à Marie endormie que de sa prochaine union avec Dunois surgira une postérité glorieuse. Délivrance de Dunois. Il rend tout son amour à Marie quand il sait la mort de la Pucelle. Marie et ses compagnons se dirigent vers le camp du roi........... 304

LIVRE VINGT-QUATRIESME.

Charles refuse de lever le siége de Paris. Il se réconcilie avec le duc de Bourgogne, qui abandonne la cause des Anglais. Entrevue touchante des deux princes. Bataille livrée sous les murs de Paris. On combat des deux parts avec le plus grand acharnement. Dunois fait des prodiges de valeur; il tue Talbot. Marie perce de son javelot Lyonnel au moment où il allait achever Dunois, dangereusement blessé. Les Français sont vainqueurs, et Paris se soumet. Charles VII se rend à Notre-Dame pour rendre grâce à Dieu d'avoir délivré la France 336

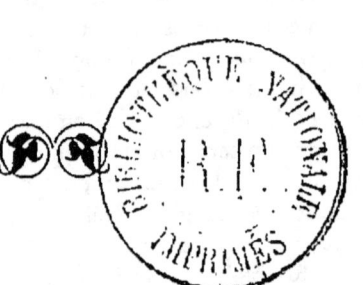

TABLE

	Pages.
L'éditeur au lecteur.	VII
Notice sur Chapelain.	IX
Étude sur le poème de la Pucelle.	XV
Préface de Chapelain.	LXXXI
La Pucelle.	I
Table sommaire des douze derniers chants de la Pucelle.	385

LE PRÉSENT VOLUME

contenant les

DOUZE DERNIERS CHANTS

DU POÈME DE LA PUCELLE DE CHAPELAIN

A ÉTÉ ACHEVÉ D'IMPRIMER LE 8 MAI 1882

aux frais et par les soins de

H. HERLUISON

LIBRAIRE BREVETÉ A ORLÉANS,

Par G. JACOB

IMPRIMEUR BREVETÉ.

Tirage à 279 exemplaires numérotés.

N° 1	Exempl. sur peau de vélin.
Nos 2 à 7	— sur papier du Japon.
Nos 8 à 17	— papier de Chine.
Nos 18 à 29	— papier Whatman.
Nos 30 à 279	— papier vergé à la forme.

Exemplaire N° 50

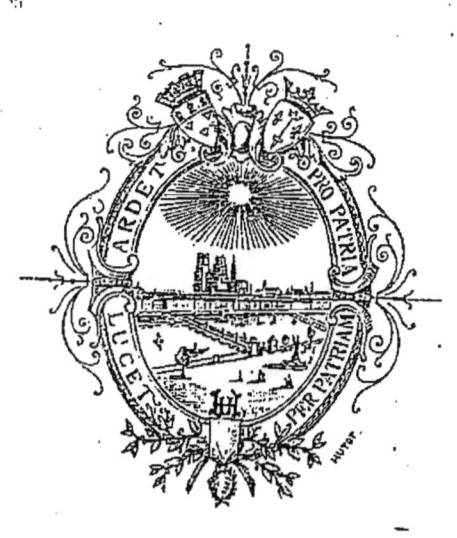

www.ingramcontent.com/pod-product-compliance
Lightning Source LLC
Chambersburg PA
CBHW050557230426
43670CB00009B/1156